Pagden
Das erfundene Amerika

Anthony Pagden

DAS ERFUNDENE AMERIKA

Der Aufbruch des europäischen Denkens
in die Neue Welt

Aus dem Englischen von
Joachim Rehork

Diederichs

Die Originalausgabe erschien unter dem Titel *European Encounters with the New World* bei Yale University Press

© Yale University 1993

*Für Chantal und für unseren Sohn Felix Alexander
zu seinem zweiten Geburtstag*

Die Deutsche Bibliothek – CIP-Einheitsaufnahme
Pagden, Anthony:
Das erfundene Amerika : der Aufbruch des europäischen Denkens in die
Neue Welt / Anthony Pagden. Aus dem Engl. von Joachim Rehork. –
München : Diederichs, 1996
Einheitssacht.: European encounters with the new world <dt.>
ISBN 3-424-01246-7

© der deutschsprachigen Ausgabe Eugen Diederichs Verlag,
München 1996
Alle Rechte vorbehalten

Lektorat: Matthias Wolf
Redaktion: Susanne Garbers
Umschlaggestaltung: Ute Dissmann, München
Produktion: Tillmann Roeder, München
Satz: Jung Satzcentrum, Lahnau
Druck und Bindung: Spiegel Buch, Ulm
Papier: 90 g/qm holzfrei gelblich Werkdruck, Schleipen
Printed in Germany

ISBN 3-424-01246-7

Inhalt

O Brüder, sprach ich, die ihr bis zum West
Gekommen seid durch tausende Gefahren,
braucht eures Lebensabends kleinen Rest,
Den ihr noch habt im Sinnlich-Offenbaren,
Zur Welt, wo kein Bewohner weit und breit,
Dem Gang der Sonne folgend, hinzufahren!
Bedenkt doch euren Ursprung, denkt, ihr seid
Nicht wie das Vieh! Und nie dürft ihr erkalten
Bei dem Erwerb von Kenntnis, Tüchtigkeit.

Dante, *Göttliche Komödie, Inferno*
XXVI. Gesang, 112–120

Einleitung

Bedenk nur, was dich und dein Sein betrifft,
von anderen Welten träume nicht, und was
dort für Geschöpfe leben, welcher Art,
in welchem Zustand und in welchem Raum.

John Milton, *Das verlorene Paradies*, VIII, 208–210

Früh am Morgen des 16. Juli 1799 erblickte Alexander von Humboldt erstmals die Küste Südamerikas. Später erinnerte er sich:

Die federartigen Wedel der Palmen hoben sich vom Blau eines Himmels ab, dessen Reinheit keinerlei Spur von Dunst trübte. Die Sonne bewegte sich rasch auf ihren Zenit zu. Gleißendes Licht erfüllte die Luft längs der weißen, von zylinderförmigen Kaktusstämmen betupften Hügel und über einem bewegungslos daliegenden Meeresspiegel, an dessen Strande sich braune Pelikane (Alcatras), Reiher und Flamingos reihten. Der Glanz des Tages, die lebhaften Farben der Pflanzenwelt und die Formen der Gewächse, die vielfältige Fiederung der Vögel – alles trug die gewaltigen Merkmale der Tropennatur.[1]

Etwa dreihundert Jahre zuvor hatte Kolumbus dem Donnern der Wasser an der Mündung des Orinoko gelauscht und voller Staunen die üppige Vegetation an den Ufern dieses Riesenstroms wahrgenommen, der, so war ihm klar, nur irgendwo tief im Innern eines Kontinents entsprungen sein konnte. Zum ersten und einzigen Mal in seinem Leben blitzte in ihm der Gedanke auf, daß das Land, das vor ihm lag, nicht die »Goldene Chersones«, das südlichste Vorgebirge von »Kathay«, sein konnte, sondern vielleicht eine ganz und gar unbekannte »Neue Welt« war.[2]

Dieses Buch ist ein Versuch, einige der Konsequenzen zu durchleuchten, die die unmittelbare oder mittelbare Begeg-

9

nung mit der »Neuen Welt« Amerikas für Europäer in jenen Jahren hatte, die den seiner selbst nicht bewußten spätmittelalterlichen Entdecker vom selbstbewußten modernen Forscher schieden. Es bietet eine Deutung miteinander verwobener und einander überschneidender Versuche an, die Wechselwirkungen zu verstehen, die sich daraus ergaben, daß Kolumbus am 12. Oktober 1492 an einer noch unbekannten Insel landete, die einst den Namen »Guanahani« trug. Jedes Kapitel beschäftigt sich mit einem einzelnen Autor, einer einzelnen Gruppe von Texten, bei dem oder bei der es um einen bestimmten Aspekt dieser Begegnung geht. Jedes einzelne Kapitel kann daher als ein unabhängiger Aufsatz für sich allein gelesen werden. Alle zusammen bilden jedoch eine Untersuchung dessen, was sich bald als das schwierigste der vielen Probleme erwies, vor das die »Entdeckung« Amerikas die Europäer stellte: die Möglichkeit, in den Augen vieler aber auch die Unmöglichkeit, des kulturellen Einklanges. Lange haben Europäer sich mit den Schwierigkeiten herumgeschlagen, die ihnen aus der Begegnung mit fremden Welten und deren so oftmals ganz »andersgearteten« Bewohnern erwuchsen. Seit der Antike beruhte Europas Kultur auf dem Begriff oikos beziehungsweise domus; beide Wörter bedeuten »Haus«, »Wohnstätte«, »Heimstatt«. Die Kultur, die das normative Verhalten aller Europäer prägte, war per definitionem stets das Leben in Städten. Außerhalb der Stadt gab es, wie Aristoteles im 4. Jahrhundert v. Chr. geäußert hatte, nur Ungeheuer und Helden. Natürlich gab es dann auch noch die christlichen Heiligen und die Seefahrer. Sie alle hatten die civitas hinter sich gelassen und waren hinausgezogen, sei es in der Hoffnung auf Gewinn, sei es, um Heiligkeit zu erlangen. So hatten sie sich hinaus in die Unsicherheit begeben. Erst die Erfindung des Flugzeugs befreite die Reisenden von den Konsequenzen des Reisens. Zuvor hatten Wanderungen und Nomadentum entweder als »barbarische« Phasen in der Entwicklung der Kulturen gegolten oder als wesentlicher Bestandteil des Prozesses, durch den einst »zivile« Völker, die aus ihren Wohnsitzen vertrieben wurden, mehr und mehr ihren Status der »Zivilisiertheit« verloren; und stets empfanden die Bewohner des

»zivilisierten« Westens derartige Wanderungen als Bedrohung. Allem Anschein nach konnte das moderne Europa niemals ganz vergessen, daß die großen antiken Reiche – erst die Griechen und dann die Römer –, denen die »westliche Welt« einen gewissen Grad kulturellen Zusammenhalts und damit ihre politischen und moralischen Maßstäbe verdankt, von Wandervölkern zerstört wurden, deren Beweglichkeit sie den Repräsentanten der »zivilisierten« Welt mit ihrem Beharren auf den »bürgerlichen« Vorteilen der Unbeweglichkeit militärisch überlegen machte.

Allen Europäern ist und bleibt die Vorstellung barbarischer Horden, die in Massen die Ost- und Nordgrenze des Römischen Reiches bedrängten, ein Alptraum aus einer gemeinsamen Vergangenheit. Doch wenn einerseits Wanderung mit Unordnung gleichgesetzt wurde, so war sie doch in einem anderen Sinne unvermeidlich. Denn, um mit St. Franziskus zu sprechen, war jeder Mensch in irgendeinem Teil seines Seins ein *homo viator*, ein ewiger Wanderer. Und genauso wie selbst die verbissensten endogamischen Kulturen unter gewissen Voraussetzungen ihren Trägern gestatten mußten, »aushäusig« zu heiraten, um überleben zu können, so müssen alle Kulturen, wie sehr sie auch immer auf Seßhaftigkeit fixiert sein mögen, wenigstens ein gewisses Maß an Beweglichkeit beweisen, weil es sonst keinen Fortschritt gäbe. Wie die Unbeweglichkeit, die Plato von den Bewohnern seiner idealen *polis* fordert, ist für die meisten Menschen totale Immobilität einfach kein erstrebenswerter Zustand.

Der Reisende hat allerdings auch stets etwas Vermittelndes, und die Reise diente in der Regel dazu, ein Universum vom anderen zu trennen. Der Glaube, daß Reisen nicht nur bedeute, sich von einem Ort zum anderen hin zu bewegen, sondern auch in andere Welten einzugehen, ist alt und hält sich hartnäckig. »Als ich zu ihnen (den Tartaren) kam«, schrieb der Franziskanermönch Wilhelm von Rubruck im 13. Jahrhundert, »schien es mir wirklich, als beträte ich ein anderes Universum«[3] – ein Gefühl, das etwa 500 Jahre später auch der spanische Forschungsreisende Antonio de Ulloa empfand: »Ferne Länder«, so schrieb er, »und insbesondere Spanisch-Amerika, machen auf die, die sie aus einer gewissen Distanz erleben, einen sehr fremdartigen Eindruck... Hieraus folgt, daß es, wenn man sich klarmacht, was es in ihnen an Neuem gibt, genauso wirkt, als hätte man tatsächlich eine andere Welt betreten.« Und aus diesem Grund, so schließt er, habe man »ihnen (den Ländern Spanisch-Amerikas) den Namen ›Neue Welt‹ beigelegt«.4 Die Räume, die einen Europäer von jenen »anderen«5 trennten, auf die er schließlich stoßen sollte, hatten etwas Zerstörerisches, Bedrohliches, etwas, das Zivilisation zersetzte und nur Barbarei übrigließ. Im Fall der Länder Spanisch-Amerikas stellte sich dieses Gefühl des Losgelöstseins von allem Vertrauten überdeutlich schon bei der ersten Reise ein, die dorthin führte: bei der stets schrecklichen und bisweilen tödlichen Ozeanüberquerung. Jeder, der nach Amerika reiste, mochte er nun Spanier, Portugiese, Engländer oder Franzose sein, betrachtete die Seefahrt als eine Herausforderung des Schicksals, ja (wie wir in Kapitel 2 sehen werden) als einen Übergangsritus, der denjenigen, die ihn durchlitten hatten und am Leben geblieben waren, entweder Reinheit oder eine bestimmte Sichtweise zubrachte. Lange Zeit war der Weltreisende, um Diderots Metapher zu gebrauchen, zwischen den Wänden seiner schwimmenden Welt, »eingesperrt und unbeweglich«.6 Doch oft war es einfach unvorstellbar, was ihm dabei zustieß. »Hat er viel gelitten?«, so lautet die erste Frage, die A an B richtet, als er von der Erdumsegelung des französischen Forschers Louis Antoine de Bougainville erfuhr – dies in dem Dialog, der einen großen Teil von Diderots 1773 veröffentlichtem *Supplément au voyage de Bougainville* (»Supplement zur Reise Bougainvilles«) einnimmt.7

In einem gewissen Sinn durchschritt der Seefahrer verschiedene Existenzen. Zunächst lebte er in Europa. Dann aber wurde die schwimmende Burg sein Heim, und manchmal dauerte dies monatelang. Betrat er aber schließlich dankbaren Herzens das Ufer, befand er sich sofort in der neuen Welt auf der anderen Seite, die nichts Vertrautes für ihn hatte. Nun war er wahrhaftig von allem isoliert, was er einst gekannt hatte, es sei denn, er war darauf eingestellt, den Prozeß wieder umzukehren.

Doch die Isolierung konnte niemals vollständig sein. Eines Tages kehrte der Reisende nach Hause zurück. Vielleicht war er verändert, aber immer noch hatte er ein Gefühl dafür bewahrt, wo er »zu Hause« war. Noch Generationen von Siedlern blickten auf Europa. Aus Europa bezogen sie die Legitimation ihres Handelns, und Europa diente ihnen als Modell, nach dem sie ihr Nueva España, New England und Nouvelle France aufbauten. In Kapitel 1 erörtere ich Pedro de Quirogas *Libro intitulado coloquios de la verdad* (»Gespräche über die Wahrheit«). »Barchilon«, der dort als Hauptsprecher auftritt, äußert, die Schwierigkeit bestünde darin, seine Stimme über so ungeheure Wasserwüsten zum Tragen zu bringen. Denn für den Reisenden bliebe das, was sich auf der einen Seite des Ozeans ereigne, völlig ohne Beziehung zu dem Geschehen am anderen Ufer. Die Ozeane schieden ganze soziale, kulturelle und politische Welten voneinander, in denen es – wie im Fall Francisco Pizarros – möglich war, auf der einen Seite ein des Lesens und Schreibens unkundiges Waisenkind unehelicher Herkunft und auf der anderen Marquis zu sein. Der Übergang von der einen in die andere Welt aber konnte einem nicht nur Adel verleihen, sondern das, was man gewonnen hatte, auch zerstören. Leute wie Pizarro und Cortés konnten das, was sie in Amerika geworden waren, nirgendwo sonst sein als in Amerika. Die Identitäten all derer, die in die Alte Welt mitzunehmen suchten, was sie in der Neuen erlangt hatten, schwanden dahin wie die tropischen Früchte, die die frühen Forscher in Europa anzubauen gehofft hatten. Man denke nur an den Wolof-Fürsten, den der portugiesische Chronist Rui da Pina »Bemoin« nennt.

Im Jahre 1488 kam Bemoin nach Portugal und bat um militärische Hilfe in einem Bürgerkrieg, in den er verwickelt war. Bemoin war König, und weil die Portugiesen annahmen, daß *mutatis mutandis* alle Formen staatlicher Hoheit überall auf der Welt die gleichen seien, empfing ihn João II., der sich selbst zum »Herrscher Guineas« ausgerufen hatte, wie er jeden Fürsten empfangen hätte, der ihn besuchte, d. h. er wurde mit der ihm zustehenden Kleidung, einem silbernen Teller für seinen silbernen Tisch und einer angemessenen Dienerschaft ausgestattet. Obwohl Moslem, nahm Bemoin an einer Messe teil, »um zu sehen, wie das ist«, und es überrascht nicht, daß ihn die Erhebung der Hostie so ergriff, daß er sofort von der Wahrheit des Christentums überzeugt war. Am 3. November 1488 empfingen er und sechs »Edelleute aus seinem Gefolge« die Taufe mit dem portugiesischen Königspaar als Taufpaten. Vier Tage darauf erhielt er den Ritterschlag und ein Wappen; es bestand aus einem goldenen Kreuz auf rotem Grund, umgeben von den *quinas* Portugals. In Portugal war er damit in die Hocharistokratie aufgenommen. Er war Mitglied des königlichen Hauses und Vasall des »Herrschers von Guinea«. Mit anderen Worten: Er war gänzlich zum Europäer geworden – nur daß seine Hautfarbe schwarz geblieben war. Dann kehrte Bemoin mit einer Flotte von 20 Karavellen nach Senegal zurück. Die Schiffe beförderten Soldaten und militärische Ausrüstung zu seiner Hilfe im Bürgerkrieg. Doch kurz bevor die Flotte ihr Ziel erreicht hatte, ließ der portugiesische Admiral Pero Vaz Bemoin umbringen und brachte die Schiffe wieder auf Heimatkurs. Sein Verhalten rechtfertigte er damit, Bemoin habe gegen ihn konspiriert. Da Bemoin aber ganz von den portugiesischen Truppen unter Vaz' Kommando abhängig war, ist diese Behauptung kaum glaubhaft, und Pina äußert die Ansicht, Vaz sei des Unternehmens einfach überdrüssig geworden, habe wieder nach Portugal gewollt und den Wolof-König deshalb töten lassen. Doch was immer die Ursache der Untat war – Vaz hatte sich des Königsmords schuldig gemacht, und – wie Pina selbst bemerkt – wenn Bemoin tatsächlich ein Verräter gewesen wäre, wäre es die Pflicht des portugiesischen Befehlshabers gewesen, ihn nach Portugal zurückzubringen, wo man ihm den Prozeß gemacht hätte. Wie berichtet, war König João II. auf Vaz »sehr zornig«, unternahm aber nichts. Der Grund dafür war sicherlich, wie Peter Russell vermutet, daß »sein Volk die Hinrichtung eines weißen Portugiesen von Adel nicht hingenommen hätte, nur weil dieser einen schwarzen Afrikaner umgebracht hatte, mochte dieser nun König sein oder nicht«. Dies allerdings trifft die Sache nur halb. Denn sobald der unglückliche Bemoin die Tejo-Mündung verlassen hatte, hatte er für alle Portugiesen seine Identität als

Afilhado des portugiesischen Königs eingebüßt, er war Teil einer anderen Welt geworden. Im Atlantik vor der Küste Afrikas, außerhalb der Reichweite jenes Netzes der Sitte und Kultur, das alle trug und zu dem machte, was sie waren, war Bemoin nur noch ein »Schwarzer«, eine Unperson wie jeder beliebige Sklave, den man über Bord werfen konnte, um sich auf der langweiligen Schiffsreise ein wenig Kurzweil zu verschaffen. Man konnte nicht erwarten, daß König Joãos väterliche Gefühle ihm gegenüber, nicht anders als unsere Empfindungen der Zusammengehörigkeit, sehr weit über die Grenzen seiner *domus* hinausgingen. Die Reiche von Portugal und Senegambia konnten einander allenfalls in jener Art von Legitimations-Ritualen begegnen, die es immerhin vermochten, jemanden auf die Ebene der Patenkindschaft des Königs zu erheben, für den die Portugiesen sonst nur Verachtung an den Tag gelegt hätten. Außerhalb der Kultur aber, die sie hervorgebracht hatte, besaßen diese Rituale keinerlei Geltung, keinerlei Kraft, die Phantasie zu beeinflussen. An jeder anderer Stelle und zu jeder anderen Zeit blieben die Welten, in der »Bemoin« und Pero Vaz lebten, unvereinbar.[8]

Bemoins Tragödie war ein kompliziertes Beispiel der unvermeidbaren Entwurzelung, mit der alle Reisenden zu kämpfen hatten. Kulturwechsel, wie der, den Bemoin versuchte, waren stets und unvermeidlich traumatisch. Um sich gegen den »Schock des Neuen« zu schützen, führten die meisten Europäer eine Fülle von Begriffen, Kategorien und Vorurteilen über das mit sich, was sie wohl da draußen erwarten würde. Diese vorgefaßten Meinungen sowie die Art und Weise, in der sie die ersten Versuche von Europäern beeinflußten, die Völker Amerikas zu verstehen, habe ich bereits an anderer Stelle zu schildern versucht.[9] In diesem Buch geht es um ein anderes Phänomen – nämlich darum, einige der vielen Arten und Weisen zu erforschen, in denen Europa die *Neuartigkeit* Amerikas erfuhr, wie sie ihr begegnete und sie zu erklären versuchte, und die Auswirkungen, die dies, wie man meinte, auf die Geschichte Europas haben würde.

★

Für alle Europäer hatte das, was im Oktober 1492 an der West-
küste des Atlantik geschah, die Qualität einer Entdeckung.
Etwas, wovon man zuvor schlechterdings nichts wußte, hatte
sich ihrem Blick enthüllt.[10] Nun mußte ihrem kosmographischen, geographischen und schließlich auch anthropologischen
Verständnis eine »Neue Welt« einverleibt werden. Tatsächlich
bedeutet der Begriff »Entdeckung« nicht nur im Deutschen,
sondern auch im Englischen (»discovery«) sowie in den romani-
schen Sprachen (»descubrimiento«, »scoperta« und »découverte«) nichts anderes als »Aufdeckung«, »Freilegung«, »Enthül-
lung« – mit anderen Worten: Etwas, das zuvor dem Auge
verborgen war, wird nun sichtbar. Das Wort besagt aber auch
stillschweigend, daß das, was da plötzlich zu sehen ist, bereits
existierte, bevor es ins Blickfeld des Betrachters trat. Im Gegensatz zu dem klassisch-lateinischen Ausdruck »inventio« enthält
es nicht den Beiklang, daß das, was man fand, von seinem Entdecker auch »erfunden« wurde, der damit zugleich zum »Schöpfer«, eben zum »Erfinder« wurde. Tatsächlich fehlt es nicht an
Autoren, die von einer »Erfindung« Amerikas sprachen. Martin
Waldseemüller, der erste, der den Namen »Amerika« verwendete, gehört zu ihnen.[11] Diese Autoren aber sind spärlich gesät.

Doch der Bedeutungsgehalt eines Worts ändert sich im Lauf
der Zeit. Die Europäer betrachteten ihre eigenen Kulturen
stets als privilegiert. Dem entsprach, daß sie alle anderen Kulturen als einige Grade unterlegen ansahen. Daran ist nichts
Besonderes. Die meisten Menschen ziehen einen ähnlich
scharfen Trennungsstrich zwischen sich selbst und anderen.
Was an der griechisch-jüdischen und in deren Gefolge an der
christlichen Weltsicht verblüfft, ist, daß sie nicht allein auf
einer intuitiven Reaktion, auf Verschiedenheiten, sondern auf
einer Darstellung der Art und Weise beruhen, in der die Welt
erschaffen wurde. Die Natur ist, so lautet das Argument, ein
gewaltiges Potential, eine träge, inaktive Masse, die erst durch
zielgerichtetes und zweckmäßiges menschliches Handeln ihre
aktuelle Form erhält. So sind, um mit Aristoteles zu sprechen,
alle Bäume potentielle, aber keine aktuellen Stühle. Vielmehr
bedarf es der besonderen Fertigkeit *(ars, techne)* eines Tisch-

lers, um einem Baum zur Verwirklichung der ihm innewohnenden »Stuhlheit« zu verhelfen. *Techne* oder, wie wir heute
sagen würden, »Technik« (lat.: *ars*) oder gar »Technologie«
(ein Begriff, der im Lateinischen, der anderen antiken Sprache, die unser wissenschaftliches Vokabular beherrscht, durch
scientia wiedergegeben wird, woraus dann im Englischen
science wurde, das fast nur noch »Naturwissenschaft« bedeutet), das alles sind nur Bezeichnungen für die Fähigkeit des
Menschen, die Welt nach seinen Bedürfnissen zu gestalten.
»Sogar die Kunst«, sollte später der schottische Sozialtheoreti-
ker Adam Ferguson bemerken, »ist dem Menschen angeboren... vom Beginn seines Daseins ist er dazu bestimmt, zu erfinden und zu planen.«[12]

Außergewöhnlich ist auch die Auffassung der Europäer, daß
die Umgestaltung der Natur auf diese Weise ein wesentlicher
Teil dessen sei, was einen Menschen ausmacht, da kein Geringerer als Gott dem Menschen die Natur zu seinem Nutzen
gegeben habe. So werde der Mensch dazu ermutigt, in der
natürlichen Welt einen Entwurf zu sehen, der die letzte Frei-
setzung der ihm innewohnenden Gestalthaftigkeit durch ihn,
den Menschen, erfahre. Wer dies verstand und sich der *scientia* bedienen konnte, um die Natur zu meistern, war »gesittet«
oder »zivilisiert«. Wer dies aber nicht tat, galt entweder als
»Wilder« oder als »Barbar«. Entdeckung in diesem Sinn war
stets das wichtigste Ziel der europäischen Wissenschaft und ist
es geblieben. Und insbesondere die Entdeckung Amerikas
wurde, wie wir in Kapitel 3 sehen werden, als hervorragendes
Beispiel einer ganz besonderen Art wissenschaftlicher Leistung geschildert und dann mythologisiert.

Die Mutmaßung, die Natur sei eine verborgene Kraft, die
der Mensch zu nutzen gezwungen sei, ist in letzter Instanz
dafür verantwortlich, daß der »Westen« die technologische
Herrschaft über einen großen Teil des Erdballs gewann. Und
sie führte zu der stillschweigenden Annahme, daß die »Entdeckung« Afrikas, Amerikas sowie, in geringerem Maß, Indiens in einem nie genauer spezifizierten Sinne die Völker der
betreffenden Länder der Welt einverleibte. Sogar Bartolomé
de Las Casas, auf dessen Schriften ich in Kapitel 2 eingehen

werde und der im 16. Jahrhundert sowohl der freimütigste Vorkämpfer für die Rechte der Eingeborenen Zentral- und Südamerikas als auch deren gründlichster Historiker war, betrachtete Amerika, als ob es in tiefer Dunkelheit gelegen hätte, unbeachtet, unbekannt und, was wesentlich ist, ohne einen Platz in der Menschheitsgeschichte, bis Kolumbus in diesen Erdteil gestolpert war. Las Casas behauptete, sein Blick, der Blick aller Europäer, bedeute allein für alle Völker überall auf der Welt Existenz. Einmal aber »entdeckt«, wurden die Indios Las Casas' beständiges moralisches Anliegen. »Unentdeckt« besaßen sie überhaupt keine moralische Existenz. Damit erklärt sich auch die Rolle, die Kolumbus in Las Casas' Darstellung spielt. Er ist der Lichtbringer, der »Christusträger«, der Entdecker und schließlich der »Kolonisator«. (Las Casas spielt hier mit den Namen Kolumbus', dessen Vorname Christoph tatsächlich »Christusträger« bedeutet und dessen Nachname, Kolumbus, im Spanischen »Colón« lautet.) Die Räuberbande, die ihm folgte und ausschließlich persönliche Bereicherung im Sinn hatte, war dafür verantwortlich, daß Las Casas im Titel seines berühmten Werks von »der Zerstörung der Länder Indiens« sprach. Im Gegensatz dazu ist Kolumbus gleichsam der Verwirklicher des eigentlichen Akts einer spontanen Schöpfung. Wie Las Casas annahm, hatte er auch einen meisterhaften Plan für die friedliche und kooperative Kolonisierung der nachmals spanischen Gebiete Mittel- und Südamerikas – einen Plan, wie ihn Las Casas selbst immer wieder mit Nachdruck der Regierung Kastiliens zu empfehlen suchte. Diese Vorstellung, wonach Kolumbus' Reisen nichts mit den mörderischen Kolonisierungsversuchen zu tun hatten, die ihnen folgten, hielt sich bis gut ins 18. Jahrhundert hinein. Sie taucht in der Lobpreisung auf, die der Abbé Raynal (dem wir in Kapitel 5 wiederbegegnen werden) dem »Entdecker« widmete[13], desgleichen in Werken wie Joseph Mandrillons *Recherches philosophiques sur la découverte de l'Amérique* (»Philosophische Untersuchungen über die Entdeckung Amerikas«, 1784), das Kolumbus als Schöpfer »neuer Routen über den Ozean« feiert, deren eigentlicher Zweck es gewesen sei, »Bindeglieder der Brüderlichkeit zwischen den beiden Wel-

ten« zu schaffen. Die schrecklichen Ereignisse, die darauf folgten, seien keine Folge der Entdeckung an sich, sondern das
Resultat der »Gemeinheit und Frevelhaftigkeit« späterer Jahrhunderte gewesen.[14]

Wenn Las Casas die in Amerika lebenden »Indianer« aber als
Menschen bezeichnet, die »seit der Sintflut hinter den ver-
schlossenen Türen des Ozeans« gelebt hatten, Türen, die Kolumbus aufschloß[15], so spielt er damit keineswegs auf ihre
technische oder politische Kultur an (die für ihn ebenso viel
wert war wie irgend etwas, das einst die Griechen oder Römer
geschaffen hatten), sondern ihm ging es allein darum, daß sie
bis zu Kolumbus' Ankunft nicht das geringste vom Christentum vernommen hatten. Der gesamte Ozean hatte sie von der
Welt geschieden. Da aber für die Menschen am Beginn der
Neuzeit die *communitas christiana* das Erbe der griechischen *oi-
kumene*, der Gemeinschaft der Menschen, angetreten hatte,
bedeutete das Ausgeschlossensein von ihr eine Form der
Nichtexistenz. Die Moral-Geographie Europas bot das Bild
einer sorgfältig definierten Welt. Jenseits der Grenzen dieser
bekannten Welt gab es nichts als Dunkelheit. So lange aber im
Dunkeln ausgeharrt zu haben, ließ zumindest bei manchen
den Gedanken aufkommen, daß es mit diesem Amerika etwas
Unnatürliches auf sich habe. Wie 1513 der Jurist Juan López de
Palacios Rubios äußerte, hätte Gott, wenn die Indianer eine
wertvollere Rasse wären, ihnen schon früher Missionare geschickt, wie er St. Peter zu Cornelius gesandt habe, den Apostel Paulus zu den Korinthern und Augustinus zu den Englän-
dern, die ja schließlich auch ein Volk seien, das außerhalb der
bewohnbaren Welt gelebt hatte.[16] Daß nun aber diese Amerikaner ihren europäischen Eroberern auch noch technologisch
unterlegen waren, schien die noch lange nachhallende Auffassung zu bestätigen, daß sie und das Land, das sie bewohnten,
mit Las Casas' Worten so lange »abgeschnitten« waren, bis
1492 Kolumbus kam. Die große Debatte über die angebliche
naturbedingte Unterlegenheit Amerikas, seine absolute geo-
logische Jugend im Verhältnis zu den drei anderen Kontinenten – eine Diskussion, die im 18. Jahrhundert begann und von
der sich noch bei Karl Marx Nachwirkungen finden –, war die

Fortsetzung dieser Auffassung, wenn auch nur in säkularisierter Form.[17] Sogar Humboldt, der so sehr bemüht war, in seiner Kosmologie Entfernungen schrumpfen zu lassen sowie die gesamte Welt zu erfassen und zu umgreifen, wünschte wenigstens, den Unterschied zwischen den »Alten« und den »Neuen« Kontinenten beizubehalten. Amerika, so glaubte er, sei eine viel jüngere Schöpfung als Europa, und seine Bewohner, so viel sie fraglos auch geleistet hatten, befänden sich noch auf einer Stufe, auf der ihre Künste – für Humboldt der hervorragendste Hinweis auf den kulturellen Stand eines Volks – lediglich von historischem Interesse sein konnten. Im Gegensatz dazu hätten die Völker Europas, ja sogar Asiens, Darstellungsstile entwickelt, die wegen »der Harmonie und Schönheit ihrer Formen« Zeit und Raum überdauert hätten. »Man darf sich nicht«, so schrieb er,

über die Grobheit der Stile und die Ungenauigkeit der Linienführung bei der Kunst der Völker Amerikas wundern. Von allen anderen getrennt, und dies vielleicht seit Beginn der restlichen Menschheit, in einem Lande ihr Dasein fristend, wo der Mensch lange Zeit gegen eine wilde Natur anzukämpfen hatte, die sich stets in Aufruhr befindet, konnten sich diese Völker, sich selbst überlassen, nur langsam entwickeln.[18]

Wie Condorcet, der 1793 aus seinem Versteck ein künftiges europäisches Weltreich voraussah, das den Völkern Amerikas keineswegs Sklaverei, sondern »Aufklärung« bringen werde, hoffte auch Humboldt auf eine Zukunft, in der die Europäer in der Lage wären, den amerikanischen »Indianern« in ihrem langwierigen und mühevollen Kampf um die »Zivilisation« beizustehen. Eine solche Zivilisation wäre, so argumentierte er, als die des klassischen Altertums und seiner neuzeitlichen Erben charakterisiert und zeichne sich durch die Fähigkeit aus, transzendente Kunstwerke zu schaffen und den Kosmos mit Hilfe der Naturwissenschaft zu begreifen.[19] Das Frontispiz seines *Atlas géographique et physique de Nouveau continent* (»Geographischer und physikalischer Atlas des neuen Erdteils«, 1814) versuchte, diese Vorstellung zum Ausdruck zu bringen. Die antiken Gottheiten Minerva und Merkur, die

20

HUMANITAS. LITERÆ. FRUGES.

Plin. epist. l. VIII ep. 24

1

Griechenland und Rom verkörpern, helfen einem gestürzten Azteken auf die Beine. Beigefügt hat Humboldt eine Bildunterschrift, die dem 8. Buch der Briefe Plinius' des Jüngeren entnommen ist: *Humanitas, literae, fruges*, »die Freien Künste, Wissenschaft und Landwirtschaft«[20] (siehe Abb. 1). Humboldt konnte hoffen, daß die Amerikaner eines Tages wie die Europäer, Tibeter oder andere asiatische Völker sein würden, mit denen er sie vergleicht. Doch zu seiner Zeit waren, wie es auch die Abbildung zeigt, seine und ihre Welt absolut nicht gleichrangig. Als Teil eines gewaltigen Raums und einer Umwelt sowie als eins mit der Pflanzenwelt und der Geologie betrachtet, war der »Eingeborene« Amerikas – und dies blieb er, zumindest für den Augenblick – der »andere«.

★

»Entdeckung« aber war – jedenfalls zu Beginn – lediglich die erste Phase der Begegnung Europas mit Amerika. Was dann folgte, war ein langsamer und bisweilen schmerzlicher Assimilierungsprozeß. Die Eroberer und Kolonisatoren Amerikas taten ihr Bestes, um diese »Neue Welt« und ihre Bewohner nach Maßgabe der »alten« umzuformen. Flora und Fauna Amerikas wurden in die klassischen botanischen und biologischen Kategorien gezwängt, und die amerikanischen »Indianer« brachte man immer wieder mit Orten, Völkern und Ereignissen in Europa oder Asien in Verbindung. Bei all diesen Versuchen, den neuen Kontinent bis zu einem gewissen Grad mit dem alten vergleichbar zu machen, war der Standpunkt stets unverrückbar europäisch. Wie ich an anderer Stelle zu zeigen versucht habe, ließ sich dies nicht vermeiden. Es war weit mehr als ein bloßes »Vorurteil« oder der Unwille, sich dem Neuen zu stellen und seine Existenz anzuerkennen. Die meisten Europäer, und mit Sicherheit die, die in den ersten drei Jahrhunderten nach der »Entdeckung« nach Amerika reisten, gehörten Geisteskulturen an, für deren Weltbild die Überzeugung charakteristisch war, daß alles auf der Welt nach vorgegebenen Gesetzen abliefe – dem »Gesetz der Natur«, *ius naturae* – und im Rahmen dieses Gesetzes erklärt werden könne.

Die meisten aber, die tatsächlich nach Amerika gingen, sei es als Händler, als Siedler oder Missionare, kamen nicht daran vorbei, diejenigen, denen sie in Amerika begegneten, unter deren eigenen Lebensbedingungen zu erleben. Schließlich befanden sie sich ja auf deren eigenem Grund und Boden. Und obwohl sie, was sie erlebt hatten, nur berichten konnten, wie es ihrer europäischen Vorstellungswelt entsprach, so erwiesen sich doch die Erwartungen, die sie an Amerikas Bewohner herantrugen, als sehr flexibel. Die meisten Europäer vermochten Machtstrukturen fast jeder Form zu erkennen. Sie erlebten unterschiedliche Heiratsbräuche, unbekannte Formen des Gütertauschs sowie religiöse Praktiken, die ihnen teuflisch oder kindisch zu sein schienen. Alles jedoch, das durch die Raster ihres begrifflichen Denkens fiel, konnte nur »erstaunlich« oder »märchenhaft« sein. Die meisten, die Europa verließen und aus welchem Grund auch immer »fremde Welten« aufsuchten, begaben sich mit einem festen Bestand seltsamer Menschen- und Tierformen auf den Weg, der dazu verhalf zu individualisieren, was ansonsten eine Reihe ganz und gar amorpher Begriffe gewesen wären. Kolumbus glaubte, er habe Kannibalen gefunden und das irdische Paradies entdeckt; eine Expedition wurde ausgesandt, die die Quellen der ewigen Jugend suchte; Generationen spanischer Forscher behaupteten, sie hätten Beweise für die Existenz von Riesen zutage gefördert, und sogar der sonst ziemlich nüchterne Hernán Cortés fand beinahe das Reich der Amazonen. Derartiges existierte außerhalb der realen Zeit und des realen Raums. Es konnte für bare Münze genommen werden, weil die Form, in der man diese Dinge ausdrückte, es dem Hörer oder Leser nicht ermöglichte, detaillierte Fragen zu stellen. Sobald aber das Wundersame erst einmal feste Gestalt angenommen hatte, mußte es irgendwie in das Raster eingefügt werden, damit es einen Platz auf der Skala der normativen Erwartungen Europas erhielt. Solange der Reichtum des monogolischen Großkhans lediglich als »märchenhaft« geschildert wurde, nahm man das hin. Doch als Marco Polo erklärte, er beliefe sich auf »14.700.000 Goldstücke«, wurde er als »Il millione« verspottet, und seine

Freunde bedrängten ihn noch auf dem Totenbett, seinen »Lügen« abzuschwören.[21]

Amerika aber war stets eine gemischte Welt, eine Welt, in der man am Ende einer Straße hundsköpfigen Menschen oder Kannibalen begegnen konnte und in der, wie ein spanischer Reisender des 18. Jahrhunderts spöttisch bemerkte, die Frauen im Stehen urinierten, wogegen die Männer die Kinder auf dem Rücken trugen.[22] Kurz – Amerika war, wie der italienische Missionar Filippo Salvatore Gilii im 18. Jahrhundert beklagte, eine Welt, die nicht durch ihre wirklichen Qualitäten bekannt war, die denen der gesamten übrigen Welt glichen, sondern sich »nur durch ihre Wunder von ihnen unterschied«.[23] In dieser Hinsicht war Amerika stets beunruhigend »neu« und wird es stets bleiben. Und wie alles Neue verfügte es über eine mächtige Fähigkeit zur Absorption. Die meisten europäischen Siedler machten diese Erfahrung: Sie mochten noch so sehr versuchen, in der Neuen Welt ein selbstgenügsames europäisches Ambiente für sich zu schaffen – mit der Zeit wurde daraus etwas ganz anderes, als was sie beabsichtigt hatten, etwas unausweichlich »Amerikanisches«. Schon aus diesem Grund, wenn nicht noch aus anderen mehr, schien Amerika späteren Generationen von Einwanderern, die jegliche Spur dessen hinter sich zu verwischen suchten, was sie einst gewesen waren, zu versprechen, ein wirklich »neues« Leben anfangen zu können.

Amerika unterschied sich auch darin von allen »anderen« Welten, daß bis zu Kolumbus' Landung seine bloße Existenz unbekannt war. Wenn, wie der hugenottische Missionar Jean de Léry bemerkte (auf den ich in Kapitel 1 eingehen werde), Amerika nur ein weniger bekannter Kontinent gewesen wäre, »dann könnte man im Hinblick auf uns auch Asien und Afrika als neue Welten bezeichnen«. Doch es war weit mehr als das. Amerika war wirklich anders, und manche hegten sogar die Vermutung, es sei in einem anderen, späteren Schöpfungsakt entstanden. Ja – im 17. Jahrhundert gab es eine Reihe von Denkern, unter ihnen Andrea Cesalpino, Girolamo Cardano und der Erzhäretiker Giordano Bruno, die der Ansicht waren, die Indianer Amerikas seien durch Spontanzeugung entstanden oder die Nachkommenschaft nicht eines einzigen, sondern mehrerer Adame – Hypothesen, die an der Basis der heiligsten Lieblingsvorstellung des griechisch-christlichen Kulturkreises rüttelten: der Vorstellung von der Integrität der Menschheit.[24] Amerikas bloßes Dasein wurde so zum unentrinnbaren Bestandteil des europäischen Vermächtnisses der Vergangenheit. Es bildete eine Trennlinie zwischen zwei Epochen, ein bequemes Datum, um eine völlig neue Periode, in der die Vorstellung der Menschheitsgeschichte als kontinuierliche Entfaltung eines göttlichen Plans – Augustinus' *ordo saeculorum* – durch das Modell eines beständigen Voranschreitens zur Vollkommenheit, zur Entwicklung rein menschlicher Ziele abgelöst wurde. Außerdem durchkreuzte Amerikas Entdeckung eine andere mächtige Tradition europäischen Denkens: die Abhängigkeit allen Wissens von der Deutung und Auslegung *(Exegese)* biblischer Texte. Gemäß dieser Tradition mußte alles, was man wissen konnte, mit Äußerungen antiker Denker in Übereinstimmung zu bringen sein, die einem sakrosankten Kanon biblischer, aber auch nichtbiblischer Autoren angehörten. Amerikas Entdeckung durchkreuzte diese Tradition zu einer Zeit, als sie, wie wir sehen werden, außerdem von innen her bedroht wurde – vom Empirismus eines Bacon, vom Skeptizismus eines Descartes sowie – dies später – von der Physik eines Galilei. Der königliche Beichtvater Louis Genty äußerte ziemlich wehmütig am Vorabend der Französischen Revolution, daß – wenn die Menschheit die Bedeutung der Entdeckung Amerikas gebührend gewürdigt hätte, wenn sie ihr gestattet hätte, den »allgemeinen Impuls des Geists zu ändern und ihn auf neue Ziele zu lenken, die ihrer Erforschung würdiger wären« – es dann zur »Modernität« gekommen wäre, ohne daß man seine Zuflucht zum Skeptizismus hätte nehmen müssen, und, so wenigstens sah er es, ohne den daraus folgenden Zusammenbruch des christlichen Glaubens.[25]

★

Mochte man Amerikas Entdeckung in eine – als Geschichte der Selbstvollendung des Menschen durch das Verständnis seiner Welt aufgefaßte – Wissenschaftsgeschichte einfügen, dies bewirkte wenig im Hinblick auf das Vertrautwerden der Europäer mit dem, was Amerika wirklich war. China, Afrika und Indien waren langsam, wenn auch unklar, Bestandteile des europäischen Weltbilds geworden. Alle drei Erdteile kannte man seit dem Altertum, und sie waren auch seit der Antike Gegenstand von Erörterungen. Auch in nachklassischer Zeit hatte es mit ihnen – wenn auch relativ spärlich – Kontakte gegeben. Die Portugiesen eroberten Inseln – Goa, Makao, São Tomé – und errichteten in Afrika sowie in Asien Handelsstationen wie San João da Mina, Arguim und Ormuz. Doch nur in Amerika ließen sich vor dem 19. Jahrhundert in großem Stil Europäer nieder. Die Spanier erniedrigten die einheimische Bevölkerung ihrer Kolonien zu einer Klasse von Sklaven. Dabei zerstörten sie, was noch von den Kulturen dieser Völker übriggeblieben war. Einige der Charakteristika der indianischen Welt – so die Kulturgefüge, die die »Reiche« der »Inka« und der »Azteken« getragen hatten – verschwanden für immer. Anderen kulturellen Formen, so dem religiösen und sozialen System der Maya auf Yukatan[26], gelang es, in einer sich beständig ändernden Wechselbeziehung mit dem Christentum und den Gesellschaftsstrukturen der neuen Siedler zu überleben. Als den Portugiesen erst einmal klargeworden war, daß die brasilianischen Stämme am Ufer der Karibik schlechte Arbeitskräfte hervorbrachten, trieben sie die eingeborenen Stämme tiefer und tiefer in die tropischen Wälder. Und die Briten taten, was sie konnten, um diejenigen zu vernichten, die ein Kolonist einst als »Biber an unseren Flüssen« bezeichnet hatte.[27] Nur die Franzosen, die sich zumindest bis zum 19. Jahrhundert stets am Rand der einheimischen Gesellschaft Amerikas bewegten, entwickelten in den berühmten »Buschläufern« *(coureurs de bois)* etwas, was sehr nahe an eine Mischgesellschaft herankam, so daß sich 1768 Peter Kalm veranlaßt sah, zu erklären, daß »die Franzosen in Kanada in vieler Hinsicht den Bräuchen der Indianer folgen«.[28] Dies aber war nur von kurzer Dauer, und sogar Persönlichkeiten wie der skurrile Baron Lahontan (dem wir in Kapitel 4 wiederbegegnen werden), der zwar fraglos Sympathien für das empfand, was sich ihm als »Tugenden der Indianer« darstellte, nahm andererseits bereitwillig am Kriegszug gegen die Irokesen teil, dessen Endziel darin bestand, diesen Volksstamm im Interesse der französischen Krone zu unterwerfen, und wenn nötig, auszurotten.

Kolonisierung sowie die wechselseitige Erfahrung kultureller Entlehnung, welche die Kolonisation einschloß, brachte den halbmythischen und oft mythologisierten »Wilden« der europäischen Welt sehr viel näher, als er es je im Altertum und im Mittelalter gewesen war. Bisher war ihm der europäische Reisende stets nur auf seinem eigenen Terrain begegnet. Männer wie Marco Polo oder der Venezianer Alvise da Ca' da Mosto, der uns die detaillierteste Beschreibung des Kongo im 15. Jahrhundert hinterließ, waren Beobachter, privilegierte Außenseiter, die Einblick erlangt hatten. Ihr Interesse an den kulturellen Praktiken der Völker, denen sie begegneten, war beträchtlich. Wie der amerikanische Völkerkundler James Boon bemerkte, bedurfte es seitens eines mittelalterlichen Händlers einer beträchtlichen Vorstellungskraft, um einen Araber, mit dem er sich durch Zeichen und eine rudimentäre *lingua franca* verständigte, zu fragen, ob dieser Araber heiratete, und wenn, ob die Tochter des Bruders seiner Mutter seine Frau würde.[29] Diese objektivierende Gewohnheit, die sich allem Anschein nach so viele europäische Reisende zu eigen gemacht haben, war klarer Bestandteil der europäischen Kultur, und dies seit einem sehr frühen Zeitpunkt. Doch es war die Kolonisation, die diese Gewohnheit direkt auf die Konflikte anwendbar machte, die durch die Berührung verschiedener Glaubenssysteme und verschiedener Lebensweisen hervorgerufen wurden. Für die Händler war es von geringer Bedeutung, wen der Araber heiratete. Für den Kolonisten und den Missionar dagegen konnte es entscheidend sein. Es war Kolonisation, die auf »Wilde« und »Barbaren« und mit ihnen auf das Problem der Intelligibilität anderer Welten Druck ausübte – dies in Übereinstimmung mit dem Bewußtsein der Europäer. In Europa war die Folge davon die Schritt für Schritt vor sich gehende Herausbildung eines mächtigen, in sich widerspruchsvollen Mythos, des in der ersten Hälfte des 18. Jahrhunderts kursierenden Mythos des *bon sauvage*, des »edlen Wilden«. Die letzten beiden Kapitel dieses Buchs werden sich auf unterschiedliche Art mit unterschiedlichen Aspekten dieses Mythos beschäftigen.

Die Vorstellung eines »edlen Wilden« war keineswegs aus einem Guß oder eindeutig. Selbst bei denen, die sich ihrer am häufigsten bedienten, so beispielsweise Rousseau und Diderot, weist er eine Reihe unterschiedlicher Attribute auf, angefangen von Rousseaus schwachen Kariben bis hin zu dem weisen *vieillard* in Diderots *Supplément au voyage de Bougainville*. Doch welche Wesenszüge er auch aufwies, er verkörperte stets Welten, die wir verloren haben. Er sprach, wie wir einst sprachen, und lebte, wie wir einst lebten. Mit anderen Worten: Er begann, eine entscheidende Position in einer sich einmalig entwickelnden, auf Vermutungen beruhenden Geschichte der Ursprünge des Menschen einzunehmen. Ursprünglich wurde die Bezeichnung »wild« allein auf Pflanzen angewendet. Auf Menschen wandte man sie erstmals im 17. Jahrhundert an. Ihre moderne Bedeutung gab ihr Montesquieu in einem kurzen, aber immens einflußreichen Abschnitt seines Werks *De l'esprit des lois* (»Vom Geist der Gesetze«, 1748). Hier spricht er von den brasilianischen Tupinambas und charakterisiert sie deshalb als »Wilde«, weil sie »nicht die Fähigkeit, sich (in Gruppen) zu vereinigen« *(ne peuvent pas se réunir)* besäßen, d. h. soziale Strukturen zu bilden. Dies unterscheide sie von den »Barbaren«, die – wie beispielsweise tartarische und mongolische Hirtenvölker – sich zu einfachen sozialen Gruppen zusammenschlossen.[30] Aus verschiedenen Anspielungen in seinen *Fragments politiques* läßt sich schließen, daß Rousseau gehofft hatte, auf der Grundlage dieser Unterscheidungen eine ganze »Sittengeschichte« zu verfassen.[31] Die Kategorie eines gänzlich vor-sozialen Wesens, die Montesquieu somit geschaffen hatte, befreite die Menschheitsgeschichte von jeglicher Belastung durch die Annahme halbtierischer Vorstufen auf ihrem leidensvollen Weg zur Gesittung, für die der »Barbar« stand. Der »Wilde« befand sich ganz am Anfang des sozialen Verhaltens der Menschheit... Hier gab es einen universellen Typus dessen, was alle Menschen längst gewesen waren, bevor sie, mit Rousseaus Worten, »domestiziert« wurden – ein spezifischer Beweis des Fortdauerns und der Universalität der »menschlichen« Natur.

Echte »Wilde«, sowohl in Amerika als auch auf den neu entdeckten Inseln des Pazifik, lieferten nun die Details für eine Anzahl auf Vermutungen basierender Darstellungen der Menschheitsgeschichte – Darstellungen, die bisweilen, wie Rousseaus *Discours sur l'origine de l'inégalité parmi les hommes* (»Diskurs über den Ursprung der Ungleichheit der Menschen«, 1754), mehr oder weniger ausdrücklich das Ziel verfolgten, die biblischen Erzählungen von der Erschaffung und Verbreitung der Menschen zu verdrängen. Eine dieser Darstellungen, auf die ich hier in Kapitel 4 eingehen werde, hat die Geschichte der Sprachen zum Gegenstand. Eine andere ist einerseits die Geschichte der Entwicklung der menschlichen Fähigkeit, Gemeinschaften zu gründen, und andererseits der zunehmenden geistigen Erfassung der Welt bzw. der Welten durch den Menschen, in der bzw. in denen er lebt. Diese erörtere ich in Kapitel 5. Beide Arten von Geschichtsdarstellungen waren Ergebnisse einer Reihe von Begegnungen zwischen Europa und seiner Neuen Welt. Weitgehend handelt es sich um Betrachtungen der Rückwirkungen, die der Prozeß der Kolonisation auf Europa hatte. Im frühen 19. Jahrhundert, der Zeit, in der dieses Buch endet, war das Erbe des Imperiums Gegenstand intensiver Kritik geworden. Drei Jahrhunderte lang hatten Europäer damals schon in engen und ausgedehnten Kontakten mit den amerikanischen »Anderen« gestanden. Doch diese hatten wenig oder gar nichts bewirkt, um die kulturelle Trennung zwischen beiden Kontinenten zu überbrücken. Statt der »Aufklärung«, was immer man darunter verstand, hatten die Europäer den Völkern, die sie unterworfen hatten, letztlich nur Tod und Krankheiten gebracht. Und die Reisenden, die Forscher und die Siedler, die nach Amerika gegangen waren, hatten, nach Europa zurückgekehrt, kein größeres Verständnis des Rätsels »Menschheit« mitgebracht, sondern nur Schätze aus kostbarem Metall sowie neue Krankheitserreger, Wahnvorstellungen und Deformationen ihrer Moral.

I

DAS PRINZIP DER ANEIGNUNG

Se aleja el Continente con bruma hacia más brumas,
Y es ya rincón y ruina, derrumbe repetido
Rumores de cadenas chirrirando entre lodos
America, mi savia; ¿nunca llegaré a ser?
Apresúrame, please, esta metamorfosis.

Jorge Guillén, *Maremágnum*

Gonzalo Fernández de Oviedo, Verfasser einer der frühesten Darstellungen der Geschichte Amerikas, blickte mit Widerwillen auf die »Eingeborenen« der Antillen. So ansprechend ihre Erscheinung bisweilen auch war, ihre Bräuche erschienen ihm bestialisch. Für seinen Geschmack waren die Antillen-Bewohner zu sehr an Sexualität interessiert, und es fehlte ihnen jegliche erkennbare soziale Ordnung. Allerdings besaßen sie zumindest etwas, das sie entschuldigte – sie waren (oder wenigstens schien es so) von einer – wie Oviedo es nennt – »bemerkenswerten Religiosität« erfüllt. Diese religiöse Hingabe war vielleicht am falschen Platz, da das Wesen, das sie mit so offenkundiger Begeisterung verehrten, ein Gott namens *cemi* war, was – Oviedo zufolge – nichts anderes war als ein lokaler Name für »Lucifer«. Allerdings hatte für den praktizierenden Christen Oviedo jede Form der Frömmigkeit ihr Gutes, wem immer sie galt.

Schon Kolumbus, so abermals Oviedo, habe die fromme Zuneigung der Indianer zu ihrer Gottheit bemerkt. Allerdings muß die Folgerung, die Kolumbus aus seinen Beobachtungen zog, heutigen Lesern als ziemlich abwegig erscheinen. »Der Admiral Don Christopherus Kolumbus«, schrieb Oviedo,

der erste Entdecker dieser Gegenden, weigerte sich als katholischer Kapitän und als guter Gouverneur, den Christen die Gewinnung von Gold zu gestatten, ohne zuvor gebeichtet und die Kommunion empfangen zu haben. Denn er hatte von den Minen von Cibao gehört und sah, daß die Indianer in den Bächen und Flüssen Gold schürften, ohne danach graben zu müssen, nachdem sie die erwähnte Zeremonie begangen und so ihre Frömmigkeit unter Beweis gestellt hatten. Die Indianer, so sagte er, verbrachten zuvor 40 Tage, ohne ihre Frau (oder andere Frauen) anzurühren, und hielten strenges Fasten ein. Und sie sagten, wenn sie eine Frau anrührten, fänden sie kein Gold. Deshalb sprach er, wenn diese Indianer derartige Riten vollzögen, gäbe es für die Christen um so mehr Grund, von ihren Sünden abzulassen und ihre Fehler einzugestehen, damit Gott ihnen, wenn sie sich bei ihm, unserem Erlöser, in Gnade befänden, um so freigebiger die zeitlichen wie geistlichen Güter gewähre, die sie suchten. Diese frommen Praktiken, kommentierte Oviedo, gefielen aber nicht jedem, denn die Männer erklärten, diejenigen, die ihre Frauen in Spanien hätten, lebten ohnehin sehr viel enthaltsamer als die Indianer, und das gelte umgekehrt auch für die Frauen, und was das Fasten anginge, so seien viele kurz davor, Hungers zu sterben.[1]

Diese Anekdote ist die früheste ausführliche Darstellung einer Begegnung zwischen den religiösen und sozialen Praktiken einer europäischen Kultur mit einer amerikanischen. Auf den ersten Blick scheint es wenig mehr als ein Bericht über das Unverständnis zu sein, das die meisten Europäer im ausgehenden 15. Jahrhundert Kulturwelten entgegenbrachten, die nicht die ihren waren. Selbst aber wenn wir davon ausgehen, daß alles, was Kolumbus hier tat, nichts anderes war, als das, was sich ihm als Akt einer »bestialischen« Frömmigkeit darstellte, durch einen anderen aus dem Bereich seiner eigenen Erfahrungen zu ersetzen, so bleibt doch seine Handlungsweise bemerkenswert genug. Wenn wir uns eingehender mit seinen Handlungen beschäftigen, so unreflektiert sie eindeutig waren, führt uns dies ein gutes Stück nicht nur in die stets unklaren Gedankengänge des Kolumbus, sondern auch in die charakteristischen verwickelten Probleme, denen sich alle frühen Siedler in Amerika gegenübersahen. Auf der Grundlage dessen, was wir über andere polytheistische Gruppen mit ähnlichen Bräuchen wissen, dürfen wir wohl annehmen, daß die Taino auf Hispaniola glaubten, Substanzen im

Übergangsstadium zwischen ihrem natürlichen Zustand und dem Zustand nach ihrer Bearbeitung durch den Menschen seien gefährlich. Sie glaubten auch, etwas, das im Wasser läge, befände sich weder auf noch unter der Erde. Weiterhin waren sie der Ansicht, daß derartiges Material wegen der zerstörenden Kraft, die ihm innewohne, stets etwas beinahe Numinoses habe. Wie einer von Kolumbus' Gefährten, Ramón Pane, beobachtete, wendeten die Taino entsprechende Vorsichtsmaßnahmen an, wenn sie »Götzenbilder herstellten«, denn in ihrem Übergangszustand wohnte dem Holz oder dem Ton, aus denen diese Idole angefertigt wurden, die gleiche gefahrbringende Instabilität inne.[2] Als »christlicher Kapitän« aber wußte Kolumbus nichts von den Gefahren, die mit Materialien in deren Übergangszustand verbunden waren. Er versuchte, einem ihm ursprünglich fremden Verhaltensmuster Sinn zu geben, das offensichtlich die von ihm gewünschten Resultate zu erzielen vermochte, so »unzivilisiert« es ihm auch zu sein schien. Die Indianer fanden Gold, und dies nach einer Reihe von Ritualen, die verblüffend manchen Ritualen ähnelten, wie sie auch bei Christen üblich waren. Wenn also auch Kolumbus Gold finden wollte, schien es nicht unvernünftig, daß auch er Riten der gleichen Art vollzog bzw. ihre Begehung von seinen Leuten verlangte. Um allerdings etwas besser zu verstehen, was er mit dieser anscheinenden Übernahme einer indianischen Verhaltens- weise bezweckte, müssen wir einen tieferen Blick auf seine vieldiskutierte Einstellung zu Gold werfen.

Kolumbus hatte ein intensives Gespür für die Numinosität des Golds. Seine Tagebücher und Briefe sind voll von quasi mystischen Anspielungen auf die Verlockungen edler Metalle. Eine berühmte Passage des Tagebuchs seiner vierten Reise, das er im Juli 1503 verfaßte, lautet:

Genuesen, Venezianer und all jene Völker, die Perlen und Edelsteine sowie andere Kostbarkeiten besitzen, bringen diese bis an die Grenzen der Erde, um sie zu Gold zu machen. Gold ist am edelsten, aus Gold legt man sich Schätze an, und wer es besitzt, kann auf der Welt tun, was er will. Es bringt sogar Seelen ins Paradies.[3]

Dies ist mehr als die banale Behauptung, daß Reichtum Macht bedeute, oder daß das Spenden von Almosen Heil bringe.

Gold war ein Symbol der göttlichen Weisheit. Für Kolumbus, der Papst Alexander VI. versicherte, er habe auf Hispaniola die sagenhaften Minen König Salomos gefunden, war Gold ein mächtiger unabhängiger Wirkstoff, eine Speise der Seele, wie Brot eine Speise des Leibs war.[4] Jedesmal, wenn man Kolumbus ein Stück dieses Metalls brachte, zog er sich in seine kleine Privatkapelle zurück, um Gott zu danken.[5] In seinen Vorstellungen waren Gott und Gold, Bergbau und Bekehrung nicht so klar voneinander unterschiedene und unterscheidbare Ziele, wie bei den späteren Missionaren, die nach Amerika kamen. Vielmehr waren sie voneinander untrennbar. Wenn er von seiner unglücklichen dritten Reise schreibt, Gold und andere Schätze seien ihm versagt geblieben, führt er dies nicht darauf zurück, daß es nichts davon gab, sondern er schrieb es der »zügellosen Habgier« seiner Männer zu. Gott hatte Gold und Kostbarkeiten vor ihm verborgen.[6] Am Weihnachtstag 1500 zeichnete er eine Vision auf, die er hatte. »Als ich sehr traurig war«, schrieb er an Donna Juana de la Torre, die Amme des Kronprinzen Don Juan,

mich mit schlechten Christen und Indianern herumplagte und den Punkt erreicht hatte, alles aufzugeben und Schluß zu machen, tröstete mich Unsere Liebe Frau auf wunderbare Weise und sprach zu mir: »Fasse Mut und sei nicht zaghaft oder furchtsam, denn ich will für alles Sorge tragen. Noch sind die sieben Jahre ohne Gold nicht vorüber, doch für sie und für alles andere werde ich dich entschädigen.«[7]

Zwar versprach ihm die Heilige Jungfrau keineswegs sieben Jahre voller Gold nach den sieben mageren Jahren, und letztlich klingen ihre Trostworte recht wenig hilfreich. Aber die Analogie zu jenem Traum des Pharao von den sieben fetten und den sieben mageren Jahren, den der »ägyptische Joseph« der Bibel zu deuten wußte, liegt auf der Hand. Christoph, der *Christum ferrens,* wie Kolumbus selbst unterschrieb, der »Christusträger«, würde eines Tags sein Volk in ein Land der Verheißung führen, wo an Mineralien Überfluß herrsche. Und die, die ihm folgten, würden sich dort ebenso niederlassen, wie einst die Kinder Israels im Gelobten Land. Wie Kolumbus' Taufname den »Entdecker« Amerikas als »Christusträger« auswies, bezeichnete sein Familienname – wenigstens in seiner spanischen Form *Colón*, wie sein erster Historiker Bartolomé de Las Casas bemerkt,

jemanden, der ein Land zum ersten Mal besiedelt. Und dieser Familienname paßte zu ihm, denn durch seinen Fleiß und seine Mühen war er die Ursache dafür, daß durch die Entdeckung dieser Menschen eine unendliche Zahl ihrer Seelen... gerettet wurde.[8]

Seit dem Tag seiner Geburt trug der junge Colón also das Stigma des künftigen Kolonisators. Wie später Dr. Samuel Johnson bemerken sollte, haben Namen etwas an sich, »das man einfach spüren muß«.[9]

Immer wenn Kolumbus Gold erwähnt, verfällt er dabei in eine Ausdrucksweise, die stark an die der biblischen Propheten gemahnt. Außerdem erinnert sie an die Sprache der Alchemie. Ziel der Alchemisten war es, unverzüglich und ohne Anstrengung Gold herzustellen. Natürlich glückte dies den Taino nicht völlig. Aber sie wuschen doch – oder zumindest sah Kolumbus dies so – mit Erfolg Gold aus Wasser, ohne daß sie danach graben mußten, und dies beeindruckte Kolumbus, für den Gold ja eine Substanz war, die aus der Erde gegraben werden mußte. Daß sie dies fertigbrachten, konnte Kolumbus nur ihren komplizierten rituellen Vorbereitungen zuschreiben – Vorbereitungen, die wenigstens in einigen Punkten mit christlichen Ritualen übereinstimmten: gemeint sind die sexuelle Enthaltsamkeit und das Fasten. Da für einen christlichen Fundamentalisten (und wenn Kolumbus etwas war, dann war er ein Fundamentalist) sexuelle Enthaltsamkeit in jedem Fall etwas Gutes ist, ganz gleich, welches ihre Beweggründe sind, könnte man argumentieren, wie es Oviedo anzudeuten scheint, daß die leichte Verfügbarkeit des Golds als Zeichen göttlicher Gunst angesehen wurde. Die Indianer sahen dies so aus natürlicher Intuition. Kolumbus aber betrachtete es als Zeichen göttlicher Offenbarung.

Doch kaum hatte er wahrgenommen, was er als unmittelbares Ergebnis der Taino-Rituale sah, war Kolumbus bereit, den für jeden Christen verblüffenden Schritt von der bloßen Analogie und Anspielung hin zum unmittelbaren Austausch zu tun. Wenn er seine Männer dazu aufforderte, sich der Sexualität und der Speise zu enthalten sowie zu beichten, damit sie »vor Gott, unserem Erlöser, im Stande der Gnade seien«, so bedeutete dies nichts anderes, als daß er christliche Bräuche, deren Ziel darin bestand, Gnade zu erwerben, mißbräuchlich an die Stelle nichtchristlicher Rituale setzte, deren Zweck es war, wie Kolumbus wohl begriff, Gold zu erlangen. In der langen Geschichte der europäischen Versuche, Amerika zu christianisieren, gibt es zahlreiche Fälle unorthodoxer Substitutionen. Doch sie alle, einschließlich Hernán Cortés' offenbar unüberlegter Auftrag an »einheimische Priester«, sich um die von ihm gegründeten christlichen Kultstätten zu kümmern[10], und der Umbenennung christlicher Heiliger mit den Namen indianischer Gottheiten, sollten letztlich der Christianisierung dadurch dienen, daß man bereits bekannte heidnische Bräuche gleichsam »umtaufte«. Mit anderen Worten: Man verwendete Einheimisches, um den Indianern das Christentum dadurch vertrauter zu machen. Aber Kolumbus' krasse Übernahme bedeutete, wenn auch nur stillschweigend, den Ersatz eines heidnischen Rituals durch ein christliches, um das zu erreichen, was das heidnische, nicht das christliche Ritual bezweckte.

Kolumbus' Verhalten war häufig bizarr. So schien es wenigstens seinen Gefährten, ja, gelegentlich schien es auch Bartolomé de Las Casas so, der mehr als jeder andere tat, um Kolumbus' Schriften zu bewahren und seinen Ruf zu schützen. Häufig behauptete Kolumbus, er höre himmlische Stimmen. Er bestand darauf, daß der nach wie vor sagenhafte Reichtum der Länder »Indiens« Verwendung fände, um einen Kreuzzug zu finanzieren, und am Hof der Katholischen Majestäten pflegte er in der Ordenstracht eines Franziskanermönchs zu erscheinen, ja – einmal trat er sogar in Ketten auf.[11] Doch wenn wir uns eingehender mit Oviedos Schilderung beschäftigen, so wird uns klar, daß der »Christliche Kapitän« mehr tat, als ein bestimmtes exzentrisches Verfahren der Goldgewinnung zu finden, mit dem andere, die seine messianische

Verehrung edler Metalle nicht teilten, ganz anders umgegangen wären. Überhaupt übertrug er Erfahrungen einer ihm fremden Welt in die Praktiken seiner eigenen. Allerdings nicht, wie es viele andere in Amerika taten, in Form von Analogien oder Metaphern.[12] Auf dieser Stufe spielen weder Oviedo noch Kolumbus auf irgendwelche Übereinstimmungen heidnischer und christlicher Praktiken an. Beide erklären nicht, wie viele spätere Kommentatoren, daß europäische und indianische Riten einander glichen und die einen eine teuflische Umkehrung oder ein Rest von Erinnerung der bzw. an die anderen seien. Tatsächlich schloß die angenommene Wirksamkeit der Rituale dieser »bestialischen Indianer« die Möglichkeit jeder Behauptung dieser Art aus. Was allerdings vertraut war, Enthaltsamkeit und Selbstverleugnung, mußte dazu herhalten, eine unvertraute Handlung mit einer vertrauten zu verknüpfen. Die krasse Unvereinbarkeit beider war – oder schien – in der vermutlich gemeinsamen Auffassung der Gefährlichkeit von Sexualität und der kosmischen Bedeutung des Golds aufgehoben. Ich werde dieses Vorgehen, auf das wir noch zurückkommen werden, als »Prinzip der Aneignung« bezeichnen.

Hier also begegneten sich der »bestialische« Indio und der Christ, wenn auch nur vorübergehend, auf einem gemeinsamen Terrain. Hierbei wurde das »Anderssein« der Welt des Indianers allerdings keineswegs aufgehoben (sie blieben noch immer »bestialisch« – ein Maß, an dem Kolumbus' Männer ihre eigenen »Irrtümer« messen konnten), doch wurden sie berechenbar. Aus einem Akt der Aneignung ergab sich ein Akt der Erkenntnis. So sehr Kolumbus wohl zögerte, in den Indianern – so wie sie nackt einhergingen, Vielweiberei trieben und für ihn völlig unverständliche Laute von sich gaben – vollwertige Mitmenschen zu sehen, so sehr war er doch bereit, einen Aspekt des Lebens der Taino als kompatibel mit seinem eigenen Verhalten zu betrachten. Dies allerdings vollbrachte er lediglich, indem er die ursprünglich amerikanischen Praktiken aus ihrem Kontext löste. Indem er die Aktionen der Taino in seiner Begriffswelt einsehbar machte, hatte Kolumbus sie in einen neuen Zusammenhang eingeordnet, der sie für die, die sie ursprünglich vollzogen, unkenntlich machte. Doch Erkenntnis dieser Art, so sehr sie auch verzerrte, was die Indianer durch ihre Handlungen bezweckten, stellte zumindest den Beginn einer menschlichen Annäherung dar. Soweit es natürlich von allem entfernt ist, was seit dem 18. Jahrhundert als akzeptable ethnographische Praxis betrachtet wird, hatte es doch die offenkundige Wirkung, Distanz zu verringern, ja bisweilen sogar zu beseitigen.

★

Viele der anderen Taten Kolumbus' sowie die Art, wie er sie schilderte, dienten gleichermaßen dem Zweck, die Distanz zwischen Europa und Amerika, zwischen ihm und den ebenso geographisch wie kulturell »anderen« zu verringern. Seine anfänglichen kosmographischen Berechnungen, die die tatsächliche Länge des Äquators reduzierten, ließen den Erdball auf zwei Drittel seines wahren Umfangs schrumpfen. Und bis zu seinem Tod bestand Kolumbus darauf, daß er keine »Neue Welt« entdeckt habe, sondern lediglich eine neue Route zu der von alters her vertrauten Welt Asiens. Nur einmal, als seine Schiffe vor dem Golf von Paria lagen und er begriff, daß es Süßwasser war, was die von Tang überwachsenen Rümpfe seiner Schiffe umströmte, stellte er diesen Glauben in Frage. Wenn der Orinoko »einen so gewaltigen Widerstreit zwischen dem Süßwasser, das darum kämpfte, ins Meer zu münden, und dem Salzwasser hervorrufen konnte, das in den Golf eindringen wollte... daß beide Wasser von Ost nach West ein gewaltiges Brüllen und Donnern hervorriefen«, mußte er »einem sehr großen Kontinent nahe sein, der bis heute unbekannt ist«.[13] Doch Kolumbus' Glaube an seine Sendung und sein navigatorisches Können schwankte nur einen Augenblick. Wenn dies, so argumentierte er, ein den antiken Geographen unbekannter Kontinent war, und wenn dieser südlich der malaiischen Halbinsel lag, was der Fall sein mußte, wie er selbst wußte, wenn er irgendwo nahe der sagenhaften Goldenen Chersones des Ptolemäus lag, dann mußte dieser »große Kontinent« die einzige bisher noch unentdeckte Landmasse sein: das Irdische Paradies, das, wie Kolumbus aufgrund von Pierre d'Aillys *imago mundi* glaubte, in einer gemäßigten Klimazone südlich des Äquators zu finden sei. Diese Behauptung schien zwar schon vielen seiner Zeitgenossen absurd. Doch der im 19. Jahrhundert lebende große preußische Naturforscher Alexander von Humboldt (dem wir auf den folgenden Seiten noch oft wiederbegegnen werden) bezeichnete sie als Ausgeburt der »poetischen Imagination« Kolumbus', als Erinnerung daran, daß »die schöpferische Phantasie und die Äußerungen poetischen Empfindens in der Entdeckung einer Welt nicht weniger Ausdruck finden als in jeder anderen Form menschlicher Größe«.[14] Allerdings war es wohl eher ein verzweifelter Versuch Kolumbus', die »Phänomene zu retten«, so wie er sie kannte, seine eigene, exzentrische geographische Vision zu retten, mit der er so viele Jahre lang an Europas verschiedensten Königshöfen hausieren gegangen war. Denn er wußte nur zu gut, »wenn dieser Strom nicht aus dem Irdischen Paradiese hervorgeht, dann kommt er aus einem unermeßlichen Lande im Süden, von dem bisher noch niemand Kenntnis hat«. Die Vision eines solchen Lands, das in keiner Weise mit seinen Vorstellungen von der bekannten, vermessenen und kartographierten Erde übereinstimmte, flößte ihm ganz offenkundig Schrecken ein. »Doch in meiner Seele bin ich ganz sicher«, fügte er unmittelbar hinzu, »daß dies, wie ich sagte, das Irdische Paradies ist, und ich stelle meine Sache auf Vernunftsgründe und die oben erwähnten Autoritäten«.[15] Nachdem er nun glaubte, die Mündung des Ganges entdeckt zu haben, an dessen Quelle kein Sterblicher seinen Fuß setzen darf, es sei denn »auf göttliches Geheiß«, segelte er weiter. Kolumbus' ständiges Bemühen war es, wie später Lord Acton bemerkte, »ja nicht als Entdecker einer Neuen Welt dazustehen«.[16]

Doch schon Kolumbus' Zeitgenossen waren weder von seinen Berechnungen noch von seinen Deutungen überzeugt. Der Mailänder Humanist am Hof der Katholischen Monarchen, Petrus Martyr, der emsig einen bisweilen etwas atemlosen Bericht über die Entdeckungen verfaßte, als die Nachrichten darüber noch brandneu waren, lachte über Kolumbus' Erzählung vom Irdischen Paradies. Er lachte auch über Kolumbus' unermüdliches Argumentieren, daß die Erde nicht rund sei, wie man annahm, sondern eher die Form einer Birne oder »einer weiblichen Brust auf einer Kugel« habe.[17] Martyr wußte, was vor sich ging, nur aus dem, was er bei Hof aufgeschnappt hatte. Und dennoch war ihm klar, was geschehen war. »Dieser Kolumbus«, so erklärte er mit Entschiedenheit, »ist der Entdecker einer Neuen Welt.«[18] Allerdings bleibt ungewiß, was Martyr damit meinte. Schon lange hatten europäische Seeleute vermutet, daß zwischen ihnen und Indien Inseln im »Meer des Ozeans lägen«. Derartige Inseln erscheinen sogar auf Karten, und der Name einer von ihnen, Brasilia, fand schließlich seinen Weg auf das südamerikanische Festland. Eines aber ist sicher: Martyr wußte, wo sich Kolumbus im Verhältnis zu Europa befunden hatte, und ihm war klar, daß die Neue Welt Probleme der Beschreibung und des Verständnisses aufwerfen werde wie kaum, wenn überhaupt, irgendeine Entdeckung zuvor.

Die sich anschließende Besiedlung des karibischen Raums und die sehr rasche Erkenntnis, daß es sich bei dieser »Neuen Welt« keineswegs um eine bloße Inselwelt, sondern um eine riesige Landmasse handelte, deren äußerster Nord- und Südteil unbekannt waren, führte auch zu der Erkenntnis, daß diese Landmasse von Völkern verschiedenster Art bewohnt war, die sich nicht einfach unter die damals gültigen anthropologisch-ethnologischen Vorstellungen einordnen ließen. Als immer mehr Informationen nach Europa drangen, wurde es sogar für Europäer, die keine unmittelbare Amerikaerfahrung hatten, immer schwieriger, die Neuartigkeit dieser Länder zu ignorieren.[19]

Wie Kolumbus mit dieser Neuartigkeit umging, war in vieler Hinsicht beispiellos, und in den wenigen Jahren nach seiner ersten Reise war schon nicht mehr nachahmbar, wie er sich verhielt. Kolumbus' Akt der rituellen Aneignung ließ sich schließlich keineswegs auf das gesamte Spektrum der Alternativen anwenden, vor die Amerika ihn immer mehr stellte. Sogar Amerigo Vespucci, dessen blühende sexuelle Phantasie anfänglich eine wahre Fundgrube klassischer Exotica zu sein schien – das Irdische Paradies, die stets gebärfreudigen, alterslosen Amazonen (»150 Jahre alt und bisweilen noch älter«), die Hyperboräer, deren Körper sich, selbst nach noch so vielen Geburten, »in keiner Weise von den Leibern von Jungfrauen unterschieden«), die Kannibalen und die Giganten –, sogar Vespucci begriff schließlich, daß, wenn man sich nur weit genug näherte, »nichts mehr mit den Dingen dieses Teils (unserer Welt) übereinstimmte«.[20] Die Kluft zwischen den kulturellen und religiösen Praktiken der Bewohner Amerikas und denen der Europäer war eindeutig zu groß, als daß eine direkte Assimilation beider möglich gewesen wäre.

Doch das gleiche Prinzip des Sich-Aneignens, das Kolumbus' exzentrischem Versuch zugrunde lag, Gold zu finden, wurde ein ständiger Charakterzug der meisten Versuche von Europäern, um sich über die anfangs schwindelerregende Empfindung hinwegzutrösten, in einer »neuen« Welt zu sein. Allerdings wohnte dem, wie jeder unreflektierten Handlung, auch eine Gefahr inne. Dieses Prinzip der Aneignung kann bis zu einem gewissen Grad von Verständnis führen, und es ist fraglich, ob wir ohne es sehr viel tun könnten, wenn wir, wie Kolumbus und seine unmittelbaren Nachfolger, mit etwas ganz und gar Unbekanntem konfrontiert würden. Doch es könnte (und dies ist in der Tat häufig der Fall) einfach dazu führen, Unbekanntes an Bekanntes anzugleichen.

Oviedo beispielsweise tappte in diese Falle, wenn er erklärte, sowohl die Thraker des Altertums als auch die Taino im vor noch nicht allzu langer Zeit entdeckten Amerika trieben Vielweiberei und pflegten fremde Besucher ihren Göttern zu opfern. Wie er freilich offen zugab, hatte er keinerlei Grund zu der Annahme, daß die Taino irgendeine Form von Menschenopfer praktizierten, mochten sie auch, wie Kolumbus behauptete, Kannibalen sein. Doch Eusebius, der »Vater der Kirchengeschichtsschreibung«, hatte erklärt, daß die Thraker Menschenfresser seien und Menschenopfer darbrächten, und nachdem Oviedo also die Thraker mit den Taino »verknüpft« hatte, dichtete er diesen auch alle Eigenschaften der Thraker an.[21] Hier stand Gelehrsamkeit dem unmittelbaren Augenschein im Weg. Die Entfernung, die Oviedo, den Beobachter, von den Indianern trennte, die er aus erster Hand kannte (und er legte, wie wir im nächsten Kapitel sehen werden, großen Wert darauf, Augenzeuge zu sein), war noch viel größer geworden durch die sowohl zeitliche als auch räumliche Distanz, die Oviedo als Leser von den Thrakern des Eusebius trennte.

★

Wie lange dieses Prinzip der Aneignung, wenn auch mit Änderungen, Geltung behielt – Änderungen sowohl in der Skala der Gegenstände des Wissens, die dem Amerika-Reisenden zur Verfügung standen, als auch in den wissenschaftlichen Betrachtungsweisen –, kann man sehen, wenn man sich etwa 200 Jahre der Gegenwart nähert. Im Jahre 1799 landete Alexander von Humboldt in Begleitung seines Freundes und Zeichners, des französischen Botanikers Aimé Bonpland, an der Küste des Landes, das wir heute als Venezuela bezeichnen. Die beiden Männer schleppten ein ganzes Arsenal naturwissenschaftlicher Instrumente mit sich, von denen Humboldt einige selbst entworfen hatte – ein Eudiometer (ein Meßgerät für den Sauerstoffgehalt der Luft), ein Hygrometer (ein Meßgerät für die Luftfeuchtigkeit), dazu ein Barometer (Luftdruckmesser), Chronometer (Präzisionszeitmesser), eine Inklinationsbussole (zur Messung der magnetischen Inklination), einen Quadranten (zur astronomischen Positionsbestimmung), achromatische und reflektierende Teleskope, Refraktoren und Spiegelfernrohre, ein Kyanometer (zur Bestimmung der Blauwerte des Himmels) und ein Ramsden Graphometer (ein Winkelmesser zur Messung der magnetischen Azimute). So reisten die beiden Männer durch ganz Venezuela, Kolumbien, Ecuador, Mexiko, Peru und Kuba.[22]

Es war die ausführlichste Erforschung Amerikas, die bisher versucht worden war. Humboldt hoffte, sozusagen ganz Amerika mit nach Hause zu bringen – ein Amerika, das dem Blick enthüllt, das beschrieben, vermessen, kartographiert und durch Materialproben belegt war. Er hatte in seiner Sicht einen ganzen Kontinent eingefangen und vor den kritischen Augen derer »zu Hause« ausgebreitet, die ihn nun in einem anderen Licht betrachten würden. Humboldts Bericht über sein Unternehmen, die *Relation historique*, die erstmals 1814 in französischer Sprache veröffentlicht wurde, machte ihn berühmt. Charles Darwin bekannte später: »Mein gesamter Lebensweg wurde dadurch bestimmt, daß ich in meiner Jugend immer und immer wieder seine persönlichen Schilderungen las.«[23]

Der Schock, den die Fremdartigkeit Amerikas Humboldt versetzte, sollte ihn während seines gesamten langen Lebens nicht mehr loslassen. In all seinen Schriften kehren immer und immer die gleichen Bilder wieder – Bilder des ganz und gar Neuen im Vergleich zum Alten, des Vertrauten gegenüber dem Unvertrauten. Wenige Naturforscher haben einen so detaillierten Bericht über die Ästhetik und die kognitiven Strategien hinterlassen, die sie anwandten, oder so lange gerungen, um sie in Worte zu fassen. Außerdem hinterließ Humboldt eine lebhafte Schilderung des Gefühls des Herausgerissenseins aus allen früheren Bindungen, das ein Forschungsreisender empfand, wenn er Europa verließ. »Es glich«, so schrieb er, »keinem der Eindrücke, die wir seit frühester Jugend empfingen. Getrennt von den Gegenständen unserer zärtlichsten Empfindungen und sozusagen in ein neues Leben eintretend, sind wir gezwungen, uns ganz auf uns selber zu verlassen, und wir befinden uns in einer Isolierung, wie wir sie nie zuvor erfahren haben.«[24]

Humboldt wußte, daß man sich aus dieser Isolierung nur befreien kann, wenn man etwas findet, an das man sich halten kann. Das Meer bot ihm nichts dergleichen. Es war, so wie er es erlebte, nur eine mächtige, undifferenzierte Einöde. Sogar der Nachthimmel, der ja den Reisenden immerhin mit einigen Orientierungspunkten versehen konnte, trug zu dieser Isolierung bei, erstrahlten an ihm doch »andere Sterne als die, die den Augen (der Seereisenden) vertraut waren«.[25] Als er aber 1845 sein bekanntes Werk, eine große Zusammenschau der Geschichte des Universums mit dem etwas schulmeisterlichen Titel »Kosmos« zu schreiben begann, hielt er in diesem Zusammenhang seine eigene Erfahrung fest, was es bedeutete, mit einer Welt in Berührung zu kommen, von der er zwar erwartete, daß sie ihm ganz unvertraut sein werde, die aber dennoch die eine oder zudem unmittelbare Möglichkeit bot, Verbindungen zum Gewohnten herzustellen.

Als wir fern vom Land unserer Geburt nach langer Seereise erstmals den Boden der tropischen Gefilde betraten, fühlten wir uns angenehm überrascht, als wir bemerkten, daß Klippen und Felsen die gleichen Formen aufwiesen und aus dem gleichen Material bestanden, das Schiefergestein die gleiche schräge Schichtung aufwies, der Basalt die gleiche Säulenstruktur, wie wir sie aus Europa kannten. Doch diese Schieferplatten und Basaltsäulen waren mit pflanzlichen Formen von neu- und fremdartigem Aussehen bedeckt. Mitten unter der Üppigkeit dieser exotischen Flora und umgeben von kolossalen Formen von ungewohnter Pracht und Schönheit erfuhren wir (dank der wunderbaren Flexibilität unserer Natur), wie leicht sich unser Geist für die Kombination von Eindrücken öffnet, die miteinander durch unmerkliche Bindeglieder geheimer Analogie verbunden sind... Der Kolonist liebt es, den Pflanzen seiner neuen Heimat Namen zu geben, die er seinem Geburtslande entlehnt hat, und diese starken Eindrücke, auf die er nie vorbereitet wurde, führen, wenngleich nur verschwommen, zu dem gleichen Ergebnis wie der mühsame und ausführliche Vergleich von Fakten, durch die der Philosoph zu einer tiefen Überzeugung von unserer unauflöslichen Kette der Verwandtschaft gelangt, die alle Nationen miteinander verbindet.[26]

Uns geht es hier um die Natur, nicht um menschliches Verhalten. Das Prinzip der Aneignung wirkt jedoch in der gleichen Weise wie einst für Kolumbus und Oviedo. Der Beobachter erkennt sofort, daß die Felsen der – wie in Humboldts Fall – venezolanischen Küste ganz und gar denen in seinem »Mutterland« gleichen. Doch nachdem sein Auge durch diese Wahrnehmung Sicherheit gewonnen hat, geht er dazu über, der ganz und gar fremdartigen Vegetation Namen beizulegen, die ihm vertraut sind. Die meisten frühen Botaniker erkannten aber schon bald, daß diese Bezeichnungen ganz und gar nicht auf die Pflanzen zutrafen, an denen am meisten verblüfft, daß sie allem, was »zu Hause« wächst, völlig unähnlich sind. Allein so irreführend dieses erste sprachliche Vorgehen auch scheinen mag, es deutet doch, wie Humboldt an anderer Stelle äußert, »instinktiv auf die Wahrheit hin«.[27] Es ist keine

einfache *Katachresis* (Mißbrauch), denn der von seinem Instinkt geleitete Namengeber gelangt angesichts seiner Wahrnehmung der Beziehung zwischen Felsen und Pflanzen zu
dem gleichen Ergebnis wie der Philosoph zu seiner »inneren
Überzeugung« von der Gleichheit aller Menschen. Der Namengeber kann dies tun, wie Humboldt äußert, weil unsere
Augen, gänzlich einleuchtend, instinktiv dem, was ihnen vertraut ist, gegenüber dem, was sie nicht kennen, Priorität
geben. Unsere Sichtweise bewegt sich ebenso wie unser wissenschaftliches Verständnis vom Bekannten zum Unbekannten, nicht umgekehrt. Der Namengebung folgt die Erkenntnis und dieser dann die Besitzergreifung. Was anfangs »nichts
als« Intuition zu sein scheint, bewirkt schließlich das gleiche
wie später dann auf einer anderen Ebene die Reflexion.

Doch zurück zu Humboldt! Sein an Goethe gemahnendes
Suchen nach Manifestationen der Einheit in der Natur, sein
Glaube an die Fähigkeit des Neuen, sich unmittelbar dem
Geist einzuprägen, sowie, was vielleicht in diesem Zusammenhang noch wichtiger ist, sein Glaube an eine Naturgeschichte wissenschaftlichen Begreifens waren von dem, was
Kolumbus und seine Zeitgenossen bewegte, weit entfernt.
Doch gab es eine Kontinuität, die die beiden Männer miteinander verband − eine Faszination des einen durch den anderen. Beide waren selbstbewußte Forscher, beide verstanden es,
wie Humboldt selbst von Kolumbus sagt, die »Phänomene der
äußeren Welt zu erfassen«.[28] Beide suchten auch nach Übereinstimmungen. Beide betrachteten den Globus unter dem
Aspekt ihn umgebender Kreise. Humboldt ging es um Linien
gleicher Zustände (Iso-Linien) wie Isothermen (Linien gleicher Temperatur) und um die Geographie der Pflanzen, Kolumbus um »Parallelkreise« des Vorkommens edler Metalle − so
um die »Goldlinie«, die sich durch Guinea sowie durch die
malaiische Halbinsel zog, desgleichen um seine »Nullinie der
magnetischen Variation«, deren Entdeckung Humboldt seiner
»nahezu instinktiven geistigen Wachheit« zuschreibt.[29] Diese
Linie hatte er, wie Humboldt es jedenfalls sah, in eine politische Grenze zu verwandeln gesucht − in einen natürlichen
Meridian, der »den Erdball in zwei Hemisphären mit ganz und

45

gar verschiedenen Gegebenheiten und unterschiedlicher natürlicher Beschaffenheit« teilen sollte, deren maritime Grenze das Saragossa-Meer bildete, ein schwimmender Kontinent aus Pflanzen, eine Welt, die nichts aufzuweisen hatte, außer daß es sie, wie man jedenfalls annahm, irgendwo gab. Als im Jahr 1494 der Vertrag von Tordesillas den Erdball zwischen Spanien und Portugal aufteilte, zog man zwar die Demarkationslinie ein gutes Stück von den Grenzen entfernt, die Humboldt zufolge einst Kolumbus gezogen hatte. Und doch war diese Grenzziehung, wie Humboldt erkannte, sicherlich ein Reflex des von Kolumbus ausgegangenen Impulses, einzukreisen, zu unterteilen, zu umfassen und schließlich zu besitzen.[30]

★

Aneignung führte zum Besitz. Die meisten Besitztümer aber müssen, wenn sie für ihren Besitzer von Wert sein sollen, auch die Eigenschaft haben, beweglich zu sein.[31] Auf einer Ebene drückt sich diese Mobilität möglicherweise darin aus, daß sie austauschbar sind. Deshalb begann man (wie wir in Kapitel 5 sehen werden), den Handel als das vorrangigste Beispiel der Fähigkeit des Menschen zur Mobilität zu betrachten. Für Kolumbus war Gold wertvoller als alles andere, denn seiner Ansicht nach war es die einzige Ware, die niemand gegen eine andere Ware auszutauschen wünschte. Für ihn scheint es einen »Wert an sich« dargestellt zu haben, und man konnte es nur für so »ewigkeitsbezogene« und abstrakte Nutzanwendungen wie die Befreiung Jerusalems aus der Hand der islamischen Herren Palästinas oder einem Platz im Paradies ausgeben. Allerdings war es die Transportabilität des Goldes (neben seiner Haltbarkeit und Seltenheit), die dieses edle Metall in erster Linie vor allen anderen Dingen wertvoll erscheinen ließ, denn diese Eigenschaften machten es als Tauschmittel so geeignet. Wie später seit dem 18. Jahrhundert das Papiergeld, stand Gold für die Fähigkeit seines Besitzers, das, was seinen Reichtum ausmachte, bei sich zu tragen.

Wie Gold waren auch Namen symbolische Elemente, die – wie Kolumbus ebensogut wußte wie später Humboldt – mit

46

2

Leichtigkeit rings um den Globus getragen werden konnten. Ebenso wie Landkarten die Welt, die niemandes Besitz sein konnte, in eine Reihe von Linien und Gestalten verwandelten, die man ebenso nach Barcelona wie nach Lissabon mitnehmen konnte, besaßen auch Namen die Macht, das, was darauf harrte, erforscht, vereinnahmt und besiedelt zu werden, in eine einzige transportable Serie von Erscheinungen zu verwandeln. Die erste, mit Abbildungen versehene Version der berühmten *cartas a santangel* (siehe Abb. 2) enthielt eine Darstellung des zur See fahrenden Kolumbus. Er steht mitten auf seinem Schiff, umgeben von den Inseln des Archipels, den er entdeckt zu haben glaubte und die samt und sonders die Namen tragen, die er ihnen beilegte. Wie Karten sind auch Namen Teil dessen, was der Wissenschaftstheoretiker Bruno Latour als »unveränderliche und kombinierbare Versatzstücke« bezeichnete, jene »Karten, Tafeln und Reiserouten ... bequem zu handhaben und nach Gutdünken zu kombinieren, gleichgültig, ob sie zwanzig Jahrhunderte oder nur einen Tag alt sind«[32] – und geeignet, die Hauptstadt mit der fernen Grenze zu verbinden. Sie machen das Unbekannte, ja fast Unvorstellbare vertraut, so daß es dem eingeschüchterten Forscher ebensowenig fremd ist wie dem häufig gleichgültigen Menschen »zu Hause«.[33]

Schließlich wird die Geschichte der Naturwissenschaft zur »Geschichte der vielen raffinierten Methoden, alles das, was Menschen tun, was sie verkaufen und kaufen, in etwas zu verwandeln, das sich mobilisieren, sammeln, archivieren, kodifizieren, berechnen und darstellen läßt«.[34]

Nichts schreckt so sehr wie das Unvorstellbare, Unkalkulierbare, das sich auf keiner Karte festhalten läßt, von dem man daher nicht in der beschriebenen Weise Besitz ergreifen und das man auch nicht transportieren kann. Klassische und mittelalterliche Geographen füllen daher ihre nicht kartographierten, unerforschten Passagen, seien es Länder oder Meere, mit Schrecknissen, mit Drachen, mit Menschenfressern, riesigen Strudeln, die ganze Schiffe verschlingen konnten, mit dem »grünen Meer der Finsternis«, das die Araber unmittelbar südlich vom Kap Bojador ansiedelten. Außerdem waren diese unbekannten Länder mit ganzen Schwärmen imaginärer Wesen bevölkert: den Amazonen und den Anthropophagen (»Menschenfressern«), den Kephalopoden (»Kopffüßlern«), desgleichen mit mythischen Örtlichkeiten wie den »Mondbergen«, der »Quelle ewiger Jugend«, ja dem irdischen Paradies. Diese alle waren ebenfalls zugleich sowohl unwandelbar als auch äußerst mobil. Kolumbus fand Anthropophagen auf den Antillen, Ponce de Léon segelte nach Florida, um dort die »Quelle ewiger Jugend« zu finden, und Francisco de Orellanas Schilderung der Amazonen war so überzeugend, daß man dem gewaltigen Strom, auf dem er als erster segelte, nicht seinen Namen, sondern den der Amazonen gab. Im frühen 18. Jahrhundert behauptete der Jesuitenmissionar Joseph François Lafitau, der eines der frühesten Werke über vergleichende Völkerkunde verfaßte, sogar, seine Gewährsmänner aus dem Stamme der Huronen hätten im heutigen Kanada gar Kephalopoden gesichtet, und daraus schloß er, es müsse einst eine Landbrücke zwischen der Alten und Neuen Welt bestanden haben.[35] Irgendwie bewegten sich alle Debatten des 16. und 17. Jahrhunderts über den Ursprung der Völker und insbesondere der Indianer auf dieser Ebene. Wenn man den Ursprung des menschlichen Lebens in China, Skythien oder in Sparta suchte, so hatte man die Möglichkeit, diese neuen und beunruhigenden Völker auf den angenommenen Wanderwegen, die sie, wie man vermutete, von der Alten in die Neue Welt gebracht hatten, gleichsam mit der Alten Welt zu verknüpfen. Indem man ihn mobil machte, konnte der »Wilde« gleichsam räumlich domestiziert werden, ebenso wie man ihn durch Erziehung und Unterweisung schließlich auf einer zeitlichen Ebene zähmte, wodurch man seine Welt immer stärker der unseren näherbrachte.

Der amerikanische »Wilde« hatte, bevor er dem Europäer mit seiner Leidenschaft für Bewegung begegnete, selten den Wunsch geäußert, sich über die Grenzen seines Dorfs, seines Stamms und seiner ererbten Jagdgründe hinaus zu begeben. Nun wollte man ihn zwingen, sich hinaus auf jene Seerouten zu wagen, mit denen Kolumbus und seinesgleichen den Erdball wie mit einem Netz überzogen hatten. Sei es auf real existierenden oder auch nur vermeintlichen Wanderwegen, sei es im Auf und Ab vermuteter Entwicklungsstufen, sei es als mehr oder weniger mobile »Gelegenheitsarbeiter« im realen Raum und in der realen Zeit, als Sklaven oder Zirkusattraktionen sahen sich Angehörige der Völker Amerikas in zunehmendem Maß gezwungen, den Wegen zu folgen, die die wissenschaftliche Imagination der Europäer ihnen zuwies. Nie wieder würden sie Raum oder Zeit ihr eigen nennen können.

Was andererseits die Europäer anging, so mochten sie in ihrer Phantasie in die entgegengesetzte Richtung reisen, wenn sie, wie Humboldts »gedachter Wissenschaftler«, eine »Sensibilität für Werke der Kunst« und einen »kultivierten Geist« besaßen. »Der Europäer«, schrieb Humboldt, »isoliert wie er an seiner ariden Küste ist, kann sich die Erscheinung ferner Regionen vorstellen«, wenn er über die nötige Vorstellungskraft verfügt und hinreichende Kenntnisse besitzt, um sich zu dem zu erheben, was Humboldt »die großen Konzeptionen der allgemeinen Physik« nannte, kann er sich doch aus den Tiefen seiner Einsamkeit »alles aneignen, was unerschrockene Denker und Forscher sich angeeignet hatten. Er kann mit Winden über Ozeane reisen, in unterirdische Höhlen eindringen oder eisbedeckte Gipfel erklimmen.« Es sind die informierten, »sensiblen« Quellen unserer Vorstellungskraft, die uns zur »Aufklärung und Zivilisation« bringen, die »größtenteils unser Wohlbefinden beeinflußt. Es ist dies, das es uns möglich macht, sowohl in der Gegenwart als auch in der Vergangenheit zu leben, was uns ermöglicht, gleichzeitig um uns zu sammeln, was die Natur in verschiedenen Klimaten hervorbringt und was uns mit den unterschiedlichen Rassen der Erde in Kontakt bringt.«[36]

Wer reflexiv, informiert und »sensibel« ist, besitzt somit die Fähigkeit, auf diese Weise gewissermaßen gleichzeitig an mehreren Stätten zu sein. Und es ist genau diese Eigenschaft des kognitiven »Reisens«, die seine Fähigkeit des wissenschaftlichen Verständnisses ausmacht. Denn alles wissenschaftliche Erkennen und die Macht, die aus diesem Erkennen erwächst, erfordert genau eine solche Bewegung. Und jede Bewegung folgt der gleichen Bahn. Sie beginnt als ein Ausgang und endet als eine Rückkehr. Wie Auerbach vor langer Zeit feststellte, ist die Odyssee ein Abbild aller unserer geistigen Welten. Der Entdecker führt sein Namenslexikon mit sich, sein Repertoire an Klassifikationen sowie seine Kenntnis unsichtbarer Iso- und Parallellinien, die die Verbindung zu seiner Heimat herstellen. Er kehrt mit Stichproben, Ausstellungsstücken und Sklaven zurück. Dieser Reiseablauf, der stets unveränderlich ist, ist gleichwohl, wie Descartes als erster erkannte, ganz und gar jene »Reise«, die jeder Wissenschaftler zurücklegen muß.[37] Der Prozeß des Hinausgehens und Zurückkehrens mit allem, was dazugehört, warf allerdings ernste technische und konzeptuelle Probleme auf. Hatte man erst einmal die Aneignung vorgenommen, die Namengebung vollzogen und, allem Anschein nach, die Art identifiziert, mußte das sich daraus ergebende »Mobile« erst noch nach Hause gebracht werden, wo sich, um abermals Latour zu zitieren, die »Zentren der Kalkulation« befanden: die Museen, die Laboratorien, die Botanischen Gärten – dies alles, wo das neu Entdeckte erstmals denen vor Augen geführt werden kann, die Europa nie verlassen haben. Die Entfernungen, die der Reisende zurückzulegen hat, bevor er sein Zuhause erreicht, drohen unvermeidlicherweise, diesen Prozeß, den ich soeben beschrieben habe, umzukehren – etwas fern und fremd erscheinen zu lassen, was einem doch erst so kurz zuvor so nahe war. Denn das einzige, was auf der Heimreise nicht bewahrt werden kann, ist der Kontext, in dem die anfängliche Aneignung vorgenommen wurde. In manchen Fällen bereitet dies keine ernsthafte Schwierigkeit. Felsgestein, Vögel, Pflanzen, Kunstwerke lassen sich leicht »mobil machen« und nach Hause transportieren. Zusammen mit seinem ersten Brief aus Mexiko sandte Hernán Cortés 1519 Kaiser Karl V. eben eine solche Kollektion, der er zwei mexikanische Handschriften hinzufügte, um dem Kaiser einen unmittelbaren Begriff von »den Bräuchen und Reichtümern der Völker, die (dieses Land) bewohnen, sowie von den Gesetzen, religiösen Vorstellungen, Riten und Zeremonien zu geben, die bei ihnen üblich sind«.[38] Von Gütern die sich weniger leicht verschicken ließen, beispielsweise von tropischen Früchten, konnte man Zeichnungen anfertigen. In ganz besonderen Fällen konnte man sogar Menschen nach Hause mitbringen. So sandte 1495 Kolumbus zwei Tainos an Königin Isabella – teils um Ihrer Majestät, deren Versuch das portugiesische Sklavenhandels-Monopol im Atlantischen Raum zu brechen, sich als Fehlschlag erwiesen hatte, zu demonstrieren, daß die von ihm entdeckten Inseln zwar nicht die Gewürze und jene Goldmengen zu liefern vermochten, die er auf ihnen zu finden gehofft hatte, doch eine reiche Ausbeute für Menschenhändler versprachen. Aber er brachte sie auch als »lebende Beweisstücke« mit, um Ihrer Majestät zu zeigen, was für eine Art Menschen in diesen Ländern »Indiens« lebten.

Sind Mineralproben und typische Vertreter der exotischen Flora erst einmal in den neuen »Kalkulationszentren«, in diesem Fall den Museen und Botanischen Gärten, untergebracht, sind sie leicht dem allgemeinen Verständnis nahezubringen, wenn man sie nur zu anderen Mineralien und bekannten Pflanzen in Beziehung setzt und mit ihnen vergleicht. Menschen dagegen lassen sich nur selten so verpflanzen – entweder sterben sie oder werden in ihrer neuen Umgebung bedeutungslos.[39] In der Tat – was geschah mit den »Wilden«, die in das Dickicht der europäischen Zivilisation gerieten? Die meisten von ihnen verschwanden, ohne die geringste Spur zu hinterlassen. Die Indianer, die Kolumbus von seiner ersten Reise mitbrachte, der Tupinamba, dem Montaigne in Rouen begegnete – sie waren nichts als »schmückendes Beiwerk« für Texte, welche sie lediglich ganz am Rande erwähnten. Kolumbus verlor sein Interesse, als man die von ihm über den Ozean gebrachten Indianer nicht als für Sklavendienste geeignet betrachtete. Montaigne geht dazu über, seinen Blick auf das ungeheuerliche Verhalten seiner eigenen Mitbürger zu werfen. Der Eskimo, den Martin Frobisher von Baffin Island »als Beweis« dafür mitbrachte, »daß er wirklich dort war«, muß es sich gefallen lassen, zur Schau gestellt zu werden, und dann stirbt auch er.[40] Diese Geschöpfe waren lediglich als Repräsentanten – gleichsam als »lebendes Belegmaterial« – ihrer eigenen Welten von Interesse. Zwar waren sie hier, in unserem

Europa, doch bestand ihre Einzigartigkeit darin, daß man nicht einfach zu ihnen gehen konnte. Wenn sie, wie die bedauernswerte Pocahontas, den Schutzschild ihrer Exotik einbüßten, bedeutete dies für sie den alsbaldigen Untergang. Keiner und keine von ihnen durfte erwarten, wie Voltaires »Eingeborener Hurone« *(Huron l'Ingénu)*, der sich als Sohn eines französischen Offiziers entpuppt, oder wie Tarzan zu entdecken, daß er oder sie zu guter Letzt doch Europäer waren. An Europa ausgeliefert, kann der »Wilde« seine Entwurzelung nur kurze Zeit ertragen. Die Kritik an unserer Lebensweise, die fast alle »Besucher« dieser Art äußerten, verlor ihre Kraft, je länger die Kritiker jener Kultur fernblieben, die ihre angestammte war und diese Kritik überhaupt erst möglich gemacht hatte. In Europa liefen sie Gefahr, zu bloßen Schwätzern abgestempelt zu werden. Ihnen widerfuhr, was zwangsläufig allen Reisenden zustößt: der Verlust der Identität. Das Resultat ihrer Reise war eine Art von Wissen, so monströs es im jeweiligen Fall auch sein mochte. Der »wilde Harlekin« *(Arlequin sauvage)*, ein Indianer aus Kanada, des François Delisle de la Drévetière, wußte dies. Nach seinem ersten Tag in Frankreich wandte er sich an den französischen Seemann, der ihn nach Frankreich gebracht hatte, und sprach:

Hol dich der Teufel! Warum hast du mich aus meinem Lande hierhergebracht, um mir zu zeigen, daß ich arm bin? Nie in meinem ganzen Leben hätte ich dies je erfahren, wenn du nicht gekommen wärest! In meinen Wäldern wußte ich nichts von Reichtümern oder Armut. Ich war mein eigener König, mein eigener Herr und mein Diener zugleich. Und du hast mich diesem glücklichen Zustand grausam entrissen, um mir zum Bewußtsein zu bringen, daß ich eine erbarmungswürdige Kreatur und ein Sklave bin![41]

Menschliche »Musterexemplare« haben stets eine ähnlich unsichere Einstellung zu den Eigenschaften, die man ihnen zuschreibt. Sind sie erst einmal aus ihrem natürlichen Umfeld herausgerissen, mag es sein, daß sie sich als völlig wertloser »Besitz« erweisen – ganz ähnlich den »Gewürzen«, die Kolumbus in seiner Beflissenheit von seiner ersten Reise mit nach Europa brachte. Als Bougainville 1769 von seiner Weltumsegelung zurückkehrte, hatte er einen Tahitianer mitgebracht, den er Aoturu nannte. Aoturu war das Vorbild für Diderots Orou, dem wir in Kapitel 5 wiederbegegnen werden. Wie die meisten exotischen Importe dieser Art, rief Aoturu in Pariser Salons ein gewisses Aufsehen hervor. Doch Bougainville war ein seriöser Wissenschaftler, der gehofft hatte, Aoturu könne ihm behilflich sein, »zu Hause« die Lebensgewohnheiten und die Gesellschaftsverhältnisse eines Eingeborenenstamms zu studieren, und voller Kummer vermerkt er, daß die meisten Pariser nicht mehr für ihn aufbrachten als

eine sterile Neugier, die lediglich bewirkte, daß Menschen einen völlig verkehrten Eindruck bekamen, die... nie ihr Kapital verloren hatten, die niemals tief über irgend etwas nachgedacht hatten, und, im Banne von Irrtümern jeglicher Art, alles nur im Lichte ihrer Vorurteile betrachteten.[42]

Gewürze, die keine Gewürze waren, und Menschen, bei denen es sich herausstellte, daß sie sich weder als Sklaven noch als Ausstellungs-»Objekte« eigneten, ebenso wie »gegerbte Häute wilder Frauen«, die einst Hanno aus Afrika mitbrachte, oder der Fuß, der Stoßzahn und das Haar – »genau so lang wie ein Palmwedel« – eines Elefanten von den Ufern des Gambia-Flusses, mit denen Ca' da Mosto seinen europäischen Zeitgenossen das Staunen beibrachte – sie alle sind nichts anderes als Aoturu und Frobishers bedauernswerter Eskimo – nichts anderes als kuriose Touristenmitbringsel. Gleiches gilt für alle von Menschenhand angefertigten Zeugnisse exotischer Kulturen. Die Kuriositätenkabinette des 16. und 17. Jahrhunderts waren – so äußerte sich der große spanische Forscher Antonio de Ulloa im 18. Jahrhundert – so verschlossen wie der Zugang zu den »Archiven der Natur« für de Ulloas wissenschaftliche Zeitgenossen.[43] Doch die meisten von ihnen enthielten tatsächlich Gegenstände aus den entlegensten Gebieten, allerdings ganz und gar aus ihrem ursprünglichen Zusammenhang gerissen. Stücke wie beispielsweise jene aztekische Grünsteinmaske, die ein Mitglied der Medici-Familie mit Rubinen besetzen und in eine Fassung aus vergoldetem Kupfer einfügen ließ. Dies alles hat nicht mehr das geringste mit dem ur-

3

sprünglichen Zweck, ihrer eigentlichen Funktion und ihrem
Wert zu tun, und dies gilt auch für jedes andere Symbol fremder Kulturen und jedes andere Tauschobjekt[44] (siehe Abb. 3).
Sogar Gegenstände, die man nicht in vergleichbarer Weise
veränderte, zum Beispiel Handschriften, Federarbeiten und
Obsidianfigürchen, welche die Medici ebenfalls sammelten,
dienten weniger dazu, die Identität ihrer exotischen Ur-
sprungskulturen zu dokumentieren, als einen Abschnitt der
allgemeinen Vergangenheit zu illustrieren, an der einst auch
Europa teilhatte. Wie so viele Ausstellungsstücke in einem
heutigen Museum, waren sie so von einer typisch europäischen Welt absorbiert worden und kulturell ebenso unsignifi-
kant wie die Tritonen oder Einhorn-Hörner in denselben
»Wunderkammern«.

★

Die Abfolge von Aneignung, Erkenntnis und Benennung kennzeichnet den Prozeß des Aufspürens der Route, auf der der Entdecker in das »eindrang«, was er entdeckt hatte. Wie jede Entdeckung endete auch dieser Vorgang mit der Inbesitznahme. Wer ein neues Land zuerst erblickte, beanspruchte schließlich, es zu besitzen. Wie André Thevet, der königliche Kosmograph Heinrichs III. von Frankreich, hervorhob: »von allen Sinnen in der Natur ist das Sehvermögen am aktivsten«.[45] Und jeder wie Thevet, dessen gnadenlos aktiver Blick auf ein »neues« Land gefallen war, beanspruchte sofort Besitzrechte auf dieses. Festgeschrieben und gesichert wurden diese Rechte durch die Namengebung, durch die Gewährung von Titeln und nicht selten durch deren Fixierung auf Münzen. Tatsächlich erwies sich die Neigung, großzügig Namen zu erteilen und Länder zu vereinnahmen, geradezu als eine Sucht jener Europäer, die in beiden Richtungen den Ozean durchquerten. So schmückten sich Portugals Könige mit Besitztiteln über Länder, die ihre Seefahrer lediglich von ferne erblickt hatten und auf die sie nie hoffen konnten, einen echten Rechtsanspruch geltend zu machen. Ja, Vasco Núñez de Balboa ergriff sogar Besitz vom Ozean, indem er diesem einen Namen gab und seinen Fuß ins Wasser tauchte. Wie äußerte sich doch Diderots tahitianischer Weiser etwa 300 Jahre später zornentbrannt: »Was steht auf diesem Metallblatt? ›Das Land ist unser!‹ Dieses Land gehört euch! Und warum? Weil ihr euren Fuß darauf gesetzt habt!«[46] Auch Kolumbus hatte ein Gespür dafür, welche Macht dem zuwächst, der als erster ein neuentdecktes Land erblickt, er war sich der Bedeutung seiner Entdeckerrolle wohl bewußt, wenn er auch energisch bestritt, daß er in der Tat die größte aller Entdeckungen gemacht hatte. Wie Tzvetan Todorov trocken bemerkte, war für Kolumbus »entdecken« ein intransitives Verbum.[47] Aber Kolumbus wußte auch, daß die Machttitel – »Admiral des Ozeans«, »Vizekönig (der Länder) Indiens« –, mit denen die Katholischen Majestäten ihn so freigebig auszeichneten (denn die Verleihung derartiger Titel kostete nichts), hohles Wortgeklingel blieben, bis er etwas gefunden hatte, worüber er tatsächlich Macht ausüben konnte. Zwar hatte er für denjenigen, der als erster Land erblickte, 10 000 *maravedis* ausgesetzt, doch steckte er diesen Betrag in die eigene Tasche und muß dies von vornherein beabsichtigt haben. Berichtet Las Casas doch, ein Seemann namens Rodrigo aus Triana, der »Ausguck« im Mastkorb der »Pinta«, habe als erster Land erblickt, Kolumbus aber habe als erster das Licht gesehen und sei demzufolge derjenige gewesen, dem das Recht gebühre, den ersten Blick auf das Land getan zu haben. Erst nachträglich habe Kolumbus für sich in Anspruch genommen, tatsächlich selbst der erste gewesen zu sein. In der Tat glaubte man damals, jedes Land, auch wenn es unbewohnt war, sende nachts Licht aus. Und dieser Glaube brachte den armen Rodrigo um das Vorrecht, der erste Europäer gewesen zu sein, dessen Augen den neuen Erdteil erblickten. Zumindest Kolumbus selbst erschien es unfaßbar, daß nicht er zuerst die Länder erblickt haben sollte, auf die er schon so lange so ungewöhnliche rechtliche und politische Ansprüche erhoben hatte. Kein Wunder, daß er, wie Las Casas berichtet, für den Rest seines Lebens die 10 000 *maravedis* um seinen Hals trug.[48]

Als er dann gesichtet hatte, was er für »die Länder Indiens« hielt, begann Kolumbus über sie politische Macht auszuüben, indem er ihnen Namen gab. In Las Casas' Schilderung seiner Reise erscheint nunmehr der geniale Seefahrer und Geograph »Christobál Colón« nur noch als »Admiral« im Auftrag der Krone Kastiliens. Denn Las Casas hebt hervor, ab hier sei es recht und billig, »die hohe Auszeichnung und Würde zu betonen, welche das Königspaar ihm so großzügig verliehen hatte«.[49] Doch wie hoch die Würde auch sein mochte, zu der Kolumbus emporgestiegen war, er blieb doch stets der Diener höherer Mächte – der Diener Gottes und der Katholischen Majestäten. Bei der Namengebung, die er vornahm, hielt er sich infolgedessen streng an eine hierarchische Ordnung. »Der ersten (Insel), die ich fand«, so berichtet er,

gab ich den Namen *San Salvador* zu Ehren der Heiligen Majestät dessen, der uns so wunderbar dies alles verliehen hat. Die Indianer nennen sie *Guanahani*. Der zweiten gab ich den Namen *Santa Maria de la concepción*, die dritte nannte ich *Fernandina*, die vierte *Isabella*, die fünfte taufte ich auf den Namen *Juana* (nach dem

Thronfolger Don Juan, aber Inseln mußten stets weibliche Namen tragen) und so weiter, jeweils mit einem neuen Namen.[50]

»Die Indianer nennen sie *Guanahani.*« Mit dieser einzigen knappen Floskel wurde die ursprüngliche Identität dieser Stätte ausradiert. Um der Wahrheit die Ehre zu geben: Für gewisse Dinge, ja sogar für manche freilich nicht so herausragende Örtlichkeiten übernahm Kolumbus durchaus indianische Bezeichnungen, wenn ihm keine passende europäische Entsprechung einfiel. Doch nur der Herrscher des Himmels und der Welten sowie dessen irdische Stellvertreter, die Träger der Krone Kastiliens und deren unmittelbare Nachkommen, gaben würdige Namen für die allerersten Länder ab, auf die er seinen Blick gerichtet und dann seinen Fuß gesetzt hatte – und über die er, im Namen jener übergeordneten Mächte, seine Macht ausübte. Zumindest hätte er es als respektlos aufgefaßt, eine dieser Stätten Kolumbien zu nennen. Seine Stellung und seine Autorität beruhten auf seiner Mittlerrolle. Als er später, gegen Ende der neunziger Jahre des 15. Jahrhunderts, einer Verschwörung beschuldigt wurde, deren angebliches Ziel es war, die neuentdeckten Ländereien der Krone Kastiliens zu entfremden, verteidigte er sich damit, daß er nicht hoffen könne, ohne seinen Schutzherren zu überleben.[51] Was immer er tat – stets stand das Abbild seiner königlichen Auftraggeber im Hintergrund. In der berühmtesten seiner Schilderungen, dem Bericht über seine Landung auf San Salvadore am Morgen des 12. Oktober 1492, betonte er ausdrücklich, wie sehr es auf Geheiß seiner ruhmreichen Schutzpatrone geschah, daß er sich dort befand. »Ich ergriff«, so schrieb er, »für Eure Hoheiten Besitz, indem ich eine entsprechende Erklärung abgab und das Banner entfaltete.«[52] Dies nimmt sich wie ein Echo jener Passage im Bericht über seine erste Reise aus, wonach er sah, wie »am zweiten Tage des Monats Januar... das königliche Banner Eurer Hoheiten mit Waffengewalt auf den Türmen der Alhambra errichtet wurde...«.[53] Hier verschmolzen die beiden bestimmenden Akte der Geschichte Kastiliens – jedenfalls wie Kolumbus es sah – zu einer einzigen symbolischen Handlung. Kolumbus war Zeuge der ersten Szene gewesen, nun wurde er selbst Agierender bei der zweiten. Es ist vielleicht nur angemessen, daß Amerika selbst, das noch so lange ein ungewisser Raum ohne Nord- oder Südgrenze, ohne präzise geographische Lagebestimmung und ohne feste Beziehung zu Europa oder Asien blieb – noch 1513 erschien Kuba auf Karten als »Teil Asiens« –, seinen Namen nicht durch einen »Taufakt« irgendeiner seiner Eroberer erhielt, sondern durch den Beschluß eines deutschen Kartenzeichners, der sich darüber unschlüssig war, wie er »den vierten Erdteil« nennen sollte.[54]

★

Von Kolumbus zu Humboldt bewirkte das Prinzip der Aneignung, daß das Inkommensurable kommensurabel wurde, wenn auch nur für die Zeit, die der Beobachter brauchte, um sich – in Humboldts Metapher – von der Geologie der Flora und Fauna jener Welt zuzuwenden, in der er nun lebte. Diese Aneignung ermöglichte es, eine anfängliche, wenn auch manchmal beunruhigende Vertrautheit zu schaffen. Sie gestattete auch ein gewisses Maß an Klassifikation. Vor allem aber ermöglichte sie es, zu benennen, »worauf der Blick fiel«, und auf diese Art begrifflich Besitz zu ergreifen. Allerdings drang der Besucher nicht allzu tief in das Gesehene ein, insbesondere wenn es sich nicht um eine einzelne Insel, ein einzelnes Vorgebirge oder gar nur um eine einzelne Pflanze handelte, sondern um eine komplexe soziale Welt, die wenig nach außen hin erkennen ließ, was sie letztlich im Inneren barg.

Ein Reisender dagegen brauchte nicht sehr tief einzudringen, mußte nicht viel verstehen. Selbst für Anleitungen zum Sammeln sowie für Beschreibungen der Art, wie sie in den unterschiedlichen Reisehandbüchern des 16. Jahrhunderts, der *ars apodemica* und der *prudentia peregrinandi* mit ihren wuchernden Ablegern, zu finden waren, genügte ein einfaches Sich-Annähern an die Dinge. Der Reisende unternahm seine Fahrt nur, um festzustellen, was er gesehen hatte und sich dadurch selbst besser zu verstehen. Hatte der Reisende seine Forschungen unternommen (wobei ihn die Handbücher, die er bei sich trug, häufig mit Musterfragestellungen versahen, um ihm Hilfestellung zu geben)[55] und hatte er all seine Notizen gemacht, brachte er bei seiner Heimkehr all das mit, was er zu transportieren vermochte, um im Zuge dieses Prozesses seine Erfahrungen in seiner eigenen, ihm vertrauten Welt umzuformen. Sein Schiff, diese schwimmende Heimstatt, trug ihn hin und zurück, und innerhalb dieses engen Raums konnte er alles mitnehmen, was er von den Ländern benötigte, die er hinter sich ließ.

Für den Auswanderer dagegen war eine andere Ebene des Verständnisses nicht mehr nötig, sondern geradezu unvermeidlich. Nachdem die anfängliche, tröstende Vertrautheit der Basalt- und Schieferfelsen (um zu Humboldts Metapher zurückzukehren) entschwunden war und auch noch so hartnäckige Übertragung vertrauter Namen nicht verhindern konnte, daß die Pflanzenwelt ihm fremd erschien, sah sich der Einwanderer, der ja nicht wie der Reisende einfach nach Hause zurückkehren konnte, einer unausweichlichen Andersartigkeit gegenüber. Er hatte zu bleiben und der Verlockung des Heimischen zu widerstehen. Für ihn war Erkenntnis ein komplexerer Vorgang, ein Vorgang, für den Inbesitznahme eine unangemessene Strategie war, da jede verlängerte Zurschaustellung die Schwierigkeit des Zusammenhangs verstärkte. Einige dieser Schwierigkeiten finden deutlichen Ausdruck in Humboldts Text. Besitzergreifung der Art, die er im Auge hatte (und die völlig anders war als die Art von Inbesitznahme, die Kolumbus betrieb), suchte Kontext durch Intuition zu ersetzen. Humboldts Pflanzengeographie, so wie sie war, die auf dem Glauben an die kulturbildende Kraft der Vegetation beruhte – »die über alle organischen Wesen Macht ausübt« –, ist ein Versuch, für die unterschiedlichen Kulturen stabile weltumspannende Zusammenhänge zu schaffen. »Wer Sinn für die Schönheiten der Natur besitzt«, so glaubte Humboldt, »wird in ihr die Erklärung für die Wirkung finden, die das Erscheinungsbild der Vegetation auf den Geschmack und die Vorstellungskraft der Völker ausübt.«[56] In dem Augenblick, da wir auf längere Zeit mit einer neuen und erregenden Pflanzenwelt in Berührung kommen, so wie Humboldt in Venezuela, und sobald unsere Augen den tröstlichen Kontakt mit der heimischen Geologie verloren haben, beginnen wir auch unsere alten Identitäten einzubüßen, die wir einst besaßen. Denn der auswanderer bleibt stets in einer anomalen Position. In einem bestimmten botanischen und geologischen Umfeld geboren und aufgewachsen, hat er von seinem Willen Gebrauch gemacht, um seine ihm vertraute Umgebung gegen ein neues Ambiente einzutauschen. Es ist diese Handlung, die Reise selbst, die ihn schließlich in Kontakt mit seiner Neuen Welt bringt. Und es ist dieser Kontakt, der seiner Sicht ein besonderes Privileg verleiht. Oder wie Humboldt in seiner *Relation historique* notiert:

Ob Natur einen wilden oder kultivierten Charakter besitzt, liegt entweder an den Hindernissen, die sich dem Reisenden in den Weg stellen, oder an den Empfindungen, die sie in ihm auslöst. *Er ist es*, den man unaufhörlich in Kontakt mit den Objekten zu sehen wünscht, die ihn umgeben. Und je mehr Lokalkolorit seine Schilderung des Landes und seiner Bewohner durchdringt, desto mehr wird er uns fesseln.[57]

Doch bei der Überwindung all dieser namenlosen Hindernisse macht sich der Reisende, der keine unmittelbare Aussicht auf Rückkehr hat, *selbst* zu einem Wesen ohne Kontext. Vielleicht hilft ihm seine instinktive Anbindung, sich zu orientieren. Allerdings kann sie nie über die Tatsache hinwegtäuschen, daß er irgendwie zum Bestandteil eines anderen Zusammenhangs geworden ist – eines Zusammenhangs, zu dem, um uns der Bildersprache Humboldts zu bedienen, gleichzeitig der Große Bär und das Kreuz des Südens gehören.

Mit der Zeit gelangt er dahin, sich in eine neue Gemeinschaft hineinzudenken. Wie wir später sehen werden, schrieben Theoretiker des 18. Jahrhunderts diesen Prozeß der kulturellen Anpassung dem Klima oder, allgemeiner gesprochen, der Umwelt zu. Herder spottete über den Anblick europäischer Häuser und europäischer Kleidung in nichteuropäischer Umgebung. Diese närrischen Versuche, eine intakte Welt zu verpflanzen, würden nie das zu überdauern vermögen, was sich ihm als Rache der Natur darstellte.[58] Doch war die Anpassung stets ein viel komplizierterer Prozeß, als Herder einzuräumen gewillt war, und sie erforderte nicht so sehr eine Reaktion auf die natürlichen Verhältnisse, wie sie vom jeweiligen Umfeld diktiert wurde, sondern die Schöpfung eines kulturellen Zusammensetzspiels aus Gewohnheiten, Traditionen, Diskursen und teilweise verstandenen Erinnerungen an ein »Mutterland«, das nun sowohl räumlich wie zeitlich so fern lag. Ein Kolonist fügte diesem komplizierten Geflecht solche Fragmente seiner einheimischen Kultur hinzu, die seinen unmittelbaren Bedürfnissen dienten. Jedes Element dieser »kolonialen Identität« mußte in einen neuen Zusammenhang eingebettet werden, wenn es die imaginative Kraft haben sollte, die zum Aufbau einer neuen Kulturwelt nötig ist. Dieser Vorgang dauerte lange und war in jedem Fall schmerzhaft. Die erste Stufe, die jeder Einwanderer zu erklimmen hatte, bestand darin, die Desorientierung zu überwinden, die diese Begegnung mit dem Neuen mit sich brachte.

★

Hier nun haben wir es mit dem Beispiel einer weiteren Bedeutung zu tun, die die Erfahrung, das »erste Lebewesen« in Amerika zu sein, für einen europäischen Reisenden hatte, auch wenn diese Erfahrung keineswegs der Realität entsprach.

Im Jahre 1555 verfaßte ein Weltpriester namens Pedro de Quiroga vier Dialoge. Sonst wissen wir von ihm so gut wie nichts, abgesehen davon, daß er, wie wir seinen eigenen Äußerungen entnehmen können, mehrere Jahre in Peru lebte und wirkte. Seine Dialoge wurden zu seinen Lebzeiten nie veröffentlicht, ja bis 1922 blieben sie in der Bibliothek des Escorial förmlich begraben, und fast niemand kannte sie. Erst dann wurden sie veröffentlicht, allerdings nur in einer beschränkten Auflage, die ebenfalls schon wieder unzugänglich ist. Und doch vermitteln sie eine der eindrucksvollsten Vorstellungsreihen über Amerikas entwurzelnde Präsenz, Vorstellungen, die mit einer komplexen Anzahl innerer Bezugnahmen auf die Illusionen von Zeit und Ort, von Schlafen und Wachen spielen, die Amerika unvermeidlicherweise dem Ansiedler aufnötigt. Quiroga bezeichnet seine Dialoge als

»Gespräche über die Wahrheit« *(Coloquios de la verdad)*. Nach seiner eigenen Darstellung war ihr Zweck, »einen Weg zu bereiten, um die Indianer im Königreich Peru für unseren heiligen katholischen Glauben zu gewinnen, indem sie ihnen die Mißlichkeiten und die Gründe vor Augen führen, die sie bis zur Stunde davon abgehalten haben«.[59] Doch sie sind mehr als nur dies. Sie liefern ein ätzendes, bitteres Bild der Eroberung und Christianisierung Perus, wie völlig desillusionierte, dabei aus ihren Ansichten keinen Hehl machende Indianer sie sahen, aber wie auch ein Spanier sie sah, den Quiroga Barchilon nennt. Barchilon ist Quirogas große Schöpfung. Der Name wurde einer realen Person beigelegt, die in der Folgezeit Bestandteil des Mythos der Eroberung Perus werden sollte – ein umherwandernder Griesgram, der, wie einst der Kyniker Diogenes, stets auf der Suche nach einem ehrlichen Menschen war. Doch Quiroga benutzte diesen Namen, der auch »Quacksalber« oder »Kindermädchen« bedeuten kann, auch ironisch, denn Barchilons Rolle in den *Coloquios* ist es, vor den Indianern, die nur die Taten bekennender Christen sahen, die wahren Werte der christlichen Religion zu verteidigen.

Barchilon wohnte lange in Cuzco. Einst war er reich, doch dann fiel er einem nicht näher bezeichneten Mißgeschick zum Opfer, und schließlich streifte er durch das Land – ein Büßer, den seine spanischen Landsleute ebensosehr verachteten wie fürchteten, »weil ich« – nämlich Barchilon – »meiner früheren weltlichen Einstellung den Rücken gekehrt und mich den Eingeborenen dieses Landes zugewandt habe«. (Wie wir im nächsten Kapitel sehen werden, ähnelte er verblüffend Bartolomé de Las Casas in bezug auf das, was er verwarf, wenn auch nicht in seiner Entscheidung für das Vagantentum.) Ständig lebte er an den Rändern der beiden Gesellschaften, die er unablässig miteinander zu versöhnen suchte. Verachtet von seinen Landsleuten europäischer Herkunft, die dennoch ihre Ohren nicht gänzlich vor seinen Worten verschließen konnten, genoß er doch ebensowenig das volle Vertrauen der Indianer, als deren Verteidiger er sich fühlte.

Im ersten dieser »Gespräche« trifft Barchilon »Justino« wieder, einen Glücksritter, mit dem er früher in Spanien befreundet war und der nun soeben in Peru eingetroffen ist. Im Schatten eines Baums ist er eingeschlafen. Die Reise hat ihn total erschöpft. Doch in Barchilons Augen ist Justinos Schlaf wie ein Vorbote des Todes. »Gibt es«, so fragt er die schlafende Gestalt, »ein wahreres, lebensechteres Abbild des Todes als den Schlaf? Denn was heißt es anders, wenn jemand in den Schlaf fällt, als daß er des Lebens müde ist.« Und mit diesen Worten rüttelt er Justino wach. Frei von jeglicher Todesahnung jedoch, hat Justino gerade geträumt, er sei »der mächtigste und reichste Mann der Welt«. Doch Barchilon entgegnet wie im Vorgriff auf Sigmund Freud, mit Sicherheit sei »der Traum vom Reichtum dieses Landes und dieses Jahrhunderts nichts anderes als ein Traum- und Spottbild«, worauf Justino, der die Qualen einer langen Seereise nur auf sich genommen hat, um einzuschlafen und beim Erwachen zu entdecken, daß sein Traum nichts als ein Traum sei, seinerseits findet, seine Seereise habe nicht seinen Vorstellungen von einer Reise in ein goldenes Land voller Chancen entsprochen, sondern eher einer Höllenfahrt. »Weißt du überhaupt«, fährt Barchilon zu Justinos Erstaunen fort, »welchen Unsinn du begangen hast, solche Pein auf dich zu nehmen, nur um in die Hölle zu kommen?« »Es ist unüblich, daß Menschen unmittelbar dorthin gelangen«, erwidert Justino, der offensichtlich alle besseren Bücher über dieses Thema gelesen hat. »Habe ich etwa zufällig den falschen Weg genommen? Warum stellst du mir solche Fragen, da ich doch nur hierher kam, um neue Länder zu sehen und mich zu verbessern *(valer más)*?«[60] Doch Barchilon weiß, daß Amerika nichts verbessern kann, denn nichts in diesem Land gleicht irgendwelchen Dingen anderswo. »Wenn du bleiben möchtest«, so warnt er also Justino, »mußt du alles vergessen, was du zu Hause zu wissen glaubtest.«

Während die Seereise eine Art »Übergangsritus« war, war der endgültige Bruch mit den tröstlichen Leitbildern der altvertrauten heimatlichen Umgebung ein Initiationsritual. Der angehende Kolonist mußte, wie ein späterer französischer Autor es formulierte, »sein Land aufgeben, seine Lieben, seine Freunde und alles verlassen, womit ihn die Gewohnheit wie mit einem Schutzwall umgab, der nicht niedergerissen werden konnte, ohne daß es schmerzte«.[61] Ungeheure Entfernungen trennen die Alte Welt von der Neuen Welt, und nichts, was in Amerika ankommt, ist noch in der gleichen Verfassung, in der es bei der Abfahrt von Europa war. Klagen – und Barchilon geht eindeutig davon aus, daß es viele Gründe zum Klagen gab –, die in Amerika erhoben wurden, drangen kaum jemals bis nach Europa, und wenn doch, dann waren sie längst nicht mehr aktuell. »Sie sind dann bereits alt, und das Blut sowie die Tränen, die Anlaß zu ihnen boten, waren längst getrocknet.«[62] Kein äußeres Zeichen war mehr von der Erfahrung geblieben, die sie hervorgerufen hatte, oder von dem Leiden, das den, der die Klagen erhob, einst veranlaßt hatte, ihnen schriftlich Ausdruck zu geben.

Und genauso wie diese Botschaften aus weiter Ferne nach Europa gelangten, ohne daß man dort noch etwas von ihrem faktischen Zusammenhang zu spüren bekam – wenn sie überhaupt bis nach Europa kamen –, so mußte umgekehrt der Einwanderer aus Europa, der in die entgegengesetzte Richtung reiste, wenn er in der Neuen Welt überleben wollte, seinen Kontext, all seine Beziehungen und Lebensverhältnisse von sich werfen – seine gedanklichen »Isothermen«, nach denen er gewohnt war, sein gesellschaftliches und geistiges Umfeld zu orientieren. »Öffne nur deine Augen«, fordert Barchilon Justino auf, und sie werden dann schon sehen, daß hier – in Amerika – alles »ganz das Gegenteil dessen« ist, »was du von Kastilien her kennst«. Auf gar keinen Fall könne man sich darauf verlassen, daß etwas genau das sei, was es zu sein scheine. Was sich zunächst wie Übereinstimmungen zwischen Europa und Amerika ausnahm, stellte sich später oft als die genaue Umkehr ins Gegenteil heraus. Tatsächlich waren es scheinbare Übereinstimmungen zwischen Europa und Amerika, zwischen indianischen und christlichen Kultbräuchen, die Kolumbus die Möglichkeit einer unmittelbaren direkten Übertragung zu beinhalten schienen, die aber Barchilon jetzt als Beleg ihrer äußersten Unvereinbarkeit anführt.

»Hier«, so betont Barchilon, »kann es keinen Austausch, keinen direkten Ersatz geben.« »Gewiß«, pflichtet ihm Justino bei, »schwächt dieses Land die Urteilskraft, es verwirrt den

Geist, macht gute Bräuche zuschanden, fordert das Aufkommen ungewohnter Sitten und bewirkt, daß sich das Verhalten der Menschen in das genaue Gegenteil ihrer früheren Gewohnheiten verwandelt.«[63]

Freilich kann man sogar so mächtigen Kräften wie diesen entgegentreten – dies mit Hilfe des Gebets und durch gewissenhafte Einhaltung der Pflicht. »Nein«, erwidert Barchilon, »habe nichts zu schaffen mit den Dingen dieses Landes, bis du sie verstehst, denn sie sind von ganz anderer Art, und auch die Sprache ist anders.«[64] Hier also muß der Neuling sogar noch einmal sprechen lernen. Buchstäblich nichts von dem, was sich einer »in Kastilien ausmalt«, nutzt ihm mehr. Doch zuallererst muß er begreifen lernen, welch riesige Entfernungen zwischen seiner Begriffsfähigkeit und den Realitäten der amerikanischen Welt liegen. Für Barchilon artikulieren sich das Land und seine Bewohner in stammelnden, mißtönenden Lauten, die den Neuankömmling nur verwirren und narren konnten. »Lerne nicht«, warnt Barchilon diesen, »die Sprache dieses Landes. Ja, höre ihr nicht einmal zu, denn ich sage dir, dies wird für dich entweder die eine oder die andere Folge haben: entweder wirst du den Verstand verlieren, oder du wirst den Rest deines Lebens ruhelos umherschweifen.«[65]

Für Barchilon ist gerade die Unvereinbarkeit Amerikas mit Europa die einzige Gewißheit, der einzig mögliche Kontext, in dem Amerika überhaupt verständlich gemacht werden kann. In einer Welt, in der keine Übertragung möglich ist, ist Schweigen die einzige Möglichkeit zu sprechen. Denn allein aus dem Schweigen kann eine neue amerikanische Sprache und mit ihr eine neue amerikanische Identität geschaffen werden. Wenn Justino überleben und Barchilons eigenem Schicksal als Wanderer in den Lücken zwischen beiden Kulturen entgehen will, hat er ganz von neuem zu beginnen. Er hatte sich im Traum als Besitzender erlebt, doch nun mußte er sich als seines Erbes Beraubter erfahren, ja – sein Traum hatte womöglich zur Vision einer Wiedergeburt zu werden.

Doch Barchilon begriff auch, daß Justino – sowohl bildlich gesprochen als auch in Wirklichkeit – Amerikas Sprache ler-

nen muß, genauer noch: die Sprachen der Indianer. Er muß
dies tun, um ihnen Mitteilungen zu machen, um sie den Katechismus zu lehren, ihnen von der Göttlichen Dreifaltigkeit
zu künden, von der Fleisch- und Blutwerdung Christi im Sakrament und vom Heiligenkalender – ihnen also Dinge nahezubringen, die von ihm selbst ins Land gebracht wurden, also
von ihrer Welt (und ihren Sprachen) so weit entfernt waren,
wie sie selbst von ihm (und der Sprache, die er sprach). Wir
werden auf das Problem der Sprache zurückkommen. Im Augenblick jedoch mögen diese seltsamen, »frisierten« Indianersprachen – die, so Barchilon, schwieriger zu erfassen sind als
der Unterschied zwischen einer Ananasfrucht und einer Kak-
tusfeige – so wirken, wie sie für ihn gewirkt haben: als Metapher für die kognitiven Distanzen, die der Einwanderer zu
überwinden hatte. Am Ende des Dialogs hat der erst jüngst
eingetroffene Justino begriffen, daß die Seereise trotz all ihrer
Schrecknisse und obwohl manche sie als eine Art von Übergangsritus betrachteten, als eine Art Pilgerschaft, die irgendwie künftigen Erfolg garantierte, ihn einfach ans andere Ufer
befördert hatte. Seine wahre Reise begann erst jetzt.

★

Der Reisende, der Entdecker, der Siedler, der Einwanderer,
der Missionar und der Kolonist – sie alle kamen nach Amerika
mit zunichte gemachten Ambitionen, unterschiedlichen Erwartungen und nicht minder unterschiedlichen Zielen. Doch
wenn sie sensibel waren, spürten sie alle mit der Zeit, daß zumindest auf kultureller Ebene eine Unvergleichbarkeit bestand. In der realen Welt konnten hinter den hohen hölzernen
Mauern des Schiffs, in dem Bougainville reiste, die totalen
Unterschiede zwischen den Welten nicht einfach dadurch
überbrückt werden, daß man Proben mit sich führte, geologi-
sche Formen identifizierte und Unvertrautes mit vertrauten
Namen versah. Justino, der Abenteurer, verkörperte jenen
Einwanderertyp, der gezwungen war, sich dieser Unvereinbarkeit zu stellen. Aber es gab auch andere. Zum Beispiel jene,
die gekommen waren, um zu bekehren, um unvertraute Kul-

turen, von denen sie vorher keine Ahnung hatten, in etwas umzuwandeln, das sie kannten wie ihre eigenen. Die meisten von ihnen – die Missionare – scheiterten schon auf der elementarsten Ebene. Gewiß wurden Indianerkulturen umgeformt, doch blieben sie hartnäckig indianisch und bleiben es noch immer. Das Ringen der Missionare, zwar nicht die Kulturen selbst zu begreifen, doch jedenfalls den Prozeß, der zu einem Verständnis fremder Kulturen führte, hatte insgesamt größere Erfolge. Die Schilderungen der meisten spanischen Missionare, die in Amerika wirkten – Bernardino de Sahagún, Toríbio de Motolinía, Diego Durán –, sind nicht etwa, wie man so oft und hartnäckig immer wieder las, Aufzeichnungen dessen, was sich ihren Autoren als völliges Anderssein darstellte. Statt dessen handelt es sich bei ihnen um oft fragmentarische Berichte über Versuche, einfach zu registrieren, worin die Unvereinbarkeit zwischen beiden Welten besteht. Beispielsweise beginnt Sahagún seine große *Historia general de las cosas de la Nueva España* (»Allgemeine Geschichte der Verhältnisse Neuspaniens«, 1547–1577) mit folgender Bemerkung (auf deren Konsequenzen wir im nächsten Kapitel zurückkommen werden): Alle Autoren versuchten, ihren Schriften soviel Gewicht wie möglich zu geben, indem sie sich auf verläßliche Zeugen oder auf die Schriften früherer Autoren stützten, die sich zum gleichen Thema wie sie geäußert hatten. »Allerdings«, fuhr er fort, da es ihm um eine ganz andere Art von Realität ging, »stützt sich keines der zwölf Bücher, die ich verfaßt habe, auf solche Grundlagen.« Deshalb sah er sich gezwungen, sich nicht auf einen Text, sondern auf eine Methode zu beziehen. »Ich habe«, so folgert er, »kein anderes Fundament, um (meinem Buch) Autorität zu verleihen, als den Fleiß erkennen zu lassen, mit dem ich mich bemüht habe, die Wahrheit alles dessen darzulegen, was in diesen Büchern geschrieben steht.«[66] Die Neuartigkeit dieser Herangehensweise, die auf der Befragung sorgfältig ausgewählter Zeugen und dem geduldigen Vergleich ihrer Angaben beruhte, war die einzige Strategie, um die Distanz zwischen ihm und seinem Gegenstand zu ermessen, eine Distanz, die er, als guter Christ, der er war, eines Tags zunichte zu machen

hoffte, wie – der Vergleich stammt von ihm – ein Arzt eine
gefährliche Krankheit heilt.

★

Das beste Beispiel für diesen Prozeß ist jedoch – wohl zumindest teilweise, weil es aus einem auf den ersten Blick so unerwarteten Winkel kommt – das des Hugenotten Jean de Léry.
Seine *Histoire d'un voyage fait en la terre du Brésil* (»Geschichte
einer Reise in das Land Brasilien«) wurde vielleicht mehr als
jede andere Schilderung eines Missionars als ein Triumph
frühneuzeitlicher Anthropologie angesehen – als »Brevier der
Anthropologie«, wie Lévi-Strauss sie einst nannte. Léry
gehörte der ersten und einzigen protestantischen Mission an,
die von 1556 bis 1558 in Brasilien wirkte. Allerdings begann er
erst 1563, also nachdem er schon lange wieder in Frankreich
war, an seiner *Histoire* zu arbeiten, und es dauerte bis 1578, bis
dieses Werk veröffentlicht wurde.[67]
    Léry war Europäer, und er war Calvinist. Für ihn verlief die
Trennungslinie zwischen *wir* und *sie* nicht nur zwischen zwei
Kulturen, sondern sie hatte auch mit der Eschatologie zu tun.
Für ihn waren die Tupinamba in Brasilien als vermeintliche
Nachkommen Hams, des Vaters Kanaans, mit dem Fluche
Gottes behaftet. Sie waren nicht fähig, Christen zu sein, und
es gab daher keinerlei Möglichkeit, daß sie je zu den Auser-
wählten gerechnet werden und das Heil Gottes erlangen
könnten.[68] Léry war ein Missionar, der infolgedessen keinen
Augenblick an seine Mission glauben konnte, und gerade deswegen hatte er es nicht nötig, Übereinstimmungen zwischen
den Kulturen der Indianer und der Europäer zu suchen, die
alle Bekehrungsversuche voraussetzen, wenn sie überhaupt
einen Sinn haben sollten. Im Gegensatz zu katholischen Missionaren hatte Léry es nicht nötig, die Indianer zu der Ansicht
zu überreden, daß sie Gottes Absichten mit der Welt falsch
verstanden hätten, oder ihnen darzutun, daß ihre kulturellen
und religiösen Praktiken ein Zerrbild ihnen durch Naturge-
setz angeborener Ideen seien, ganz zu schweigen davon, daß
ihre geistige und soziale Welt Ergebnis teuflischer Machen-

schaften wären. Für Léry waren die Tupinamba seit der »Sintflut« die »gänzlich Anderen«, und dies sollten sie auch bis zum
Ende aller Tage bleiben. Deshalb unterschied sich seine Sicht
von ihnen, wie Lévi-Strauss es wohl sah, gar nicht so sehr von
der eines modernen Völkerkundlers. Und er war deshalb auch
in der Lage, seinen Lesern eine umfassende Ethnologie dieser
Tupinamba zu bieten, eine detaillierte Schilderung ihres Erscheinungsbilds, ihrer Kleidung und ihrer Sitten sowie dessen,
»was man« als ihre Religion »bezeichnen könnte« – eine Schilderung, die man (und dies mit Recht) sowohl wegen ihrer
Unvoreingenommenheit, ihrer vermutlichen Genauigkeit
und ihrer spürbaren Sympathie für die Art des Zusammenle-
bens der Tupi gepriesen hat. Doch was an Lérys Bericht wirklich Staunen erregt, ist das Maß, in dem er sich dessen bewußt
ist, daß er sich selbst einbringt, daß er eine eigene Sichtweise
der Dinge hat und daß dies eine wichtige Rolle in seiner Beschreibung spielt. Ganz anders als Sahagún, der leidenschaftslose Arzt, der durch objektive und möglichst unparteiische
Beschreibung die Krankheit zu heilen versuchte, als die sich
ihm die Kultur der Azteken darstellte, geht es Léry darum, was
es heißt, diese Symptome zu beschreiben. Seine Darstellung ist
kein unvoreingenommener Bericht über die seltsamen Gewohnheiten einiger Wilder in irgendeinem abgelegenen Winkel der Erde. Sie ist vielmehr eine Geschichte – und zwar
genau in dem Sinn, in dem man im 16. Jahrhundert diesen
Ausdruck gebrauchte, eine Geschichte dessen, was es heißt,
wenn man (und sei es auch nur in der eigenen Vorstellungskraft) versucht, etwas, das notwendigerweise miteinander unvereinbar sein muß, miteinander vereinbar zu machen. Und
sie ist, wenn auch unbewußt, die schriftliche Fixierung der
Unmöglichkeit eines derartigen Vorhabens. Allerdings beginnt Léry seine Schilderung der Tupinamba ganz objektiv,
wie es sich gehörte, mit einer detaillierten Beschreibung der
»äußeren Erscheinung und des Körperbaus der Amerikaner«.
Dann fordert er seine Leser auf, sich »selbst einen Wilden vorzustellen«. Dazu, so sagt er, bedürfe es sechs separater und auf-
einanderfolgender »Betrachtungen«. »Stellen Sie sich mit ihrer
Einbildungskraft *(entendement)*«, so schreibt er,

einen nackten Mann von wohlgeformtem Körperbau und mit ebenmäßigen Gliedmaßen vor, dessen gesamtes Haar in der von mir schon beschriebenen Weise abrasiert wurde. Seine Lippen und Wangen tragen Kerben, in die spitze Knochenstücke oder Grünsteinsplitter eingefügt sind. In seinen durchbohrten Ohren trägt er Gehänge. Am Körper ist er bemalt, seine Beine und Schenkel sind mit einer Farbe geschwärzt, die aus einer von mir bereits erwähnten Frucht namens *genipap* gewonnen wird. Und er trägt Halsbänder aus vielen kleinen Stücken einer großen Meeresmuschel, die sie *vignol* nennen.

Zum Zweck der »zweiten Betrachtung« wird der Leser aufgefordert, »alle oben angeführten Floskeln abzutun, den ganzen Körper sowie Arme und Beine mit klebriger Gummimasse einzureiben und ihn dann mit feingehackten, eingefärbten Federn wie mit roten Daunen zu bedecken...« Die dritte und vierte Betrachtung folgen in gleicher Weise. »Vor unseren Augen« wird der »nackte Mann« noch einmal ent- und bekleidet. Die Schlußbetrachtung zwängt den imaginären Wilden in europäische Kleidung mit »Hosen und Jacken aus nach unserer Art gefärbtem Tuch, der eine Ärmel grün, der andere gelb«. So, wenn auch nur in unserer Vorstellung, gezwungen, in die Welt des Lesers überzuwechseln, bleibt von dem einst edlen, wenn auch bizarren Tupinamba kaum mehr übrig als ein Possenreißer. »Du wirst feststellen«, schließt Léry, »daß er nun nichts mehr braucht als Narrenflitter.«[69]
Was Léry uns hier zu zeigen versucht, ist, was geschehen könnte, wenn wir den »anderen« uns so ganz und gar ähnlich zu machen versuchen, wie es nur möglich ist. Wenn wir unseren gedachten Indianer nur als Spottfigur über die imaginäre Linie zwischen den Welten bringen können, nicht weniger karnevalesk als der Indianer, dem Montaigne in Rouen begegnete, so geschieht dies, weil, wie Léry an anderer Stelle äußert, derartige Szenenwechsel stets einen Verlust an menschlicher Substanz mit sich bringen. Diejenigen, die sich, ob freiwillig oder ungewollt, verpflanzen und wiedergeboren sein lassen, treten in eine neue (und unvermeidlicherweise niedrigere) Existenz ein. Indianer, die sich mit europäischer Kleidung herausputzen und dazu gebracht werden, europäische Sitten

nachzuäffen, sind nichts anderes als Gestalten aus einem europäischen Fastnachtszug. Doch Europäer, die sich in die entgegengesetzte Richtung bewegen, erleiden ein noch schlimmeres Schicksal.

Um seinen Indianer aus einem »nackten Mann von ebenmäßigem Körperbau und mit wohlproportionierten Gliedmaßen« zu einem Narren werden zu lassen, hat Léry aufgefordert, den traditionell aristotelischen Akt der *phantasia* zu vollziehen. Wie Aristoteles trifft er allerdings keine klare Unterscheidung zwischen geistigen Vorstellungen und der Rezeption von Sinneseindrücken.[70] Und aus diesem Grund unterschied sich das Bild des brasilianischen »Wilden« nicht allzusehr von greifbaren Objekten in der natürlichen Welt. So hat er ihn dargestellt, wie er sagt, zusammen mit allem anderen, was von Natur aus ihm gehört: seinem Weib, das »in seiner üblichen Weise sein Kind in einem Tuch aus Baumwolle trägt«, seinen Pfeilen für den Fischfang und der »Abbildung einer Frucht, die sie Ananas nennen«.[71] Auf den Abbildungen, die Léry für sein Buch in Auftrag gab, erscheint diese letztgenannte Frucht viele Male in natürlicher Größe, wie um ihre Bedeutung zu unterstreichen (siehe Abb. 4). Lérys Bericht über die Tupinamba ist eine der einfühlsamsten und detailreichsten Schilderungen, die wir besitzen. Hatte er doch nach seinen eigenen Worten so viel Zeit damit verbracht, »sie alle, ob groß oder klein, zu beobachten, so daß es mir sogar jetzt noch scheint, als ob ich sie vor Augen hätte, und daß ich einen Begriff, ja ein Bild von ihnen stets in meiner Erinnerung behalten werde«. Ja, seine Schilderung enthält sogar ein fiktives Gespräch (sowohl auf Französisch als auch auf Tupi) mit seinen »Wilden«, das ein Maß von Vertrautheit voraussetzt, das ganz anders ist als alles, was sich sonst ein Missionar mehr traditioneller Art nur erträumen konnte. Zum Schluß freilich gelangte Léry zu der Erkenntnis, daß Darstellungen, die geschaffen werden, um Kulturen einander verständlich zu machen, so einfallsreich, geistvoll, ja phantasievoll im ursprünglichen Sinn dieses Worts sie auch sein mögen, niemals mehr sein können, als Beschreibungen von Pfeilen, Hängematten und Ananasfrüchten, »so daß der Leser sie … allein durch diese Schilderung betrachten kann, wie er will«.[72]

4

Vereinbarkeit aber erfordert mehr als diese Unterwerfung unter den Willen des Lesers. Sie erfordert, daß der Beobachter und der Beobachtete ein Stück gemeinsamen kulturellen Grunds und Bodens bewohnen. Dazu aber schienen gemeinsame kulturelle Erfahrungen zu gehören. »Ihre Gebärden und ihre Art, sich zu geben«, muß Léry allerdings zugeben, »sind von den unseren so verschieden, daß ich gestehen muß, wie schwer es mir fällt, sie in Worten oder auch nur in Bildern wiederzugeben. Man muß sich daher, um wirklich Vergnügen an ihnen zu finden, aufmachen und sie in ihrem eigenen Lande aufsuchen.«73 Dies jedoch bedeutete, daß man sein eigenes Land verlassen mußte.

»Bist du gekommen?« fragt der Tupinamba in Lérys fiktivem Gespräch.

»Ja, ich bin gekommen«, erwidert der Franzose.

»Hast du dein Land verlassen, um hierher zu kommen und hier zu leben?« dringt der Tupinamba in ihn.

»Ja«, entgegnet der Franzose.

»Dann«, sagt der Indianer, »komm zu dem Platz, wo du bleiben wirst.«74

Bleiben, und nie zurückkehren... Léry begriff voll und ganz, welche Gefahren seinem imaginären Franzosen drohten, sobald er erst einmal die unsichtbare Linie überschritten hatte, die eine Kultur von der anderen schied. Wie die meisten, die eine gewisse Zeit in Amerika blieben, war er aus erster Hand Zeuge des Schicksals derer, die »Indianer geworden« waren. In ihrem Bemühen, in einer ihnen ganz und gar fremden Umgebung zu überleben, hatten sie die Humanität abgeworfen, mit der nach Lérys Ansicht trotz seiner offenkundigen Sympathie für die Indianer, wohl nur eine Kultur sie umgeben konnte, die europäisch und christlich war. Die Nacktheit der Tupinamba, von der Léry wieder und wieder aufs neue spricht, war mehr als eine bloße Metapher für ihre Verschiedenheit von ihm. Sie stand gleichzeitig als Mahnmal dafür, was auch wir alle werden könnten. Und die gleiche Rolle spielte jenes »Verbrechen wider die Natur«, für das die Tupinamba schon weithin bekannt waren, als er seine *Histoire* schrieb: der Kannibalismus. Die Tupinamba waren üblicherweise nackt, und ihre Nacktheit hatte etwas Aggressives. (Insbesondere galt dies für die Frauen: »Zwar versuchten wir ihnen mehrmals, Kleidungsstücke und Unterhemden zu geben«, bemerkte Léry, »doch stand es nie in unserer Macht, sie dazu zu bringen, daß sie Kleider trugen.«)[75]

Aber sie waren auch eingefleischte Kannibalen. Und ebenso wie eine allzu große Vertrautheit mit den Indianern die Europäer veranlassen könnte, ihrerseits ihre Kleider abzulegen, so könnte sie sie dazu bringen, Menschenfleisch zu verzehren. Léry hat es selbst erlebt. »Zu meinem großen Bedauern«, schrieb er,

muß ich zugeben, daß gewisse Übersetzer aus der Normandie, die acht oder neun Jahre in diesem Lande gelebt hatten, sich den Wilden anpaßten und das Leben Gottloser führten. Nicht nur, daß sie sich mitten unter den Weibern und Mädchen, von denen eine von ihnen einen Knaben hatte (der etwa drei Jahre alt war, als ich mich dort aufhielt), auf jede obszöne und ungehobelte Weise selbst befleckten, rühmten sie sich auch vor mir, Gefangene getötet und verspeist zu haben.[76]

Mitten unter ihnen zu leben, erforderte ständige Wachsamkeit, soviel Sympathie der Beobachter auch empfinden mochte, da vollkommenes Verständnis diesen Aspekt der Umformung nicht stoppen kann. Wie Michel de Certeau beobachtete, war Lérys Reise eine Reise von »einem Selbst zu einem Selbst durch die Betrachtung eines anderen«.[77] Doch niemand, und dies gilt auch für die Dolmetscher aus der Normandie, die Menschenfleisch aßen, konnte, wenn nicht als er selbst, zu seinem eigenen Selbst vordringen und somit als er selbst zu sich selbst zurückkehren. Wie Gulliver, der ebenfalls den Weg auf die andere Seite gegangen war – wenn auch, was ihn betrifft, nur zu einer bestimmten Art von Umgangsformen –, konnte ein solcher Mensch niemals hoffen, wieder wie seine Mitmenschen werden zu können.[78] Gott selbst hatte die kulturellen Barrieren zwischen seinen Geschöpfen errichtet, ebenso wie er zwischen den Erwählten und Verstoßenen Barrieren geschaffen hatte. Lérys *Histoire* ist eine Naturgeschichte, der Bericht von einer Begegnung mit einer neuartigen und verwirrenden Flora und Fauna, aber auch mit einem anders gearteten Menschenschlag. In Lérys Sicht sind die Tupinamba zwar noch Menschen, aber in einem gewissen Sinn nur in einem Universum, das mehrere Arten des *Homo sapiens* kennt. Wie wir sehen werden, war dies eine Vorstellung von Inkommensurabilität, die gegen Ende des 18. Jahrhunderts wieder aufgenommen wurde, und zwar vor allem von einem anderen geistigen Erben Calvins: von Johann Gottfried Herder. Allerdings hatte Herders Sichtweise ganz andere Ziele und führte zu völlig anderen intellektuellen Konsequenzen.

Auf unterschiedliche Art hatten sich Kolumbus, Barchilon, Léry und Humboldt mit den jeweiligen Entdeckungen, die Amerika ihnen beschert hatte, dem Problem der Inkommensurabilität zu stellen versucht. Jeder von ihnen tat dies mit seiner eigenen Variante des Prinzips der Aneignung. Weil sie mit unterschiedlichen Absichten (und in unterschiedlichen historischen Zeitabschnitten) nach Amerika gekommen waren, waren sie auch zu unterschiedlichen Folgerungen gelangt. Doch sie alle hatten, ebenso wie zahllose andere, weniger wortgewaltige, weniger motivierte Reisende, die Erkenntnis gewonnen, daß das Verweilen in der »Neuen Welt« komplexe Strategien erforderte, wenn es nicht nur intelligibel, sondern auf irgendeine Weise mit der einzigen Welt, die sie kannten, kommensurabel gemacht werden sollte.

Bei den Genannten handelte es sich samt und sonders auch um Autoren. Sie alle hatten auf der einen oder anderen Ebene versucht, ihre Erfahrungen in irgendeine Form der literarischen Schilderung umzusetzen. Kolumbus' Tagebücher und Briefe, Pedro de Quirogas *Coloquios,* Lérys *Histoire* sowie Humboldts zahlreiche und vielfältige wissenschaftliche Schriften – sie alle suchten festzuhalten und zu reproduzieren, was nach dem Anspruch ihrer Autoren deren einzigartige persönliche Erfahrung war. Die Erzählung eines Reisenden ist gleichzeitig das komplexeste und das instabilste Mitbringsel, das jemand von einer Reise mit nach Hause bringen kann. Aus ihrem Zusammenhang gerissen verlieren Worte ebenso ihre Eindeutigkeit wie Gegenstände. Ein »König« im Stamm der

Wolof ist kein »König« in Lissabon, und, wie wir gesehen haben, auf See, zwischen den Welten, ist ein Wolof-König, selbst wenn er Patenkind des Königs von Portugal ist, nichts als ein »Schwarzer«, dessen Leben weniger wert ist als der Ballast des Schiffs. Humboldt, der stets Schwierigkeiten hatte, zwischen Wörtern, Karten, Instrumenten und Zeichnungen die geeignete Sprache für seine kosmische Vision zu finden, wußte das wohl. »Dies«, so läßt er uns wissen,

ist es, warum ich Europa mit der festen Absicht verlassen habe, nichts zu schreiben, was man einen historischen Reisebericht nennen könnte, sondern in Werken rein beschreibenden Charakters die Ergebnisse meiner Forschungen zu veröffentlichen. Ich habe die Fakten nicht in der chronologischen Reihenfolge angeordnet, in der sie sich mir darboten, sondern nach den Beziehungen, die zwischen ihnen bestehen.[79]

Entdeckung und Kartographierung, Bestimmung von Zusammenhängen sowie ihr Festhalten in einer geographischen Darstellung, dies war es, was Humboldt vor allem am Herzen lag. Die meisten Beobachter waren ganz und gar damit beschäftigt, neue Arten zu entdecken und zu beschreiben, eine Tätigkeit, die, wie er sagte, nützlich und notwendig für die Entwicklung der betreffenden Wissenschaften sei, »die von den medizinischen Eigenschaften der Pflanzen, ihrer Kultivation oder ihrer Anwendung in der Kunst« handelten. Dies hatte jedoch viel zu wenig mit dem Begreifen dieser Pflanzen selbst zu tun, von denen allzu viele nur noch als Namen existieren. Naturwissenschaft war die Feststellung von Verwandtschaften, von einer Reihe universeller Zusammenhänge, von einer »allgemeinen Naturkunde«, die alles umfaßte, letztlich sogar den Menschen.[80] An die Stelle einer unzuverlässigen, persönlichen Auffassung wollte Humboldt Schaubilder und Pflanzenkataloge sowie Aufzeichnungen über Isothermen, Isodynamismen, Isogonien und Isolinien setzen. Für den Entdecker, im Gegensatz zum modernen »Naturwissenschaftler« (wie Humboldt sich beständig selbst bezeichnete), und für alle, die an jenen Dingen interessiert waren, die sich allein auf Humboldts Physik der Erde reduzieren ließen, war die Erzählung das einzig Gewisse, das sie von ihren Fahrten mit nach Hause bringen *konnten*.[81]

Erzählungen bieten »die Fakten... der Reihe nach, wie sie sich dargestellt haben« dar. Doch die Dinge, die in Humboldts zurückhaltender, wenn auch gleichwohl sehr lang geratener *Relation historique* so unvermittelt neben Schaubildern und Graphiken, Maßangaben und Diagrammen stehen, lassen sich nicht so leicht nachvollziehen, wie Humboldt glaubte. Eine verbindliche Tatsachenschilderung zu geben, der Stimme die gleiche Gewißheit zu verleihen, wie sie stumme, aber klare Graphiken aufweisen, wurde, wie wir nunmehr sehen werden, das vordringlichste Ziel all derer, die Europa ihre spezielle, höchst persönliche Sicht Amerikas zu vermitteln suchten.

AUGENZEUGNISSE UND VISIONEN

Wer mit Verstand redet,
muß auf dem bestehen, woran alle teilhaben,
wie eine Stadt auf ihren Gesetzen besteht.

Heraklit DK 114

Der erste Impuls

Schließlich kapitulierte Jean de Léry vor dem Neuen. Die Ausrede, die er gegenüber seinen Lesern gebrauchte, sie sollten am besten die Tupinamba in deren eigenem Land besuchen, war, wie er wohl wußte, nichts wert. Seine Leser waren in Frankreich (wie natürlich nunmehr er auch) und keineswegs in Gefahr, aus ihren Lebenszusammenhängen gerissen und zu Nacktgängern oder Kannibalen zu werden. Nur ein Akt der *phantasia* konnte sie nach Brasilien versetzen. Und da *phantasia*, wie auch Léry wußte, einen Versuch darstellte, anfängliche Sinneseindrücke auf dem Weg über die Sprache in geistige Bilder umzusetzen, liegt bei diesem Prozeß unvermeidlicherweise eine starke Betonung auf der Autorität des Übermittlers. Es ist die Darstellung, die der Reisende gibt, seine Fähigkeit, die erforderlichen geistigen Bilder in all ihren wesentlichen Einzelheiten heraufzubeschwören (mit Lérys eigenen Worten: »Nichts auszulassen, wenn es möglich ist«)[1], die es allein dem Leser gestattet, die Indianer zu »sehen«. Daher enthalten diese Schilderungen auch so viele, um einen von Michel de Certeau geprägten Terminus zu gebrauchen, »Aussagemarkierungen« in der ersten Person, wie »ich sah«, »ich hörte«, »ich war dort«. »Meine Absicht«, so behauptete Léry von seiner *Histoire,* »war es, nur darzulegen, was ich tat, sah, hörte und beobachtete«.[2] »Nur wenn unsere Sinne angesprochen werden«, wie de Certeau sich über Montaignes Gebrauch derartiger Phrasen äußerte, »und eine

Verbindung zum Körper hergestellt wird... kann es möglich sein, in einer einzelnen, doch unbestreitbaren Art und Weise jenes Reale näherzubringen und zu garantieren, das in der Sprache verlorengegangen ist.«³

Was Léry hier schildert, fällt in eine Kategorie der antiken Rhetorik, die unter der Bezeichnung »Autopsie« bekannt ist. Dies ist die Beschwörung der Autorität des Augenzeugen, die Berufung auf den vorrangigen Einblick jener, die bei einem Ereignis zugegen waren, im Vergleich zu denen, die nur davon lasen oder die Dinge vom Hörensagen kennen. Der Gebrauch von Wendungen wie »ich sah«, »ich fand«, »ich habe dies erlebt« war, wie Léry seine Leser wissen ließ, »keine Prahlerei«. Vielmehr dokumentierte er, »daß ich etwas von diesen Dingen verstehe, und zwar aufgrund meiner persönlichen Erfahrung und meiner eigenen Anschauung«, und Léry bedient sich dieser Ausdrucksweise, »weil ich von Dingen sprechen will, die höchstwahrscheinlich noch niemand vor mir gesehen, geschweige denn beschrieben hat«.⁴ In Amerika bedeutete dies, eine dominierende Rolle in dem langen und erbitterten Streit um die Natur, die Darstellung sowie den Status der Neuen Welt und ihrer Bewohner zu spielen. Die Fähigkeit, in dieser Weise »Zeugnis abzulegen«, sollte, aus Gründen, die auf der Hand lagen, diejenigen, die »dort gewesen« waren, vor denen auszeichnen, die nicht dort gewesen waren. Unvermeidlicherweise vertiefte dies aber auch den Graben zwischen der Alten Welt und der Neuen Welt sowie zwischen »jenen« und »uns«.

Die Rolle, die nach Oviedo Autopsie bei der Schaffung dieser frühen Geschichte spielt, wird allerdings nur im Zusammenhang mit der Wissenschaftsauffassung deutlich, der sich alle diejenigen verpflichtet fühlten, die über den neuentdeckten Erdteil herrschten. Diese Auffassung fußte weitgehend auf Exegese und Hermeneutik – mit anderen Worten: auf der Behauptung, die äußere Welt und jegliches menschliche Leben sei gleichsam ablesbar »gemäß der Schrift«. Dies hieß: Das Verständnis der Welt hing von der Interpretation eines festen Kanons von Texten ab – gemeint sind hier in erster Linie die

Bibel und die Kirchenväter, aber auch das Corpus in der Regel nicht unumstrittener, in der Praxis beschränkter Schriften anderer antiker Autoren. Zwischen diesen Texten gab es offensichtliche Statusunterschiede. Und es gab einen ebenso offensichtlichen Unterschied im Genre – zwischen einer erzählenden Schilderung (der Bibel), in der Gott nach einem Wort von Paul Ricœur »die treibende Kraft einer Heilsgeschichte ist«[5], einer Theologie (der Kirchenväter und ihrer Nachfolger, und zwar sowohl Essentialisten als auch Nominalisten), in der es keine Triebkraft (es sei denn die Gnade in all ihrer Ungewißheit) geben kann, sowie der griechisch-römischen Naturwissenschaft und Ethik, für die sowohl die Natur als auch der Mensch Triebkräfte sind. Unvermeidlicherweise boten diese Unterschiede nicht nur Anlässe für Konflikte – die traditionellen *disputationes*, die auf miteinander rivalisierenden Interpretationen verschiedener Texte beruhten –, sondern sie führten auch zu einigen, nicht selten weitreichenden Manipulationen des Kanons. Wenn nötig, konnte man sich auf die Bibel und die heiligen Väter berufen, um die (weder biblischen noch frühchristlichen) Schriftsteller des klassischen Altertums herabzusetzen. Bartolomé de Las Casas, auf den ich noch zurückkommen werde, konnte sich, ohne daß er sich der Widersprüchlichkeit dieses Verhaltens bewußt geworden wäre, auf Aristoteles' Autorität berufen, als es um die erforderlichen Voraussetzungen für gute Sitten ging, ihn aber gleichzeitig bei der Erörterung der *psyche* »barbarischer« Völker als einen »Heiden« abtun, »der in der Hölle brennt«.

Einige Gegenstände der Beschreibung können auch – jedenfalls taten sie dies bisweilen bei »Barchilon« – den Eindruck erwecken, als fielen sie gänzlich aus dem Rahmen, den dieser Kanon bot – schienen sie doch allenfalls Umkehrungen erkennbarer Komponenten innerhalb dieses Rahmens zu sein. Nichts aber konnte mit den Gegebenheiten einer alternativen, nicht den kanonischen Schriften verhafteten, mündlichen Autorität einsehbar gemacht werden. Wann immer eine alternative Struktur auftauchte, wurde sie vermutlich als falsch abgetan, zumindest auf den ersten Blick, und dies einfach nur, weil sie eben eine Alternative war. All das, was man sah oder durch ein Experiment demonstrierte, mußte in letzter Instanz mit der einen oder anderen Aussage des Kanons verständlich gemacht werden. Beispielsweise äußerte der spanische Karmeliter Domingo de Santa Teresa im späten 18. Jahrhundert, Descartes' epistemologischer Skeptizismus, der zwar einsehbar zu sein *schien*, sei längst im vorhinein »durch die Autorität von Aristoteles, Thomas (von Aquin) und (Duns) Scotus sowie aller anderen Doktoren und Theologen widerlegt, die gegenteiliger Ansicht waren«.[6] Für solche Denker – sie waren weithin repräsentativ für die Geisteswelt Europas vor der Mitte des 17. Jahrhunderts – gab es keine Möglichkeit für unmittelbares und verbindliches Wissen außerhalb der »Normstrukturen«, zu denen ihnen der Kanon verhalf.[7] Die Welt der Indianer und all jener »anderen«, deren Verhalten anfänglich unerklärbar schien, konnte daher nie, wie spätere Ethnographen, wie beispielsweise der französische Jesuit Joseph François Lafitau, forderten, »unter ihren eigenen Lebensbedingungen« gedeutet werden, denn für diese frühen Autoren waren »ihre Bedingungen« nicht von den »unseren« zu trennen.[8]

Ich behaupte keineswegs, wie es einst Thomas Hobbes aus rhetorischen Gründen tat, vor dem 17. Jahrhundert hätten sich alle Philosophen in so starker Abhängigkeit von den Schriften anderer Autoren befunden, daß »ihre Lehren nicht mehr als Philosophie, sondern geradezu nur noch als ›Aristotelismus‹ zu bezeichnen seien«.[9] In der Praxis war der Prozeß, durch den man zu wissenschaftlichem Verständnis gelangte, ein ständiges Aushandeln. Wenn eine auffällige Diskrepanz zwischen einem Objekt, das man beobachtete, und der schriftlichen Tradition sichtbar wurde, mußte schließlich der Text nachgeben. Beispielsweise berichtet der jesuitische Historiker José de Acosta, daß er, als er am hellichten Mittag unter strahlender Tropensonne fror – was nach antiker Meteorologie ein Ding der Unmöglichkeit war –, »lachte und Aristoteles mitsamt seiner Philosophie verspottete«. Die Schwierigkeit bestand allerdings stets darin, die Diskrepanz zwischen Beobachtung und Text überhaupt *wahrzunehmen*, die es namentlich deshalb gab, weil keine Beobachtung, kein Experiment mit der ausdrücklichen Zielsetzung durchgeführt wurde, Behauptungen, die sich in den Schriften fanden, zu bestätigen (geschweige denn zu widerlegen). Wenn die Erfahrung direkt dem Text widersprach, dann war es die Erfahrung, die instabil war, dies allein schon wegen ihrer Neuartigkeit, und man suchte sie zu leugnen oder wenigstens zu vertuschen. Die einfache Erfahrung der Hitze, die Acosta empfunden haben sollte, aber nicht verspürte, und der Kälte, die er fühlte, aber nicht hätte fühlen dürfen, war für ihn schwer zu durchschauen, ganz gleich, wie fest er auf Aristoteles' *Meteorologie* vertraute. Um so leichter konnten komplexere Sachverhalte – was Glaube sei oder was Verwandtschaftsbeziehungen ausmache, der Wortschatz der Gefühle, ja sogar die Eigenschaften von Pflanzen und das Erscheinungsbild von Tieren – ignoriert werden, um den Status eines machtvollen autoritativen Textes aufrechtzuerhalten. Acosta lachte vielleicht über Aristoteles' *Meteorologie*, doch er akzeptierte Aristoteles' gesamte Psychologie sowie den größten Teil seiner Soziologie und Anthropologie, die sich in seiner *Politik* und *Ethik* finden.[10] Fraglos bestimmte der Schriftenkanon nicht nur, was man mit wie auch immer gearteter Überzeugung innerhalb jeder beliebigen Gruppe sagen konnte, sondern von ihm hing es auch ab, wie die Dinge, die man beobachtete, in erster Linie zu bewerten waren. Das heißt: Er bestimmte, was man sehen *konnte*. Beispielhaft dafür waren Kolumbus' Reisen. Nachdem er bei antiken Geographen, beim Kirchenvater Augustinus und in der Bibel den vermeintlichen »Beweis« dafür gefunden hatte, daß der Erdball viel kleiner sei, als er tatsächlich ist, fuhr er im Vertrauen darauf los, daß »Kathay« (China) mehr oder weniger dort lag, wo sich tatsächlich Amerika befindet. Nachdem er schließlich Land entdeckt hatte, von dem ihm jeder noch so kleine Fetzen den klaren Beweis hätte erbringen müssen, daß es sich um eine »Neue Welt« handelte, berief er sich dennoch wieder auf den Kanon der überlieferten Texte, um darzulegen, was er – allein wegen der Autorität der Schriften, die ihn zu seiner ursprünglichen Hypothese angeregt hatten – nicht akzeptieren konnte.

★

Die Spannungen, die die sehr unterschiedlichen Reaktionen auf das Vorhandensein des »neuen« Amerika hervorriefen, ergaben sich nicht zuletzt daraus, wie man einen Text zu schaffen habe, wo es bisher keinen gab. Dies führte zur Erfindung neuer Genres oder – dies zum mindesten – zu neuen Versionen älterer Genres, die bereits seit langem üblich waren. Allerdings sprechen nur wenige der frühen Autoren, die über Amerika schrieben, von diesen literarischen Problemen. Was Las Casas in traditionell aristotelischer Weise als die »formalen, materiellen und schließlich wirkenden Ursachen« seiner *Historia de las Indias* (»Geschichte der Länder Indiens«) bezeichnete, bezog sich nur auf seine Absichten als Autor.[11] Er begnügte sich damit, eine ganze Anzahl verschiedener Genres, wie Chronik, autobiographische Schilderungen, Naturgeschichte und Stammes-Rechtsgeschichte unter der Gesamtüberschrift *Historia* zusammenzufassen. Der erste Autor, der nicht nur erkennen sollte, daß das Vorhandensein Amerikas eine ganz neue Art von Texten erforderte, sondern der sich auch Gedanken darüber machte, war Acosta, dessen *Historia natural y moral de las Indias* (»Natur- und Sittengeschichte der Länder Indiens«) im Jahre 1590 erschien – ein Werk, das, wie er selbst behauptete, die erste »philosophische Geschichte« und Sittengeschichte (nämlich eine Geschichte der *mores*, der »Sitten und Gebräuche«) der Neuen Welt war.[12]

Auf einer anderen, sehr viel komplexeren Ebene lag jedoch die Frage, wie man in einer Kultur, deren wissenschaftliches Wirken dermaßen weitgehend aus der Berufung auf Autoritäten bestand, einem neu geschaffenen Text Autorität verleihen sollte. Eine Antwort auf diese Frage war, einfach dem Vorbild der Antike zu folgen. Dies war die Lösung, die beispielsweise Oviedo vorschlug und die außer ihm mit verschiedenen Graden von Überzeugungskraft auch viele andere empfahlen. Aber in Wahrheit bedeutete dergleichen nicht viel. Das autoritative Modell zu kopieren war nur eine andere Form der Inbesitznahme. In einer Welt der Erfahrung allerdings, für die es kein leicht handhabbares Genre oder klar erkennbare Typen der Darstellung gab, verhalf ein solches Modell vielleicht zu einem gewissen Grad an kognitiver Sicherheit. Immerhin – es war nicht die Form, die einem antiken Text seine Autorität verliehen hatte. Vielmehr hatte dieser sie, genaugenommen, dadurch gewonnen, daß er einem Kanon angehörte, dem keine bloße Imitation angehören konnte. Ja, ein Kommentar war die unmittelbare parasitäre Form, die sich herkömmlicherweise an einen kanonischen Text heftete und daher hoffen durfte, ihrerseits etwas von der *auctoritas* des Originals zu erhalten. Dies ist der Grund, weshalb so zahlreiche Autoren theologischer und medizinischer Schriften der frühen Neuzeit diese Form wählten. Freilich – aus einleuchtenden Gründen konnte sich kein Autor, der über die Naturgeschichte Amerikas schrieb, dieser Form bedienen. Selbst der Schachzug des Francisco Hernández, der Leibarzt Philipps II. war, amerikanische Pflanzenarten in seine Übersetzung der Naturgeschichte des Älteren Plinius ins Kastilische zu schmuggeln, bewirkte nicht mehr als die diversen Versuche, im Klassifikationssystem des Dioskurides nachzuweisen, daß die Antike bereits die Tabakpflanze kannte.[13]

Oviedo konnte sich daher nicht auf Plinius berufen, es sei denn, daß er diesen als Führer benutzte. Und weder konnte ihm der innere Aufbau seiner Schilderung als Vorbild dienen noch die Logik seiner Argumente, da vor den radikalen epistemologischen Veränderungen, die im 17. Jahrhundert Descartes und die Skeptiker brachten, weder innere Folgerichtigkeit noch Tautologien als Evidenz der Wahrheit einer Aussage gewertet werden konnten. Vielmehr konnte unter den gegebenen Bedingungen Autorität (wenn überhaupt) nur unter Berufung auf die Macht der Stimme des Autors garantiert werden. Es war das »Ich«, das gesehen hatte, was niemand sonst vor ihm je sah, und dies allein vermochte dem Text Glaubwürdigkeit zu verleihen. Entschließt sich ein Leser, Geschriebenes für wahr zu halten, tut er dies, weil er willens ist, die Autoritätsansprüche eines Schriftstellers vor allen anderen zu honorieren, und nicht, weil ihm das, was er liest, in sich einleuchtend und stimmig erscheint. In der Tat war es, wie José de Acosta hervorhebt, die autoritative Stimme, die Glaubwürdigkeit jenes »Ich«, das von sich sagen konnte, »ich bin dort gewesen«, die den Unterschied zwischen Schilderungen Amerikas und Ritterromanen ausmachte.[14] Auf einer völlig analogen Behauptung beruht auch der Wahrheitsanspruch autoritativer kanonischer Texte. Wir, die wir einer extrem diskussionsfreudigen Kultur angehören, glauben, was Aristoteles, Thomas von Aquin und der Kirchenvater Hieronymus gesagt haben, nicht, weil die Texte dieser Autoren besondere Eigenschaften aufwiesen, sondern weil es sich eben um Werke von Aristoteles, Thomas von Aquin und Hieronymus handelt. Michel Foucault brachte die Sache sehr genau auf denselben Punkt, als er bemerkte, »er (d. h. der Name des Autors) hat nicht nur hinweisende Funktion, er ist mehr als nur ein Hinweis oder eine Geste, ein Finger, der auf jemanden hindeutet, vielmehr ist er gleichwertig mit einer Beschreibung«.[15] Und man könnte hinzufügen: gleichwertig mit einer Legitimation.

Die offensichtliche Schwierigkeit dabei war, daß die Autorität des »Ich«, das Aristoteles, Thomas von Aquin oder Hieronymus hieß, nicht, wie bei den Autoren, die Amerika beschrieben, auf vorrangigem Zugang zu Informationen und Erfahrungen beruhte. Vielmehr ging sie, wie Thomas Hobbes vermerkte, auf eine kulturelle Position zurück, von der man glaubte, daß ihrem Inhaber Autorität zuwüchse. Thomas von Aquin und Hieronymus galten als von Gott begnadet, Aristoteles war als Angehöriger einer vergangenen Gesellschaft sanktioniert, der man ein einzigartiges Verständnis der Natur nachsagte, obwohl diese Ansicht nicht unumstritten war, deren Vertreter sich aber der Billigung eines Thomas von Aquin erfreuten und dadurch wiederum sanktioniert waren. Wer sich indessen über Amerika äußerte, bezog seine Autorität allein daraus, daß er Augenzeuge war.[16] Er mußte daher sich selbst (und damit den von ihm verfaßten Text) auf eine Ebene erheben, die, wenn sie auch nicht völlig jener entsprach, auf der sich die Bibel und die Schriften der Kirchenväter befanden, doch immerhin so abgehoben und autoritativ war wie die Werke antiker Gelehrter.

★

Bis zur zweiten Hälfte des 16. Jahrhunderts versuchten sämtliche Darstellungen Amerikas und seiner Bewohner in gewisser Hinsicht die Spannungen abzubauen, die sich aus der Schilderung persönlicher Beobachtungen und dem Anspruch ergaben, nicht mit dem überlieferten Schriftenkanon in Konflikt zu geraten.

Wie es zu einem solchen Konflikt kam, zeigt sich am besten in den Werken zweier Autoren, die nicht nur Gegenspieler, sondern auch Gegner waren. Sie befaßten sich mit ganz ähnlichen Projekten, doch was herauskam, war völlig verschieden – ja beide Autoren verachteten einander und bekämpften sich erbittert mit heftigen Wortgefechten. Den ersten dieser beiden Schriftsteller lernten wir bereits kennen. Sein Name lautet Gonzalo Fernández de Oviedo y Valdes. Er war Verfasser der ältesten und umfangreichsten Geschichte der Pflanzen, Tiere und Menschen Amerikas, der *Historia general y natural de las Indias* (»Allgemeine und Naturgeschichte der Länder Indiens«). Oviedo stammte aus einer hochangesehenen Familie Kastiliens und wurde nie müde, dies seinen Lesern immer wieder ins Gedächtnis zu rufen. In Amerika verbrachte er viele Jahre – zunächst als Aufseher *(veedor)* der Minen in Darién, später als Kommandant der Festung von Santo Domingo. Zwar behauptete er, er habe seine *Historia general* verfaßt, um allen Reichen der Welt die unvergleichliche Größe jener Länder vor Augen zu führen, »die Gott Eurer Königlichen Krone Kastiliens« zugeteilt hat[17], doch hegte er die gleiche niedere Meinung von deren Bewohnern wie andere, weniger namhafte spanische Kolonisten Amerikas. In seiner Gesamtheit blieb dieses Werk bis zum 19. Jahrhundert unveröffentlicht, lediglich eine Version des ersten Teils erschien schon 1535 in Sevilla.[18] Sie fand ungeheuer weite Verbreitung und sicherte ihm den ehrenden Beinamen »Plinius der Neuen Welt«, den ihm später Humboldt verlieh. Oviedo hatte hart arbeiten müssen, um sich diesen Ehrennamen zu verdienen.

Sein großer Rivale war der berühmte »Indianerapostel« Bartolomé de Las Casas. Dieser verfaßte eine bedeutende Anzahl quasi juristischer Traktate, in denen er für die Rechte der einheimischen Bewohner Amerikas eintrat. Besonders bekannt aber wurde er durch seine Schilderungen: die zwischen 1527 und 1559 verfaßte *Historia de las Indias*, sodann die nach 1551 geschriebene *Apologetica historica summaria* (»Zusammenfassende historische Rechtfertigung«), schließlich die 1552 veröffentlichte *Brevíssima relación de la destrucción de las Indias* (»Kurzer Bericht über die Zerstörung der Länder Indiens«) – das einzige seiner Werke, das bereits zu seinen Lebzeiten veröffentlicht wurde. Als all diese Schriften und eine Anzahl anderer Werke entstanden, kannte ihr Verfasser Oviedos *Historia general*, gegen die manche der Werke Las Casas' ausdrücklich Stellung nehmen. Für Las Casas war Oviedo stets »dieser inhaltsloseste Kleinigkeitskrämer« *(vanissimus hic nugator)*, der sich nicht schäme, »ungeheure Lügen« in die Welt zu setzen, »von denen er sich törichterweise Unsterblichkeit« versprach[19], ein Schreiber, dessen Werke wegen ihrer enormen Verbreitung den Völkern Amerikas mehr schadeten als die Schriften aller anderen Autoren.

In einem Punkt allerdings waren sich beide Verfasser – Oviedo und Las Casas – einig. Nur wer »da gewesen« war, konnte hinreichendes Verständnis für Amerika und seine Bewohner aufbringen. Las Casas' ernsteste Bedrohung erwuchs ihm in der Person des Humanisten Juan Ginés de Sepúlveda, mit dem er zwischen 1550 und 1551 seine heute berühmte »Debatte« in Valladolid ausfocht. Doch er wußte: Es waren letztlich Behauptungen, die Oviedo unter Berufung auf seine Augenzeugenschaft aufgestellt hatte, auf die sich Sepúlvedas rein theoretische Behauptung gründete, die Indianer seien »Sklaven von Natur aus«, eine Behauptung, die Las Casas zurückzuweisen hatte.

Was Oviedo anging, so schilderte dieser aufgrund seiner eigenen Eindrücke die Indianer als Geschöpfe, die weit unter den Menschen stünden. Beispielsweise erklärte er, ihre Köpfe seien nicht wie die Köpfe

anderer Menschen. Ja, in Wirklichkeit seien sie überhaupt keine Köpfe, sondern eher harte und dicke Helme, so daß der wichtigste Rat, den Christen für den Fall eines Nahkampfes mit ihnen gaben, lautete, nicht auf die Köpfe zu schlagen, weil dann die

Schwerter zerbrächen. Und ebenso wie ihre Köpfe hart waren, war auch ihr Denken bestialisch und zum Bösen geneigt.[20]

Las Casas dagegen betonte, was ihn seine Sicht Amerikas gelehrt hatte – und wie wir sehen werden, nahm die Metapher des Sehens eine zentrale Rolle in seiner Argumentation ein –, daß die Indianer zwar über eine primitive Technik verfügten und häufig die Naturgesetze mißdeuteten, doch in jeder wesentlichen Hinsicht »Menschen wir wir« seien.[21] Wenn nur etwas Zeit verstrichen, sie im christlichen Glauben unterrichtet würden und sie längere Zeit mit den erhebenderen Aspekten der europäischen Kultur Bekanntschaft gemacht hätten, würden sie aufhören, »andere« zu sein.

Sowohl Oviedo als auch Las Casas mußten ihre Leser von der Richtigkeit und Glaubwürdigkeit ihrer jeweiligen Sichtweisen überzeugen. Infolgedessen hatten beide auch aufzuzeigen, wie abwegig die Behauptungen des anderen Autors seien. Tatsächlich scheint Oviedo Las Casas nie begegnet zu sein, doch erwähnt er häufig

eine gewisse Person, die aus Spanien kam, deren Namen ich aber besser verschweige, anstatt ihn zu erwähnen, spricht ungenau über diese Dinge, die man nicht wissen oder verstehen kann, wenn man nicht dort war *(sin su presencia)* oder von solchen, die sie kennen, informiert wurde.[22]

Hiermit scheint Las Casas gemeint zu sein, der einen großen Teil seines langen Lebens nicht in Amerika, sondern in Spanien verbrachte.

Beide Männer wußten, wie wenig ihre Ansprüche auf Glaubwürdigkeit wert waren, wenn nur eine einzelne Stimme sie erhob. Ebenso wie auch Léry, hatten sie gehört, »was allgemein gesagt wird, daß keinem der alten Schriftsteller oder keinem, der in fremde Länder gereist ist, widersprochen werden kann, und diese sich daher erlauben können, Lügen zu verbreiten«.[23] Daher betonten beide, wie lange sie in Amerika gelebt hätten. Las Casas war, wie er am Anfang seiner *Historia de las Indias* berichtet, 1502 auf der größten Flotte, die jemals in die Neue Welt segelte, auf der Insel Hispaniola eingetroffen, und als er die *Historia* schrieb, war er »einer der ältesten, die in diese Länder Indiens gereist waren«.[24] Oviedo wiederum rühmte sich, er habe »34 Jahre in diesen Gegenden« zugebracht, und in dieser Zeit habe er den Atlantik achtmal überquert – eine Leistung, die er, wie so viele andere auch, als Initiation zu einem »Wissen durch Furcht« anzusehen lernte. So plump sein Stil auch war, diese langwährende Berührung mit den Realitäten der Welt Amerikas verlieh ihm die Fähigkeit, »ein wahres Geschichtswerk« zu schreiben, das all den »Fabeln« so unähnlich sei, »die sich andere zu schreiben anmaßen, die Spanien nie einen Fußbreit verlassen haben«.[25] Keiner der beiden Autoren erklärte offen, daß allein schon die Majestät der Person, der jeweils ihr Werk gewidmet war (Karl V. im Fall der *Historia general*, Philipp II. bei der *Brevíssima relación*), für die Aufrichtigkeit des Verfassers garantierte. Wer, so fragte Oviedo, möchte Cäsar anlügen?[26]

Doch Oviedo war in der Verfolgung seiner Ziele sehr viel weniger polemisch als Las Casas. Allerdings pochte er mehr auf seine Rolle als Autor und war sich sehr viel weniger sicher, was sein Verhältnis zu Gott anging. Im Gegensatz zu Las Casas, dessen ganzes Bestreben es war, die Unterschiede zwischen Europa und Amerika so gering wie möglich erscheinen zu lassen, war sich Oviedo stets bewußt, wie »neu« die »Neue Welt« war. Ihm war auch klarer als seinem Gegenspieler, welch enorme Aufgabe die Schilderung darstellte, die er sich vorgenommen hatte. Bisweilen schüchterte ihn sein Vorhaben geradezu ein. »Ich weiß wohl«, gestand er seinen Lesern der *Historia general*,

daß ich das Ende meiner Lebenszeit erreicht habe, und doch begreife ich, daß ich mich nur ganz am Anfang (meines Verstehens) der Kernprobleme dieser großen und zahllosen Geheimnisse befinde, die es in dieser zweiten Hemisphäre und in diesen Gebieten zu entdecken gibt, welche den Menschen der Antike unbekannt waren.[27]

Die bloße Entfernung, die ihn von seinen potentiellen Lesern trennte, schien ihn ebenso zu schrecken, wie sie Barchilon eingeschüchtert hatte. In einem Versuch, jeder möglichen Kritik zuvorzukommen, erklärt er seinen Lesern warnend, daß diejenigen, »die meine Stimme aus so weiter Ferne vernehmen, mich nicht richten sollen, bevor sie dieses Land gesehen haben, über das ich schreibe«.[28] Wie Plinius der Ältere, dessen *Naturgeschichte* ihn von Anfang an inspirierte, bewunderte er sowohl das Vorhandensein der Schiffahrtswege, die so weit auseinanderliegende Teile der Welt miteinander verbanden, wie den Plan der Natur (so jedenfalls sah er es), der solche Wasserstraßen möglich gemacht hatte. Und, an Plinius anklingend, bewunderte er auch die Tatsache, daß eine einfache Pflanze, der Flachs, aus dem das Tuch der Schiffssegel gewoben wurde, »Ägypten zum Nachbarn Italiens« gemacht habe und daß somit »aus einem winzigen Samenkorn etwas wurde, das es ermöglichte, die Welt von einem Ende zum anderen zu durchqueren«.[29]

Auch darin unterscheidet sich Oviedos *Historia general* von Las Casas' Texten, daß sie immer wieder das völlige Anderssein Amerikas ins Bewußtsein ruft. Während Las Casas in seinem Bestreben, seinen europäischen Lesern die Indianer buchstäblich »nahezubringen«, Unterschiede auslöscht und versucht, ein geeignetes natürliches und menschliches Umfeld für Ciceros »Weltstaat« zu schaffen, geht Oviedo den genau entgegengesetzten Weg. Gleichgültig, wie weit die Augen des Beobachters vorauszusehen vermögen, gleichgültig auch, welchen Fleiß der Historiker entfaltete – Oviedo zufolge sah er vieles nicht, was er hätte sehen können, und viele Dinge, mit denen er unmittelbar in Berührung kam, konnten sich ihm entziehen, indem sie sowohl sein Verständnis als auch sein Darstellungsvermögen überforderten.

Bisweilen schien Amerika in der Tat Oviedos eingestandenermaßen nicht sehr ausgeprägtes schriftstellerisches Vermögen zu überfordern. Wenn es um die Pflanzen- und Tierwelt ging, so waren seine Schilderungen recht zutreffend. Aber den Menschen gerecht zu werden, die das Land bewohnten – dies erforderte Fähigkeiten, die er, wie er selbst zugab, nicht in dem Maß besaß, wie es dafür nötig gewesen wäre.

»Welcher scharfsinnige Sterbliche«, fragte er, »könnte eine so ungeheure Vielfalt von Sprachen, Sitten und Gebräuchen verstehen, wie sie bei diesen Indianern herrschte?«[30]

Da er all dieses Wissen nicht bewältigte und auch nicht gleichzeitig an so verschiedenen Orten sein konnte, wie es nötig gewesen wäre, war ihm klar, daß sein Geschichtswerk, wenn es den Anspruch erhob, die »Wahrheit« zu sagen, nicht nur mit einer einzigen, sondern mit mehreren Stimmen sprechen mußte.[31] Allerdings wußte er auch, daß die Berufung auf eine Quelle, die auch nur einen Schritt von der sonstigen Darstellung abwich, Zweifel hervorrufen konnte, was die Glaubwürdigkeit der Schilderungen betraf. Eine verläßliche Alternative zur eigenen Sicht des Autors konnte sorgsamste Befragung einer hinreichenden Anzahl jener sein, die »Bescheid wußten«. Doch er war nie in der Lage, sich dafür zu verbürgen. »Ich hielt diese Dinge in meinen Notizen *(borradores)* fest«, so berichtet er über die Interviews, die er mit Zeitzeugen führte, die »da gewesen waren«. »Aber«, so fährt er fort, »ich schrieb das (was sie mir berichteten) nie voll aus, bevor ich diese Dinge selbst gesehen hatte, falls es mir möglich war, oder bis ich Zusammenhänge gefunden hatte, die mich zufriedenstellten.«[32] Ganz gleichgültig, wie einleuchtend sich die Erzählungen seiner Informanten auch ausnahmen – Sinn konnten sie nur ergeben, wenn man sie anderen Berichten an die Seite stellte, für deren Wahrheitsgehalt er sich persönlich verbürgen konnte. Auch in diesem Fall hatte der, der die Dinge schilderte, einen Zusammenhang zu finden, einen Zusammenhang, der, wenn er ihm keine unmittelbaren Anhaltspunkte für eine Einordnung gab, nur innerhalb desselben Themenkreises gewertet werden konnte, dem auch das angehörte, womit man ihn in Verbindung brachte. Der Zusammenhang, der Oviedo »zufriedenstellte«, konnte dies nur wegen der privilegierten Position tun, in der sich Oviedo im Gegensatz zu seinen Lesern befand. Hatten sich erst einmal die unmittelbaren Bindungen gelockert, die auf den ersten Blick das Alte mit dem Neuen verbanden, gab es nichts mehr außer Amerika.

Aus diesem Grund ist Amerika bei Oviedo wie bei so vielen anderen frühen Autoren (allerdings nicht bei Las Casas) so häufig der Inbegriff des Exotischen, des »Anderen«. Im ausgehenden 18. Jahrhundert machte sich ein italienischer Missionar namens Filippo Salvatore Gilii im heutigen Venezuela daran, ebenso wie vor ihm Oviedo eine an Plinius angelehnte Naturgeschichte Amerikas zu schreiben. Niemand, so klagte er, nicht einmal Oviedo, habe sich als fähig erwiesen, dieses Land in ein rechtes und schlichtes Licht zu setzen. Jeder andere Erdteil, fuhr er fort, zeichne sich durch bestimmte Eigenheiten aus, so etwa »durch die Zahl seiner Bewohner, deren Verdienste und ihre Intelligenz«. Amerika dagegen sei nur »berühmt durch seine Wunder«. Doch in diesem Erdteil

gibt es, wie in jedem anderen Erdteil auch, Gutes und Schlechtes, reiche und arme Provinzen, gesunde und verseuchte Landstriche, wundersame Himmelsstriche und häßliche Gegenden, fruchtbares Land und unfruchtbare Gefilde, Ebenen und Gebirge – genau wie bei uns.

Freilich – als Gilii diese Länder erblickte, hatten Europas Augen bereits nahezu dreihundert Jahre gehabt, sich an Amerika zu gewöhnen.[33] Oviedo hatte in den Ländern, die er hinter sich zurückließ, nur sehr wenig gefunden, was sein Engagement herausforderte. Was er wahrnahm und festhielt, war haargenau eine Welt, die »neu« war, riesig, weitgehend unerforscht und voller Dinge, die sich in keine der herkömmlichen Klassifikationen fügten, auf die keine der gängigen Bezeichnungen zutraf und die voller Anblicke war, wie jener berühmte Baum sie bot, von dem er – sich mit seinen spärlichen Kenntnissen der italienischen Malerei brüstend – behauptete, nur ein Maler mit den Fähigkeiten eines Leonardo oder Mantegna könne ihn abbilden, oder aber den man »noch besser einfach sehen« müsse, »anstatt ihn zu zeichnen, oder über ihn zu schreiben«.[34]

Wie Plinius wußte er, wie schwierig es war, um abermals mit Plinius zu sprechen, »Neuem Autorität, Gewöhnlichem Glanz, vom Dunkel Überschattetem Licht, Abgedroschenem Anziehungskraft (und) Zweifelhaftem Glaubwürdigkeit« zu verleihen. Und gleichfalls wie Plinius mag auch er einen gewissen Trost darin gefunden haben, daß jede wahre Schöpfung ein Prozeß sei, der unvollendet bliebe, weshalb nur Narren und Großsprecher ihre Werke als »geschaffen von dem oder jenem« bezeichneten. Die wahrhaft Großen dagegen überschrieben, Plinius zufolge, ihre Werke mit den Worten: »Bearbeitet von Apelles oder Polykleitos«.[35]

Doch so unvollständig Oviedos *Historia general* zwangsläufig auch war – sie war dennoch, wie Plinius' *Naturgeschichte*, das Werk eines Autors, dessen Autorität darauf beruhte, daß er alles, was er beschrieb, mit eigenen Augen gesehen hatte, und Oviedo wird auch nicht müde, dies immer und immer wieder zu wiederholen. »Ich«, so betont er schon ganz am Anfang seines Werks, »schreibe nicht mit der Autorität eines Historikers oder eines Poeten, sondern als Augenzeuge.«[36] Er war, wie einst Kolumbus, als »Entdecker« aufgebrochen, und wie Kolumbus war er mit Stoff für seinen Reisebericht zurückgekehrt. Für die Vertrauenswürdigkeit dieses Materials bürgten die Leiden, die Oviedo auf sich genommen hatte, um zu diesem Wissen zu gelangen. Diejenigen, so äußert er in einer Passage voller Anspannung und Qual, die auf diese Weise nachzuerschaffen suchen, was die Natur ihnen vorgibt, und die sich »auf die Suche nach den natürlichen Gegebenheiten begeben, die denen unbekannt sind, die sie nicht gesehen haben *(no communicados a los ausentes)*«, müssen

ungenügende Lebensmittelversorgung, ungesunde und ungünstige Gewässer und Winde aushalten, welche über Ebenen und Gebirge dahinfegen, dazu wilde Tiere, Tiger, Löwen, Schlangen und andere schädliche Lebewesen sowie zahllose weitere Beschwernisse, die ich in ein paar kurzen Zeilen gar nicht aufzählen kann.

An einer Stelle geht er sogar soweit, seinen eigenen Entschluß, die Wahrheit über Amerika herauszufinden – oder wie er es nennt, »mit den Dingen, von denen hier die Rede ist, fortzufahren und sie zum Ende zu bringen« –, mit der Entschlossenheit des biblischen Dulders Hiob zu vergleichen, die Plagen auf sich zu nehmen, mit denen Gott ihn überhäufte, und dennoch Gottes Güte zu preisen.[37]

Und wenn es nicht möglich war, ohne diese schrecklichen Erfahrungen die Wahrheit zu finden, so war es gleichermaßen beschwerlich, irgendeine Form der Darstellung zu schaffen.

Etwas dermaßen Neuem eine zwingende und verständliche literarische Form zu verleihen, erforderte Fähigkeiten, von denen er, wie Las Casas und nahezu alle frühen Historiker Amerikas, behauptete, daß kein moderner Autor sie besäße. Schrieb Las Casas doch: »Um der Großartigkeit der Länder Indiens Substanz zu geben *(encarnecer)*... bedürfe es der Beredsamkeit eines Demosthenes und der Hand eines Cicero.«[38] Die einzige Alternative zu Demosthenes' und Ciceros Wortgewalt war einfacher, schmuckloser Prosastil. Tatsächlich hoffte Oviedo, daß just sein Mangel an rhetorischem Können und gerade seine Unfähigkeit, die »Kunst und die schöne Form zu kultivieren, in der über diese Dinge zu berichten sei«[39], seiner Darstellung etwas Unmittelbares gäbe, denn »diese Dinge« könne man einfach nur so schildern, wie ein Beobachter sie in der Natur vorfände. Ganz sicherlich würde dies, so glaubte er, jeden Zweifel an der Echtheit der Erfahrung zerstreuen, die seine Worte wiederzugeben versuchten. Ironischerweise ist freilich gerade dann, wenn er seine Erfahrungen beim Schreiben über Amerika in Amerika selbst zu schildern versucht, seine Prosa am sorgfältigsten ausgearbeitet. Im Gegensatz dazu sind die langen, deskriptiven Passagen, denen seine *Historia general* ihre Berühmtheit verdankt, in der Tat, wie er selbst sagt, schlicht, voller Wiederholungen und Abschweifungen.

Sobald Oviedo das stilistische Problem bewältigt hatte, sah er sich jedoch, ebenso wie Las Casas und später Acosta, mit dem des Genres konfrontiert. Hier bestand die Schwierigkeit darin, den nötigen Abstand zwischen seiner Schilderung einer neuen und bizarr erscheinenden Welt und den Beschreibungen von Phantasiewelten zu wahren, die sich in landläufigen Ritterromanen fanden. Leser in Spanien, so berichtet er, brachten oft das, was sie über Amerika gelesen hatten, mit anderem Lesestoff über »Amadís von Gallien und Palmerín von England« (zwei der Bücher, die später in Don Quijotes Bibliothek wieder auftauchen) und anderen Schriften durcheinander, die auf diese zurückgehen.[40] Tatsächlich war Oviedos Befürchtung nicht unbegründet, man könne seinen wahren Bericht über Amerika zu eng mit den offenkundig unwahren

Geschichten in Verbindung bringen, wie sie die genannten Dichtungen verbreiteten. Wirklich waren, wie ein späterer Kritiker hervorhob, die spanischen *conquistadores* von »Überbleibseln ritterlichen Geistes« erfüllt, »in fremden Klimaten nach Reichtümern zu suchen, die ihren Augen das Bild einer Üppigkeit boten, welche sie zu Hause nie vorzufinden hoffen konnten«.[41] Es überrascht nicht, daß diese Romane auch in Amerika sehr beliebt waren und daß viele *conquistadores* in den Tonfall ihrer Schilderungen phantastischer Länder verfielen, wenn sie über ihre eigenen Taten zu berichten versuchten. Noch nach Jahren erinnert sich Bernal Díaz del Castillo, daß sich die Soldaten in Cortés' Armee, als sie über den Damm marschierten, der die Inselstadt Mexiko mit dem umliegenden Land verband, einander zuwandten und »sagten, dies käme ihnen wie eines von den zauberhaften Dingen vor, die im Buche von Amadís berichtet würden«.[42] Außerdem scheint man mitunter den sowohl offen ausgesprochenen als auch stillschweigend vorausgesetzten Anspruch der Ritterromane, »wahre Geschichten« zu sein, wörtlich genommen zu haben, wie aus Bemerkungen zu schließen ist, die sich ebenso bei Hernán Cortés wie bei Bernal Díaz finden.

Dies überrascht keineswegs. Konnten seinerzeit doch nur wenige lesen und schreiben, und man hatte wenig Erfahrung im Umgang mit der Behauptung, buchstäblich wahrheitsgetreu zu sein, die jeder beschreibende Text erhob. Jeder Roman begann mit genau derselben Erläuterung wie die meisten Geschichtswerke. Mehr noch: Indem sie darauf pochten, »wahre Geschichten« zu verfassen, versuchten die meisten Autoren, sich einen Platz in der maßgeblichen Tradition antiker Geschichtsschreibung zu sichern, denn dies war genau die Art von Tradition, in der jeder »wahre« Historiker sein Werk zu sehen wünschte. Beispielsweise zieht die Vorrede des seinerzeit berühmtesten dieser Elaborate, *Amadís von Gallien*, stillschweigend den Vergleich mit Sallust und Livius. Und um den Eindruck der Wahrhaftigkeit noch zu verstärken, verwirft der Autor außerdem griechische Dichter, die »fingierte Geschichten« verfaßt hätten, »in denen wunderbare Dinge geschildert werden, die der Ordnung der Natur ganz und gar widersprechen«[43], was stillschweigend voraussetzt, daß Amadís' »wunderbare Taten« weder erfunden sind noch »der Ordnung der Natur widersprechen«, so unwahrscheinlich sie auch sind. Wie Oviedo an anderer Stelle äußert, hatten die Leser in Spanien, für die seine Schrift bestimmt war, »nie jemand anderen als ihren Nachbarn« kennengelernt, weshalb sie auch über kein äußeres Maß verfügten, um die Genauigkeit seines Berichts einschätzen zu können. Ihm war sehr wohl klar, daß die »Alte Geschichte« selbst dadurch, daß man sich zu oft auf sie berief, zu einem Genre geworden war, das sich im allgemeinen Bewußtsein kaum noch vom Roman unterschied. Die »wahren« Historiker (was Oviedo und Las Casas zu sein beanspruchten) hatten demzufolge eine doppelte Aufgabe. Einmal hatten sie die Schriften antiker Historiker vom Roman zu trennen, und zweitens mußten sie es bewerkstelligen, daß man ihrer Behauptung Glauben schenkte, *ihre* Texte seinen in Wahrheit das, was Romane nur zu sein vorgaben – nämlich *wahr*; und das, obwohl ihre Themen ebenso phantastisch waren wie irgend etwas, das in *Amadís de Gaula* (»Amadís von Gallien«) oder *Palmerín de Inglaterra* (»Palmerín von England«) zu finden war.

Oviedo traf dies besonders. Hatte er doch 1515 während eines kurzen Aufenthalts in Spanien selbst einen solchen Roman verfaßt. Dieser trug den Titel *Libro del muy esforçado y invencible Cavallero dela fortuna propriamente llamado don Claribalte* (»Das Buch des sehr tapferen und unbesiegbaren fahrenden Ritters, der eigentlich Don Claribalte genannt wird«).[44] Es lohnt sich, dieses Elaborat kurz zu betrachten, nicht wegen seines Inhalts (es handelt sich um die Geschichte eines jungen Edelmanns, der vom »fahrenden Ritter« bzw. »Glücksritter« zum »Kaiser von Konstantinopel« aufsteigt) oder seiner gekünstelten Prosa, sondern wegen der Einschätzung dieses Buchs durch Oviedo selbst. Wie alle Romane dieser Art behauptet es, »wahre Geschichte« zu sein, und – ebenso wie all diese Romane – gibt es sich als Text ohne Autor. Im Vorwort äußert Oviedo, er sei »viel auf der Welt herumgekommen«, und dabei sei er auch in ein Königreich Phirolt geraten, das sehr weit »von der Region (nämlich von

Europa) und der Sprache der vorliegenden Schilderung entfernt« sei. Dann habe er das Werk »aus der barbarischen und unverständlichen Sprache«, in der er es vorgefunden habe, »übersetzt, und zwar mit Hilfe eines tartarischen Dolmetschers, denn das zuvor erwähnte Königreich Phirolt liegt in Tartarien«, und es in der Folge »ins Kastilische übertragen«.[45] Er habe dann, so räumt er ein, die ganze Geschichte aufs neue niedergeschrieben, als er nach Hispaniola zurückgekehrt war, »so daß sie heute nicht mehr so kurz und knapp ist, wie sie einst war«. Doch seine editorischen Eingriffe hätten, wie er dem Leser versichert, in keiner Weise zu einem Abweichen »von der Substanz und der historischen Genauigkeit« des Originals geführt. Was derjenige, dem das Werk gewidmet war, Ferdinand von Aragón, Herzog von Kalabrien (damals als Gefangener in der Festung Jativa), in die Hände bekam, war daher nicht so sehr ein Werk Oviedos, sondern eher die Ausschmückung eines bereits vorhandenen fremden Texts, insofern beinahe einem *palimpsest* (einem antiken oder mittelalterlichen Pergament, dessen handschriftlicher Text ausradiert wurde, das man aber anschließend mit einem neuen Text beschriftete) vergleichbar. Sukzessive Textschichten sowie zwei, möglicherweise sogar drei Sprachen überlagern einander, wobei unklar bleibt, welche Rolle der tartarische Dolmetscher denn nun wirklich spielte. Ein Fragment, in »Phirolt« gefunden, angeblich in »tartarischer« Sprache verfaßt und dann von jemandem, der in den Ländern (West-)Indiens wohnte, in kastilischer Sprache neu geschrieben, erzählt eine Geschichte, die irgendwo in einem »Königreich Epirus« beginnt, »das früher Serpenta genannt wurde, heute Albanien heißt«, und endet in Konstantinopel.

Auch *Amadís* und *Palmerín* beginnen ähnlich, wenn auch weniger verwirrend. Die Behauptung all dieser Autoren, etwas gefunden zu haben, das nicht ihr Werk ist, sondern das sie lediglich herausgaben, übersetzten und der Welt, in der ihre Leser wohnen, zugänglich machten, dient, wie Jean Starobinski über den (im ganzen viel phantasievolleren) Gebrauch dieses Kniffs in Montesquieus »Persischen Briefen« *(Lettres persanes)* äußert, der Absicht die Autorität des wirklichen Lebens zu betonen. Sie soll dem Werk... das Ansehen eines Ursprungs geben, der mit keiner literarischen Tradition zu tun hat; sie soll (dem Text)... jegliche Herkunft aus der Phantasie absprechen.[46]

Wer in Europa Amadís, Palmerín oder Claribalte, desgleichen Usbek und Ricart sowie Montesquieus »Persische Briefe« las, begab sich damit »in ein anderes Universum«. Der Zweck all dieser Schriften bestand darin, den Leser davon zu überzeugen, daß dieses Universum, so weit es auch immer liegen mochte, der Schilderung, die man von ihm gab, doch keinen Abbruch tat, was ihre Akkuratesse betraf. Denn, so argumentierte man, dies sei die wahre Geschichtsschreibung, in der der Name des Historikers selbst mit keiner Silbe mehr auftaucht. Dies sei eine Schilderung, die nicht geschaffen, sondern aufgefunden wurde. Und da die einzige Art von Stimme, mit der der Leser konfrontiert wird, sich selbst zu verleugnen sucht, fühlt er sich nicht aufgerufen, ihre Vertrauenswürdigkeit in Zweifel zu ziehen, und der Autor braucht die Wahrhaftigkeit seiner Schilderungen auch nicht zu betonen. Es ist der Text allein, der für sich spricht.

Dies ist natürlich das genaue Gegenteil der Art von Geschichtsschreibung, die Oviedo andererseits den Lesern seiner *Historia general* anbot. Dort war der Text jeder einzelnen Passage mit der Persönlichkeit des Autors verknüpft, und fast jedem der Bücher dieses Geschichtswerks war ein »Vorwort« vorangestellt, das dazu diente, daß der Leser die Gestalt des Gonzalo Fernández de Oviedo nicht aus den Augen verlor. Zwar erwähnt er in der *Historia general* den fahrenden Ritter Claribalte – alias Claribete – mit keiner Silbe, doch läßt er gelegentlich seiner Verachtung für die gewohnheitsmäßigen Leser solcher Ritterromane freien Lauf, die er als »eine dermaßen mit Fabeln übersättigte Generation« bezeichnet, »daß ich voller Scham bin; man schreibt in Spanien noch immer derartigen Unfug und hat die antiken Autoren der Griechen vergessen.«[47] An anderer Stelle bezeichnet er die betreffenden Machwerke als »wertlose Schriften, Fabeln voller Lügen, die nichts anderes sind als ein Sammelsurium von Irrtümern, Ausgeburten einer üppig wuchernden Phantasie und dummes

Geschwafel«.[48] Und es fällt nicht schwer, aus solchen Bemerkungen die gesteigerte Besorgnis herauszulesen, daß sein Leser ja nicht den abwesenden, sich selbst verleugnenden Romanschreiber mit dem seine persönlichen Eindrücke und Erfahrungen weitergebenden Berichterstatter, dem sich freischreibenden »Ich«, verwechseln möge.

Die Herstellung einer gebührenden Distanz zwischen wahrer Historie und Roman war allerdings nur ein Teil der Probleme, vor die sich die Historiker gestellt sahen. Es bleibt noch die Schwierigkeit, tatsächlich in Amerika über Amerika zu schreiben. Denn auch hier bestand unablässig die Gefahr, die Schilderung tatsächlicher Zustände, Gegebenheiten und Ereignisse mit Erfundenem zu verwechseln. Spielten doch die Ritterromane an entlegenen Schauplätzen – in England, im Fernen Osten oder im Hohen Norden –, an Schauplätzen also, die weit weg vom europäischen Festland lagen und deren geographische Einordnung so ungewiß war wie die Amerikas. Diese Phantasiewelten waren leicht austauschbar, sie ließen sich einfach dem Vergessen überantworten oder nach Belieben mit Kephalopoden, Amazonen oder Riesen bevölkern. Diese imaginären Weltgegenden von den realen, doch kaum glaubhaften Gegebenheiten von Ländern wie Amerika zu unterscheiden oder nicht unterscheiden zu können, wurde zum Bestandteil der Rhetorik solcher Romane. Außerdem begünstigte die ständig im Fluß befindliche mittelalterliche Geographie Europas eine ständige Tilgung und Neugeburt derartiger Vorstellungen. Beispielsweise war das Vergessen ein Kunstmittel absichtlich ungenauer Ortsansätze. Als Thomas Morus beispielsweise seine berühmte *Utopia* schrieb, vermochte er sich zwar in allen Einzelheiten zu erinnern, was ihm angeblich sein imaginärer Gewährsmann Hythlodaeus über die gesellschaftlichen und politischen Strukturen der Bewohner seiner Phantasie-Insel *Utopia* berichtet haben sollte, aber wo dieses geheimnisvolle Land »Nirgendwo« zu finden sei, wußte er nicht mehr, obwohl sein imaginärer Hythlodaeus ihm auch hierüber Angaben gemacht hatte. Morus vermochte nur noch anzugeben, die Insel läge irgendwo in der Nähe Amerikas (da aber *Utopia* ohnehin »Nirgendwo« bedeutet, ist dies ein doppeltes Spiel mit geographischen Vorstellungen). Und Cervantes beginnt seinen unsterblichen Anti-Ritterroman mit einem ähnlichen Akt absichtlichen Vergessens: »An einem Ort in La Mancha, an dessen Namen ich mich nicht erinnern möchte...« Auch Claribalte oder Claribete, dessen Abenteuer an einem Ort begannen, der seinen Namen dreimal geändert hat, bewohnt eine geographisch verschwommene Welt, die der Vorstellungskraft des Lesers erst zugänglich wird, nachdem er sich durch mehrere Sprachschichten hindurchgearbeitet hat. Im Gegensatz dazu bedurfte das Amerika, über das Oviedo als Historiker schrieb, eines präzisen und unveränderbaren geographischen Ansatzes. Daher die weitschweifigen Ausführungen im Buch 16 über die Lage der Neuen Welt im Verhältnis zu Asien.[49] Daher auch der lange Schlußabschnitt der *Historia general* über die Schrecken der Seereise, der den Titel trägt: »Mißgeschicke und Schiffbrüche«.[50] Dieser sollte einen weiteren Kontrast zu den Ritterromanen – einschließlich *Claribalte* (bzw. *Claribete*) – bilden, deren Helden im Gegensatz zu den Seefahrern im wirklichen Leben, über die Oviedo schrieb, die Fähigkeit besaßen, völlig mühelos auf Flügelrossen und Zauberschiffen im Nu die weitesten Entfernungen zurückzulegen.

Weil in *Claribalte* an der Stelle Oviedos, des Autors, Oviedo, der Sammler, Überarbeiter und Erweiterer von Texten anderer getreten war, blieb dem Leser die Mühe verborgen, die es gemacht hatte, das nur Erdachte real erscheinen zu lassen. Im Werk Oviedos, des Historikers, dagegen wird diese Schwierigkeit offen dargelegt, und zwar als integraler Bestandteil des Bemühens um »die Wahrheit und die Geheimnisse der Natur«. So unfertig und wirr die *Historia general* dennoch ist – sie war doch, dies hoffte Oviedo wenigstens, ein Buch. Mehr noch – sie war ein Buch, das von Anfang an aus dem Rohmaterial der Menschenwelt und der Natur geschaffen werden mußte und das sich nicht nur als eine Ausschmückung und »Verschönerung« von Buchfragmenten gab, die ein anderer Autor weggeworfen hatte. Wie einst Plinius, konnte auch Oviedo sagen, daß es »niemand anderen unter uns gab, der das gleiche Wagnis unternommen hatte«. Und ein solches Wagnis, so warnte er seine Leser, erforderte auch eine neuartige Darstellungsweise, wenn auch nicht im Hinblick auf den Stil und das Format, so doch zumindest auf den Inhalt und die Sprache. »Fremdartige und barbarische Ausdrücke«, warnte er, waren ein unvermeidbarer Bestandteil jedes Versuchs, »Neues« zu schildern. Auch hierin lehnt Oviedo sich an Plinius an.

Mein Thema ist steril – die Welt der Natur oder mit anderen Worten das Leben; es erfordert daher entweder deftige oder fremdartige, d. h. barbarische Ausdrücke.[51]

Doch im Gegensatz zu Plinius, der nach seinen eigenen Worten seine »Naturgeschichte« *(Historia naturalis)* während seiner Mußestunden in seinem Garten schrieb, kannte Oviedo nicht nur die Schwierigkeit, mit derartigen Ausdrücken eine verständliche Darstellung zu geben, sondern er tat dies auch inmitten der außergewöhnlichen Phänomene jener Welt, die er schildert. In Amerika gab es für ihn keine Möglichkeit, sich vor der unmittelbaren Präsenz dessen zurückzuziehen, das zu beschreiben er sich vorgenommen hatte. Da sei, so äußert er, »kein griechischer Garten« gewesen, der anderen Autoren die Bequemlichkeit geboten habe, »in aller Ruhe festzuhalten, was sie schrieben«.[52] Hier dagegen, so klagt er, müsse er unter Wilden leben, deren bloße Existenz, so schien es, gar nicht erst den Gedanken an all die »Regeln und Möglichkeiten« aufkommen ließ, »die anderen Autoren zur Verfügung stehen, die in Ländern schreiben, deren Bevölkerung zivilisiert und vernunftbegabt ist«.[53] Derartige Entstehungsbedingungen seines Geschichtswerks forderten vom Leser nicht nur das ohnehin nötige, aber nicht das übliche Maß übersteigende Wohlwollen gegenüber seiner unbeholfenen Prosa, sondern etwas mehr: die Anerkennung, daß sein Werk eine ganz neue Art von Schrifttum darstellte. Plinius, der den Anspruch erhob, als erster sein Thema bis in jegliche Verzweigung behandelt zu haben[54], erwies sich als der einzige bekannte Vorläufer für das Projekt, auf das er sich eingelassen hatte. Doch während sich Plinius noch auf vertrautem Terrain bewegte, und dies anhand schriftlicher Quellen, bezog Oviedo seine Informationen aus der trügerischen Natur des Lands selbst, das er beschrieb. In Oviedos Text gehen Klagen über die Schwierigkeiten, die er beim Schaffen als Geschichtsschreiber hatte, unvermittelt in Klagen über die allgemeinen Lebensbedingungen über. Abermals stilisiert sich der Erzähler als Dulder. Der Chronist »der Dinge hier«, stöhnte er, lebt

mit großem Durst und Hunger, mit Erschöpfung, im Krieg mit seinen Feinden, und sowohl im Kriege als auch im Frieden kämpft er mit feindlichen Elementen sowie großen Nöten und Gefahren. Hier wird er verwundet, ohne daß es einen Wundarzt gibt, wenn er hier krank wird, gibt es weder einen Arzt noch Medizin. Hier hungert er, ohne Lebensmittel zu besitzen, hier dürstet er, ohne Wasser zu finden. Hier wird er müde, ohne schlafen zu können, hier leidet er Not, ohne Kleidung oder Schuhwerk für seine Füße zu besitzen. Anstatt hoch zu Roß zu reiten, geht er zu Fuß, und obwohl er nicht schwimmen kann, hat er zahlreiche, mächtige Flüsse zu überqueren.

Leiden ist das unvermeidliche Schicksal des Autors in der Neuen Welt, doch Leiden verleiht auch dem Text, den er schließlich dennoch hervorzubringen imstande ist, einen gewissen Adel. Diese Männer, sagt Oviedo, womit er zum Teil sich selber, zum Teil die von ihm aufgebotene Schar von Informanten meint, die ins Exil bei den Wilden vertrieben worden waren, waren »viel glaubwürdiger« – dies gerade wegen ihrer Entwurzelung – als diejenigen, die zu Hause geblieben sind und »nie jemanden kannten, außer ihren Nachbarn«.[55]

Wie der »einfache und ungehobelte Mann«, der Montaigne von den Lebensgewohnheiten der brasilianischen Tupinamba berichtet hatte und daher, wie Montaigne es sah, »in der geeigneten Verfassung war, genaue Zeugenaussagen zu machen«[56], hatte auch Oviedo, obwohl weder »einfach« noch »ungehobelt«, die – um es mit Michel de Certeau zu sagen – »Prüfung des Reisens« bestehen müssen.[57] Aus diesem Grund behauptete er zu Las Casas' ständiger Entrüstung

Ich weiß, daß meine Schriften nicht vergehen werden, denn sie sind durch die Pforte der Wahrheit gegangen, die so schwierig und schwer ist, daß sie mein nächtliches Wachen erträgt und verlängert.[58]

Diese Ausdrucksweise erinnert – und dies mit Absicht – an die Sprache christlicher Glaubenszeugen. Selbstverständlich ist das Christentum eine Religion des Schauens. Es verhilft den Gläubigen zu einer Schau, einer Vision des Göttlichen. Diejenigen, die, wie Paulus, dadurch bekehrt wurden, daß Gott sich ihnen offenbarte, wurden zuerst mit Blindheit geschlagen, um desto besser sehen zu können. Sie wurden im buchstäblichen Sinn des Wortes »erleuchtet«. Die Helden der Christenheit – außer Christus selbst – waren solche »Märtyrer«, ein Wort, dessen griechische Wurzel einfach »Zeuge« bedeutet. Sie hatten »gesehen«, doch es war ihnen nicht gelungen, andere von der Einzigartigkeit ihrer Vision zu überzeugen. Nun aber nahmen sie lieber die qualvollsten Todesarten auf sich, als die Wahrheit dessen zu verleugnen, das ihre Augen ihnen enthüllt hatten. »Wenn die Seele gesammelt und geordnet ist«, beschrieb der heilige Augustinus diese Erfahrung, »wenn sie harmonisch und schön ist, dann wird sie Gott schauen.«[59]

Alle frühen Historiker Amerikas kamen angesichts von Phänomenen, für die ihre oft unzureichende Bildung sie nur sehr wenig vorbereitet hatte, auf diese Schilderungen privilegierten Schauens zurück. Allerdings mußten nur Oviedo und Las Casas die Einzigartigkeit dessen, was sie gesehen und aufgezeichnet hatten, gegenüber allen anderen und, was wesentlich war, gegeneinander betonen, denn nur sie hatten sich auf Projekte solchen Ausmaßes eingelassen. So hart das Leben auf Hispaniola auch war, wie er immer wieder betont – Oviedo erlitt kein wahres Martyrium. Doch wie Las Casas (wie wir noch sehen werden) drängte er sich so nahe, wie er nur wagen konnte, in die Nähe einer säkularisierten, wissenschaftlichen Analogie zum Status eines Märtyrers.

Oviedo wußte auch, daß Entbehrungen und Härten nur ein Teil dessen waren, was ein Historiker eines so erregenden Phänomens wie Amerika über sich ergehen lassen mußte. Denn nachdem er seine Informationen gesammelt, seine Funde geprüft und sie gegen das Zeugnis »zahlloser Augenzeugen« abgewogen hatte, mußte er sich seinen Lesern stellen. Auch dies war eine Art Martyrium. Wer, so fragt Oviedo verbittert, schützt den Historiker, nach all dem, was er auf seiner Suche nach der Wahrheit erduldet hat,

wer schützt ihn vor den Kritikastern, die über Dinge sprechen, von denen sie nichts verstehen, und die mit ätzendem Spott übergießen, was sie nie erreichen werden, die nicht wissen, was sie tun sollen, und die den Historiker herabsetzen, weil er sie mit Informationen über Dinge versah, von denen sie keine Ahnung hatten, ja die es nicht lassen können, denen gegenüber ihre ganze Bissigkeit einzusetzen, die am meisten ihre Dankbarkeit verdienen.[60]

Oviedos Vertrauen in seine Fähigkeit, »Zeugnis zu geben«, ist ungewöhnlich. Hinter seiner anfangs zum Ausdruck gebrachten Zurückweisung aller textlichen Quellen verbirgt sich vielleicht ein Unbehagen über die Art und Weise, in der jeder Text, der selbst so völlig ohne schriftliche Belege weltlicher oder geistlicher Art ist, von den »Kritikastern« aufgenommen werden wird. Gewiß ist Oviedos *Historia general* weitschweifig und bisweilen ungeordnet. In dieser Hinsicht, hätte der Autor hervorheben können, ist sie Plinius' *Naturgeschichte* nicht unähnlich. Allerdings bringt sie sehr wenig, was dem zeitgenössischen Leser unmittelbar vertraut war, war dieser doch gewohnt, sich in einer Schilderung durch eine Reihe von Zitaten zu bewegen, die die einschlägigen Belege enthielten, und sich schließlich in einem Netz von Folgerungen wiederzufinden, die sich aus diesen Zitaten ergaben. Im Gegensatz dazu sucht Oviedo, wie er immer wieder betont, nur zu beschreiben, was er gesehen und kennengelernt hat. Statt jener zahlreichen Belegstellen bringt er lediglich eine Fülle von Berufungen auf die wahrheitsgemäße Schilderung persönlicher Erfahrungen. Ptolemäus, so hebt er hervor, habe »mit Recht die Geographie als eine Art Gemälde« beschrieben.[61] Er dagegen, so fügt er hinzu, »wünsche nur wiederzugeben, was viele und unterschiedliche Zeugen (darunter er selbst) über dieses Gemälde oder diese Gegend, nämlich das neue Land der Indianer, an Informationen erbracht haben«. Statt eines autoritativen Worts wird dem Leser der *Historia general* ein neues Bild geboten. In Oviedos Texten sind Geographie und Historie, Beschreibung und »Ausmalung« austauschbar.

Bis hierher geht Oviedo in der Auseinandersetzung mit dem Problem, wie er seinen Text all den anderen angleichen kann, die für ihn nicht weniger als für Las Casas die maßgebliche Richtschnur bildeten und zu denen, wie er (abermals zu Las Casas' Entrüstung hoffte) eines Tages auch sein eigenes Werk gehören werde. Sein Buch bringt wenig Analysen, und was sich davon in ihm findet, wird oft zugunsten neuer Daten und Fakten hastig beiseitegewischt. Und so oft er auch behauptet, er habe all die Geschichten ausgewertet, die die von ihm befragten »zahlreichen Zeugen« ihm erzählt hatten – er stellt doch keinerlei Überlegung darüber an, worauf sich denn der Anspruch dieses Personenkreises begründet, die Wahrheit gesagt zu haben bzw. wie hoch der Wahrheitsgehalt ihrer Behauptungen tatsächlich ist. Dann aber ist es wiederum unwahrscheinlich, daß er überhaupt die Notwendigkeit einer derartigen Überlegung gesehen hat. Vielmehr besteht seine Methode, wenn man von einer solchen überhaupt sprechen kann, einfach in der Berufung auf die große Anzahl von Augenzeugen. Wie jeder tüchtige Jurist verlangt er, Einzelheiten darüber zu erfahren, wie und wo seine Informanten sahen und hören, was sie ihm berichteten. Aber das ist auch alles. Da er lediglich beschreibt, lediglich mit Worten ein Gemälde entwirft, nimmt er sich nicht einmal genug Zeit, um die Sitten und Bräuche der Indianer zu schmähen, die er offensichtlich verachtete. Statt dessen macht er uns weis, es genüge, sie detailliert zu schildern, um sie für alle Zeiten in unseren Augen verächtlich zu machen.

Der zweite Impuls

Wie Oviedo sah sich auch Las Casas vor die Notwendigkeit gestellt, dem, was er über seine Erfahrungen sagte und schrieb, Überzeugungskraft zu geben. Weder er noch Oviedo waren unparteiische, neutrale Beobachter, und sie wollten es auch gar nicht sein. Sie behaupteten keineswegs – wie später ihre unaufrichtigen Nachfolger im 18. Jahrhundert – als leidenschaftslose, völlig unbeteiligte Protokollanten engelgleich über allem Streit und Gezänk zu schweben, ja sehr wahrscheinlich hätten sie eine solche Einstellung nicht einmal verstanden. Nein – ihre Geschichtsdarstellungen verfolgten klar umrissene politische und moralische Ziele. Oviedo ging es, wie wir sahen, darum, diejenigen wie Las Casas zu widerlegen, die er mit Recht als Gegner der imperialen Sendung Spaniens betrachtete, und gleichzeitig einer Welt voller Neider die vollständige Bedeutung und die ganze Größe dieser Sendung klarzumachen. Im Gegensatz dazu war Las Casas' *Historia de las Indias* nach Las Casas' eigenen Worten »ein Buch größter und äußerster Notwendigkeit« – ein Buch, das demonstrieren sollte, daß es kein Volk auf Erden gab, so »barbarisch« seine Lebensbedingungen auch sein mochten, dem man seine Zugehörigkeit zur Familie der »Christenheit« absprechen durfte. Was ihn dazu trieb, alle seine Bücher zu schreiben, war »die sehr große und unbestreitbare Notwendigkeit, allen Spaniern eine wahre Schilderung und wahre Kenntnis dessen zu geben, was sich hier an diesem indischen Ozean ereignet hat und wovon ich Augenzeuge wurde.« Er war, wie er sagte, allein durch den Anblick »so vielen Elends, so vieler Mißstände, so vieler Zerstörung, so vieler verwüsteter Reiche« dazu getrieben worden, sich zu äußern und ein Buch nach dem anderen zu schreiben. Er war, so behauptete er in seiner *Brevíssima relación*, der einzige verläßliche Zeuge dessen, was sich in den Ländern Amerikas ereignet hatte, »wo immer Christen ihren Fuß hinsetzten«, denn nur er war willens gewesen, »die Verschwörung des Schweigens über das« zu brechen, »was wirklich geschah«. »Es hat sich eingebürgert«, so klagt er, »die nach Spanien zurückgehenden Berichte über die zerstörerische Wirkung des Vorgehens der Spanier in der Neuen Welt zu verfälschen.« Die wenigen, die, wie er selbst, den Mut hatten, sich den Unwillen offizieller Stellen sowie, gefährlicher noch, den Zorn der Siedler zuzuziehen, mußten feststellen, daß ihre »verläßlichen Augenzeugenberichte« von gleichgültigen königlichen Auditoren (Prüfern) total mißbilligt wurden, deren Stellungnahmen »schikanös und wenig sachkundig« waren und denen irgendein finanzieller Verlust der Krone weit mehr am Herzen lag als das nicht enden wollende Blutvergießen und die Ausrottung menschlichen Lebens.

Las Casas' Zeugnis ist, so Las Casas selbst, das einzig Wahre – nicht allein, weil es nicht die Tatsachen verdreht, sondern weil es allein den einzigen Aspekt der spanischen Kolonisation Amerikas zum Gegenstand hat, auf den es ankommt: »die Massaker an unschuldigen Menschen«. Dies war, so argumentiert er, von solcher Bedeutung, daß daneben »alles Gerede über die Wunder der Welt« verstummen mußte, ja es drohte auch, die bestehende Weltordnung zu sprengen, zu »einem Zusammenbruch der Zivilisation« zu führen und »den Weltuntergang anzukündigen«. Kein Wunder, daß diejenigen, denen er in Spanien seine Ansichten vortrug, »offenen Mundes jedem seiner Worte lauschten«.[62]

Doch so dramatisch seine Darstellung war, die Darstellung allein tat es nicht. Las Casas hatte sich mehr vorgenommen, als nur seine Leser zu schockieren und zum Schluß die Verwalter der Krone durch die Anschaulichkeit und nicht zuletzt durch beständige Wiederholungen dessen, was er, und nur er, gesehen hatte, wachzurütteln. Sein Ziel war es, zu beweisen, daß für die Indianer die gleichen Menschenrechte galten wie für Amerikas Eroberer, und deshalb demonstrierte er die Komplexität und den hohen Stand der indianischen Kultur. Um dieses Ziel zu erreichen, sah er sich, wie wir nun sehen werden, veranlaßt, seine Stimme zu erheben, um den verbindlichen Kanon dessen, woran er glaubte, nicht so sehr als eine neue, sondern als die einzig wahre Sichtweise darzustellen.

★

Las Casas' Ziel war es, seiner Stimme in ihrer Einmaligkeit Geltung zu verschaffen. Die meisten seiner Schriften haben deshalb, insgeheim oder ganz offen, autobiographischen Charakter. Mit Recht wurde seine *Historia de las Indias* als *apologia pro vita sua* (»Rechtfertigung seines Lebens«)[63] bezeichnet. Gewiß gibt es keinen Historiker Amerikas, der sich ebenso unermüdlich immer wieder ins Spiel bringt wie er. Es überrascht also nicht, daß er die Beschreibung einer persönlichen

Erfahrung, und zwar der wichtigsten seines Lebens, wählte, um im Endeffekt eine Darstellung der wesentlichen Beziehung zwischen dem kognitiven Status des Textes und seinem persönlichen Erleben zu geben. Dies war seine heute berühmte »Bekehrung«. Und die – wenigstens schildert er es so – ereignete sich, wie folgt.

Zwar sollte er der entschiedenste Fürsprecher der Rechte der Indianer werden, doch verbrachte er einen großen Teil seines Lebens als Weltpriester und Kolonist auf Kuba. Seinen eigenen Angaben zufolge war er besser, vielleicht etwas mildherziger als andere Kolonisten, doch war er wie diese Herr *(encomendero)* über indianische Arbeitssklaven, deren Arbeitskraft er, wie alle anderen, ausbeutete, ohne viel zu fragen. Am Sonntag vor dem Weihnachtsfest des Jahre 1511 erlebten Las Casas und alle anderen Mitglieder der kleinen Kolonie auf Hispaniola einen heftigen Schock, der den Beginn seines plötzlichen und dramatischen Wandels vom Kolonistenpriester zum Indianerapostel markierte. An jenem Morgen predigte ein Neuankömmling, der Dominikaner Antonio Montesinos, in der Hauptkirche von Santo Domingo. Ausgehend von einem Text des Evangelisten Johannes, der sich auf einen anderen berühmten Träger des gleichen Namens bezog, auf Johannes den Täufer, verglich Montesinos die auf natürliche Weise entstandene Wüste, in die sich Johannes der Täufer zurückgezogen hatte, mit jener anderen Wüste, die durch den Raubbau der Spanier auf der einst so »paradiesisch« fruchtbaren Insel Hispaniola entstanden war. Dann wandte er sich an die Kolonisten und fragte sie:

Mit welchem Recht und nach welchem Gesetz haltet ihr diese armen Indianer in solch grausamer Knechtschaft? Wer ermächtigte euch, solch verabscheuenswerte Kriege gegen diese Menschen zu führen, die friedlich und sanftmütig auf ihrem eigenen Land wohnten?

»Sind es denn keine Menschen?« schloß er. »Haben sie keine vernunftbegabten Seelen? Seid ihr nicht verpflichtet, sie zu lieben wie euch selbst?« Diese letzten drei Fragen wurden die Bezugspunkte aller künftigen Kämpfe um die Rechte der Ureinwohner Amerikas. Für Las Casas wurde insbesondere die dritte – »Seid ihr nicht verpflichtet, sie zu lieben wie euch selbst?« – zur Richtschnur alles dessen, was er künftig bis zu seinem Tode tat.[64]

Allerdings fiel Las Casas' unmittelbare Reaktion auf Montesinos' Predigt nicht sonderlich aus dem Rahmen. Zwar teilte er nicht den Unwillen der anderen Kolonisten, die Montesinos' Abberufung und seine sofortige Rückführung nach Spanien verlangten, doch scheint auch er sich die unmittelbare Folgerung aus Montesinos' Worten erst später zu eigen gemacht zu haben, daß niemand »guten Gewissens Indianer besitzen« und sich dennoch einen Christen nennen dürfe. Später, aber noch im selben Jahr, begleitete er Diego Velázquez nach Kuba, wo er, wie es scheint zum ersten Mal, die Massaker bezeugte, die er später so drastisch in seiner *Brevísima relación* beschrieb, und es dürfte wohl feststehen, daß er sich nicht an ihnen beteiligte. Doch so sehr Las Casas immer wieder mit Nachdruck betonte, wieviel besser er sich gegenüber den Indianern verhalten habe als alle seine Mitkolonisten, wie immer wieder Indianer zu ihm kamen, weil ihre Not ihn »mit großem Schmerz und Mitleid erfüllte«, und obwohl er, nach seinem eigenen Bekunden, voller Zorn gegen die Greueltaten protestierte, die Panfilo de Narváez in Caonao verübt hatte, waren seine Dienste für Velázquez wertvoll genug, so daß dieser ihn mit einer großen *encomienda* in Canarreo, nahe dem Hafen von Xagua, bedachte.[65] Wie ein derart unbequemer Weltpriester zu einer so großzügigen Belohnung kam, vermochte er nie zu erklären.

Drei Jahre später ereignete sich Las Casas' »Bekehrung«, die er in seiner *Historia de las Indias* beschreibt. Er bedient sich dabei einer Ausdrucksweise, die diskret, aber unverkennbar an jenes Bekehrungserlebnis erinnert, durch das aus dem Christenverfolger Saulus der Apostel Paulus wurde. In seinem Fall wurde aus dem Indianersklaven besitzenden Kleriker der »Indianerapostel« und schließlich aus einem Weltpriester ein Ordensmann – Las Casas trat in den Dominikanerorden ein. Der Moment der Erleuchtung jedoch, der, genaugenommen, als Verleihung der Fähigkeit, aus Erfahrung zu lernen, begriffen wurde, war in Las Casas' Fall nicht die Begegnung mit einer göttlichen Offenbarung von der Art, wie sie einst Saulus auf dem Weg nach Damaskus zur Erde geworfen hatte, auch war seine sogenannte »Bekehrung« nicht das Ergebnis seines Wissens um das Elend der Indianer, wenn er auch sagt, daß er sehr viel davon gesehen habe. Wie bei Augustinus, dessen Hinwendung zum Christentum durch die berühmten Worte *tolle lege* (»nimm und lies«) ausgelöst wurde, die ein spielendes Kind vor sich hin sang, so war Las Casas' »Konversion« das Ergebnis einer Begegnung mit einer Textstelle eines apokryphen Bibelautors. Es handelte sich um Jesus Sirach 35,25 – 27:

Kärgliches Brot ist der Lebensunterhalt der Armen. Wer es ihnen vorenthält, ist ein Blutsauger. Den Nächsten mordet, wer ihm den Unterhalt nimmt. Blut vergießt, wer dem Arbeiter den Lohn vorenthält. (Zitiert nach der deutschen Einheitsübersetzung, Stuttgart 1980.)

Las Casas bezog diese Worte unmittelbar auf das Leiden der Indianer, dessen Zeuge er bisher gewesen war, ohne sich über es allzu viele Gedanken zu machen. »Von der ersten Stunde an«, erinnerte er sich, »nachdem die Finsternis der Unwissenheit« gewichen war, »die ihn umgeben hatte« (wenn es um die Zeit vor seiner Konversion ging, sprach Las Casas von sich stets in der dritten Person, wohl um zu zeigen, daß er zuvor ein »anderer« gewesen war und erst durch seine »Bekehrung« zu sich selbst gefunden habe) – kurz: ab jener ersten Stunde begriff er, »in welchem Elend und welcher Knechtschaft diese Menschen gelitten hatten«.[66] Es war Gottes Wort, das – ganz im Sinn des Kirchenvaters Augustinus – durch einen Akt der Gnade sein Auge sehend gemacht hatte. »Wir könnten sagen«, schrieb Charles Taylor,

daß das Auge, für Plato bereits mit der Fähigkeit des Sehens ausgestattet, für Augustinus dieser Fähigkeit verlustig gegangen war. Sie mußte durch die Gnade wieder hergestellt werden. Und die Gnade öffnet den inneren Menschen für Gott, so daß wir zu sehen vermögen, daß die herrliche Kraft des Auges letztlich von Gott ist.[67]

Stets war Las Casas in dieser Weise »Gottes Auge«, »Gottes Zeuge« in Amerika, und es war seine einzigartige, einmalige

Erfahrung, der er diese Rolle verdankte. Als ihn im Jahre 1515 der Dominikaner Pedro de Córdoba aufforderte, ihn nach Spanien zu begleiten, um wegen der Indianer mit Nachdruck bei der Krone vorstellig zu werden, war Las Casas nach eigenem Bekunden zwar beunruhigt, ließ sich aber keineswegs

abschrecken, denn es schien, als habe ihm Gott das Verlangen und den Eifer eingeflößt, die nötig waren, um diese so erbarmungswürdigen Seelen zu retten, und gleichzeitig stattete Gott ihn auch mit großer Beharrlichkeit aus.[68]

Näher kam er seiner »Erleuchtung« nicht. Selbstverständlich konnte Las Casas nicht mehr als Oviedo für sich beanspruchen, ein wahrer Visionär zu sein. Er konnte nie behaupten, Gott habe unmittelbar zu ihm gesprochen, und dies sollte sich, wie wir sehen werden, als ernste Schwierigkeit erweisen. Doch seine »Bekehrung« stand im Mittelpunkt seines hermeneutischen Kampfs gegen die »grausamen und unversöhnlichen Feinde der Indianer«. Er hatte gesehen – wenn auch nur mit seinem »inneren Auge«. Gleiches konnte man von Oviedo nicht behaupten. Mag sein, daß dieser um seines Geschichtswerks willen Unbequemlichkeiten auf sich genommen hatte. Doch diese hatten nichts von der offenbarenden Kraft der Konversion von Las Casas. Tatsächlich ist Oviedo für Las Casas nur ein falscher Zeuge. Vor Las Casas' »Bekehrung« waren beide Männer in gewissem Sinn vergleichbar. Doch während Gott Las Casas Erleuchtung geschenkt hatte, hatte er Oviedo auch noch die wenige Einsicht genommen, die dieser einst von Natur aus besaß. »Wegen seiner Sünden hat Gott ihn mit Blindheit geschlagen«, erklärte Las Casas, »so daß er unfähig war, das Gute im Wesen der Indianer zu erkennen.«[69] Dies muß bestenfalls als ein merkwürdiges Argument erscheinen, doch Las Casas' Absicht an dieser Stelle ist, die Verdammungsworte ins Gedächtnis zu rufen, die der Apostel Paulus über alle diejenigen ausspricht, die sich *seiner* Botschaft verschlossen:

Der Gott der Welt hat den Geist derer mit Blindheit geschlagen, die nicht glauben, so daß ihnen nicht das Licht der ruhmreichen Frohbotschaft Christi leuchtet, der Gottes Abbild ist. (2. Korinther 4,4)

Allerdings konnte es nicht allein bei der Vision bleiben, die Las Casas durch seine »Bekehrung« zuteil geworden war. Denn, da er weder ein echter »Märtyrer« noch gar ein echter »Apostel« war, mußte auch diese Vision unmittelbar zu dem überlieferten Kanon in Beziehung gebracht werden, um über den Platz, den sie in seiner Biographie einnahm, hinaus Bedeutung zu erlangen. Also erklärt er, es seien die Schriften anderer gewesen, die ihm genau die Wahrheit dessen bestätigt hätten, was der Augenblick der Erleuchtung ihm offenbarte. Und dies waren, wie er später behaupten sollte, »all die Bücher«, die er gelesen hatte, »sei es in lateinischer, sei es in spanischer Sprache, deren Anzahl in vierzig Lebensjahren ins Unermeßliche gestiegen war«.[70] Hier ergibt der Text einen Sinn im Hinblick auf das, was er gesehen hatte, doch was ihn seine noch nicht sehend gewordenen Augen jahrelang nicht zu »bezeugen« gestatteten, und was er auf diese Weise erfahren hatte, führte durch den hermeneutischen Zirkel zu noch immer weiteren Texten.

Das Projekt, dem Las Casas den gesamten Rest seines langen Lebens widmete, bestand in der Verwirklichung des Anspruchs der Indianer auf volle Menschenrechte und damit auf rechtliche Gleichstellung mit den Spaniern, und diese wiederum hing von der »Versöhnung« der miteinander rivalisierenden Autoritätsansprüche von Texten und Erfahrungen ab, die er dank seiner »Konversion« gewonnen hatte. Nur eine Interpretation der kanonischen Texte, insbesondere solcher, die man bisher gegen sie verwendet hatte, konnte die Anerkennung des Menschseins der Indianer angesichts einer Gesellschaft garantieren, für die Exegese der einzige Zugang zum Wissen war. Er kannte – und darauf bestand er – den Kanon der einschlägigen Werke so gut wie jeder professionelle Jurist oder jeder Theologe seiner Zeit, und zum Beweis dessen befrachtete er seine Schriften mit mehr Zitaten, als jeder zeitgenössische Jurist oder Theologe für erforderlich gehalten hätte. Der bedeutende Naturrechtstheoretiker Domingo de Soto, auch er ein Dominikaner, äußerte, ermüdet von einer seiner überreichlich mit Zitaten gespickten Abhandlungen: »Sie war so überladen und weitschweifig wie die Jahre dieser

Affäre selbst«[71] – ein Wort, das sich auf Las Casas' gesamte Schriftstellerei anwenden läßt.

Gelehrsamkeit dieses Ausmaßes war, wie Las Casas mit Nachdruck behauptete, schon an sich das Ergebnis einer Art geistiger Pilgerschaft. »Achtunddreißig Jahre lang«, erklärte er mit verzeihlicher Übertreibung vor seinen Ordensbrüdern in Chiapas und Guatemala,

habe ich gearbeitet, um das Gesetz (dieser Dinge) herauszufinden, zu untersuchen und schriftlich niederzulegen. Und ich meine, daß ich, wenn ich mich nicht selbst betrüge, so tief in die Fluten dieser Materie eingedrungen bin, daß ich den Punkt erreicht habe, an dem sie entspringen.[72]

Aber es trifft auch zu, daß der Vorrang seiner Interpretation des »Gesetzes« nicht so sehr vom breiten Spektrum seines Wissens abhing als von der Intensität seines unmittelbaren Kontakts mit dem, was er »die Tatsache« nannte. Wie vor einem Gerichtshof, vor dem er sich so häufig wähnte, waren es die Tatsachen des zur Verhandlung stehenden Falls, welche die Grundlagen für eine verbindliche Lesung der Texte bildeten. So schrieb er unter Anspielung auf den berühmten Ausspruch des im 14. Jahrhundert lebenden Juristen Pedrus Baldus de Ubaldis *ex facto oritur ius* (»aus dem Faktum erwächst das Recht«): »Es ist, wie die Juristen sagen, daß aus der wahren Angabe *(relación)* der Fakten das Recht geboren wird.«[73] Wie Baldus sich geäußert hatte, beruhten Recht und Gesetz nicht auf Theorie, sondern »auf der Erfahrung der Dinge«.[74] Um jedoch die Autorität *seiner* Darstellung über die aller anderen zu sichern, mußte Las Casas dafür sorgen, daß man seine Erfahrung der Dinge als einzigartig bevorrechtet betrachtete. Seine Stimme mußte sich gegen alle anderen Stimmen durchsetzen, zumal er sich darüber im klaren war, daß auch Oviedo seine Stimme mit dem Anspruch auf autoptische Autorität erhob, wobei er freilich zu völlig anderen Ergebnissen gelangte. »Gott hat keinem Menschen«, so behauptete er,

sei er noch am Leben oder bereits verstorben (und zwar allein durch seine Güte und ohne ein Wort von mir) so viel Erfahrungen *(noticias)* und Verständnis *(sciencia)* der Fakten des natürlichen, göttlichen und menschlichen Rechts gegeben, wie sie mir im Hinblick auf diese Indianer zuteil geworden sind.[75]

»Fakten und Recht«, *hecho y derecho, ius et factum*[76] – dieses Begriffspaar, das sich immer und immer wieder in all seinen Schriften findet, bezeichnet die für ihn wesentliche Verbindung vom kanonischen Text mit unmittelbarer Erfahrung der Außenwelt als des einzigen zuverlässigen Instruments der Textinterpretation.

Die Termini *ius* und *factum* bilden eine grundlegende Distinktion im römischen Recht, insbesondere in jenen Bereichen, die Eigentum und Besitz *(possessio)* regeln. Der bekannteste Fall ihrer Anwendung ist die Unterscheidung zwischen Dingen, die einem *de facto* gehören, und solchen, die einem *de iure* gehören. Wahrer Besitz bestand nach der Argumentation der Juristen darin, daß beide Begriffe zugleich zutrafen. Las Casas verschob den Geltungsbereich des Begriffs *factum* vom Zivil- auf das Naturrecht. Mit anderen Worten: Bei ihm ist *factum* nicht nur ein Rechtsbegriff, sondern eine Aussage über den Zustand der Welt. Hier scheint Las Casas eine wortgewaltige Diskussion aufzugreifen, die zwischen den Kommentatoren antiker Rechtsgelehrter entbrannt war – eine Diskussion über das Ausmaß, in dem juristische Erfahrung mit der erfahrbaren Realität im Einklang stehen sollte.[77] Allem Anschein nach ging es ihm um das Argument, daß die korrekte Interpretation darin bestehe, Übereinstimmung zwischen *factum* und *ius* zu schaffen. Wo offensichtlich eine derartige Übereinstimmung nicht möglich sei, sei es das auf Fakten gegründete Recht, das sich ändern müsse. Diese zumindest vom juristischen Standpunkt aus kaum bemerkbare Variante war Las Casas' ureigenster theoretischer Beitrag zur Debatte über den Status der Indianer. Die Männer, die Las Casas zufolge Feinde der Indianer waren – insbesondere galt dies für Juan Ginés de Sepúlveda –, hatten stets betont, daß das Gesetz aufrechterhalten werden müsse, denn das Gesetz gehörte natürlich zum Kanon, und daß nichts zähle, was sich nicht mit dem Gesetz zur Deckung bringen ließ. Beispielsweise leugnete Sepúlveda nie, daß manche Indianer über bemerkenswerte technische Fähigkeiten und entwickelte Sozialstrukturen verfügten. Er bestritt lediglich, daß diese Fähigkeiten gegenüber dem, was er für unwiderlegbare Beweise für Kannibalismus und Menschenopferkulte hielt, überhaupt ins Gewicht fielen. Demgegenüber stand Las Casas auf dem Standpunkt, Recht habe von den Fakten auszugehen – dies deckte sich mit der Ansicht der römischen Kommentatoren – und es habe *sämtliche* Fakten zu berücksichtigen. Die *Digesten,* diese große Fundgrube römischer Rechtsauffassungen, waren schließlich anfangs nur eine Datensammlung gewesen, die Rechtswissenschaft war nicht so sehr ein Korpus von Moralvorschriften als eine Methode der Interpretation.[78]

Und wenn dies für jede Art des Rechtsverständnisses galt, dann galt es insbesondere für das Verständnis alles dessen, was mit Amerika zu tun hatte. Denn alles, was mit Amerika zusammenhing, war – um die Eingangsworte der *Brevíssima relación* zu zitieren – »so außergewöhnlich, daß die gesamte Geschichte für jeden ganz und gar unglaubwürdig bleibt, der über keinerlei Erfahrung aus erster Hand verfügt«.[79] Nur Las Casas hatte vollständig begriffen, was das bedeutete. 1535 schrieb er:

Ich kann vor Gott schwören, daß bevor ich an diesen Königshof kam, selbst damals, als der Katholische König Don Ferdinand noch lebte, niemand wußte, was es mit den Ländern Indiens auf sich hatte, und erst recht nichts von ihrer Größe, ihrer Fülle und ihrem Reichtum ahnte ...

Aber auch nichts »von der Verwüstung, die in ihnen angerichtet wurde«.[80] Im Vorwort seiner *Historia de las Indias,* einer langen und nicht sehr einheitlichen Abhandlung über die Aufgabe eines Historikers, bezeichnete er es als sein Ziel, »Lesern vergangener Begebenheiten Klarheit und Gewißheit über die Prinzipien des Räderwerkes dieser Welt« zu geben.[81]

Um dieses Ziel zu erreichen, war er Chronist geworden, ein Historiker im eigentlichen antiken Sinn des griechischen *historia,* das, wie er mit Worten Isidors von Sevilla sagte,

»sehen« oder »wissen« meint, denn niemand hätte in der Antike gewagt, sich in eine andere Position zu versetzen als in die, in der er sich befand und wo er mit eigenen Augen gesehen hatte, was er zu schildern entschlossen war.[82]

Nur eine »Historie« dieser Art konnte die Informationen liefern, die für die korrekte Interpretation des verbindlichen Kanons bezüglich Amerikas erforderlich waren. Und, um Clifford Geertz' Wortspiel anzuwenden: Nur der »Ich-Zeuge« war verläßlich genug, eine derartige Geschichte zu schreiben. (Dieses im Deutschen nicht nachvollziehbare Wortspiel besteht darin, daß im Englischen »ich« und »Auge« zwar verschieden geschrieben, aber gleich ausgesprochen werden. Ein »Augenzeuge« – *Eyewitness* – ist daher zugleich ein »Ich-Zeuge« – *I-witness*, A.d.Ü.)

★

In all seinen Schriften besteht Las Casas darauf, daß *er* es war, der die Dinge, von denen er berichtet, *selbst* gesehen hat, und daß *sein* Text folglich Einmaligkeit beanspruchen darf. Er wußte, daß Sehen ebenso wie Interpretieren eine Form der Besitzergreifung darstellte, gleich jener Inbesitznahme der Neuen Welt durch die Spanische Krone (ein Anspruch, den Las Casas nie in Abrede stellte).[83] Der Anspruch auf früheren Besitz durch das Schauen verlieh dem vom Betrachter selbst verfaßten Text auch Einzigartigkeit und Verbindlichkeit. »Ich bin«, äußerte Las Casas gegenüber dem Minister Karls V., dem Seigneur de Chièvres,

der Älteste von all denen, die hinüber in die Länder Indiens gereist sind, und in den vielen Jahren, die ich dort war und in denen ich von meinen Augen Gebrauch machte, habe ich keinerlei (andere) Geschichtsdarstellungen gelesen, die ja verlogen sein konnten, sondern statt dessen eigene Erfahrungen gesammelt.[84]

Nur ich, erklärte er dem Rat der Länder Indiens, der ich »während der ganzen Zeit, seit die Gebiete Amerikas entdeckt wurden, Augenzeuge war, der seit nahezu 1500 durch diese Gegenden Indiens gewandert ist«[85], »nur bei mir kann man sich darauf verlassen, daß ich weiß, was ich schreibe«.[86] Im Gegensatz dazu habe Oviedo »seine Historie – oder besser gesagt: die Nichtigkeiten, die er uns auftischt – aus den Erzählungen anderer gesogen«, aus Geschichten, die ihm, wie Las Casas behauptet, »von Hernán Pérez erzählt wurden, einem jener Seefahrer, die weder damals noch später ihr Schiff verließen«. Und um diese Fiktionen zu bekräftigen, habe er – Oviedo – sich nie dem Faktenmaterial zugewandt, obwohl dieses greifbar vor seinen Augen lag, denn er habe die Fähigkeit eingebüßt, diese Dinge wahrzunehmen, sondern statt dessen »seine Zuflucht zu Erzählungen genommen, die nichts als bloße Fabeln und schamloser Unsinn seien«.[87] Alle Männer dieser Art, so äußerte Las Casas in einer bemerkenswerten, wenn auch typisch unklaren Passage,

die nicht schrieben, was sie sahen, sondern was sie nicht so einwandfrei hörten..., und es zum großen Nachteil der Wahrheit niederschrieben, beschäftigten sich ausschließlich mit trockenen, sterilen Dingen und der unergiebigen Oberfläche, ohne zum Kern der Menschen durchzudringen.

Und, so fährt er fort:

weil sie es unterließen, das Feld dieses gefährlichen Materials *(peligrosa materia)* mit dem Instrumentarium christlicher Behutsamkeit und Klugheit zu bearbeiten, brachten sie vertrockneten Samen aus, der wild war und keinerlei Frucht brachte, was menschliches Fühlen oder Weltklugheit anging, und infolge davon gediehen tödliche Unstimmigkeiten unter den Menschen. Sie ließen, explosionsartig ausufernd, nicht nur sehr viele skandalöse und irrige Wissenschaften entstehen, sondern führten auch zu völlig perversen Gewissensentscheidungen, so daß als Konsequenz daraus sogar der katholische Glaube und die christlichen Sitten, ja der überwiegende Teil der Menschheit nicht wiedergutzumachende Schäden davontrugen.[88]

Hier verbindet die dem Landleben entnommene Metapher die Ebenen der persönlichen Erfahrung, des Augenzeugnisses – »dieses gefährlichen Materials« – und des kundigen Umgangs mit hermeneutischem Wissen, d. h. mit »christlicher Behutsamkeit und Klugheit«. Aus der Kultivation des einen durch das andere ergibt sich die wahre Wissenschaft, die allen früheren Kommentatoren verborgen blieb. Las Casas' »Konversion« hatte gezeigt: Erfahrung stand nicht notwendigerweise im Widerspruch zur Hermeneutik, denn nur sie machte eine kluge Interpretation möglich.

Der wahre Zeuge, der Historiker, ist also der einzige verläßliche Führer zu diesen »Dingen der Vergangenheit«, die unser Wissen um »das Räderwerk der Geschichte« ausmachen. Allerdings hatte der Historiker mehr anzubieten als eine korrekte Grundlage für die Interpretation eines alten Textes in einem neuen Zusammenhang. Von Diodorus Siculus, der nach ihm »mehr von einem heiligen Theologen als von einem der Hölle verfallenen heidnischen Philosophen an sich hatte«, hatte Las Casas gelernt, daß »durch eine solche Darstellung der Ereignisse« der Historiker seinen Lesern auch etwas bietet, das Diodor als »eine ganz besonders hervorragende Art von Erfahrung« bezeichnet. Denn ebenso wie die Vorsehung

die sichtbaren Gestirne geordnet und auch die Naturen der Menschen in ein gemeinsames Schema gefügt hat, so hat die Geschichte, welche die gemeinsamen Angelegenheiten der bewohnten Welt aufzeichnet, als ob es sich um die Belange eines einzigen Staates handelte, aus ihren Werken eine einzige Bilanz vergangener Ereignisse gezogen und eine einzige Börse allen Wissens geschaffen, das sie betrifft.[89]

Doch die Umwandlung persönlicher Erfahrung in einen Text, der dann seinerseits »eine ganz besonders hervorragende Art von Erfahrung« vermittelte, war keineswegs unproblematisch. Las Casas wußte: Die meisten Historiker verfolgten – wie ja auch er selbst – mit ihren Werken einen bestimmten Zweck. Den meisten ging es darum, die Größe und den Ruhm ihres Förderers herauszustreichen, andere »verspürten in sich eine Fülle geschliffener und klarer Formulierungen und kosteten die Süßigkeit und Schönheit wohlgesetzter Rede«, oder sie hatten, wie »die griechischen Chronisten«, die »ganz besonders auf ihren eigenen Wert und ihre persönliche Ehre bedacht waren«, nicht das beschrieben, »was sie gesehen und erfahren hatten, sondern was Gegenstand ihrer persönlichen Ansichten war«.[90] Oviedo, das deutete er mehr als einmal an, gehörte zu dieser zuletzt genannten Gruppe. Im Gegensatz dazu glichen Las Casas' Beweggründe eher denen des Flavius Josephus, des antiken Historikers eines anderen Volks, der Juden, die schwer unter dem Zugriff des Römerreichs gelitten hatten und nach mehreren militärischen Niederlagen gegen die römischen Besatzer ihres Landes in alle Winde zerstreut worden waren. Zutiefst Flavius Josephus verpflichtet, was seine theoretischen Äußerungen angeht, schrieb auch er, »um zum Nutzen vieler« Zeugnis abzulegen »von großen und denkwürdigen Taten«, die in offiziellen Berichten entweder verschwiegen oder verfälscht wurden.

Das Ergebnis dieses strikten Haftens an den Fakten war ein Text, der ebenso wie der Oviedos unausbleiblich »unüberarbeitet« war. »Der Augenzeuge«, schrieb Stephen Greenblatt, »besitzt die Wahrheit und kann sie ganz einfach schildern. Wer dagegen die Dinge nicht unmittelbar erlebte, muß Überredungskunst anwenden.«[91] Gerade die »Kargheit des Wortschatzes und der Mangel an bloßem Bildungsgeschwätz«, der die *Historia de las Indias* charakterisiert, stellen daher, wie Las Casas befand, der Akkuratesse und dem Ernst ihres Autors ein gutes Zeugnis aus.[92] Überall finden sich in Las Casas' Schriften dergleichen Bemerkungen über den Stil, und zwar sowohl über seinen eigenen als auch über den anderer Autoren. Beispielsweise lobt er auch Kolumbus' Prosa wegen ihrer Direktheit, denn auch Kolumbus hatte zweifelsohne unmittelbaren Zugang zu Erfahrungen, die auch Las Casas gern für sich beansprucht hätte.[93] Dieser Trick, in der Rhetorik Ciceros als *captatio benevolentiae* bekannt, war allgemein üblich.[94] Dem Kirchenvater Augustinus, der Las Casas häufig als rhetorisches Vorbild diente, galt der schlichte Stil der Bibel – just jener Stil, der, als er noch ein junger akademischer Rhetoriklehrer war, bei ihm Verachtung hervorgerufen hatte – als sichtbares Zeichen ihrer aus der Wahrheit des Inhalts strömenden Kraft. Wie wir bereits sahen, legte auch Oviedo Wert darauf, ganz ungekünstelt zu schreiben, und auch er war der Ansicht, daß *nur* eine unmittelbare, schmucklose und sich bescheiden gebende Prosa hoffen konnte, »die Wahrheit und die Geheimnisse der Natur« zu entschlüsseln.[95] Las Casas beabsichtigte jedoch nicht nur, durch eine gleichsam der Natur entsprechende Schlichtheit die Grenze zwischen Geschichtsdarstellung und Abenteuerroman zu ziehen oder vorbeugend potentielle Kritik an seiner bemerkenswert schwerfälligen Prosa abzuwehren. Vielmehr ging es ihm auch darum, in der Unschuld seiner Sichtweise seinen Glauben zu bekennen.

Denn um die Autorität seines »Ich« zu sichern, mußte er der Sprache seiner Schilderungen nicht nur ihre Direktheit wiedergeben – dies aber bedeutete Mangel an formaler Eleganz –, sondern auch ihre Transparenz. Er hatte, und dies ist ganz wörtlich zu nehmen, noch einmal die Geschichte der Entdeckung und Eroberung Amerikas zu schreiben, denn es gab – oder wenigstens glaubte er dies – ein Gefühl, daß diejenigen, die sich am meisten davon versprachen, die Aktivitäten der Spanier in Amerika zu beschreiben, einen völlig neuen, ganz und gar verlogenen Wortschatz erfunden hatten. So bemerkte er voller Verbitterung, daß die *conquistadores* ihre Untaten häufig mit den Heldentaten der spanischen *reconquista*, der (freilich nicht minder gewaltsamen) Rechristianisierung Spaniens, verglichen, das den islamischen Arabern einst wieder abgerungen werden mußte. Neuankömmlinge in Amerika ließen oft Messen für die Seele des legendären Helden der *reconquista*, El Cid, lesen.[96] Durch derartige Akte der Selbstdarstellung in einer gänzlich anderen Umgebung brachten diese Männer offen zum Ausdruck, was sie für das prägende Ereignis der spanischen Vergangenheit hielten, weil aber die Indianer im Gegensatz zu den Arabern keine »würdigen Gegner« waren[97], sahen sich ihre *conquistadores* gezwungen, ein falsches Bild ihrer militärischen Fähigkeit sowie ihrer politischen und technischen Errungenschaften zu entwerfen. Amerika, darauf bestand Las Casas, wurde nie im Sinn der »Wiedereroberung« Spaniens »erobert«. Vielmehr wurde es einfach »überrannt«, »überfallen«. Dieser Begriff »Eroberung«, schrieb er 1542 in einer Denkschrift, »ist tyrannisch, mohammedanisch, mißbräuchlich, unzutreffend und höllisch«. Von »Eroberung« könne man nur sprechen gegenüber »Farbigen aus Afrika, Türken und Ungläubigen, die uns unser Land wegnehmen, Christen verfolgen und auf den Untergang unseres Glaubens hinarbeiten«.[98] Nur gegenüber beklagenswert Schlechtinformierten kann man davon sprechen, man habe Völker »erobert«, die so unkriegerisch waren, daß sie eher flohen anstatt zu kämpfen, mit denen Kriege »nicht lebensgefährlicher waren als bei uns die Turniere oder viele europäische »Kinderspiele«[99] und deren Waffen – dies galt sogar für die Inka – nicht mehr waren »als ein Witz«.[100] Vielmehr gehörte »Eroberung« zu jenem Vokabular, durch das die *conquistadores* ihre schäbigen Mordtaten zu Ereignissen aufwerteten, die denen der geläufigen Ritterromane oder Balladen vom Kampf um Spaniens Grenzen glichen. Die von »Siegen« berichteten[101], wo allenfalls die Bezeichnung »Massaker« angebracht gewesen wäre, die den Terminus »Aufstand« benutzten, wenn es nur darum ging, daß Indianer voller Angst und Entsetzen ihren Verfolgern zu entkommen versuchten, und berechtigte Versuche, sich »den Mächten der tödlichen Krankheiten sowie des Blutvergießens« zu entziehen, als »Rebellionen« bezeichneten.[102] »Befriedung« bedeutete für sie »Mord an vernunftbegabten Geschöpfen Gottes mit einer Grausamkeit, die Türken würdig ist«.[103] Für Las Casas dienten die Balladen und die Ritterromane, die seinen Landsleuten zu einem Wortschatz verholfen hatten, um sie über ihre »verderbenbringenden Taten« hinwegzutrösten, lediglich als Musterbeispiel für eine aus den Fugen geratene Welt. »Alles, was ich gesehen habe«, schrieb er 1563 an seine dominikanischen Mitbrüder,

und was ihr, ehrwürdige Brüder, vernommen habt, scheint vielleicht wie Fabeln oder wie erlogene Erzählungen über Amadís von Gallien, denn alles, was in diesen Ländern Indiens geschehen ist, ist nach natürlichem, göttlichem und menschlichem Recht null und nichtig und widerspricht all unseren Wertvorstellungen genauso, als ob es der Teufel selbst begangen hätte.[104]

Las Casas' Anspruch auf die Klarheit seines Wortschatzes und die entscheidende Paarung von »Gesetz und Faktum« beruhten in hohem Maß auf dem Stil damaliger Gerichtsreden. Es sind genau diese Elemente, die in den Augen aller anderen den Wert eines Textes mindern, die der »wahre« Historiker als Beweis dafür in Anspruch nehmen kann, daß die Umsetzung von lebendiger Erfahrung in das Medium der Sprache auf unmittelbarem Weg erfolgte.

Analogien zu anerkannten Rechtspraktiken prägten aber nicht nur Las Casas' methodische, sondern auch die formalen

Strukturen vieler seiner erzählenden Partien. Der rasche Übergang von schriftlich festgehaltener Handlung und direkter Rede zu weitschweifigen Zitaten aus verbindlichen Texten, der Gebrauch unterschiedlicher Zeitebenen in der *Historia de las Indias* für Ereignisse aus seinem eigenen Leben, für solche aus Kolumbus' Reiseschilderungen, für die Entdeckung und Eroberung der Kanarischen Inseln sowie die sich anschließende Besitzergreifung von Amerika – all dies hat deutlich erkennbare Entsprechungen in Gesetzestexten. Dies gilt auch für den häufigen, jeweils genau gekennzeichneten Gebrauch von Informationen aus zweiter Hand. Selbstverständlich konnte Las Casas nicht bei allen Ereignissen, die er beschrieb, persönlich anwesend sein. Miterlebt hatte er die Besetzung Kubas, und außerdem hatte er einige Zeit in Venezuela sowie in Teilen Mexikos zugebracht. Doch hatte er nie auch nur einen Fuß auf den Boden jener Länder gesetzt, in denen die verheerendsten Greueltaten begangen worden waren, nämlich Zentralamerika und Peru. So bediente er sich der Augen anderer, wenn er über diese Gebiete schrieb. »Man berichtete mir«, »ich hörte von jemandem, der dort war«, »er sagte mir« und dergleichen »Anführungszeichen« dienen dazu, um so weit wie möglich die Illusion eines unmittelbaren, persönlichen Kontakts mit der »Realität« aufrechtzuerhalten. Bisweilen fügt er sogar ganze Dokumente in seine Texte ein. Beispielsweise handelt es sich bei dem Bericht des Franziskanermönchs Marco de Niza über die Ermordung des Inka Atahualpa, den die *Brevíssima relación* enthält, um eine Aussage, ein feierlich beschworenes Dokument, das der Bischof von Mexiko gegengezeichnet hatte, und dieses Dokument stammte aus der Feder eines Autors, der »aus erster Hand Erfahrung über diese Menschen« besaß und somit in der Lage war, »wahres Zeugnis« abzulegen.[105] Ein großer Teil der *Historia de las Indias* sowie der *Brevíssima relación* liest sich weniger wie »Historien«, sondern eher wie Abfolgen einander überlagernder Aussagen, obwohl die *Historia* den Anspruch erhebt, nach den überlieferten Kausalgesetzen der aristotelischen Logik aufgebaut zu sein.

★

Die *Historia de las Indias* war, ebenso wie Flavius Josephus'
Geschichte jenes Feldzugs, den der römische Kaiser Vespasian
einst gegen die Juden geführt hatte, verfaßt worden, um die
Geschichte der Wahrheit gemäß darzustellen – eine Darstellung, die nur er als echter Zeuge geben zu können hoffen
durfte. Allerdings war sie nicht nur ein Bericht über die Taten
der Europäer in Amerika, sondern im wesentlichen eine
Schilderung der unterworfenen Völker. Auch in diesem
Punkt glich Las Casas' Vorhaben genau dem Oviedos. Doch
während in Oviedos Sichtweise die Indianer kaum mehr
waren als Tiere, waren sie für Las Casas zwar schlichte, aber
schon äußerlich als gottesfürchtig erkennbare »Primitive« (allerdings benutzte er selbst diese Bezeichnung niemals), die lediglich ein wenig tiefer auf der Stufenleiter der kulturellen
Entwicklung standen als ihre europäischen Eroberer – doch
deshalb, wie er uns an vielen Stellen mitteilt, waren sie für ihn
keinen Deut schlechter als diese.

Teile der *Historia de las Indias* sowie die gesamte *Apologética
historia* sind Studien in vergleichender Völkerkunde. Allerdings
war Las Casas alles andere als ein Völkerkundler im modernen
Sinn dieses Wortes. Er beobachtete und sammelte Fakten, so
wie er auf sie stieß. Hingegen hatte er niemals die Absicht, »in
eine Kultur einzudringen«.[106] Sein Ziel war statt dessen, das
Material zu sammeln, das nötig war, um das Gesetz neu zu interpretieren, um auf diese Weise den Indianern als Menschen
Geltung zu verschaffen, denen Europäer volles Verständnis
entgegenbringen konnten. Mochten sie auch noch nicht gänzlich »zivilisiert« sein, so lautete sein Argument, waren sie doch
in keinem höheren Maß »Barbaren«, als es einige der früheren
Vorfahren heutiger Europäer gewesen waren. Um dies zu beweisen, konfrontierte er den Leser seiner *Apologética historia*
mit einer Reihe sehr detailliert ausgeführter Analogien zwischen den Sitten und Gepflogenheiten jener Kulturen und
denen der Indianer. Für Las Casas bedeutete die Tatsache, daß
etwas neu war, nicht – wie für Léry –, daß es einem unvertraut
sein müsse.[107] Vielmehr stand sie für eine bestimmte kulturelle
Beziehung, in der sich räumliche Distanz auch als zeitliche Entfernung ausdrücken konnte. Amerika war neu in dem Sinn,

daß es anfangs unerklärbar war und seltsam wirkte. Es war aber auch neu in dem Sinn, daß seine Bewohner kulturell noch ungeformt waren wie Jahrhunderte zuvor die Griechen, die Kelten, die Ägypter und die Römer. Mit der Zeit sowie nunmehr auch mit der Unterweisung durch die christlichen Missionare würden die indianischen Kulturen in jeder Hinsicht, auf die es ankam, den europäischen Kulturen ähnlich werden. Und so schwierig es auch sein mochte, Analogien zwischen der Welt des antiken Mittelmeerraums und der der Indianer zu finden, waren doch sie es, die die allem Anschein nach unvereinbaren Kulturen miteinander vereinbar machten. Einmal durch das Raster von Las Casas' vergleichender Methode gegangen, nahm sich der »Andere« schließlich weitgehend aus wie »wir«, wenn er auch noch fremd genug blieb, so daß es schwerfiel, sich in ihn hineinzuversetzen. In der Tat war es Las Casas gelungen, um abermals Diodors treffenden Satz zu zitieren, »die gemeinsamen Angelegenheiten der bewohnten Welt« so aufzuzeichnen, »als ob es sich um die Belange eines einzigen Staates handelte, aus ihren Werken eine einzige Bilanz vergangener Ereignisse« zu ziehen »und eine einzige Börse allen Wissens« zu schaffen, »das sie betrifft«.[108]

★

Kolumbus auf Hispaniola, Barchilon in Peru und Léry in Brasilien – sie alle hatten versucht, der Unvereinbarkeit durch Berufung auf unmittelbare Erfahrungen entgegenzutreten. Wenn im Gegensatz dazu Las Casas seine Erfahrung als Autor ins Feld führte, schien er einen Weg anzubieten, der eine Vermittlung zwischen einer auf Autoritäten setzenden hermeneutischen Kultur und dem Vorhandensein von Fakten ermöglichte. All seine Werke führten, wie schon zuvor seine »Bekehrung«, durch den hermeneutischen Zirkel vom Text zur Erfahrung und wieder zurück – dies in einem Versuch, für Amerika einen Platz innerhalb des autoritativen Kanons zu finden, indem man von den »Fakten« Gebrauch machte, um das Gesetz zu interpretieren, und das »Gesetz« benutzte, um die »Fakten« einzuordnen.

Doch die Strategien, deren sich sowohl Oviedo als auch Las Casas, ja sogar alle anderen Augenzeugen bedienten, bürdeten dem Autor gerade jene Last der Beteuerungen auf, die auf jeweils unterschiedliche Weise sowohl Kolumbus als auch Barchilon und Léry zu vermeiden gesucht hatten, indem sie direkt die Sinne anzusprechen suchten. Weder seiner Ausbildung noch seiner Stellung innerhalb seiner Kirche und seines Ordens nach war Las Casas Mitglied eines jener Personenkreise, aus denen anerkannte Interpreten der kanonischem Schriften hervorgingen. Mag sein, daß er profunde Kenntnisse sowohl im Bereich der Theologie als auch auf dem Gebiet der Rechtswissenschaft besaß, doch war er, trotz seines geistlichen Standes, weder ein Vertreter der theologischen Wissenschaft noch ein Jurist – eine Tatsache, die ihm seine Gegner immer wieder ins Gedächtnis riefen. Daher hatte er zwischen dem extremen Solipsismus seiner Ansprüche auf Autorität und den ebenso extremen Einschränkungen zu vermitteln, welche ihm die auf Schriftinterpretationen fußende Gesellschaft auferlegte, der er angehörte. Wenn er von seiner »Bekehrung« sprach, so diente dies als Hinweis auf eine mindestens zum Teil göttliche Erfahrungsquelle. Gott, dies setzt er mehr als einmal stillschweigend voraus, hatte ihn nach Amerika gesandt, um Zeuge zu sein – der einzige Zeuge, der, wenn man auf ihn hörte, Gott davon abhalten könne, in seinem Zorne Spanien zu vernichten – vernichten »als göttliches Strafgericht für die Sünden gegen Gottes Ehre und den wahren Glauben«.[109] Da er auf sein Prophetentum keinen größeren Anspruch erheben konnte als auf seine Berufung zum Apostel, mußte er es bei Andeutungen und vagen Hinweisen belassen. Schließlich und endlich beruhte seine Fähigkeit, den verbindlichen, verpflichtenden Kanon zu interpretieren, einzig und allein auf seiner eigenen, sehr menschlichen Sicht.[110] Tatsächlich war es ein entscheidender Punkt seiner Argumentation dafür, daß Indianer vernunftbegabte menschliche Wesen seien, daß alle Menschen, sogar die verhaßten *conquistadores,* imstande sein müßten, dies zu erkennen, wenn nicht Habsucht und Gier sie für menschliches Leid unempfindlich gemacht hätten.[111]

Doch die Autorität des »Ich« bewahrte zwar vielleicht die »wahre Geschichte« vor der Vermischung mit Romanhaftem, doch vermochte sie die Kritik am Autor nicht zum Schweigen zu bringen. Einer der unerbittlichsten Kritiker Las Casas', Bernardo de Vargas Machuca, hob hervor, als er einen offensichtlichen Irrtum in den Bevölkerungsziffern entdeckte, die Las Casas gab: »Wenn nachweislich eine Behauptung in einem Teil falsch ist, darf man vermuten, daß auch der Rest nicht zutrifft.«[112] Clifford Geertz äußerte über das nicht unähnliche Dilemma des modernen Ethnographen: »Um ein überzeugender ›Ich-Zeuge‹ zu sein, muß man... erst ein überzeugendes ›Ich‹ werden.«[113] Das Problem bei Las Casas ist, daß er nie ein völlig überzeugendes »Ich« war, teils weil, wie Vargas Machuca gesehen hatte, seine polemischen Ziele stets zu deutlich sichtbar waren. Seine Stimme konnte in keinem Fall just jener Kritik entgehen, die Las Casas selbst gegen die verurteilenswerten »griechischen Chronisten« erhoben hatte.[114] Sie konnte aber auch dem Lärm nicht entgehen, der sie umtoste... dem Lärm, den all die anderen – darunter Oviedo selbst – hervorriefen, deren Berichte, Geschichtsdarstellungen und Erzählungen auf das Gegenteil der Argumente Las Casas' hinausliefen. Um den Bericht über ein so bedeutendes Ereignis wie die Entdeckung Amerikas umzuschreiben, bedurfte es mehr als eines immer wieder erhobenen Anspruchs, so begründet dieser auch sein mochte, daß dieser Text, und nur er allein, der einzige ist, der von sich behaupten dürfe, die »wahre Geschichte« zu sein.

Die Ungewißheit des von Las Casas wie von Oviedo erhobenen Anspruchs auf Augenzeugenschaft beruht weniger darauf, daß just das »Ich« beider nachweislich unzuverlässig war, als darauf, daß vor dem Aufkommen der Idee des autonomen Selbst im 17. Jahrhundert die Verläßlichkeit des »Ich« als Quelle von Autorität nur sehr gering sein konnte.[115] Für den kartesianischen Skeptiker ergab die Berufung auf individuelle Zeugenschaft einen perfekten Sinn. Für einen Augustiner wie Léry oder einen Thomisten Las Casasscher Prägung indessen, die beiden Kulturen angehörten, deren wissenschaftliche Vorgehensweise an die Berufung auf Autoritäten gebunden war, konnte sie indessen nur in hohem Maß problematisch sein. Für alle diejenigen, deren intellektuelle Gepflogenheiten durch den Kanon geprägt waren, besaß das Selbst nur wenig Wesenhaftigkeit über die Pluralität der Texte hinaus.

Erst sehr viel später bildete sich eine kritische Geschichtsschreibung heraus, die imstande war, den widerstreitenden Ansprüchen dieser frühen Historiker Sinn zu geben. Wie Humboldt Anfang des 19. Jahrhunderts bemerken sollte, begann man erst nach der Veröffentlichung der *Storia antica del Messico* (»Geschichte Alt-Mexikos«) von Francisco Javier Clavigero im Jahre 1780, den Tatsachen mehr Beachtung zu schenken, die »von einer Schar von Augenzeugen bezeugt wurden, die untereinander alle verfeindet waren«. Bevor Clavigero (jedenfalls glaubt dies Humboldt) sich durch die Masse einander widersprechender Informationen hindurchgearbeitet hatte, die nicht nur von Las Casas und Oviedo stammten, sondern von späteren Chronisten wie Acosta, Torquemada, Garcilaso und Herrera, war im Interesse der Wahrheit Skepsis geboten. Es schien, so Humboldt, »Pflicht eines Philosophen zu sein, das zu leugnen, was die Missionare beobachtet hatten«.[116]

★

Oviedo und Las Casas sahen sich auch einer weiteren Schwierigkeit gegenüber. Nicht allein, daß für das befreite und autoritative Selbst in der Kultur, in der man lebte, kein offenkundiger Platz war. Vielmehr strebte man zwar an, *wahre* Berichte zu liefern, doch keiner hatte je beabsichtigt, eine Schilderung zu geben, die frei aller traditionellen Bindungen war. Statt dessen orientierten sich beide Autoren, wie wir sahen, an bestimmten und ausdrücklich erklärten anthropologischen und politischen Zielen. In ihren Texten mischen sich persönliche Beobachtungen ihrer Verfasser mit Auffassungen damals als maßgeblich angesehener Naturwissenschaftler und Völkerkundler. Beide vermochten überzeugende Argumente für den Vorgang ihrer jeweiligen Sichtweise anzuführen. Doch nie konnten sie ihre *Objektivität* beweisen, und sie wollten dies auch gar nicht. Aber dennoch wandten sie sich an naturwissenschaftlich orientierte Kulturen, die bereits begonnen hatten, Objektivität und Unvoreingenommenheit auf ihr Panier zu schreiben und infolgedessen eine Entflechtung von Theorien und Tatsachenbeobachtungen zu fordern. Diese Hinwendung zur Objektivität und zum Empirismus war das Resultat einer allmählichen Entwicklung der Zielvorstellung – von einem Projekt kann man in diesem Zusammenhang noch nicht sprechen –, die sehr viel mit dem Bestreben Francis Bacons zu tun hatte, eine wahre »Naturgeschichte« der Menschheit zu schreiben.

Eine solche Geschichte wäre keineswegs, wie Las Casas für seine Texte hoffte, ein Mittel, um den Kanon akkurat zu interpretieren. Vielmehr wäre sie ein Ersatz für alles, das zuvor geschrieben worden war. Und es war diese Absicht, auf der die großen Sammlungen von Reiseerzählungen fußten – von den *Navigazioni e viaggi* (»Seefahrten und Reisen«, 1534) Giovanni Battista Ramusios (den Oviedo gut gekannt haben will[117]) bis zur *Histoire générale des voyages* (»Allgemeine Geschichte der Reisen«, 1746) des Abbé Prévost –, deren ausdrückliches Ziel es war, nur das Rohmaterial zu liefern, dessen sich neue Naturgeschichtler bedienen konnten.

Der erste Teil der *Navigazioni e viaggi* ist dem Arzt und Dichter Girolamo Fracastoro gewidmet, dem Autor der Abhandlung *Syphilis sive morbus gallicus* (»Syphilis oder die französische Krankheit«, 1521), der ersten umfangreicheren Arbeit über diesen bekanntesten aller Importe aus Amerika. Ramusio erläutert seinen Lesern, er habe Fracastoro als Adressaten gewählt, obwohl das diesem gewidmete Werk auf den ersten Blick weit von dessen Interessen entfernt sei, denn er habe »nicht – wie so viele andere –« nur abgeschrieben und sei auch nicht von einem Buch zum anderen gesprungen, wobei er das, »was andere gedacht und geschrieben hätten, lediglich verändert, umgeschrieben und bekräftigt« habe. Vielmehr sei er ein wahrer Entdecker, der »mit scharfem Verstand« die »Welt bereist und viele neue Dinge gesammelt habe«, »von denen andere nichts vernommen hätten«, ja »die sie sich noch nicht einmal vorstellen konnten«. Und auch Ramusios Sammlungen dienten keinem anderen Zweck als dem, das Spektrum dieser bisher unbekannten Dinge zu erweitern. Ihr Zweck war es, ein Korpus von Material bereitzustellen, das an die Stelle von Aussagen antiker Autoren treten konnte, die Fracastoro so weise vermieden hatte. Sie sollten die neuen, auf Empirie gegründeten Wissenschaften mit jener Art von Daten versehen, die allen vorangegangenen Arbeiten über die Geschichte menschlichen Verhaltens fehlten, wahrhaft *objektive* Information, die auf Augenzeugenberichten aus erster Hand beruhte. Und die Objektivitätsgarantie läge in der Unvoreingenommenheit sowie in der wissenschaftlichen Redlichkeit des Sammlers, nicht im Status des Beobachters. Derartige Schilderungen, behauptete Ramusio mit einer stillschweigenden Berufung auf Bacon, führten zu einem größeren Verständnis der Menschheit, und zwar in der gleichen Weise wie

das scharfsinnigste Argument für Homöozentrizität und in der Philosophie die geheime Methode, die in uns Intelligenz und die (bisher) unbekannte Route zu jenen wunderbaren Themen schufen, die vergangenen Jahrhunderten verborgen waren.[118]

Allerdings konnte Ramusio sein Ziel nur erreichen, indem er das Rohmaterial den Texten entnahm, die er aus den Angaben jener zusammengestellt hatte, welche Samuel Purchas, ein selbstbewußt in Ramusios Spuren wandelnder Kompilator des 17. Jahrhunderts, als »universale Spekulationen« bezeichnete. Zu den Texten, die Purchas 1625 in seinem Sammelwerk *Hakluytus Posthumus or Purchas his pilgrimes* zusammengestellt hatte, gehörte neben anderen spanischen Autoren auch Las Casas' *Brevíssima relación*. Seine Sammlung bot, wie Purchas selbst von ihr behauptete, alles, »was eine Welt von Reisenden mit eigenen Augen gesehen hat«, doch sei all dieses, wie er hervorhebt,

weder von einem einzelnen methodisch zusammengestellt worden, der sich professionell mit der Geschichte der Neuen Welt befaßte, um diese gemäß aller Regeln und mit aller Könnerschaft darzustellen, noch in philosophischer Betrachtungsweise, um Stoff für gelehrte Debatten zu bieten, sondern eher in diskursiver Form, wobei jeder Reisende berichtet, was er gesehen hat.

Die Berichte der Beobachter über das, was sie sahen, so glaubte er, gaben also lediglich das Rohmaterial ab, dessen sich der Historiker bediente. Wie David, so fuhr er fort,

Material für Salomos Tempel beschafft hatte, oder (wenn dieses Beispiel zu hoch gegriffen sein sollte) wie Alexander Aristoteles mit Jägern und Naturbeobachtern versah, um ihn mit den vielfachen Erscheinungsformen der Natur bekannt zu machen, oder (wenn auch das noch zu anspruchsvoll erscheint) wie der Sinn durch den Fleiß einzelner Personen die Voraussetzungen für die syllogistische Argumentation des Verstandes liefert... ebenso liefern hier Purchas und seine Pilger dem universellen Spektrum individuelle und greifbare Materialien (als ob es sich um Steine, Birkenholz und Mörtel handelte) für deren theoretische Bauwerke.[119]

Indem man den »Spekulator« vom »Beobachter« trennte, wurden Amerika und, bezeichnender noch, die Amerikaner, schließlich Bestandteil von etwas, das dem ursprünglichen Projekt Bacons ähnlich war. Als im Jahre 1746 der Abbé Prévost (der heute vor allem als Verfasser des vielgelesenen sentimentalen Liebesromans *Manon Lescaut* bekannt ist) seine gewichtige *Histoire générale des voyages* (»Allgemeine Geschichte der Reisen«) zusammentrug, unterschied auch er deutlich zwischen den Textarten, zu denen parallel er Geschichte schrieb. Wohl wissend, daß Erzählungen Reisender selten ohne Hilfe in den feinmaschigen Haarspaltereien eines Purchas hängenblieben, machte er sich daran, eine Reihe neuer Texte zu schaffen, indem er die Werke von ihm ausgewählter Autoren zerstückelte. Auf diese Weise, so behauptete er, habe er eine neue Kategorie von Auszügen begründet, die

die Tagebücher jeder einzelnen Reise, die Abenteuer der jeweiligen Reisenden und die anderen Begebenheiten (umfaßte), die er schilderte, dazu die Ortsbeschreibungen, die der Reisende gab, solange nicht die Darstellung eines anderen Reisenden ihm widersprach.

Hinzu kam eine zweite, *Reduktionen* betitelte Kategorie. Sie

enthielt die Bemerkungen, die der Reisende über die von ihm besuchten Länder, deren Bewohner und Naturprodukte machte. Sie bilden ein Korpus (von Schriften), aus denen sich eine allen Regeln entsprechende Beschreibung zusammensetzt.[120]

Die Endstufe in der Entwicklung dieses Projekts bestand in der Schaffung einer Plattform für philosophische Spekulationen, mit anderen Worten: in der Zusammenfassung all dieses widersprüchlichen Materials zu einer echten philosophischen Darstellung, die Dugald Stewart in seinen Äußerungen über Adam Smith' *Considerations concerning the first Formation of Languages* (»Betrachtungen über die erstmalige Herausbildung der Sprachen«, 1761) als *»theoretical or conjectural History«* (»theoretische oder auf Vermutungen beruhende Geschichte«) bezeichnet.[121]

Die Verfasser derartiger Geschichtsdarstellungen blieben zu Hause. Nur die Sicherheit, die ihnen ihr eigenes Umfeld gewähren konnte, verhalf ihnen zu dem unparteiischen »Über-den-Dingen-Stehen«, das sie benötigten. »Ich habe die Lebenden und die Toten befragt«, schrieb Abbé Guillaume-Thomas François Raynal, der Verfasser und Kompilator der sechsbändigen *Histoire philosophique et politique des établissements et du commerce des Européens dans les deux Indes,* 1770 (deutsch schon 1774 unter dem Titel: »Philosophische und politische Geschichte der Besitzungen und des Handels der Europäer in beiden Indien«), mehr als ein Jahrhundert später. »Ich habe ihre Autorität abgewogen. Ich habe ihre Zeugnisse einander gegenübergestellt. Ich habe ihre (d. h. die von ihnen überlieferten) Fakten abgeklärt.« Von Text zu Text, vom Pol bis zum Äquator hatte er die Welt durchstreift – stets auf der Suche nach dem genauen, dem ganz und gar wahrhaftigen Zeugnis mit dem »erhobenen Antlitz der Wahrheit« als beständigem Leitstern. Und wenn sein Werk auch in Zukunft gelesen würde, dann deshalb, so meinte er, weil er als Autor »völlig frei war von allen Leidenschaften und Vorurteilen«. Listig sagte er voraus, Leser derartiger Werke seien außerstande, nach der Lektüre seines Buchs zu sagen, unter welcher Regierung er gelebt, welchen Beruf er ausgeübt oder zu welcher Religion er sich bekannt habe. Und wie Diderot hinzufügte (der, wie wir in Kapitel 5 sehen werden, der Verfasser eines großen Teils der *Histoire* war), nur ein Historiker dieser Art, der sich »über alle menschlichen Verstrickungen« erhöbe, so daß er »über die Atmosphäre gleitend den gesamten Erdball unter sich überblicken« konnte[122] – nur ein solcher Historiker also sei imstande, die ungeheure und widerspruchsvolle Masse der Informationen zu bewältigen, die ihm das Menschengeschlecht liefere. Dies sei dann in der Tat eine Geschichte *de haut en bas* (wörtlich: »von oben bis unten«, »von Kopf bis Fuß«, mit anderen Worten: eine Geschichtsdarstellung, die »Hand und Fuß« habe).

Der selbstbewußte Erbe dieses Aspekts der Baconschen Zielsetzung war allerdings Humboldt. Aus der Sicht des frühen 19. Jahrhunderts konnte Humboldt mit vielleicht ungerechtfertigtem Selbstvertrauen Rückschau halten – Rückschau über eine lange Geschichte von Versuchen, Amerika zu schildern und sich mittels dieser Schilderungen über diesen Erdteil klarzuwerden. Längst war die Zeit der ersten Augenzeugenberichte vorbei. Und vergangen war damit auch die Notwendigkeit eines Skeptizismus, der sämtliche Erzählungen in Zweifel zog, die Reisende und Missionare aus der Neuen Welt nach Hause mitzubringen versucht hatten. Nun, so glaubte Humboldt, sei man einer »glücklichen Offenbarung« zuteil geworden, die einen lehre, »wie man die Zivilisation von Völkern sowie die Ursachen« zu betrachten habe, »die ihren Fortschritt begünstigten oder verlangsamten«. Zumindest er hatte eine neue Methode entwickelt, um Orte und Völker zu studieren, die »weit von dem Stil entfernt sei, von dem die Griechen so unnachahmliche Vorbilder hinterließen« – eben die Griechen, die Las Casas so stark beeindruckt hatten.[123] Denn als er sich in die Regenwälder des Orinoko-Gebiets aufmachte, vertraute Humboldt fest darauf, daß man seiner Darstellung zugestehen werde, absolut wahr zu sein, und dies nicht nur wegen der Batterie von Instrumenten, die er bei sich führte, um zu untermauern, was er nach eigenen Angaben an Messungen vorgenommen hatte, ja nicht einmal wegen des ihm von Hans Blumenberg bescheinigten »vollständigen Mangels an Mißtrauen in die Sprache«[124], sondern weil er sich auf die Autorität seines »Ich« und seines »wissenschaftlich geschärften« Auges verließ. Doch in der Zeit zwischen Las Casas und Humboldt hatten sich der Status, die Rolle und das Image des Beobachters geändert. Und auch Amerika nahm einen anderen Platz im europäischen Bewußtsein ein.

3
DER ZURÜCKWEICHENDE HORIZONT

Ich möchte nicht gern in einem anderen Jahrhundert leben
und für ein anderes gearbeitet haben. Man ist eben so gut
Zeitbürger, als man Staatsbürger ist.

Friedrich Schiller, *Über die ästhetische Erziehung des Menschen*

Las Casas' Versuch, die Ansprüche des »Gesetzes« angesichts eines immer stärkeren Bewußtwerdens der Herausforderung aufrechtzuerhalten, die Amerikas Entdeckung für traditionsgebundene Erklärungsweisen darstellte, konnte nur ein begrenzter Erfolg beschieden sein. Ganz unabhängig davon, wie man sie bewerten mochte – die Entdeckung bewies, daß die Autorität des Kanons auf gefährlich schwachen Füßen stand. Wie der italienische Historiker Francesco Guicciardini in den vierziger Jahren des 16. Jahrhunderts bemerkte, hatte die bloße Existenz der »Neuen Welt« zumindest eine Anzahl bisher als unumstößlich geltender Anschauungen in ernste Zweifel gezogen. Ja, sie erforderte sogar eine neue Lesart des Psalmenverses 19,5: »Ihr Schall gehet aus in alle Lande und ihre Rede an der Welt Ende.« Bisher wurde der Vers so interpretiert, daß das Evangelium in jedem Teil der Erde gepredigt worden sei.[1]

In Amerika, so schien es, hatte Europa nicht nur einen unbekannten geographischen Raum entdeckt. Vielmehr war es auch auf etwas gestoßen, das mit der eigenen Vergangenheit zu tun hatte: Es hatte lernen müssen, daß das Wissen, das die Gelehrten der Antike gesammelt hatten, zwar nicht gänzlich falsch, aber doch vielleicht in hohem Maß brüchig war. Und wenn das Wissen der Antike in geographischer Hinsicht dermaßen eingeschränkt war, fragte Erasmus von Rotterdam 1517, in welch anderer, bisher noch unbekannter Weise mochte es sich gleichfalls als irrig herausstellen?[2]

Erasmus' Bemerkung war lediglich als eine Art Warnung gedacht. Schließlich ging es ihm selbst in sehr hohem Maß um die Unantastbarkeit der Texte und um die Autorität der Schriften antiker Autoren. Viele dagegen, und insbesondere jene, die nunmehr Wissenschaft als Ausdruck ganz gewöhnlicher Erfahrungen betrachteten, für die sie eine Domäne geworden war, zu der theoretisch jeder nur willige Beobachter Zugang hatte, sahen in der Entdeckung des neuen Erdteils eine Befreiung von den Zwängen, welche die gesammelten Aussprüche antiker Weiser ihnen auferlegt hatten, einen Beweis für die Macht lebendiger Erfahrung über jede theoretische Behauptung, die lediglich auf Exegese beruhte. Denn im Gegensatz zu so vielen anderen »Entdeckungen« der frühneuzeitlichen (Natur-)Wissenschaft war Amerika, dies ließ sich klar beweisen, eine Realität. Sogar William Temple, der leidenschaftlichste Verteidiger der antiken Autoren, konnte nicht in Abrede stellen, daß Amerika vor 1492 den Europäern unbekannt gewesen sei, wenn er auch behauptete, daß die Menschen der Antike, hätten sie die »Sitten und Gebräuche so vieler neuartiger Völkerschaften gekannt, die wir als barbarisch bezeichnen«, ein sehr viel reicheres Wissen über sie gesammelt hätten als seine Zeitgenossen.[3] Amerikas Entdeckung, äußerte André Thevet voller Triumph, habe es endlich »diesen Giftpilzen von Philosophen« ordentlich gezeigt und ihre grotesken Behauptungen ad absurdum geführt, »mit ihrer Sophisterei das widerlegen zu wollen, was ganz gewöhnliche Erfahrung lehrt und bekräftigt«.[4] Tausend Männer wie Demosthenes und ebenso viele Denker wie Aristoteles werden, so sollte Galileo Galilei später äußern, von einem ganz gewöhnlichen Durchschnittsmenschen geschlagen, der ihnen die Natur entgegenhält. Wie Galileis »Durchschnittsmensch« schien Thevets Kolumbus endlich die Handwerker der »gewöhnlichen Erfahrung« von den Fesseln befreit zu haben, die ihnen zuvor die Stimmen der Toten auferlegten.

In einer nachdenklicheren, wenn auch nicht weniger triumphierenden Weise fanden Thevets Ansichten Ausdruck durch den italienischen Humanisten Pietro Pomponazzi. Pomponazzi war Professor der Naturphilosophie an der Universität Padua. Er verfaßte einen streitbaren Traktat über die Unsterblichkeit der Seele und kämpfte hartnäckig für die Anerkennung von Vernunft, Erfahrung sowie der *principia naturalia* als einzige Wahrheitskriterien. Am 18. März 1523 hielt Pomponazzi vor seinen Studenten eine Vorlesung über Aristoteles' erstes Buch der *Meteorologica*. Nachdem er erklärt hatte, was Aristoteles über die Unmöglichkeit, unterhalb der Antipoden menschliches Leben zu finden, geäußert und wie Aristoteles' arabischer Kommentator Averroes im 12. Jahrhundert diese Behauptung aufgefaßt hatte, wandte sich Pomponazzi an seine Studenten. »Das, meine Herren«, sprach er in jener für damalige Professoren, wenn die Begeisterung sie übermannte, typischen Mischung aus Volkssprache und Latein,

das ist es, was Aristoteles und Averroes denken. Doch was sollten wir heutzutage davon halten? Ich glaube, daß wir uns dann, wann immer Erfahrung und Räson (damit meinte er die Räson, die auf dem Studium der kanonischen Autoritäten beruhte, über die er in seiner Vorlesung gesprochen hatte) miteinander in Konflikt geraten, stets an die Erfahrung halten und auf die Räson verzichten sollten. Averroes hat dies selbst gesagt, doch dann unterließ er es, danach zu handeln, denn solches Denken ist wahrhaft sophistisch. Sie sollten wissen, daß ich einen Brief erhalten habe, den mir ein Freund aus Venedig schickte (wahrscheinlich meint er Antonio Pigafetta), der den päpstlichen Nuntius zum König von Spanien begleitete und, sobald er dort war, an einer von diesem König ausgesandten Expedition auf die südliche Erdhalbkugel teilnahm. Nachdem er die Zone der größten Hitze durchquert hatte, reiste er noch 25 Breitengrade weit. Er also schrieb mir, daß er und seine Begleiter, nachdem sie die Säulen des Herakles durchquert hatten, drei Monate auf der südlichen Hemisphäre gesegelt und auf mehr als dreihundert voneinander isolierte Inseln gestoßen seien, die nicht allein bewohnbar, sondern sogar tatsächlich bewohnt waren. Der Kommentator bezeichnet diese Argumente als »Demonstrationen«, doch wie können sie (bloße) Demonstrationen sein? Denn man kann nichts »demonstrieren«, was gegen die Wahrheit ist. Denn... wenn wir von Dingen auf Erden nichts wissen, die wir sehen können, wie sollen wir dann über den Himmel Bescheid wissen?[5]

Doch wenn Pomponazzi sich gegen Aristoteles' Meteorologie wandte, sollte dies nicht als Ablehnung des gesamten Aristotelismus zu verstehen sein. Denn weder Aristoteles' Metaphysik noch Aristoteles' Moralphilosophie bereiteten Pomponazzi die geringsten Schwierigkeiten. Im Gegenteil – wie sein abschließender Angriff auf den »Kommentator« zeigt – bestand sein Gesamtziel wohl darin, die Philosophie zu einem gereinigten Aristotelismus zurückzuführen, einem Aristotelismus ohne die ihn entstellenden, den Text überwuchernden Auswüchse aus der Feder späterer Interpreten wie Averroes. Ganz zu schweigen davon, daß Pigafettas Brief keineswegs der wahre *Grund* für Pomponazzis Kritik an der »Räson« war, obwohl Pomponazzi dies so hinstellte.

Doch es bleibt dabei: Wenn Aristoteles sich in diesem einen Punkt geirrt hatte, konnte er sich auch in anderer Hinsicht geirrt haben. So überzeugend seine Philosophie vielleicht noch immer war – sein Anspruch auf absolute Autorität in jedem Fall war dahin. Ja, mehr noch: Die Konfrontation mit einem einzigen Stück Empirie hatte genügt, diesen Anspruch zusammenbrechen zu lassen. Pomponazzis Rhetorik zielte genau darauf, dies zum Ausdruck zu bringen. Für seine studentischen Zuhörer erweiterte die Unterstellung, daß es ein einziger Brief war, eine einzige – freilich zu einem Text umgeformte – Erfahrung, die Pomponazzi veranlaßt hatte, sich von der »Räson« loszusagen, die Distanz ins Unermeßliche, die zwischen Erfahrungswissen und auf »Räson« beruhender Vermutung lag. Ein Brief, so stellte Pomponazzi es dar, das schriftliche Zeugnis eines Augenzeugen, konnte die Welt verändern und Hypothesen in ihrem tiefsten Grund brüchig werden lassen, auf denen zuvor eine gesamte Geographie, ja möglicherweise eine gesamte Kosmographie, errichtet worden war. »Welch großen Unterschied gibt es« – so äußerten sich fast ein Jahrhundert später Kepler und Galilei – »zwischen theoretischer Spekulation und der Erfahrung aufgrund eigenen Augenscheins, zwischen der Antipoden-Diskussion bei Ptolemäus und Kolumbus' Entdeckung der Neuen Welt.«[6]

Nichts von alledem jedoch bedeutete, daß die mit größtem Bedacht gesammelten und ebenso großer Sorgfalt miteinander verglichenen großen Texte ebenso wie die mächtigen intellektuellen Systeme, die auf ihrer Grundlage errichtet worden waren, ihre Glaubwürdigkeit ganz und gar verloren hätten. Nicht einmal Tycho Brahes Berechnungen und Galileis Beobachtungen hatten dies bewirkt. Eindeutig war es möglich, an Teilen des alten Korpus festzuhalten, ebenso wie es bis gegen Ende des 17. Jahrhunderts möglich war, das ptolemäische Bild des Universums zu modifizieren, um es einigen der kopernikanischen Schlußfolgerungen anzugleichen, gleichzeitig aber Anhänger der heliozentrischen Theorie zu sein. Doch sowohl Kopernikus' Lehre als auch die Entdeckung Amerikas – die so oft in den naturwissenschaftlichen Diskussionen des 17. Jahrhunderts miteinander verknüpft wurden – warfen auf die Autorität und Glaubwürdigkeit des gesamten antiken Korpus einen langen und drohenden Schatten. Zwar scheint es, als ob in beiden Fällen nur ein einziger Autor (nämlich Ptolemäus) oder eine einzige Gruppe von Autoren (die antiken Kosmographen) in Mißkredit gebracht worden wären, doch die meisten Europäer sprachen über die antiken Autoren, als ob es sich um einen einzigen Text mit einzelnen Varianten handelte oder als ob sie sich mit »einer Zunge« – wenn auch leicht modifiziert – geäußert hätten. Die Entdeckung Amerikas war, ebenso wie der Nachweis, daß sich die Erde um die Sonne dreht, fraglos ein Triumph der modernen Wissenschaft. Wie 1636 der Dichter Alessandro Tassoni bemerkte, hatten »moderne« Kosmographen, wenn eigentlich nur willens, die Torheiten eines Ptolemäus oder Strabo weiterzugeben, in Wirklichkeit die Quellen des Nils entdeckt (dies allerdings traf keineswegs zu), sie waren bis zu den äußersten Grenzen Äthiopiens vorgedrungen... und, den Atlantischen Ozean überquerend, hatten sie bei den Antipoden eine Neue Welt gefunden, von der die Autoren der Antike noch nicht einmal geträumt hatten.[7]

Diese Entdeckung bewies also nicht nur die einfache Überlegenheit einer wissenschaftlichen Disziplin über eine andere, sondern die Überlegenheit eines historischen Zeitalters über ein anderes – einer Periode, die gerade erst heraufdämmerte, über eine andere, die bereits abgeschlossen war. So fand sie rasch Eingang in eine nicht enden wollende Debatte über die Überlegenheit der modernen Welt über die der Antike.

Der sogenannte »Streit zwischen den Alten und der Moderne«, der gegen Ende des 18. Jahrhunderts ausbrach, war teilweise eine Auseinandersetzung darüber, wie man die historische Entwicklung zu interpretieren hatte. Hatten die Vertreter der »Moderne« tatsächlich irgend etwas vollbracht, was nicht schon die »Alten« viel besser getan hätten?[8] Dieser Disput begann als Streit über literarische Qualität. Doch es war schwierig, daran festzuhalten, daß die moderne Welt etwas anderes war als ein bloßer Abklatsch antiker Formen, und noch schwerer fiel es, die Behauptung zu rechtfertigen, daß die Neuzeit in mancher Hinsicht ganz anders war als die Antike, ohne sofort in ein weltanschauliches Streitgespräch verwickelt zu werden.[9] Und eine jegliche Diskussion über Weltanschauungen ging unvermeidlicherweise von der Voraussetzung aus, daß sich der antike Text durch sein umfassendes Wissen vorteilhaft von der Unsicherheit moderner, auf Empirie beruhender Schriften unterscheide. Im Rahmen dieser Debatte gelangte man dazu, »Antike« nicht als kollektive Leistung einer Gruppe historischer Persönlichkeiten, sondern als sich klar abzeichnendes Wissenskorpus zu betrachten, das zu jeglicher Manipulation taugte. Dies ist es, was Sokrates meint, wenn er in Bernard de Fontenelles *Nouveaux Dialogues des Morts* (»Neue Toten-Dialoge«, 1653) Montaigne tadelt.

Sei vor einem gewarnt: Antike ist ein Gegenstand einer bestimmten Art. Lob kann ihn vergrößern. Wenn sich etwas ganz Gewöhnliches ereignet, das im Altertum vorausgesagt wurde, oder wenn jemand mit seinem eigenen Jahrhundert auf Kriegsfuß steht, profitiert die Antike davon.[10]

Anscheinend endlos in ihrer Ausdehnung, wurde »Antike« so zu einer einzelnen Kategorie, und nicht der Lauf der Zeit schied sie von der »Moderne«, sondern ihr Anspruch auf Autorität. Die »Moderne« ihrerseits gehörte zu einer Welt, die den Begriff der beständigen Dauer aufgegeben hatte, weil sie auch dem Glauben entsagt hatte, Wahrheit sei als »Funktion der Ursprünge« in Texten anzutreffen.

Im Gegensatz zu den theoretischen Spekulationen, sei es eines Aristoteles oder eines Ptolemäus, und ganz anders als irgendwelche Aussagen antiker Texte waren Entdeckungen in aller Welt eindeutig *Ereignisse*. Der autoritative Text war just deshalb autoritativ, weil man ihn für ganz und gar zeitlos hielt. Was Aristoteles im 4. Jahrhundert v. Chr. gesagt hatte, galt auch im 16. Jahrhundert n. Chr. als nicht weniger wahr, nicht weniger verbindlich. Ereignisse dagegen gehörten der Geschichte an, waren den Zeitläuften unterworfen. Und weil Amerikas Entdeckung die bisher üblichen intellektuellen Praktiken einer ganzen Welt dermaßen über den Haufen geworfen hatte, konnten diejenigen, welche die Geschichte dieser Entdeckung aufzuschreiben hatten, sie nicht als einen Augenblick eindeutigen Wandels auffassen, als einen Punkt, an dem eine Epoche aufhörte und eine neue begann. Zum »größten Ereignis seit Erschaffung der Welt« erklärte sie der spanische Historiker López de Gómara im Jahre 1552, »ausgenommen«, wie er vorsichtig hinzufügte, »die Fleischwerdung und den Tod dessen, der sie erschaffen hat«.[11] Und Voltaire, der freilich der Fleischwerdung Christi keinen Anspruch auf historische Geltung zugestand, bemerkte keineswegs als erster, daß diese Entdeckung ihrerseits »eine Art neuer Schöpfung« darstellte – einer Schöpfung, die allein menschlichen Aktivitäten zuzuschreiben war und daher »alles, das zuvor als großartig gegolten hatte ... vor sich erblassen ließ«.[12]

Mit Amerikas Entdeckung wuchs nunmehr dem historischen Vorgang selbst, unabhängig von der Verwirklichung göttlicher Ziele – der *operatio Dei* in der Sprache Augustinus' –, lediglich als Ergebnis menschlicher Leistung Autorität zu. Dieser neuen Historie zufolge war die Triebkraft des Menschen nicht mehr das göttliche *telos*, das unentrinnbare Streben vom Fall zur Erlösung, sondern es war pure Neugier, welche die Menschen trieb. Denn als mit der Entdeckung »jene Selbstbestätigung menschlicher Neugier«, wie Hans Blumenberg schrieb, »das Maß ihrer Legitimation« geworden war, war ein neues *telos* möglich geworden, das sich in Fortschritten ausdrückte, im beständigen, wenn auch nicht gleichförmigen Prozeß der Erfüllung rein menschlicher Zielsetzungen.

»Geschichte«, um abermals Blumenberg zu zitieren, »war eine Autorität geworden, auf die man sich gegen die Metaphysik berufen konnte.«[13] Und wie Kepler argumentierte, wurde die vermeintliche Prophezeiung in der Tragödie *Medea* des jüngeren Seneca einst für kaum mehr als ein rein literarischer Einfall gehalten.

In ferner Zukunft wird ein Zeitalter kommen, da der Ozean die Fesseln der Dinge *(vincula rerum)* lösen, da die gesamte weite Erde offenbar werden wird, da Tethys neue Welten erschließt und Thule nicht mehr für die Grenzen des Festlandes steht. (Vers 375–379)

Nun jedoch mußte man sie als eine naturwissenschaftliche Hypothese ansehen, zu der ihr Autor rein durch Intuition gelangt war, die aber nun durch das Experiment bestätigt wurde.

Selbst in Wissenschaften, die so selbstverständlich textgebunden waren wie die frühneuzeitliche Medizin, ja sogar in der Theologie, deren einziges Ziel in der Texterklärung bestand, rief Kolumbus' Entdeckung – zumindest bei den »Modernisten« unter ihren Anhängern – Gedanken wach, daß das Wagnis einer Überschreitung der Grenzen des bisherigen Kanons zur Selbstbestätigung führen könnte. So forderte Girolamo Cardano, ein Mathematiker und Arzt des 16. Jahrhunderts, auch für die Medizin die Entdeckung »neuer Welten«, die es mit den Entdeckungen im Bereich der Geographie und Kosmologie aufnehmen könnten, und schon 1519 hatte der damals in Paris lebende schottische Logiker und Theologe John Major in einer überwiegend theologischen Auseinandersetzung die Tatsache, daß er sich auf die griechische Moralphilosophie stützte, mit den Worten verteidigt, daß nur die Zusammenfügung göttlicher und menschlicher Quellen, wie sie für sein Werk typisch sei, die Theologie in die Lage versetze, Entdeckungen von der Art zu machen, wie sie damals in Amerika geschahen. Nahezu ein Jahrhundert später machte der italienische Magier, Neoplatoniker und Universalreichsprophet Tommaso Campanella eine ähnliche Bemerkung. Und zwar protestierte er gegen den Einwand der Empiriker, seit dem Neuen Testament habe die Theologie keinerlei Fortschritte gemacht (und in der Tat konnte sie dies bei ihrer

Textabhängigkeit ja auch gar nicht), daß dies methodologisch einer Leugnung der Entdeckung Amerikas und der neuen Erkenntnisse über die Welt der Gestirne gleichzusetzen sei.[14]

Doch die herkömmliche Theologie blieb, ebenso wie die herkömmliche Medizin, der Textinterpretation verhaftet – und damit einer stabilen und kontrollierbaren Vergangenheit verbunden. Auf allen anderen Wissensgebieten aber schien die Entdeckung Amerikas durch den Nachweis, daß die Vergangenheit über ganz und gar unvollständige Kenntnisse verfügte, auch die Zukunft ganz plötzlich und auf alarmierende Weise in Verwirrung zu stürzen. Als der für uns durch John Elliott wieder zum Leben erweckte Nürnberger Humanist Johannes Cochläus im 1512 verfaßten Vorwort seiner Ausgabe der »Länderbeschreibung« *(Cosmographia)* des römerzeitlichen spanischen Geographen Pomponius Mela erklärte: »Ob (die Entdeckung) der Wahrheit entspricht oder erlogen ist, hat nichts mit der Kosmographie oder dem Studium der Geschichte zu tun« – so gab er damit ebendieser Beunruhigung Ausdruck. Denn das Studium der Geschichte gehörte zu jener Art des Forschens in Texten, dem sich die Humanisten – wenn auch auf andere Weise als die Scholastiker – hingaben. Nun aber, nachdem – ohne Cochläus zu nahe treten zu wollen – Ptolemäus' gesamte Geographie und Aristoteles' Meteorologie zum »alten Eisen« gehörten und damit die Fundamente erschüttert waren, auf denen der Autoritätsanspruch der antiken Autoren ruhte, war buchstäblich alles möglich geworden. Vor den Augen der modernen Welt erhob sich das Bild einer Zukunft voll neuer Amerikas. Wie Bernard de Fontenelle in seinen *Entretiens sur la pluralité des mondes* (»Gespräche über die Pluralität der Welten«) zur Marquise de G. (die in Wirklichkeit die Marquise de la Mesangire aus Rouen war) sagte: Wer könne sicher sein, daß wir nicht eines Tages auf dem Mond herumliefen? »Man denke nur daran«, sagte er,

wie es um Amerika stand, ehe dieses durch Christoph Kolumbus entdeckt wurde. Seine Bewohner befanden sich im Zustande vollkommener Unkenntnis. Sie ahnten nicht, daß Menschen von Tieren getragen werden konnten. Sie hielten den Ozean für eine unermeßliche Weite, über die kein Mensch zu reisen vermochte und deren Grenze allein der Himmel sei, an den er stieße. Man darf wohl annehmen, daß sie irgend jemandem nicht so leicht Glauben geschenkt hätten, der ihnen erzählt hätte, daß es eine Schiffart gab, die der ihren haushoch überlegen sei und daß man mit deren Hilfe jeden Teil des Ozeans erreichen könne... Nachdem ich dies alles bedacht habe, werde ich mich nicht mehr darauf festlegen, daß keinerlei Verbindung zwischen Erde und Mond möglich sei.[15]

»Sie sind verrückt«, erwiderte die Marquise.

Fontenelle war ständiger Sekretär der *Académie des sciences* in Paris, und er glaubte ebenso fest daran, daß auf anderen Planeten Leben möglich sei, wie er davon überzeugt war, daß auch die südliche Hemisphäre der Erde Bewohner hatte. Was er mit dieser Ausführung klarzumachen suchte, war, daß wir alle Kinder unserer Zeit seien und demzufolge keine verläßlichen Vermutungen über die Zukunft anstellen könnten. Wenn wir mit der gleichen wissenschaftlichen Strenge, wie Leibniz sie angewandt hatte, das Studium der Vergangenheit betrieben, könnten wir, so behauptet er, an anderer Stelle die dadurch gewonnenen Erkenntnisse als Grundlage für Voraussagen bezüglich der Zukunft verwenden.[16] Doch können wir dies nur in der festen Gewißheit, daß wir alle uns im Hinblick auf die Zukunft in der gleichen Lage befinden wie einst die bedauernswerten Indianer vor der Entdeckung Amerikas. Buchstäblich alles könne eines Tages möglich sein, und dazu gehörten auch Flüge zum Mond. Kolumbus habe uns dies gezeigt. Zwar stünden wir in unserer Zeit, diese allerdings sei nur ein Abschnitt einer Straße, deren Ende uns unbekannt sei. In seinen *Nouveaux Dialogues des Morts* stellt Fontenelle den berühmten antiken Arzt Epistratos ebenso wie Harvey auf die Stufe der ahnungslosen Indianer und legt ihm den Ausruf in den Mund: »Ihr erzählt mir solche Wunderdinge. Doch wie auch immer! Das Blut zirkuliert durch den Körper.«[17]

Zwischen »Antiken« und »Modernen« kann es keinen Artunterschied geben. Alle Menschen sind gleich, was ihre Fähigkeiten und Begabungen angeht. Lediglich die historische Zeit trennt sie voneinander. Alle diejenigen, die in Fontenelles *Dialogues* das Wort ergreifen, können einander verstehen. Epistratos mag über Harveys Entdeckung noch so sehr erstaunt sein, aber er versteht sie. »Das ist es, was mich in Er- staunen versetzt«, schrieb Fontenelle an anderer Stelle, »die große Frage der antiken und der modernen Menschen ist nichtig. Die Jahrhunderte bewirken keinerlei Veränderung der menschlichen Natur.« Auch – dies fügt er hinzu – die Kli- mate nicht. Unabhängig von Zeit und Raum »sind wir alle vollkommen gleich, ob wir Menschen des Altertums oder der Neuzeit, ob wir Griechen, Lateiner oder Franzosen sind«.[18]

Gleich sind wir einander auch darin, daß wir, wenn wir mit der Natur konfrontiert sind, alle die gleiche Fähigkeit besit- zen, sie zu verstehen. Allerdings sind unsere Leistungen nicht alle gleich und natürlich auch nicht gleichwertig. Und wenn die Jahrhunderte, die zwischen Harvey und Epistratos lagen, auch nicht bewirkten, daß die beiden Männer ihrer Natur nach verschieden waren, so lebten beide dennoch in verblüf- fend unterschiedlichen Welten. Dieser Unterschied sollte zum Gegenstand einer neuen Historie werden, einer Geschichte des Fortschritts, des endgültigen Triumphs der Menschheit und zu guter Letzt der »Aufklärung«. Diese Geschichte unter- gliedert die gesamte Lebensdauer des Menschengeschlechts in Epochen. Zwar war also der historische Prozeß selbst teleolo- gisch, ja sogar deterministisch, doch ging er auch sprunghaft vor sich. Es wäre auch eine Geschichte, die so völlig anders wäre als jene düsteren Chroniken, die schon Locke als bloße Aufzeichnungen der Untaten der »großen Schlächter der Menschheit« charakterisiert hat.[19] Statt dessen wäre sie eine Aufzeichnung und eine Verherrlichung der Leistungen be- deutender Persönlichkeiten von Galilei bis Newton. Wie Jean d'Alembert – seines Zeichens Mathematiker sowie, zusammen mit Diderot, Schöpfer der *Encyclopédie* – es genannt hat: Eine derartige Geschichte verzeichne »den vielfältigen Gebrauch, den der Mensch von den Produkten der Natur gemacht hat, sei es, um seine Neugier zu stillen oder seine Bedürfnisse zu befriedigen«.[20]

Eine solche Geschichte aber bedurfte deutlich sichtbarer und effektiver Gestalten, um die einzelnen Epochen gegen- einander abzugrenzen.[21] Und – obwohl, um ein anderes der Bilder von Bruno Latour zu gebrauchen, Kolumbus nicht mehr Amerika entdeckt hat als Tolstois General Kutusow die Schlacht von Borodino gewann – eine Autorität beanspruchende Schilderung eines Triumphs menschlicher Aktivität, die eindeutig mit entsprechend kraftvollen Akteuren ausgestattet werden muß.[22] Der Akteur der nunmehr reichlich symbolhaften »Entdeckung Amerikas« war selbstverständlich Kolumbus selbst. Doch der historische Kolumbus, wie er uns aus seinen Schriften entgegentritt – der Mann, der darauf bestand, daß er eine neue Schiffsroute nach Asien entdeckt habe, daß sein Hauptziel war, Heiden das Christentum zu bringen, daß es das biblische Buch des Propheten Jesaja war, dem er die Anregung zu seiner Reise verdankte, der Mann, der einst schrieb, mit Gold könne man sich den Weg zum Himmel erkaufen, und der sich im Habit eines Franziskanermönchs bestatten ließ – dieser Mann war eindeutig schlecht geeignet, die Rolle einer epochalen Gestalt zu spielen. Ein geeigneter Charakter mußte daher gefunden werden, um diesen Platz einzunehmen.

Nur wenige Jahre nach Kolumbus' Tod hatte sich das Image des Entdeckers schon zu ändern begonnen. Für Las Casas war Kolumbus, wie wir bereits in Kapitel 1 sahen, der Vollstrecker eines göttlichen Plans. Er war der »christliche Admiral«, der den Bewohnern der Neuen Welt das Evangelium brachte, der »Christusträger« *(Christum ferrens)*. Er war Werkzeug Gottes, der, wie Las Casas es ausdrückte, nicht deshalb über den Ozean gefahren war, weil er dem Reichtum von Kathay nachjagte, sondern um »weite Tore zu öffnen, damit die göttliche Lehre und das Evangelium Christi dort Eingang finden könnten«.[23] Doch für diese Darstellung war es auch wesentlich, daß Gott nicht nur einen Visionär auswählte, sondern auch jemanden mit wacher Vernunft und scharfem Intellekt. Deshalb widmete Las Casas sechs lange und gewichtige Kapitel der Reiseschilderungen in seiner *Historia de las Indias* der Schilderung und Rechtfertigung der geographischen und navigatorischen Theorien, die Kolumbus vertrat.[24] Kolumbus wird hier als jemand geschildert, der durch kundigen Umgang mit den Aussagen kanonischer Texte (»begreiflicherweise«, wie Las Casas dies sieht) zu der Überzeugung gelangt war, die »heiße Zone« sei bewohnbar und im Atlantik sei noch mehr Land zu entdecken«.

Über ähnliche Begabungen verfügt Kolumbus auch in Oviedos Darstellung. Nach Oviedo war er ein »gelehrter Mann, wohlbelesen in der Wissenschaft der Kosmographie«, der bei seiner Lektüre der antiken Autoren eine Welt »entdeckt« habe, die den Gelehrten der Antike zwar vertraut, doch dann »in Vergessenheit geraten« war.[25] Nach Oviedo war Kolumbus auch der erste Seefahrer, der es verstand, »nach der Sonne und dem Polarstern« zu navigieren (eine offenkundige Absurdität), »denn dies ist eine Wissenschaft, die auf gar keinen Fall angewandt werden kann, so daß man sie kennenlernen und mit ihr Erfahrungen sammeln könnte, es sei denn in weit ausgedehnten Meeresbuchten und in erheblicher Entfernung von der Küste«. Demnach verfügte Kolumbus über eine doppelte Begabung. Nicht nur, daß er der erste war, »der die Geheimnisse und die Kunst der Navigation« begriffen hatte – er wußte auch schon genau, wohin diese Begabung ihn führte.[26]

Zwar sind Las Casas' und Oviedos Schilderungen weit davon entfernt, ein überzeugendes Porträt Kolumbus' zu entwerfen, das stärker die Vernunft anspricht als das Bild, das Kolumbus in seinen Schriften von sich selbst zeichnet (einmal davon abgesehen, daß auch viele von diesen die Hand Las Casas' verraten, der sie redigierte), doch immerhin schildern sie eine historisch faßbare Persönlichkeit. Gegen Ausgang des 16. Jahrhunderts und Anfang des 17. Jahrhunderts jedoch, als sich das Wissen um die Entdeckung Amerikas allmählich in immer weiteren und mehr und mehr unterschiedlichen Kreisen durchzusetzen begann, wurde Kolumbus, der christliche Visionär, sogar Kolumbus, der Kolonisator und Schöpfer neuer Welten, immer mehr durch eine Gestalt unverkennbar moderner Prägung ersetzt. Allmählich wurde er zu einem wagemutigen Rationalisten und zu einem Naturwissenschaftler, der auf persönliche Empirie setzte.[27] Die dieser Kolumbus-Gestalt am nächsten stehenden Erben waren die intellektuellen Eroberer des gestirnten Himmels. »Durch Euch lebt die Erinnerung an Kolumbus und Vespucci wieder auf«, schrieb Lorenzo Pignoria im März 1611 an Galilei, als er von dessen Erfolg bei der Beobachtung der Sonnenflecken gehört hatte, und er fügte hinzu: »Und dies sogar noch in erhabenerer Weise, denn der Himmel ist mehr wert als die Erde.«[28]

Diese Vergleiche waren nicht zufällig, standen Erde und Himmel doch in enger metaphorischer Verbindung miteinander. Sowohl die Astronomie als auch die Navigation hatten mit Reisen zu tun, und obwohl Astronomen wie Galilei lediglich mit den Augen reisten, liefen beide Wissenschaften schließlich darauf hinaus, daß man einen Teil des Kosmos auf Papier festhielt. Beide betrachteten die Natur als transparent, als etwas, das mit Galileis Worten von jedem »eingebracht« werden könne, der Augen habe, um zu sehen. Beide erzielten im wesentlichen ihre Fortschritte durch die Deutung von Zeichen.[29] Wie Galilei hatte auch Kolumbus »das Buch der Natur« gelesen, und wie im Fall Galileis war das, was er fand, ganz anders als das, was er, den etablierten Autoritäten zufolge, hätte finden müssen. Für Kolumbus wie für Galilei war die Welt ein Text, aber ein Text ganz besonderer Art, da sein Verfasser kein Geringerer war als Gott selbst – ein Text, den man nur mittels rationaler Hypothesen zu lesen vermochte, die durch Experimente als wahr erwiesen worden waren. Im Jahr 1610 schrieb der neapolitanische Literat Giambattista Manso in einem Brief an Galilei, man habe Ptolemäus als »neuen Herkules« angesehen, »dessen Grenzen niemand zu überschreiten vermochte«. Nach Mansos Darstellungen hatte man Ptolemäus' Text die Solidität von Skylla und Charybdis, der Säulen des Herakles, beigemessen. Niemand hatte gewagt, die Grenzen zu überschreiten, die er allem geographischen Wissen gesetzt hatte, bis Kolumbus, als neuer Odysseus, auf den Antillen gelandet sei und damit Ptolemäus' Darstellung als falsch erwies. Ganz ähnlich, so Manso, sei Galilei »auf Routen gereist, die dem menschlichen Geist bislang unbekannt waren«, so daß er sich, wie Manso schloß, als »neuen Kolumbus« *(quasi novello Colombo)* betrachten könne.[30]

Kolumbus konnte aber auch als Gewährsmann für eine andere Richtung der Auseinandersetzung mit der schriftlichen Autorität herhalten. Der einzige Augenzeuge eines erfolgreichen Experiments kann ein ganzes System wie Ptolemäus' Geographie zunichte machen, das auf bloßen Hypothesen beruhte. Doch er kann eine Hypothese auch *bestätigen,* die auf den ersten Blick sowohl der Sinneserfahrung als auch dem Kanon zu widersprechen schien. Kopernikus war mit Hilfe mathematischer Berechnungen zu seiner Vision eines heliozentrischen Universums gelangt. Seine Berechnungen hatten, so schien es, die Ansicht bestätigt, daß sich, ganz im Gegensatz zum Augenschein, die Erde um die Sonne dreht und nicht umgekehrt die Sonne um die Erde. Doch war es unmöglich, diese Hypothese experimentell zu erhärten, bevor Galileo Galilei die Positionsänderungen der Sonnenflecken beobachtete. Galilei wußte sehr wohl, was sich da ereignet hatte. So legt er in seinen *Dialoghi sui massimi sistemi* (»Dialoge über die beiden wichtigsten Weltsysteme«, 1632) der Gestalt des Sagredo ein Jahrhundert nach Kopernikus den Ausruf in den Mund: »O Nikolaus Kopernikus, welche Freude wäre es für dich gewesen, wenn du gesehen hättest, daß ein Teil deines Systems durch ein so klares Experiment bestätigt wurde.«[31]

Etwas sehr Ähnliches ereignete sich im Zusammenhang mit der Entdeckung Amerikas. Auch hier stand eine Hypothese am Anfang, die auf einem (wenigstens glaubte man dies) Abwägen aller Wahrscheinlichkeiten beruhte, und auch sie wurde schließlich durch ein Experiment als zutreffend erwiesen. Nur daß in diesem Fall Kolumbus seine eigene These verifizierte – gleichsam als Kopernikus und Galilei in einer Person. Wie Kopernikus hatte Kolumbus mit einer Hypothese begonnen, die sowohl der Sinneserfahrung als auch den kanonischen Autoritäten widersprach und die – ebenso wie Kopernikus' Auffassung – von den Verfechtern orthodoxer Lehrmeinungen erbittert bekämpft wurde. Für den Augenblick ist es unerheblich, daß vielen diese Hypothese aus dem guten Grund kontraintuitiv erschien, da sie falsch war. War sie doch das Ergebnis einer Schrumpfung des Erdumfangs um die Hälfte als Folge selektiver Lektüre der Schriften eines Aristoteles, eines Ptolemaios sowie des arabischen Geographen Al-Farhani, und Kolumbus' eigene Erfahrung führte sie schließlich ad absurdum.[32] Was im Augenblick allein zählt, ist: Es war eine Hypothese, zu der man nach den Worten William Robertsons, eines schottischen Historikers im 18. Jahrhundert,

aufgrund »theoretischer Prinzipien und praktischer Beobach-
tungen« gelangt war.[33] Wie schon frühere Beobachter er-
kannten, war Kolumbus' Erfolg als Naturwissenschaftler und
Navigator nicht das unerwartet glückliche Ergebnis eines
Schnitzers, den ein Mann beging, der buchstäblich nicht
wußte, wohin ihn seine Reise führte. Statt dessen war es, wie
Humboldt vielsagend bemerkt, »eine Eroberung aufgrund von
Reflexion«.[34]

Um dieser Ansicht Glaubwürdigkeit zu schenken, mußten
Kolumbus' religiöse Ansichten, ja sogar seine leidenschaftliche
Vorliebe für Gold und seine Ruhmsucht vergessen werden. An
ihre Stelle trat nun eine über den Dingen stehende, von wissenschaftlichem Streben geleitete Persönlichkeit – ein Mann,
wie Kepler äußerte, der so viele Gaben besaß, daß er »seinen
Leser im ungewissen hielt, was er an ihm mehr bewundern
sollte: seinen Scharfsinn, der ihn die Neue Welt aus der Wind-
richtung vorausahnen ließ, seinen Mut, mit dem er sich auf
unbekannte Meere hinauswagte, oder sein Glück, mit dem er
schließlich sein Ziel erreichte«. Mit keinem Wort ist hier von
der überraschenden Auffindung des »Irdischen Paradieses«
oder von der These die Rede, die Erde sei geformt wie ein Ball
mit einer weiblichen Brust obenauf. Doch Kepler und Manso
interessierte die Entdeckung Amerikas nur als *Entdeckung,*
und auch Kolumbus war für sie nichts anderes als ein *Entdecker.*

★

Als Robertson 1777 seine unglaublich weit verbreitete *History
of America* zu schreiben begann, hatte man allgemein angefangen, sich über die Umstände den Kopf zu zerbrechen, die die
Entdeckung des neuen Kontinents möglich gemacht hatten,
und sich auch schon darüber Gedanken gemacht, welche Folgen diese Entdeckung für Europa haben könnte. Robertsons
Werk ist, dies macht die ausführliche Geschichte der Seefahrt
klar, die den gesamten ersten Band einnimmt, ein Beleg zu
der im 18. Jahrhundert geführten Debatte über die Rolle des
Handels im Fortschritt der europäischen Zivilisation.[35] Für

Robertson markierten Kolumbus' Reisen, im geringeren Maß aber auch die des Vasco da Gama, einen Wendepunkt in der Entwicklung der europäischen Kultur. Teilweise war dies einfach der Tatsache zuzuschreiben, daß diese Fahrten ganz enorm den Radius des Welthandels erweitert und den völligen Wandel weitgehend Landwirtschaft treibender Bevölkerungen zu vollständig entwickelten handelsorientierten Gesellschaften ermöglicht hatten – eine Ansicht, die, wie wir in Kapitel 5 sehen werden, am Ende des fraglichen Jahrhunderts durch Abbé Raynal noch weit größeres Gewicht erhielt. Was also Robertson interessierte, war eine Geschichte der Wissenschaft in engem Zusammenhang mit einer progressiven, wenn auch weitgehend auf Vermutungen beruhenden Sozialgeschichte. Um nach Robertsons Auffassung der Kausalzusammenhänge innerhalb der menschlichen Belange die Endstufe in der Geschichte der Zivilisation einzuleiten, brauchte Kolumbus nicht der Vollstrecker eines göttlichen Plans zu sein (was er für Las Casas gewesen war), sondern die Verkörperung des Besten, was der »Geist Europas« in einem bestimmten und entscheidenden historischen Augenblick hervorgebracht hatte. Deshalb versicherte Robertson seinen Lesern, Kolumbus sei »von Natur aus wißbegierig und fähig zu tiefem Nachdenken« gewesen, ein Mann, der »die Bescheidenheit eines echten Genius... mit der glühenden Begeisterung eines Planers« verband.[36] Nach Robertsons Auffassung machte die Geschichte der ersten Zurückweisungen, die Kolumbus von seiten der Genuesen, der Engländer, der Portugiesen und anfänglich sogar von den Spaniern erfuhr, seine persönliche Biographie zu einem idealen Gegenstand metaphorischer Umformung. Alle, die künftig die Welt umgestalten, müssen zunächst gegen die Welt kämpfen.

Um seine naturwissenschaftliche Vision zu verwirklichen, hatte Kolumbus, wie vor ihm Heinrich der Seefahrer, denen entgegenzutreten, die »aus Ignoranz, Neid oder jener kalten, ängstlichen Vorsicht alles zurückwiesen, was einen Anflug von Neuartigkeit besaß«. Wie Heinrich, der in Robertsons Darstellung eine etwas schattenhafte Gestalt bleibt, ist Kolumbus bereits ein moderner Mensch, der seiner Zeit weit voraus ist. Und wie jeder Moderne ließ sich sein entschlossener philosophischer Geist von der Berufung auf die Autorität der antiken Schriftsteller, die seine Widersacher gegen ihn ins Feld führten, keineswegs beeindrucken.[37] Vielleicht war ja Kolumbus noch kein echter Naturwissenschaftler – Robertson will gar nicht, daß er die mathematischen oder auch nur die technischen Fähigkeiten besaß, über die selbst Vasco da Gama verfügte –, aber er ist ein echter naturwissenschaftlicher Visionär, der, nachdem er einer ungläubigen Alten Welt den Ausblick auf eine Neue Welt eröffnet hat, sich von bigotten Ignoranten anhören muß: »Wenn es wirklich solche Länder gäbe, wie Kolumbus behauptet, warum wußten wir so lange nichts von ihnen?«[38]

Dieser Auffassung zufolge war Kolumbus ein Mensch, dessen Leistungen weitgehend darauf beruhten, daß er die herkömmlichen Methoden der Textanalyse verwarf, die zuvor die Grundlage allen Wissens gebildet hatten, und statt dessen unmittelbarer empirischer Konfrontation mit der natürlichen Welt den Vorzug gab. So falsch dieses Bild auch war – die Ironie der Geschichte will, daß es rasch allgemeine Verbreitung fand. Abermals hatte Kolumbus – wie Galilei – die Natur »eingebracht«, und zwar in viel größerem Ausmaß, als man je vermutet hatte. Wie ein späterer Vorkämpfer der freien Forschung, der baptistische Geistliche und Sklavereigegner Robert Robinson (1735–1790) es ausdrückte, hatten Kolumbus und König Ferdinand gegenüber all denen, die sich auf die Autorität von Texten beriefen, gewagt, »anderer Meinung zu sein und sich ein eigenes Urteil zu bilden«. Und nur deshalb, weil diese Mythengestalt Kolumbus das Glück hatte, in dem nicht weniger mythischen König Ferdinand einen mächtigen Beschützer zu finden, war seine kühne Tat dem traurigen Schicksal von »Kopernikus und Galilei, den Vätern der modernen Astronomie« entgangen, deren Entdeckungen (dies scheint jedenfalls Robinson zu glauben) fast ein Jahrhundert lang von bigotten Priestern unter Verschluß gehalten wurden. »Hierzu«, so warnt Robinson voller Strenge, »kommt es, wenn man das Recht der freien Meinungsäußerung nicht anerkennt.«[39]

Allerdings konnte man diesem neuen Kolumbus keine Ausgangshypothese zuschreiben, die auf der (falschen) Behauptung beruhte, die Erde sei – wie Kolumbus selbst dem Tagebuch seiner dritten Reise anvertraute – »klein und von einer sehr geringen Menge Wasser bedeckt«.⁴⁰ Sie konnte sich noch nicht einmal auf die nicht weniger strittige Annahme stützen, daß es möglich sei, auf einer Westroute den überdimensional ausladenden asiatischen Kontinent zu erreichen. Kolumbus, der entschlossene Philosoph, konnte nur mit der *Absicht* aufgebrochen sein, eine Neue Welt zu entdecken. Dieser Kolumbus ist, wenn auch eher etwas schattenhaft, schon in Las Casas' Schilderung anzutreffen. Wenn Las Casas Kolumbus als jemanden darstellt, der fähig war, eine »andere Welt« zu entdecken, dachte er entweder an eine, von Europa aus gesehen, im Westen liegende Erweiterung des asiatischen Festlandes oder an eine der zahlreichen Inseln, mit denen mittelalterliche Kartographen das »Ozean-Meer« förmlich übersät hatten. Doch es ist klar, daß Kolumbus, als er vor Ferdinand und Isabella hintrat, mehr anbot als nur einen Seeweg nach China. Er bot ihnen »neue«, wenn auch nicht näher gekennzeichnete Herrschaftsbereiche sowie – dies ist wesentlich – Länder, die bisher »in Dunkelheit verborgen« lagen – jedenfalls für alle, außer ihren einheimischen Bewohnern, denen freilich, weil sie keine Christen waren, die Fähigkeit zu sehen abging. Für Las Casas hatte Kolumbus ganz klar die Neue Welt entdeckt, und zwar nicht nur für den Westen Europas, sondern für die gesamte Menschheit. Diese Behauptungen haben auch in der Schilderung eine gewisse Grundlage, die Kolumbus selbst von seinen Zielen gab, und in die gleiche Richtung wies es, daß er immer wieder auf dem Recht politischer Autorität über die Länder bestand, von denen er »Besitz ergriff«. Außerdem nützten sie ebenso Kolumbus' Image als prophetischer Visionär, das zu verbreiten Las Casas so sehr am Herzen lag, wie seinem Ruf als wissenschaftlicher Experimentator. Nachdem er, so berichtet Las Casas, aus »Autoritäten, Beispielen und Erfahrungen, die sowohl er selbst als auch andere gemacht hatten« (welche, das sagt Las Casas nicht), geschlossen hatte, daß im Meer des Ozeans Land liegen müsse, von dem bisher noch niemand Notiz genommen hatte, beschloß er, allen Gefahren und Mühen die Stirn zu bieten, welche auch immer sich ihm in den Weg stellen würden (es waren ihrer viele, und sie rissen nicht ab, so daß es schier unmöglich ist, sie glaubhaft zu schildern), um die Schlösser zu öffnen, welche der Ozean seit der Flut verschlossen hatte, und in eigener Person eine neue Welt zu entdecken.[41]

Doch Las Casas ließ Vorsicht walten. Für Kolumbus lag die Vermutung nur allzu nahe, daß es im Atlantik noch unentdeckte Inseln gäbe, denn Las Casas hebt selbst hervor, daß »in seinen Tagen die Kapverdischen Inseln, die Azoren sowie ein großer Teil Afrikas und Äthiopiens« entdeckt worden waren. Entdeckungen zu machen, vermutet Las Casas, war charakteristisch für dieses Zeitalter. Spätere Generationen waren demgegenüber keineswegs so bescheiden. Beispielsweise behauptete der Abbé Raynal, er glaube, Christoph Kolumbus habe »instinktiv gewußt, daß es einen weiten Kontinent geben müsse und daß es nun an ihm sei, ihn zu entdecken«. Was Kolumbus' Entschlossenheit zutage förderte, übertraf zwar nach Raynals Worten alle Erfahrungen, doch schon Kolumbus' Idee war »eine der größten, die der Geist eines Menschen je gebar«.[42] Sogar der skeptischere Edmund Burke, der mehr Verständnis für den historischen Kolumbus als die meisten anderen Autoren zu den Tag legt, behauptet, Kolumbus habe zwar über falsche Karten verfügt, es aber unternommen, »die Grenzen zu erweitern, die Unwissenheit der Erde gezogen hatte«.[43] In der zweiten Hälfte des 18. Jahrhunderts war dieser Kolumbus schon zum festen Bestandteil des Stammbaums der modernen Wissenschaft geworden.

★

Wie Kepler vielleicht als erster bemerkte[44], konnte Kolumbus' Erfolg auch als Beweis für etwas ganz und gar anderes aufgefaßt werden: daß nämlich auch eine falsche Theorie zu ganz verblüffenden Resultaten führen kann. Äußerte doch Thomas Spratt, der erste Historiker der *Royal Society,* im Jahre 1667:

Es läßt sich nicht leugnen, daß viele Erfindungen von großer Tragweite von Männern gemacht wurden, die von Annahmen ausgingen, welche man für unwahr hielt. Dies gilt nicht nur häufig für Philosophen, sondern es traf auch auf Kolumbus zu.

Vorausgesetzt, so glaubte er, die Betroffenen hätten, wie Kolumbus ganz ohne Zweifel, den Mut zu eigenen Überzeugungen, dann würden sie schließlich gleichsam von selbst »zur Wahrheit geführt«.[45] Die meisten allerdings, die Amerikas Entdeckung als einen Wendepunkt in der Geschichte der europäischen Zivilisation betrachteten, taten sich schwer damit, hinnehmen zu müssen, daß dieses Resultat nichts anderes war als das Ergebnis hartnäckigen Festhaltens an einer Hypothese, von der sich im nachhinein herausstellte, daß sie falsch war. Wie Cornelius de Pauw, der Verfasser der *Recherches philosophiques sur les Américains* (»Philosophische Forschungen über die Amerikaner«, 1769) sowie des Artikels über *América* in der *Encyclopédie* argumentierte, konnte nichts, das an Bedeutung der Entdeckung Amerikas gleichkam, das Ergebnis bloßen Zufalls sein. Niemand konnte über einen neuen Kontinent stolpern, nur weil er das Glück hatte, daß falsche Überlegungen ihm doch den richtigen Weg wiesen. Etwas Derartiges hinzunehmen, wäre eine Bedrohung für den epistemologischen Status wissenschaftlicher Entdeckungen mit Hilfe von Experimenten. Nach de Pauws Darstellung müssen sämtliche Bewohner einer und derselben Klimazone, die über den gleichen technischen Stand verfügen, ziemlich zur gleichen Zeit auf die gleichen Beobachtungen im Bereich der Natur verfallen, auch wenn sie voneinander keinerlei Kenntnis haben, just wie Chinesen und Europäer unabhängig voneinander und ohne kulturelle Kontakte miteinander den Kompaß, das Porzellan, den Buchdruck und das Schießpulver entdeckten. Entdeckungen sind Ergebnisse der Zivilisation. Auf jeder beliebigen Stufe ihrer Entwicklung weisen alle Kulturen mehr oder weniger gleiche Züge auf. Die Akteure bei diesen »Entdeckungen« mögen unabhängig sein, was ihre persönlichen Aktionen angeht, doch sie agieren lediglich im Rahmen eines bestimmten Ensembles kultureller Gesetze. Ebenso agierte auch Kolumbus. Weit davon entfernt, einfach über Amerika zu »stolpern«, hatte er es in Wirklichkeit sieben Jahre vor dem Zeitpunkt seiner ersten Reise (1492) bereits »erfunden«.[46]

Was auch immer Kolumbus dazu verholfen hatte, visionär die Existenz Amerikas vorauszuahnen – sei es der Kosmograph Toscanelli aus Florenz, sei es ein Lotse aus uralter Zeit, dem er, wie man glaubte, auf einer seiner ersten Reisen begegnete, sei es, wie Kepler vermutete, die Richtung der Winde[47] –, für die »Gemeinde« der Naturwissenschaftler, ja, allgemeiner noch, für alle, die im 17. und 18. Jahrhundert der kulturellen Vormacht der Antike entgegenzutreten wünschten, war er ein Kulturheros. In den Worten des französischen Historikers Jules Michelet, der Anfang des 19. Jahrhunderts lebte, war Kolumbus »einer von jenen fünf oder sechs Männern«, die die Bezeichnung »Heroen des Willens« (les héros de la volonté) verdienten und die, weil nur sie sich als fähig erwiesen hatten, sich aus dem intellektuellen Sumpf des »gotischen Mittelalters« zu befreien[48], die Welt umgestaltet und das moderne Zeitalter geformt hatten. Zusammen mit Luther, Calvin, Vesalius, Dumoulin, Cujas, Rabelais, Montaigne, Shakespeare und Cervantes – es ist Michelet, der diese Namen aufzählt – gehörte Kolumbus sowohl im Hinblick auf das, was er geleistet hatte, als auch angesichts der Veränderung, die seine Entdeckertat bewirkte, zu den Architekten des Zeitalters der Vernunft. Diese waren es, die sich geweigert hatten, den, wie Spratt es genannt hatte, »Kehricht der Antike«[49] zu akzeptieren, und so waren sie zu Schöpfern der modernen Welt geworden. D'Alembert bezeichnet sie als diejenigen, »die einen Zipfel des Vorhangs anhoben, der die Wahrheit vor uns verborgen hatte«[50], und auf ihren Leistungen beruhte die neue Ordnung des Wissens, von der seine Encyclopédie Kunde gab.

Mit der Schaffung einer determiniert-spekulativen und philosophischen Geschichtsschreibung im 18. Jahrhundert blieben Kolumbus' Entdeckungen ebenso wie seine Selbsteinschätzung, desgleichen aber auch die wissenschaftlichen Leistungen eines Galilei, eines Descartes und eines Harvey nicht mehr nur Ereignisse in der Geschichte der Wissenschaft, sondern sie wurden – und dies in erster Linie – zu integralen Bestandteilen der Geschichte des europäischen Bewußtseins. Für die Historiker des 18. Jahrhunderts – so für Robertson, Raynal und Voltaire – war Kolumbus nicht nur ein wagemutiger Empiriker, sondern er war, was er schon für Las Casas und Oviedo gewesen war: ein Mann mit einer Vision. Diesmal jedoch geht es bei dieser Vision keineswegs um Gold, auch nicht um Seelen, die darauf warteten, gerettet zu werden, ja noch nicht einmal um neue Welten, die ihrer Entdeckung harrten. Vielmehr ist es die Vision einer neuen kulturellen Ordnung, die unausweichlich einer so plötzlichen Erweiterung unserer geographischen und anthropologischen Horizonte folgen muß. Wie Raynal äußerte, hatte Kolumbus »eine neue Ordnung der Dinge« erfaßt, »die über die einzelnen Entdeckungen hinausging, wohingegen sowohl der Durchschnittsmensch als auch der Weise nichts erblickte als nur die Entdeckungen selbst«.[51] Raynals Kolumbus hatte nicht allein die Existenz Amerikas vorausgesehen, sondern ihm war auch bereits klar, was die Entdeckung dieses neuen Erdteils sowohl für dessen Bewohner selbst als auch für Europa bedeuten würde. In gewissem Sinn hatte er bereits die nicht enden wollende Debatte vorweggenommen, die im 18. Jahrhundert begann – und zu der Raynal seinerseits beitrug: die Debatte über die Art der »Auswirkung« der Alten Welt auf die Neue Welt.

★

Im letzten Jahrzehnt des 18. Jahrhunderts erhielt Kolumbus' Bild – und damit die Auffassung von der Bedeutung seiner Entdeckung – eine andere Wendung. Ursache dafür war Humboldt. Für diesen war Kolumbus weit mehr eine reale historische Gestalt, als er es je für einen seiner Vorgänger gewesen war. Er hatte die Werke früherer Autoren gelesen – insbesondere die Schilderungen Las Casas', Oviedos, Acostas und eines Petrus Martyr –, desgleichen einige spätere und allgemeinere Darstellungen, so z. B. von Antonio de Herrera und Francisco Javier Clavigero, aber auch Washington Irvings romantisierende Biographie. Die weit ausgreifende und ausführliche Lebensbeschreibung des Entdeckers, die er in seiner enzyklopädischen Geschichte der Geographie Amerikas – *Examen critique de l'histoire de la géographie du nouveau continent* (»Kritische Untersuchung der Geschichte der Geographie des neuen Erdteils«, 1836–1839) – sowie später, in revidierter Form, in seinem Werk *Kosmos* (seiner philosophischen Geschichte des natürlichen Universums) gab, waren, so behauptete er, Versuche, eine »repräsentative Darstellung der alten Bräuche Liguriens und Spaniens zu geben«. Humboldt hatte erkannt, daß Kolumbus weniger ein entschlossener Experimentator als »das unvorhergesehene, fast unfreiwillige Instrument der Entdeckung der Neuen Welt« war.[52] War für Humboldt diese Entdeckung doch, weltgeschichtlich betrachtet, unausweichlich! Und zwar geschah sie, seiner Auffassung nach, nicht, weil es früher oder später sowieso irgend jemanden nach Amerika verschlagen hätte, wenn nicht Kolumbus über den Atlantik gefahren wäre, sondern weil die Entwicklung des menschlichen Geists es erforderte, daß die Menschheit just im fraglichen historischen Moment genau *diese* Erfahrung machte. Mit Amerikas Entdeckung hatte in der europäischen Geistesgeschichte eine neue Epoche begonnen – Humboldt spricht von einem »Kolumbischen Zeitalter«[53] –, eine Epoche direkt an der Grenze, »wo Mittelalter und moderne Welt ineinander übergingen«.[54]

Allerdings war Humboldts Auffassung des historischen Prozesses evolutionärer als die vieler seiner Vorgänger. Während die früheren Historiker der Entdeckung Amerikas die Zeitalter der Menschheitsgeschichte als voneinander geschieden und jeweils durch sich selbst bestimmt betrachteten, beschrieb Humboldt die Reise des Menschen durch die Zeit mit den gleichen Worten wie eine Fahrt durch den Raum. Die Isolinien und Isothermen, die die Phänomene in der natürlichen Welt miteinander verbanden, hätten, so glaubte er, ihre Analogien in den »zeitlichen Ketten«, die die Leben der Menschen aneinander banden. Er gab sich alle Mühe, jedes große Ereignis in seiner Darstellung des Prozesses der Zivilisation in denjenigen Zusammenhang einzuordnen, der es hervorgebracht hatte. Genie, so eindrücklich es sich auch manifestieren mochte, war für ihn nie ein gänzlich isoliertes Phänomen, nicht mehr und nicht weniger, als ein Pflanzentypus oder eine Felsformation untrennbar mit dem Vegetationstyp oder der Geologie des Gebietes verbunden sind, wo sie sich finden. Alle bedeutenden Momente im Prozeß dessen, was er als »Zivilisation« bezeichnet, wurden bis zu einem gewissen Grad durch frühere Momente vorbereitet. Um eine andere seiner Metaphern zu gebrauchen: Samen, die in einem Zeitalter aufkeimten, wurden in ein anderes übertragen, darin sie zu guter Letzt Frucht brachten – es war nicht anders, als wenn jede Pflanzenart sich entlang ihrer individuellen Isolinie von einem Teil des Erdballs zum anderen verbreitete. Doch noch immer gibt es Grenzen – die Linien, die eine Epoche von einer anderen trennen –, ebenso wie es Schichten gibt, welche Felsformationen voneinander scheiden. Kolumbus mochte zum Instrument eines unausweichlichen (wenn auch ganz und gar weltlichen) Prozesses geworden sein, doch Humboldt war es ebensowenig einerlei wie Las Casas, welche Art von Instrument er war.

Auch Humboldts Kolumbus war noch immer der Mann, dessen »kreatives Denken« dem »Gang der Zivilisation den unerwarteten Schub nach vorn« gab[55], der Mann, dessen »luzider Geist« just jene Entdeckung möglich machte, die ihm gelang, der Mann, der – ebenso wie in den Augen Michelets – wegen der Kraft seines Willens Erfolg gehabt hatte, wo andere gescheitert wären.[56]

Doch die Art der Geschichte, der er jetzt angehörte, unterschied sich erheblich von allem, was vorausgegangen war. Für Humboldt war Geschichte eine Funktion der Umwelt, in der die Menschen lebten. Menschen waren Produkte des Klimas ihrer Umgebung, der Felsformationen ihrer Welt und vor allem der Vegetation, die sie umgab. Humboldts Pflanzengeographie, seine »Naturalphysik«, hatten die Linien demonstrieren sollen, die nicht nur die unterschiedlichen Arten voneinander trennten, sondern auch die verschiedenen Aspekte dessen, was er bisweilen als »Reich der Menschen« bezeichnete.[57] Waren diese Linien erst einmal gezogen, so glaubte er, wäre es möglich, klar zwischen Elementen zu unterscheiden, die geeignet wären, »Staaten und benachbarte Völker« zu ei-

nigen, und solchen, »die ihrem Handel und ihrer Kommunikation größere Hindernisse in den Weg legen als Gebirge oder
das Meer«.[58] Sein Werk *Vues des Cordillères et monuments des
peuples indigènes* (»Ansichten der Kordilleren und Denkmäler
der Eingeborenen«) aus dem Jahre 1817 war, so erklärte er, ein
Versuch, »in einem einzelnen Werk die gewaltigen Denkmäler
der einheimischen Bewohner Amerikas und die malerischen
Ansichten der gebirgigen Landschaften darzustellen, die diese
Völker bewohnen«, dies in der Hoffnung, er könne so in der
Lage sein, »Objekte zusammenzubringen, deren Zusammengehörigkeit der Einsicht derer nicht entgehen kann, die sich
dem philosophischen Studium des menschlichen Geists hinge-
geben haben«.[59]
Im Gegensatz zu Pflanzen aber waren Menschen – dies gilt
sogar für die bis dato noch ungeformten Amerikaner – in der
Lage, über die Bedingungen hinauszuwachsen, die ihnen die
Natur auferlegte. Kolumbus' Reisen stellten den Gipfelpunkt
in der Geschichte eines solchen Hinauswachsens dar.
Sowohl Humboldts *Examen critique* als auch sein *Kosmos* sind
nicht so sehr historische Darstellungen des Wissens über den
Kosmos als Schilderungen der Erlangung dieses Wissens. Insbesondere *Kosmos,* diese Ausgeburt einer »wahnsinnigen Einbildung«, wie Humboldt es selbst bezeichnet, »daß man die gesamte materielle Welt als ein einziges Ganzes darstellen
könne«[60], entspricht seiner Überzeugung, alle Wissenschaften,
gleich, ob ihr Gegenstand die Natur oder die Moral sei, bildeten Teile einer einzigen Einheit. Mary Louise Pratt zufolge war
es Humboldts Ziel, Amerika neu aufzufinden, um »eine neue
Ordnung planetarischen Bewußtseins« zu schaffen.[61] Sein Bestreben, so sagt er selbst, war stets, ein Naturwissenschaftler zu
werden, »wie Bacon ihn in *Sylva Sylvarum* gefordert hat«.[62]
Schon 1797 schrieb er an Joseph Banks: »Ich versuche, in die
Geheimnisse der Gestaltung einzudringen und die Wissenschaften miteinander zu vereinen.« *Kosmos,* annähernd fünfzig
Jahre später verfaßt, war die Erfüllung dieses Plans und diente
gleichzeitig der Verbreitung seiner Idee. Dieses umfangreiche
Werk, das mit dem von Humboldt so bezeichneten »Kosmos-
Fieber« nach der Bürgerschaft von Weimar griff, sollte, wie sein

Verfasser einem Freund erklärte, ursprünglich einfach »das Buch der Natur« heißen – »genau so etwas, wie man es im Mittelalter bei Albertus Magnus findet«.[63]

Im Rahmen dieses Projekts ist Kolumbus, der Verfechter der Umformung des menschlichen Geists, nicht so sehr ein wagemutiger Rationalist – tatsächlich ist, wie wir gesehen haben, der Wahrheitsgehalt seiner geographischen Behauptungen weitgehend irrelevant –, sondern eher ein einfühlsamer und präziser Naturbeobachter. Der Bericht vom Kampf des Entdeckers mit den Herrschern Europas und ihren unwissenden Kosmographen ist, wenn auch noch immer als beispielhaft hingestellt, von wenig unmittelbarer Bedeutung. Kolumbus hatte keine Ahnung davon, daß es tatsächlich eine »Neue Welt« geben könne, sondern allenfalls eine bildhafte Vorstellung dessen, wie diese Welt aussehen müsse oder könne, wenn sie existierte. Es war eine Vision, die nicht auf Lektüre oder auf begnadeter wissenschaftlicher Annahme beruhte. Ihre Grundlage war vielmehr ein poetisches Erfassen der natürlichen Welt.

Für Humboldt war Kolumbus ein Mann, der, wie es für alle großen Experimentatoren unabdingbar ist, »auf den bloßen Kontakt zu den großen Phänomenen der Natur« reagiert, doch seine Intuitionen sofort »in die Wahrnehmungen umgeformt hatte, die für eine genaue Beobachtung unerläßlich« waren – ein Ziel, das er trotz des Nachteils erreicht hatte, daß ihm »jegliches naturgeschichtliches Vorwissen fehlte«.[64]

Wie für die meisten Wissenschaftshistoriker des 18. Jahrhunderts stellte sich auch für Humboldt Geschichte in Form aufschlußreicher (oder die Dinge auf den Kopf stellender) Genealogien dar. Und genauso wie sowohl Robertson als auch Raynal Kolumbus irgendwo auf einer Linie plaziert hatten, die geradewegs von Euklid über Kopernikus, Kepler und Galilei bis hin zu Newton geführt hatte, so stand er für Humboldt auf einer anderen, die von Petrarca und Bembo an einem Ende zu Buffon und Goethe am anderen führte, den beiden großen »Dichtern der Natur«, die die literarisch-wissenschaftlichen Forschungen der frühen Romantiker möglich machten, für die u. a. auch Humboldt stand. Mag sein, daß die ganze Kraft der

Schilderungen, die Kolumbus von der Neuen Welt gab, nur für diejenigen erfaßbar ist, die »mit der altertümlichen Gewalt der Sprache jener Zeit vertraut« waren, doch selbst durch die Undurchschaubarkeit der etwas klotzigen Prosa, derer sich Kolumbus bediente, schimmerte ein wenig von der Kraft seiner Reaktion auf die Natur, und man erkennt: Es war seine einfache »Liebe zur Natur«, die es ihm ermöglichte, »jeden einzelnen Gegenstand zu begreifen, der ihm zuvor unbekannt gewesen war«.[65] Und nichts anderes hatte Humboldt getan, indem er Kolumbus' Leistung in ein anderes Licht setzte, als Kolumbus unter seine eigenen intellektuellen Vorgänger einzustufen. Humboldt ist nicht an Kolumbus als »Pläneschmied« interessiert, weil auch er, Humboldt, selbst keine vergleichbaren Pläne vorzuweisen hatte. Vielmehr geht es ihm um den »Entdecker« und »Namengeber«. Vor allem aber war Kolumbus für ihn derjenige, der diese verblüffende Neue Welt kartographierbar und als schriftliche Information in die Alte Welt transportierbar gemacht hatte. Dies zum Beispiel läßt fast an Humboldts und Bonplans eigene Reise denken:

Bein Eintreffen »in einer neuen Welt unter einem neuen Himmel« zeichnete er (Kolumbus) sorgfältig die Gestalt des Landes, das Aussehen der Vegetation, die Lebensgewohnheiten der Tiere, sowie die Verteilung und unterschiedliche Stärke des Erdmagnetismus auf.[66]

Allerdings hatte der historische Kolumbus, jener Kolumbus, der u. a. dafür berühmt wurde, daß er auf Hispaniola Nachtigallen singen hörte, natürlich nichts von alledem getan.

Wie aber Kolumbus hatte auch Humboldt die Dimensionen der Erdkugel reduziert, denn auch er hatte die Neue Welt heim in die Alte Welt gebracht.

Als er in Venezuela an den Hängen des Chimborasso emporklomm, den man damals für den höchsten Berg der Welt hielt, durchquerte er eine Klimazone nach der anderen, einen Vegetationsgürtel nach dem anderen. Von daher konnte er, so äußerte er, »ein Profil eines großen Teils unserer Welt« erstellen.[67] Profile eigneten sich ebenso wie Isolinien hervorragend dazu, den Erdball zusammenzuhalten und in Schichten zu un-

Höhen der alten und neuen Welt
bildlich verglichen

terteilen. Sie konnten auch dazu dienen, in der Vorstellung –
wie es auch Humboldts persönliche Akte der Aneignung bewirkt hatten – die anscheinend grenzenlosen Entfernungen zu
überwinden, welche die Neue Welt von der Alten trennten.

Im Jahre 1806 zeichnete Goethe eine Skizze für Humboldts
»Naturgemälde der Tropenländer«, das der Dichter äußerst in-
teressant fand – abgesehen davon, daß er in Humboldts Werk
eine bildliche Darstellung vermißte. Goethes Skizze, die dann
1813 in den »Allgemeinen geographischen Ephemeriden« veröffentlicht wurde, war, wie er sagte, ein Versuch, die höchsten
Gipfel der Alten und der Neuen Welt in ihrem Höhenverhält-
nis darzustellen (siehe Abb. 5). Gleichzeitig spiegelte die
Zeichnung jedoch auf verblüffendste Weise Humboldts wissenschaftliche Auffassung. Denn auf Goethes Skizze trennt
kein Ozean Europa von Amerika. Statt dessen erblickt man am
unteren Rand der Darstellung eine Steinplatte mit Humboldts
Namen. Und, so erklärte Goethe: »Um die Männer zu zeigen,
welche die höchsten Erhebungen auf beiden Teilen der Erde
erstiegen haben, habe ich gewagt, auf beide Gipfel kleine Fi-

guren zu stellen.« Daher steht unmittelbar unter dem Gipfel des Chimborasso die winzig kleine Gestalt Humboldts. Auf der anderen Seite, auf dem Gipfel des Montblanc, erblickt man demgegenüber den berühmten Physiker und Bergsteiger Horace-Bénédict de Saussure. Zwischen den beiden Gebirgsmassiven »in Regionen, wohin sich noch vor wenigen Jahren allenfalls die Phantasie des Menschen vorwagen konnte«[68], hat Goethe den Ballon des sowohl mit ihm als auch mit Humboldt befreundeten berühmten Ballonfahrers Louis Joseph Gay-Lussac gezeichnet, und zwar »nach dessen eigenen Angaben«.

★

Humboldts Kolumbus und Humboldt selbst verband auch eine andere Gemeinsamkeit. Beide – und darum geht es in langen und suggestiven Analogien zwischen dem *Examen critique* und dem *Kosmos* – gehörten Übergangsphasen in der Entwicklung der menschlichen Zivilisation an. Zwar waren ihre Ziele und Leistungen klar voneinander unterschieden. Doch es war deutlich, daß, ebenso wie Kolumbus' Reisen die Reisen Humboldts vorweggenommen hatten, auch das 15. Jahrhundert insgesamt eine Vorwegnahme des frühen 19. Jahrhunderts war. Während der Lebenszeiten Kolumbus' und seiner unmittelbaren Nachfolger hatte menschliche Neugier, die nach Humboldts Auffassung »die göttliche Vorsehung als geschichtliche Triebkraft abgelöst« hatte, viele der wissenschaftlichen Fragen aufgeworfen, die erst in Humboldts Zeit ihre Lösung finden sollten. »Bei einem sorgfältigen Studium der Originalwerke der frühesten Historiker der *Conquista*«, schrieb er in *Kosmos,*

entdecken wir oft voller Erstaunen ... die Keime wichtiger wissenschaftlicher Wahrheiten. Beim Anblick eines Kontinentes in der weiten Wasserwüste, weit von anderen Ländern entfernt, boten sich der erwachenden Wißbegier viele jener bedeutenden Fragen dar, die uns heute beschäftigen ... Fragen, welche die Einheit des Menschengeschlechtes und ihre Herleitung von einem gemeinsamen Normaltypus, die Wanderungen der Nationen, die Verwandtschaft der Sprachen ... die Möglichkeit der Wanderung bestimmter Arten von Pflanzen und Tieren betreffen.[69]

Doch dieses »Zeitalter des Kolumbus« besaß noch einen anderen markanten Zug, ohne den nichts von dieser ursprünglichen und ungleichartigen Neugier die Veränderungen herbeigeführt haben könnte, die Humboldt ihr zugeschrieben hatte. Es gehörte, so schrieb er,

zu jenen seltenen Epochen der Weltgeschichte, in denen alle Bemühungen des menschlichen Geistes mit einem entschlossenen und determinierten Charakter eingesetzt werden und unentwegt auf ein einziges Ziel gerichtet sind.[70]

Dies also war ein Zeitalter, das nicht so sehr wegen der Zahl oder auch der Art seiner Errungenschaften bemerkenswert war, sondern deswegen, weil seine handelnden Personen die gleichen vereinheitlichenden Tendenzen an den Tag legten, die Humboldt als Merkmale des bedeutenden – und vor allem des modernen – Wissenschaftlers bezeichnet hatte.[71] Und Kolumbus konnte als ihre Leitfigur gelten, denn mehr als jeder andere seiner Zeitgenossen – jedenfalls war dies Humboldts eingestandener fester Glaube – gab er sich nicht damit zufrieden, »einzelne Fakten zu sammeln; er verbindet sie miteinander, er sucht nach ihren gegenseitigen Beziehungen und erhebt sie kühn auf die Ebene allgemeingültiger Sätze«.

Humboldt allerdings glaubte, wie wir sahen, nicht an die Existenz isolierter historischer Phänomene. Was ein Zeitalter deutlich von einem anderen unterschied, mochte dem Anschein nach allem, was vorher gewesen war, noch so unähnlich sehen, doch in Wirklichkeit war es nur möglich, wenn lange Zeiten vorausgegangen waren, in denen die Geschichte mit den betreffenden Phänomenen »schwanger ging«. In *Kosmos* beispielsweise, wo Kolumbus' Lebensbeschreibung mit der Metaschilderung einer Evolution im Universum selbst in Verbindung gebracht wird, liefert er so eine detaillierte Darstellung einer Vorgeschichte des »Kolumbischen Zeitalters«, die von den Kreuzzügen und frühen Orientreisen bis zur Wiederentdeckung der Klassiker führt. Es ist – wie alle Schilderungen dieser Art – eine Geschichte in Form konvergierender intellektueller Genealogien. Eine davon verbindet Roger Bacon mit Nicolas Scotus, Albertus Magnus, Vincent von

Beauvais und schließlich Francis Bacon, eine andere geht von den Nominalisten Duns Scotus und Wilhelm von Occam bis zu Nicolaus Cusanus, Ramus, Campanella und Giordano Bruno. Jeder dieser Männer sandte »lange Lichtstrahlen« aus, »die wir durch das gesamte sogenannte ›dunkle Zeitalter‹ hindurch verfolgen können«.[72] Und jeder von ihnen, um bei der Metapher zu bleiben, war fähig, den einen oder anderen Aspekt der Natur oder der Welt zu erhellen. Weil aber niemand von ihnen (möglicherweise mit Ausnahme von Roger Bacon, den Humboldt als »umfassendsten Genius« bezeichnet) sich je auf eine direkte Beobachtung der Natur einließ, wie Kolumbus (und Humboldt selbst) sie zum Gegenstand ihres Forschens gemacht hatten, vermochte ihre »scholastische« Philosophie letztendlich nur Formen zu liefern. Letztendlich war, nach Humboldts Worten, ihre Philosophie

bar jeglicher Ideen, bar vor allem der Begriffe, die, weil sie aus einem engeren Kontakt mit der natürlichen Welt erwachsen, unsere Intelligenz wesentlich zu bereichern vermögen.[73]

Diese neuen Helden der Wissenschaft unterscheiden sich von ihren Vorläufern just darin, daß sie als Nutznießer einer Wissenschaft, die sie in »intimen Kontakt« mit der Natur bringt, nicht nur Einzelheiten, sondern das Ganze zu erfassen vermögen. In Kolumbus' Welt

waren die vereinzelten Bilder, die sich den Sinnen darbieten, ungeachtet ihrer Vielfalt und Verschiedenheit im Begriff, allmählich zu einem Ganzen zusammenzuschmelzen. Die Natur der Erde wurde in ihrer Gesamtheit erfaßt, nicht mehr nur aufgrund bloßer Vorahnungen oder Vermutungen, die in unterschiedlichen Gestalten den Augen unserer Phantasie vorschwebten, sondern als Ergebnis wirklicher Beobachtung.[74]

Allerdings steht Kolumbus nicht allein. Das Zeitalter, dem er seinen Namen gab, brachte auch kraftvolle Aktivitäten und Akteure in anderen Bereichen »des politischen und moralischen Lebens in Europa« hervor: Luthers Reformation, die Entdeckung der Laokoon-Gruppe und des Apoll von Belvedere, Michelangelo, Leonardo da Vinci, Tizian, Raffael, Holbein und Dürer, um nur die bedeutendsten Namen zu nennen. Doch da es, in Humboldts Sicht, die Veränderungen im Bereich der Natur sind, die unsere Empfindungen am stärksten beeinflussen, war es die Entdeckung Amerikas, die »das erste Glied in der unermeßlichen Kette dieser schicksalsschweren Ereignisse« darstellt.[75] Wenn dieses »Zeitalter des Kolumbus« als historisch dermaßen bedeutend dargestellt werden sollte, war Amerikas Entdeckung nicht nur ein Ereignis – zwar ein bedeutendes Ereignis, aber letztlich doch ein Ereignis wie viele andere auch –, ein Ereignis in einer Geschichte, die nichts anderes als Wissenschaftsgeschichte war. In Humboldts Darstellung hatte Kolumbus eine Welt ins Dasein gerufen, in der die Errungenschaften des Menschen nicht mehr das gleiche waren wie eh und je, nämlich »rein wissenschaftlich«, sondern nun an Bedeutung gewannen und Teil dessen wurden, was Humboldt den »beherrschenden Charakter des Zeitalters, seine charakteristische Tendenz« nannte.[76] Denn der Glaube an die Einheit der Wissenschaften und die seit dem 16. Jahrhundert allen Historikern eigene Überzeugung, daß die Entdeckung etwas so Einzigartiges wäre, daß sie »eine Art neuer Schöpfung« darstellte, bedeutete, daß sie wie Galileis Nachweis der heliozentrischen Theorie und wie die Erfindung des Buchdrucks ein Ereignis in der Geschichte des moralischen Bewußtseins der Menschheit zu sein hatte.[77] Und genau aus diesem Grund geschah es, daß Georg Hornius, einer der ersten Historiker der neuen Philosophie, ihr einen bedeutenden Platz in der Geschichte der Moralphilosophie zuwies.[78]

Kolumbus' Vision wurde somit nicht nur als ein Triumph der experimentellen Wissenschaft dargestellt, sondern als radikaler Umschwung im Verständnis des Menschen, sowohl was seine Beziehungen zu seinen Mitmenschen als auch zu der ihn umgebenden Natur anging. Mit Amerikas Entdeckung war für Europa eine neue Welt des moralischen und sozialen Verständnisses hereingebrochen. »Wir können festhalten«, schrieb Humboldt,

wie seit jener großen Epoche ein neuer und aktiver Status der Intelligenz und des Fühlens, der kühnen Wünsche und Hoffnungen, die sich kaum zurückdrängen lassen, allmählich die gesamte zivilisierte Gesellschaft durchdrungen hat.[79]

Nach Michelets berühmter Bemerkung waren

zwei Dinge für dieses Zeitalter (das 16. Jahrhundert) charakteristisch, und dies mehr als für sämtliche Epochen zuvor: die Entdeckung der Welt und die Entdeckung des Menschen.[80]

Sowohl für Michelet als auch für Humboldt konstituierte Amerikas Entdeckung eine Übergangsphase in dem, was Humboldt als »Fortschritt aller Nationen zur Erreichung einer erhabenen Gesinnung und eines hochstehenden Moralsystems« bezeichnete.[81] »Niemals«, so schrieb er, »hat eine reine materielle Entdeckung dadurch, daß sie den Horizont (des Menschen) erweiterte, einen so außerordentlichen und dauerhaften moralischen Wandel herbeigeführt.«[82] Als ein Ereignis, das mit anderen zusammenhing, war Amerikas Entdeckung nicht nur, was sie für Gómara gewesen war, ein isolierter Wendepunkt wie die Menschwerdung Christi. Vielmehr wurde sie Bestandteil eines Zeitalters, das durch ähnliche Leistungen und Errungenschaften in den Bereichen der Kosmologie, der Philosophie, der Ästhetik, des Rechts und der Wirtschaft gekennzeichnet war: »Eine jener seltenen Epochen«, nach Humboldts Worten, »in denen alle intellektuellen Bemühungen einen gemeinsamen Charakter haben und samt und sonders auf ein bestimmtes Ziel gerichtet sind.«[83] Dieses Zeitalter, das Michelet als »Renaissance« bezeichnete, war nicht nur durch eine Reihe bequem verteilter Daten gekennzeichnet, sondern durch eine zusammenhängende Serie von Geschehnissen, die zusammengenommen die Anfänge der Neuzeit konstituierten. Mit ihnen begannen *les temps modernes*. »Das 16. Jahrhundert«, schrieb Michelet, »in seinen weitesten und eigentlichen Grenzen, geht von Kolumbus bis zu Kopernikus und Galilei, von der Entdeckung des Landes bis zur Entdeckung der Himmel«[84], und die »erhellenden Strahlen« dieses Zeitraums waren die Entdeckungen des »Buchdruckes, der Antike, Amerikas, des Orients und des wahren Weltsystems (gemeint ist die Astronomie Galileis)«.

★

Wie aber war es nur dazu gekommen? Für Robertson, Raynal und Smith war die Antwort geradezu unbequem »mechanisch«: durch den Handel! Die Entdeckung Amerikas und des Seewegs nach Indien hatten die Reichweite und Art der antiken Handelsrouten ungeheuer verändert. Sie hatten nicht nur die endgültige Stufe in der Entwicklung der europäischen Kultur von Landwirtschaft treibenden Gesellschaften zu Industrie- und Handelsstaaten eingeleitet, sondern auch Möglichkeiten größerer Kommunikation zwischen den nun bedeutend zahlreicheren Völkern der Welt eröffnet. Für Humboldt allerdings gab es keine Erklärung dieser Art. Ging es ihm doch um die Kreisläufe des Lebens in jenen Isothermen, Isolinien, Isodynamismen und Isogonien, mit denen er den Globus umgeben hatte. Daher mußte das Verhältnis zwischen natürlichen und moralischen Aktivitäten zu den Bedingungen der begrifflichen Beziehung zwischen unserem Selbstverständnis und unserem Wissen um die natürliche Welt, in der wir leben, einsehbar gemacht werden. »In der großen Kette von Ursachen und Wirkungen«, so erklärte er in seinem *Essai sur la géographie des plantes* (»Versuch über die Pflanzengeographie«, 1806), kann »kein Material, keine Aktivität isoliert betrachtet werden.«[85] Es war, wie er argumentierte, daher einfach undenkbar, daß eine Kultur durch die Erkenntnis unverändert bliebe, daß sie jahrhundertelang die Hälfte des Erdballs, den sie bewohnte, einfach nicht gekannt hatte.

Humboldt kam nicht als erster auf diese Schlußfolgerung. Erasmus von Rotterdam, Cardano und Campanella hegten alle – jeder auf seine Weise – ganz ähnliche Ansichten. Und im Jahre 1793 hatte Condorcet in seiner *Esquisse d'un tableau historique des progrès de l'esprit humain* (»Umriß einer historischen Darstellung der Fortschritte des menschlichen Geistes«) im Rahmen eines historischen Abrisses, der dem Humboldts nicht unähnlich war, argumentiert:

Erst in dieser Epoche konnte der Mensch die Welt erkennen, die er bewohnte; konnte er, mit gewissen Modifikationen durch den jeweiligen Einfluß natürlicher Ursachen oder gesellschaftlicher Bedingungen, das Menschengeschlecht studieren; konnte er beobachten, was bei jeglicher Temperatur und in jeglicher Klimazone Land oder Meer hervorbringen... Die Kenntnis dieser Dinge konnte den Wissenschaften zu neuen Wahrheiten verhelfen und zuvor gültige Irrtümer zerstreuen.[86]

Allerdings war Humboldts Ansicht der Stellung, die Amerika in der Entwicklung der europäischen Wissenschaft einnahm, weitaus dramatischer als die irgendeines seiner Vorläufer. Anders als Erasmus oder Cardano, anders sogar als Condorcet, war er überzeugt, daß Amerikas Entdeckung die »Wissensinhalte und Objekte der Betrachtung durch den Menschen«[87] bis zu dem Punkt vermehrt habe, an dem der Mensch gezwungen war, sich auf eine neue geistige Ebene zu begeben, um die Informationen verarbeiten zu können, die ihm nun zur Verfügung standen. In Humboldts Kausalitätsbegriff ist wissenschaftlicher Wandel das Ergebnis einer Reaktion des Intellekts auf eine »plötzliche Zunahme im Bestand der Ideen«, einer Reaktion, die ihrerseits wieder zu neuen Mustern »intellektueller und moralischer Auswirkungen« führt.[88] Und wie die Landschaft »die Vorstellungskraft und das ästhetische Empfinden der Völker« prägt, so wirkt sich das Spektrum ihres Wissens über die Welt auf ihre Stittengeschichte aus – Humboldts Bruder Wilhelm bezeichnete dies als *Anthropologie*.[89]

Nach Humboldts Ansicht konnten allein Wahrnehmungen moralische Veränderungen hervorrufen. Für ihn ist es die »Betrachtung der Objekte des menschlichen Wissens«, die seine Denkgewohnheiten ändern. Es gebe, so argumentierte er, eine Naturgeschichte der moralischen Erkenntnisfähigkeit, ebenso wie es Naturgeschichten jedes anderen Aspekts der menschlichen Existenz gebe. In seinem *Essai sur la géographie des plantes* (»Versuch über die Pflanzengeographie«) gab er einen kurzen Abriß davon, wie er sich eine solche Geschichte vorstellte. Und zwar sei sie, so erklärte er, in drei Stufen unterteilt: in die »Aneignung der Naturgesetze«, in »Weltereignisse, die plötzlich den Horizont und das Beobachtungsfeld erweiterten«, und schließlich »die Entdeckung neuer Mittel der Wahrnehmung«. Jede dieser Stufen führt unvermeidlicherweise zur nächsten. Das kausale Bindeglied zwischen ihnen stellt diejenige Art ästhetischer Erfahrungen dar, die

Humboldt oft gemacht hatte, wenn »wir uns mitten bei diesen Forschungen über die natürliche Welt auf ein intellektuelles Spiel vorbereiten, eine moralische Freiheit, die uns gegen die Schläge des Schicksals stärkt«.[90] Alle drei Stufen finden sich in einer wahrhaft bemerkenswerten Persönlichkeit zusammen, die so, wenn sie erst die Endstufe erreicht hätte, fähig wäre, »auf einem zuvor noch unbegangenen Pfade zur Freiheit zu streben«.[91] Natürlich war Kolumbus eine solche Persönlichkeit – ebenso wie auch jene anderen großen Meister der Naturdarstellung im 15. und 16. Jahrhundert, wir meinen Michelangelo, Leonardo, Raffael, Holbein und Dürer.

★

Humboldts stillschweigender Sensationalismus kam ohne Erklärungen der Mechanismen intellektueller und konzeptueller Veränderungen aus. Außerdem gestattete er ihm, eine weitere und noch dramatischere Behauptung über die Eroberung Amerikas aufzustellen. Denn für Humboldt bezeichnete diese nicht nur eine Wende im Hinblick auf das Spektrum der »Betrachtungsobjekte«, die den Menschen bekannt waren, nicht einmal nur im Hinblick auf die Mittel der Kommunikation, die Wissen und Verständnis ermöglichten, sondern sie hatte sogar zu einer Veränderung der Methoden geführt, mit deren Hilfe man Wissen erlangte. Humboldt glaubte, daß vor der Entdeckung Amerikas der intellektuelle Fortschritt des (europäischen) Menschen durch dessen Fähigkeit geprägt worden sei, auf »äußere Begebenheiten« zu reagieren. Sein Geist war daher zwanghaft auf das gerichtet, was er über seine natürliche Umwelt wußte. Doch seit erst einmal Amerika in die Reihe der »Betrachtungsobjekte« gerückt war, die dem forschenden Blick des Europäers zur Verfügung standen, »produzierte der Intellekt ... bedeutende Resultate durch seine ihm eigene, ihm innewohnende Kraft«, und dies »in jeder Richtung gleichzeitig«.[92] Mit anderen Worten: Seit der menschliche Geist die Bedeutung seiner kollektiven Begegnung mit der Neuen Welt erfaßt hatte, hatte er auch begonnen, auf neue und deutlich moderne Art und Weise zu funktionieren.

Doch mochte Amerikas Entdeckung auch unsere gesamte Geisteswelt in zuvor nicht dagewesener Weise verändert haben, sie hatte gleichwohl den Prozeß der Entdeckungen noch nicht zu Ende gebracht. Das »Zeitalter des Kolumbus«, schrieb Humboldt in seinem *Examen critique,*

hat dadurch, daß es die Sphäre unseres Wissens erweitert hat, künftige Jahrhunderte auf ganz neue Weise heraufbeschworen. Es ist die Eigenschaft von Entdeckungen, daß sie, sowie sie die intellektuellen Interessen der Gesellschaft berühren, sowohl den Kreis der Eroberungen als auch das Terrain erweitern, das für den Eroberer bleibt. Schwache Gemüter glauben, daß die Menschheit in jeder Epoche den Höhepunkt ihres Fortschritts erreicht hat. Dabei vergessen sie, daß in dem Maße, in dem sie voranschreiten, das Feld, das es abzudecken gilt, sich als immer größer erweist und sein Horizont sich in endlose Weiten zurückzieht.

Indem es so »den Kreis des Bekannten« erweiterte, eröffnete das plötzliche Auftauchen Amerikas auch die »Voraussicht auf das, was es noch zu bewältigen« galt.[93] Für den wissenschaftlichen Entdecker, den intellektuellen Eroberer, kann es kein Ende der Suche geben. Wissenschaft stellt eine Form der Eroberung und der Besitzergreifung dar. Doch die Objekte, die sie zu besitzen sucht, sind ohne Zahl. Das Wort Alexanders des Großen, es müsse stets »etwas zu erobern bleiben«, kann, wie Humboldt feierlich erklärte, »nicht für wissenschaftliche Entdeckungen, für die Eroberungen des Intellektes« gelten.[94] Die moderne Welt, in der Humboldt lebte, war nicht mehr einfach durch lineare Progression geprägt. Es war eine Welt zeitloser Kreativität, eines – nach Humboldts eigener Metapher – stets zurückweichenden, doch beständig sichtbaren Horizonts. In dieser modernen Welt findet sich die Humboldtsche Vision der Einheit der Wissenschaft nicht, wie im Mittelalter, in der Chronologie, in jenen vielfältigen, instruktiven (und bisweilen subversiven) Genealogien, mit denen *Kosmos* gespickt ist, sondern in der Physiognomie, in einer globalen Physik, die sich zu Schillers Reich der Ästhetik fügt, in dem die Menschen zu einer neuen und höchst dauerhaften Union »über den Staat hinaus« geführt werden.[95] Amerikas Entdeckung hatte somit bewirkt, den Menschen von seiner Vergangenheit zu befreien und ihn in unmittelbaren Kontakt mit der Natur zu versetzen. Wenn der europäische Geist nunmehr fähig war, um auf Humboldts Formulierung zurückzukommen, »bedeutende Resultate durch seine eigene, ihm innewohnende Kraft« zu erzielen, und dies »in jeder Richtung gleichzeitig«, bestand seine endgültige Rolle darin, das Ende der Geschichte herbeizuführen, so wie man sie bisher verstand. Für den wissenschaftlichen Entdecker, den intellektuellen Eroberer, kann es allerdings kein Ende seiner Suche geben. So sehr man ihn auch vermessen, kartographieren, mit Proben belegen und beschreiben mag – der Horizont unseres Verständnisses muß immer weiter zurückweichen, solange es Menschen gibt.

4
DER SEZIERTE WILDE

Mon idée seroit donc de décomposer, pour ainsi dire, un homme.

Denis Diderot, *Lettre sur les sourds et les muets*

Wäre Amerika nur anders gewesen als Europa, wäre seine Entdeckung lediglich ein, wenn auch bemerkenswerter, Ansporn zur Entwicklung der Menschheit hin von begnadetem Mutmaßen zu wahrem wissenschaftlichem Verstehen, dann könnte man, wie Jean de Léry bemerkte, auch »Asien und Afrika als im Verhältnis zu uns neue Welten bezeichnen«.[1] Doch Amerika, das unverkennbar, manchmal schockierend, »neu« war in einer Art und Weise wie keiner dieser anderen Kontinente, gehörte, anders als diese, noch der gemeinsamen menschlichen Vergangenheit an. Nach John Lockes berühmtem Wort befand es sich noch »am Anfang«[2] der gesamten Welt, und seine Bewohner, anders als Asiaten oder Afrikaner, schienen beim ersten Hinsehen noch im »Goldenen Zeitalter ihrer Sitten und Gebräuche« zu verharren.[3]

Amerika war »neu« im doppelten Sinne des Worts: »neu« in bezug zur Dauer der Erde und des Menschengeschlechts, neu aber auch in Beziehung zu uns, den Europäern, die von ihm Kenntnis nahmen. Dies ist das Paradoxe an den wilden Kariben Rousseaus. Zwar sind sie Zeitgenossen des Lesers, und doch gehören sie der Kindheitsphase der Menschheit an. Es war ein Paradoxon für alle, die in diesem neuen Land das Abbild einer Welt erblickten, die der Mensch auf seinem Weg vom Naturzustand zu einem zivilisierten Dasein hatte hinter sich lassen müssen. Diese, die »Wilden«, so argumentierte man, sind nicht wie wir. Vielmehr sind sie so, wie wir früher waren. Wenn also der Blick Europas westwärts gerichtet war, ging er gleichzeitig unvermeidlicherweise in die Vergangenheit zurück. Die große Debatte, die man im 18. und 19. Jahrhundert darüber führte, ob Amerika tatsächlich neu sei, die Behauptung, seine Tier- und Pflanzenwelt sei in ihrer Entwicklung aufgehalten worden oder nicht ausgereift – daß Pumas Löwen wären, die es in ihrer Entwicklung nur nicht zur Vollstufe des Löwen gebracht hätten, daß Indianer Menschen seien, die die Entwicklungsstufe der Zivilisation nicht erreicht hätten –, macht einiges von den Konfusionen sichtbar, zu denen diese paradoxen Auffassungen führten.[4]

Die Verbindung von Zeit und Raum bedeutete, daß Latours »unveränderliche Veränderliche« – einschließlich der Erzählungen der Reisenden – sich nun durch beide Dimensionen zu bewegen hatte. Die Brasilianer, denen Montaigne in Rouen begegnet war, brachten keinen Eindruck einer neuen Welt nach Europa, sondern, wie ihre Bemerkungen klar erkennen lassen, lediglich das Kindheitsstadium *seiner* Welt. Ende des 18. Jahrhunderts war man mit solchen Reisen bereits vertraut. Der »reisende Philosoph«, schrieb Joseph-Marie Degerando 1800,

der in die entlegensten Winkel der Welt segelt, bewegt sich in Wirklichkeit auf der Zeitstraße. Er reist in die Vergangenheit zurück. Jeder Schritt, den er unternimmt, führt ihn ein Jahrhundert rückwärts. Die Inseln, zu denen er gelangt, sind für ihn die Wiege der menschlichen Gesellschaft. Die Völker, auf die wir in unserer Unwissenheit und Eitelkeit herabsehen, stellen sich ihm wie antike und majestätische Monumente aus der Urzeit dar, Monumente, die tausendmal mehr unsere Bewunderung und Achtung verdienen als die ruhmreichen Pyramiden, die die Ufer des Nils säumen.[5]

Um diese Art des Vergleichs zwischen neuen Welten und ihren »alten« Bewohnern aufrechtzuerhalten, muß man stets die gleichzeitige »Neuheit« und das »Alter« Amerikas simultan im Auge behalten. Es gab viele Arten und Weisen, um dies zu erreichen, doch die feinfühligste, vielschichtigste und für meine Zwecke einleuchtendste ist die Betrachtung der Sprache.

★

»Sprache ist das Instrument der Macht«, äußerte der spanische Grammatiker Antonio de Nebrija just im *annus mirabilis* 1492 zur Königin Isabella. Fremde Kulturen zu erobern und vor allem sie umzuwandeln und in unserem Sinn umzugestalten, hing in erster Linie von der Sprache ab. Seit Kolumbus auf »Guanahani« das spanische Banner gehißt hatte, erhob sich die Frage, welche Sprache sich in den Ländern durchsetzen würde, von denen er soeben durch einen fast linguistischen Akt für Kastilien Besitz ergriffen hatte.

Auf einer wesentlichen Ebene war der Kampf um die politische und kulturelle Macht in Amerika auch ein Kampf um die sprachliche Vormacht. Die ersten spanischen und portugiesischen Siedler sowie die ersten Missionare hatten sich mit der Notwendigkeit abgefunden, die einheimischen Sprachen zu lernen. Was wir über altamerikanische Sprachen wissen, verdanken wir weitgehend einer Reihe von Missionaren, meist handelte es sich dabei um Franziskaner, die in der ersten Hälfte des 16. Jahrhunderts lebten und wirkten. Sogar Aufzeichnungen aus der Zeit vor der kulturellen Berührung, mexikanische Bilderhandschriften und *quipus* aus Peru wurden als Beweise für Landbesitzansprüche von spanischen Gerichtshöfen Anfang des Jahrhunderts akzeptiert. Als es sich indessen herausstellte, wie schwierig es war, komplexe und vielfältige Indianerkulturen – mit entsprechend komplexen und variantenreichen Sprachen – zu Kulturen christlichen und europäischen Gepräges umzuformen, brach ein bisweilen erbitterter Kampf aus, bei dem es darum ging, ob es rechtens sei, Indianersprachen im Bereich des Erziehungswesens zu benutzen, ja um den Wert, den diese Sprachen überhaupt hatten. Auf der einen Seite in diesem Kampf standen hauptsächlich Angehörige religiöser Orden, die – wie beispielsweise der jesuitische Historiker José de Acosta – die Ansicht vertraten, daß die Sprachen der einheimischen Amerikaner geeignete Vehikel einer kulturellen Angleichung, ja daß sie als einzig möglicher Zugang zu den verwirrten Gemütern der Indianer auch das einzige Mittel einer echten Evangelisation seien. Niemand, so argumentierte Acosta, werde freiwillig eine fremde Religion und Kultur annehmen, wenn man ihn nicht mit kraftvollen Worten, die ihn unmittelbar ansprechen, davon überzeugt, daß dies erstrebenswert sei. Auf der anderen Seite standen der Weltklerus und mehr und mehr auch die Krone und ihre Agenten. Sie vertraten gemeinsam die Ansicht, daß die Religion einer Kultur zu eng mit der Sprache der Träger dieser Kultur verknüpft sei, als daß eine Unterwerfung in einer anderen Sprache möglich wäre. »Christlich sprechen« erhielt daher die Bedeutung von »spanisch« – allenfalls noch lateinisch – zu reden. Die Verfechter dieser Ansicht glaubten auch, daß die Fortschritte, die Kastilien bei der Ausbreitung seiner Macht gemacht hatte, wie Nebrija geäußert hatte, untrennbar mit den Fortschritten der Unterweisung im Kastilischen zusammenhingen.

Beide Seiten anerkannten die Macht der Sprache, und beide wußten, daß Sprache, wenn solche Dinge wie das Verständnis einer Kultur und einer Religion auf dem Spiel standen, ebenso leicht alles verderben wie auf eine höhere Ebene heben konnte. Daß sich in gewissen Regionen Amerikas, so in den Hochländern der Anden und in der Provinz São Paulo, nicht nur Indianer, sondern auch Europäer häufig der einheimischen Sprachen bedienten, so viele Nachteile diese angeblich auch hatten, und zwar nicht nur für die religiöse Erziehung, sondern auch im Alltag, ließ das Schreckgespenst einer Siedlerkultur aufkommen, die sich allmählich den Indianern anpaßte. Sprachen konnten auch auf andere Weise verdorben werden. Niemand, so schien es, konnte letztlich hoffen, der kulturellen Angleichung zu entgehen, die die Übernahme der Sprache notwendigerweise mit sich zu bringen schien. Übersetzte man beispielsweise insbesondere die heiligen Texte oder sogar den Katechismus aus der »christlichen« in irgendeine andere Sprache, so riskierte man nicht nur, daß sich Fehler und Widersinnigkeiten einschlichen – beispielsweise wurde, wie ein Franziskaner hervorhob, aus der »Gemeinschaft der Heiligen«, wenn man diesen Begriff in *quechua* auszudrücken versuchte, »Lustbarkeit der Heiligen« –, doch noch schlimmer war es in gewissem Sinn, daß diese Texte ganz und gar verfremdet wurden. Ende des 16. Jahrhunderts hatte die Krone Kastiliens Gesetze erlassen, die es gänzlich verboten, Indianersprachen zu benutzen, um das Evangelium zu predigen, denn man war der Ansicht, es sei unmöglich, »sogar in den vollkommensten von ihnen... gut und angemessen die Geheimnisse des heiligen katholischen Glaubens« zu erklären. Und 1727 verboten die Portugiesen den Gebrauch der *Tupi*-Sprache völlig.[6]

Zugrunde lag dieser Debatte allerdings ein viel weiter gespannter Disput über den Zusammenhang zwischen Sprache, Ursprung und Entwicklung von Völkern. Alle, die sich an der Auseinandersetzung über den Wert und den Nutzen der amerikanischen Indianersprachen beteiligten, stimmten – *mutatis mutandis* – in einer Prämisse überein: Sprache sei ein erstrangiger Indikator von Rationalität, und was jemand sagte, war in sehr hohem Maß genau das, was er war. Hieraus folgt auch, daß man Sprache als unmittelbaren und offenkundigen Zugang zu einer fremden Kultur ansah. Wie wir noch sehen werden, wurden im 18. Jahrhundert Diskussionen über die Sprache des »Primitiven«, des »Wilden«, des »Barbaren« zu einem der wichtigsten Aufhänger, an dem man Theorien über Evolution und kulturelle Entwicklung befestigte – desgleichen machte man den relativen Wert und daher auch die mögliche Kommensurabilität der indianischen Völker von ihnen abhängig.

Nichts von alledem überrascht. Die hellenistischen Griechen, die dem heutigen Europa die Vorstellung einer einzigen menschlichen Art und zugleich deren Bezeichnung – *anthropos*, »Mensch« – hinterließen, vermachten uns gleichzeitig den ersten Terminus, der uns innerhalb dieser Art Differenzierungen erlaubte. Dieser Terminus lautete *barbaros*, »Barbar«. Und ein Barbar war, bevor er irgend etwas anderes war, ein »Stammler«, jemand, der nicht griechisch, sondern nur »barbarisch« sprach. Die enge Beziehung, die die Griechen zwischen faßlicher Sprache und Vernunft annahmen, ermöglichte die Annahme, daß diejenigen, denen *logos* in dem einen Sinne abging, diesen auch in anderem nicht besaßen. Für die meisten Griechen und für ihre kulturellen Erben wurden die Fähigkeiten, sich der Sprache zu bedienen und sich gesellschaftlich zu organisieren, zu Maßstäben der Begabtheit mit

Vernunft und damit zu entscheidenden Merkmalen, die ihn wahrhaft vom Tier unterschieden. Nur Menschen besitzen Vernunft, und Aristoteles zufolge besitzen auch nur Menschen Zungen, die breit, locker und geschmeidig genug sind, um überhaupt verständliche Töne zu bilden.[7] Grundsätzlich könnte es möglich sein zu sagen: Wer nicht spricht wie wir, denkt auch nicht wie wir, und wer nicht wie wir denkt, *ist* nicht wie wir.

Man wundert sich daher kaum, daß der Schock der Begegnung mit Amerika so oft auf sprachlichem Gebiet Ausdruck findet. »Weißt du, wie ich die Sprache dieses Landes nenne?« fragt Barchilon den erstaunten Justino in Quirogas *Coloquios de la verdad,*

das abscheulichste Kauderwelsch, dessen man sich auf Erden je bediente. Sieh doch, in welchem Land du bist, daß alles, was du zu denken oder zu sagen wagst, einen Wagemut erfordert, wie man ihn haben muß, um sich mit der Hölle zu messen.[8]

Doch begeben wir uns im Geist im ersten Jahrzehnt des 18. Jahrhunderts auf Wanderschaft und versetzen wir uns in die Wälder Französisch-Kanadas! Hier sehen wir zwei Männer in einer hitzigen Debatte. Einer von ihnen ist Franzose. Sein Name lautet Louis-Armand de Lom d'Arce, seines Zeichens Glücksritter und selbsternannter Baron de Lahontan (sein Vater hatte einst diesen Titel besessen, ihn aber verkauft, um geschäftliche Schulden zu tilgen). Der andere ist ein Hurone, den Lahontan »Adario« nennt, ein »Wilder von guter Gesinnung«, der »herumgekommen« war. Bezeichnenderweise hatte ihn sein Schicksal vor allem bis nach Frankreich verschlagen, wo er Gelegenheit gehabt hatte, Europäer in ihrer gewohnten Umgebung kennenzulernen. Aber auch in New York war er gewesen, wo er sich – aus dem zu schließen, was er Lahontan berichtete – mit englischen Siedlern ausführlich über die Unterschiede zwischen Anglikanismus und Katholizismus unterhalten hatte.[9] Gegenstand seiner Debatte ist die Abwägung der Vor- und Nachteile, die die Gesellschaftsformen Frankreichs und der Indianer aufwiesen, wobei Frankreich für die »Zivilisation«, die Indianer aber für die »barbarische« Lebensweise standen. Lahontan versucht, seinen »wilden« Gesprächspartner von der Überlegenheit seiner Welt zu überzeugen. Adario seinerseits, der von dem, was er in Frankreich gesehen hatte, nicht sonderlich beeindruckt war, ist entschlossen, die Werte dessen zu verteidigen, was er häufig als »die Wälder« bezeichnet.

Lahontans *Dialogues curieux entre l'auteur et un sauvage de bon sens qui a voyagé* (»Kuriose Dialoge zwischen dem Verfasser und einem Wilden von guter Gesinnung, der gereist ist«), eine Schrift, die erstmals 1703 als Supplement seiner *Nouveaux Voyages et Mémoires de l'Amérique septentrionale* (»Neue Reisen und Berichte aus Nordamerika«) gedruckt wurde, erlangten enorme Beliebtheit.[10] Lahontan persönlich aber wurde häufig als unzuverlässiger Scharlatan betrachtet, als ein Mann, der zwar behauptete, das Leben der »Wilden« weit besser zu finden als alles, was es in Europa gäbe, der aber dennoch all seine Energie darauf verwendete, Titel und Besitz seiner Familie zurückzugewinnen. Im Dezember 1693 mußte er aus Kanada nach Portugal fliehen, und die nächsten 17 Jahre verbrachte er auf der Wanderung durch Süd- und Mitteleuropa. Die Umstände, unter denen seine Bücher veröffentlicht wurden, waren etwas undurchsichtig, und man äußerte sogar den Verdacht, er sei nichts anderes als eine literarische Fiktion, eine erfundene Gestalt. »Ich versichere Ihnen«, schrieb Leibniz (der Lahontan kannte und ihn angeblich gut leiden mochte) im Jahre 1710 an seinen Freund Friedrich Wilhelm Bierling, »daß der Baron de Lahontan eine reale Person und keine Fiktion ist, und daß seine Reisen so sehr der Wirklichkeit entsprechen wie er selbst.«[11]

Doch was er über sein Leben in Kanada erzählte sowie die Tatsache, daß er über ausgiebige Kontakte sowohl zu den Huronen als auch zu den Algonquin verfügte, während er gleichzeitig als Angehöriger des niederen Adels einen immerhin in Grenzen flüssigen, wenn auch nicht wirklich brillanten Stil schrieb, kam jenen Philosophen entgegen, die nach überzeugenden und möglichst detaillierten Modellen dafür suchten, wie sie sich das vorzivilisierte Dasein des Menschen vorzustellen hätten. Hier verfügten sie über einen literarischen Augenzeugen der Vorzüge und Tugenden, der Lebensweise der »Wilden«, und dieser Zeuge bediente sich einer Sprache, die Vertrautheit mit der Philosophie Europas erkennen ließ. Voltaire und Rousseau lehnten sich ausgiebig an ihn an. Tatsächlich hat beinahe jeder *bon sauvage* kanadischen Ursprungs, der in der Folgezeit von Schriftstellern erschaffen wurde, mehr oder weniger – ja, häufig sogar alles – Adario zu verdanken. Leibniz war von Lahontans Erzählungen über ein Stammesleben in einträchtiger Kooperation und voller Familiensinn, ein Stammesdasein ganz ohne »Wohltaten« wie Regierungen, Gesetze oder gar Waffen, so begeistert, daß er behauptete, sie hätten ihm bewiesen, wie sehr Hobbes sich geirrt hätte, denn sie zeigten, die menschliche Gesellschaft habe sich nicht herausgebildet, »weil die Menschen weder durch ihre gute Veranlagung hinreichend dazu angetrieben, noch durch ihre Bosheit gezwungen worden seien, sich eine Regierung zu geben und den Naturzustand zu verlassen«.[12]

Adario ist die Verkörperung der Tugenden eines Lebens im Naturzustand, doch wegen seiner Reisen ist er mit detaillierter Kenntnis der europäischen Kultur und einem vollentwickelten europäischen Wortschatz ausgestattet. In vieler Hinsicht verstehen wir seine Kritik an der französischen Gesellschaft nur allzu gut. Tadelt er die Franzosen doch, weil sie so unnötige Luxusgüter zusammenraffen, weil sie ihrer Frivolität ungehindert Lauf lassen und schließlich alles verachten, das sie nicht selbst hervorgebracht haben und infolgedessen zur Gänze beherrschen können. Am meisten zerbricht er sich aber den Kopf wegen der religiösen Einstellung der Europäer und wegen ihres Rechtswesens. Und da es sich dabei – dies stellt sich im Lauf des Dialogs heraus – um Dinge handelt, bei denen der Umgang mit Texten eine entscheidende Rolle spielt, bildet eine Reihe von Bemerkungen über die Stellung der Sprache im Gefüge der menschlichen Gesellschaft den Kern vieler Aussagen Adarios.

Zugrunde liegen all der Kritik, die Lahontan seinem fiktiven Adario in den Mund liegt, die aber selbstverständlich Lahontans eigene Ansichten spiegelt, zwei vertraute Voraussetzungen. Die erste davon ist, daß man klar und eindeutig weiß, was »natürlich« und was »artifiziell« ist, daß es eine säuberliche Unterscheidung zwischen dem Naturrecht *(ius naturae)* und von Menschen erfundenen Satzungen (den *leges humanae)* gäbe. Immerhin versteht der »Wilde«, daß einige Aspekte allen menschlichen Lebens unvermeidlicherweise Menschenwerk sind – von Menschen geschaffene Produkte einer von Menschen gestalteten Kultur. Der Hurone selbst jagt mit Waffen wie Pfeil und Bogen. Er trägt eine, wenn auch noch so bescheidene, Kleidung, und er haust in *cabanas,* die er selbst geschaffen hat. Andererseits aber legt er sich niemals mehr zu, als seine absichtlich einfache Lebensweise unbedingt erfordert. Und er richtet sein Leben nicht nach irgendwelchen selbstauferlegten Regeln ein, sondern nach den Erfordernissen der Natur, die jeder verstehen kann, der sich nur auf seine Vernunft verläßt, sofern diese nicht durch selbstauferlegte Zwänge verbogen würde. Bringt man aber Artifizielles, von Menschen Erschaffenes, Kulturbedingtes mit Naturgegebenem durcheinander oder setzt beides einander gleich und behauptet man, wie es immer der literarische, fiktive Lahontan in den Ich-Form-Dialogen seines gleichnamigen Schöpfers tut, daß etwas, das fraglos ein Produkt menschlichen Übereinkommens ist, die Kraft eines Naturgesetzes habe, so bedeutet dies nach Adarios Auffassung den Rückzug in eine Welt, die man sich selbst geschaffen hat – eine Welt, in der die Herrschaft der Vernunft durch blinde Anhängerschaft an eine überkommene Sicht ersetzt wurde, die die Christen »Glauben« nennen. Für Adario ist die Welt einfach und überschaubar. Sein Gottesbegriff ist deistisch, insofern er von einem unmittelbaren Zusammenhang zwischen dem, was ist, und dem, was man sieht, ausgeht. Als Lahontan seine *Dialogues* zu schreiben anfing, begann sich gerade eine derartige Vorstellung (natürlich gab es nebenher noch zahllose andere) nichteuropäischer »Wilder« abzuzeichnen. Auf die Folterbank gespannt, um ihm durch »hochnotpeinliche Befragung« das Geheimversteck seiner Schätze zu entlocken, wird der Azteke »Montezuma« (der in Wahrheit ein Spiegelbild des Inka Atahualpa ist) in Drydens 1665 geschriebenem Stück *The Indian Emperor* von einem christlichen Priester in den »Wahrheiten« der christlichen Religion »unterwiesen«. Montezuma (der hier so geschildert wird, als ob er eigentlich ein in eine Indianerrolle geschlüpfter anglikanischer Liberaler wäre) beruft sich demgegenüber immer wieder auf die Vernunft. Damit treibt er seinen Gegner, den Priester, in die Enge. Dieser hört nun zu argumentieren auf und verlegt sich aufs Befehlen. »Entsage dem, was dein Fleisch dir eingibt, und gehorche«, herrscht er den Azteken an. Montezuma aber weiß ebensogut wie Adario und wie jeder künftige *bon sauvage:*

Wenn ich das Licht der Wahrheit je verriete, sollt mich kein Strahl des Taglichts mehr erfreuen. (5. Akt, 2. Szene)

Für den Indianerfürsten und seinesgleichen beruhen die soziale Welt der Europäer sowie die Vorschriften, die ihnen ihre Religiosität auferlegt, selbst dann, wenn sie aus einem sympathischeren Munde kommen als aus dem des Priesters in Drydens Stück, auf der falschen Voraussetzung, daß Gottes Schöpfungsplan nicht wirklich aus seinen Werken allein verstanden werden könne und daß die meisten unserer Verhaltensweisen und Glaubensinhalte nichts mit dem Walten innerer Vernunft zu tun haben, sondern auf dem Gewicht beruhen, das wir der Autorität einiger weniger beimessen. Diese wenigen behaupten, Zugang zu einer speziellen Form des Wissens zu besitzen, einem esoterischen Wissen, das nicht von dieser Welt ist, sondern in so manch wesentlicher Hinsicht dem direkt widerspricht, was uns der Gebrauch der Sinne lehrt... offenbar waren alle »Wilden« gute Anhänger von John Locke. Die wenigen Esoteriker der zivilisierten Welt, die »Jesuiten«, wie Adario sie immer wieder nennt, verhökern dagegen offen auf der Hand liegende Widersinnigkeiten, die nur glauben kann, wessen Geist vollständig blind ist. Daher auch der Zorn, der Voltaires »eingeborenen Huronen« *(Huron l'Ingénu)* packt. Vieles von der Art, wie dieser sich gibt, sowie die wenigen huronischen Worte, die er äußert, sind Lahontan entlehnt. Als er dem Spottbild eines, wenn auch wohlmeinenden, englischen Jansenisten namens »Gordon« begegnet, der ihm die Unterschiede zwischen einzelnen christlichen Sekten klarzumachen sucht, schreit er diesem zu, es sei

»eine Absurdität, ein Frevel gegen die menschliche Art und eine Unverschämtheit gegenüber dem Ewigen, wenn man erkläre, es gäbe eine Wahrheit, die von höchster Bedeutung für die Menschheit sei, doch Gott habe sie vor der Menschheit verborgen«.[13]

Ursache jeglichen Übels sind also die Priester, die den Verstand der Menschen dermaßen einnebeln, daß er die natürliche Welt der Menschen nicht mehr so zu erkennen vermag, wie sie ist. Für jeden naturverbundenen Menschen − ebenso wie einst für Sokrates − ist das Übel nichts als eine Folge der Unwissenheit, und die tiefste, abgründigste, gefährlichste Form des Unwissens ist die Einbildung, Wissen zu besitzen.

Lahontans Adario − und dies gilt ebenso für Drydens Montezuma wie für Voltaires *Huron l'Ingénu,* desgleichen aber auch für Diderots weisen Tahitianer (dem wir im nächsten Kapitel wiederbegegnen werden) − bietet sich als höchst geeignetes Sprachrohr für Lahontans eigene Argumente zugunsten der Naturreligion an. Der zweite Hauptpunkt seiner Argumentation betrifft die zentrale Rolle der Sprachen im Weltbild der Zivilisation. Denn was Religion im ersten Teil der *Dialogues* mit Rede und Gesetz verbindet, wovon im zweiten Teil die Rede ist, ist genau die Art und Weise, in der für Lahontan beide durch das Wort bestimmt sind.

Für den Naturmenschen Adario ist Menschlichkeit eine angeborene Fähigkeit des Menschen, moralisch zu handeln. Der Unterschied zwischen einem Menschen und einem Biber stellt sich ihm als das dem Menschen von Geburt an innewohnende Vermögen dar, zu erkennen, was gut und böse ist, wozu sich der unerschütterliche Wille gesellt, nach dieser Erkenntnis zu handeln. Für den literarischen Lahontan als Dialogfigur, mit anderen Worten als fiktiven Partner des fiktiven Adario, besteht der hauptsächliche Wesensunterschied allerdings zwischen Menschen, die schöpferische Begabung besitzen, und anderen, denen diese Begabung abgeht. Für ihn ist der Mensch ein Tier, das »aufrecht auf seinen beiden Beinen steht, das lesen und schreiben kann und über tausend andere Fähigkeiten verfügt«.[14] Hier wiederholt Lahontan lediglich ein antikes Paradigma (und Adario wandelt es um) − die Be-

hauptung nämlich, alles Natürliche existiere lediglich potentiell, mit anderen Worten: in speziellen Fähigkeiten des Menschen (seiner *techne* bzw. *scientia*), die es ihm ermöglichen, die
der Natur innewohnenden Wirklichkeiten erst freizusetzen
(beispielsweise einem Baum dazu zu verhelfen, ein hölzerner
Stuhl oder ein Tisch zu werden), und der Mensch sei *von
Natur aus* ein Schöpfer artifizieller, »künstlicher« Welten.
Worauf es hier allerdings ankommt: Für den fiktiven Lahontan, den Dialogpartner Adarios, ist nicht die Landwirtschaft
oder die Seefahrt die wichtigste Erfindung des Menschen,
sondern seine höchste Errungenschaft ist die Sprache. Genauer: es ist seine Fähigkeit, Texte zu schaffen, denn es sind
Texte, die es ihm ermöglichen, sein moralisches und soziales
Weltgefüge zu ordnen, und dies ohne die Notwendigkeit der
Reflexion oder jene Akte individueller Einsicht, die in Adarios Augen ausschlaggebend für die moralische Befindlichkeit
des Menschen sind.

Als Lahontan (gemeint ist hier wieder die fiktive Dialogfigur, nicht deren gleichnamiger Autor) Adario zu bekehren
versuchte, berief er sich, wie es nicht anders sein konnte, zuallererst auf das Wort. Die Wahrheit des Christentums, so erklärte er Adario, sei schriftlich niedergelegt worden. Somit sei
das Christentum eine Buch-Religion, die ganz auf dem Verständnis einer Reihe von Texten beruhe. So sei die bloße *Existenz* der Bibel allein Beweis genug für die *Wahrheit* ihres Inhalts. Allerdings, erwidert Adario, sei ohne Glauben alles
sinn- und bedeutungslos, was in der Bibel stünde. Aus sich
heraus böte es nicht den geringsten einleuchtenden oder gar
zwingenden Grund, diesen Glauben anzunehmen. »Diese
Heiligen Schriften, die ihr unablässig im Munde führt, wie es
die Jesuiten tun«, sagt er,

hängen von dem großen, tiefen Glauben ab, mit dem die Geistlichen uns unaufhörlich in den Ohren liegen *(nous rompent les oreil-
les),* doch kann es sich hierbei um nichts anderes handeln als um
das Ergebnis ihrer Überredungskunst. Glauben heißt nichts anderes, als überzeugt sein, und wenn man sich überzeugt, so bedeutet
dies, daß man eine Sache mit eigenen Augen sieht, sie an klaren
und tragfähigen Beweisen erkennt.

186

Adario, der ein guter Cartesianer ist, weiß, daß Texte allein nichts bringen. In New York hat er entdeckt, daß sie auf tausenderlei unterschiedliche Arten und Weisen ausgelegt werden können. Die Engländer, denen er begegnet war, hatten behauptet, ihre Deutung der Schriften – die ganz von dem abwich, was die Jesuiten ihn gelehrt hatten – sei selbstverständlich die einzig richtige. Und was die Jesuiten anginge, so behaupteten sie ihrerseits, daß von fünf- oder sechshundert Religionen, die es gäbe, nur eine allein richtig sei, und dies sei die ihre. In Adarios Augen ist dies schlicht und ergreifend Unsinn. »Wenn ich euch sage«, so fährt er fort,

daß sie (er meint die Schilderungen der Schöpfung und Erlösung) sehr viel eher Fabeln sind, als daß sie auf Wahrheit beruhen, werdet ihr mir Argumente entgegenhalten, die auch nur wieder eurer Bibel entnommen sind. Nun aber wurde festgestellt, dies jedenfalls habt ihr mir erzählt, daß die Bibel dreitausend Jahre alt sei, der Buchdruck aber erst vier oder fünf Jahrhunderte. Woher wißt ihr also so genau Bescheid über die Ereignisse, die sich in der langen Zeitspanne abgespielt haben, die dazwischenlag?

Sowohl die Bibel als auch die Beschreibung Kanadas durch Jesuiten sind Bücher, aber beide besitzen wohl kaum jenen hohen Wahrheitsgehalt, den Lahontan, wie es schien, allen Arten von Texten zuschrieb. Adario freilich läßt nicht locker:

Wenn wir nun mit eigenen Augen Lügen erblicken, die gedruckt wurden, aber auch andere Dinge, die man nicht zu Papier gebracht hat, wie soll ich dann die Bibeln für wahr halten, die vor so vielen Jahrhunderten geschrieben und aus so vielen Sprachen übersetzt wurden, und zwar von Ignoranten, die von der ursprünglichen Bedeutung dieser Texte keinerlei Ahnung hatten, oder von Schwindlern, die die Wörter, so wie wir sie heute vorfinden, verändert, aufgebauscht oder abgewiegelt haben.

Lahontans Antwort im Rahmen des Dialogs besteht natürlich in einem Hinweis auf den besonderen Status, den besonders herausgehobenen Charakter des von Adario angesprochenen Textes. Wie könne Adario nur, so fragt er, »Bagatellen« wie die von Jesuiten verfaßte Beschreibung Kanadas auf die gleiche Stufe stellen wie die Heilige Schrift, die zwar von verschiedenen Autoren verfaßt worden sei, die allerdings einander nicht widersprächen.[15] An diesem Punkt aber trennen sich Adarios und Lahontans geistige Welten ganz und gar. Der Dialog, der immerhin noch bis hierher fortgeführt werden konnte, wird nun schlechterdings unmöglich. Für den Dialog-Lahontan beruht die Wahrheit der Bibel auf dem Status ihres (vorgeblichen) Autors. Im Gegensatz dazu wäre für Adario die ganz von selbst einleuchtende Wahrheit des Textes ein Beweis der Verfasserschaft gewesen. Stünde Gott, sei es unmittelbar als Verfasser oder doch immerhin als Inspirator, hinter der Bibel, dann wäre diese wohl von nachgerade strahlender Einfachheit. In Wahrheit aber, so äußert er verärgert, sei die Bibel voll von Unstimmigkeiten und enthielte mehr Unstimmigkeiten und Widersprüche als jede Schilderung des Huronenlebens aus der Feder irgendeines Jesuiten. Keinerlei Gottheit, wie Lahontan sie zu schildern versucht habe, könne für ein solches Machwerk verantwortlich gemacht werden. Als moralischer Traktat tauge es ebensowenig wie als Darstellung der Natur, und Adario, der seine Naturphilosophie ebensowenig aufgeben kann wie Drydens Montezuma, will nichts damit zu tun haben.

Daß für Adario die Vernunft über der Erleuchtung steht – und damit letztlich auch die persönliche Beobachtung über der Deutung von Texten –, gehört in den Bereich der von uns bereits in Kapitel 2 untersuchten Auseinandersetzung über den Status des Augenzeugen. Doch es hat auch mit einem anderen, nicht minder endlosen, ähnlich ergebnislosen Streit um den Ursprung der Sprache und deren Rolle bei der Entwicklung der menschlichen Gesellschaft zu tun. Dieser Streit geht mindestens bis auf Plato zurück, doch als im 17. und 18. Jahrhundert die Erforschung Süd-, Mittel- und Nordamerikas sowie anschließend des pazifischen Raums die Europäer mit einer zunehmend größer und reicher werdenden Vielfalt von Kulturen in Berührung brachte, deren Träger sich einer verwirrenden Vielfalt von Sprachen bedienten, wurde er weithin zum Gegenstand theoretischen Interesses.

★

Im Jahre 1866 erklärte die linguistische Gesellschaft zu Paris die Diskussion über den Ursprung der Sprache für beendet.[16] Wie Giambattista Vico 1725 mit ätzendem Spott bemerkt hatte, war bei dieser Auseinandersetzung die Anzahl der Theorien ebenso groß wie die der Gelehrten, die sie vorbrachten.[17] Wir *können* einfach nicht sagen und werden es wohl nie können, wer die ersten Worte sprach, was der Anlaß dafür war und um welche Worte es sich handelte. Wenn wir indessen von der Voraussetzung ausgehen, daß es die Sprache ist, die den Menschen vom Tier unterscheidet, dann liegt es auf der Hand, daß das Wissen um ihren Ursprung von zentraler Bedeutung für unser Verständnis des menschlichen Geistes ist. Die Spekulationen über den Ursprung der Sprache waren infolgedessen nicht so sehr eine Suche nach historischem Wissen, sondern der Versuch, eine Art »mutmaßlicher Geschichte« der kognitiven Kräfte des Menschen und der menschlichen Gesellschaft zu schreiben.[18]

Den ersten Platz in einer solchen Geschichte nahm selbstverständlich die Sprache ein, die Gott Adam gab. Für die meisten Christen war dies eine Überraschung, denn seit Aristoteles war man allgemein der Ansicht, Sprachen seien, je nachdem, wie es sich aus den Umständen ergab, das Ergebnis von Konventionen. »Jeder«, so lautet ein berühmtes Wort von John Locke, »besitzt die unverletzliche Freiheit, jedem Gedanken nach Belieben Worte zu verleihen.«[19] Die »akademische« Auffassung operierte – ebenso wie die platonische – mit der Notwendigkeit, eine Beziehung zwischen Wörtern und Dingen herzustellen. Für einen Platoniker trägt der Mensch selbst ganz wenig dazu bei, und das Wort »Esel« beispielsweise bezeichnet bis zu einem gewissen Grad ein Wesen, ein Etwas, dessen Bestimmung darin bestand, ein Esel zu *sein*. Auf einer solchen Basis wäre freilich eine *Geschichte* der Sprachen sinnlos, wenn diese als Geschichte der Entwicklung des menschlichen Denkens verstanden werden sollte, ja – noch wertloser wäre sie im Hinblick auf die Entwicklung der menschlichen Gesellschaft.

Der Mythos vom Turmbau zu Babel und der damit zusammenhängenden »Sprachenverwirrung« ermöglichte demgegenüber die Annahme eines vollständigen Bruchs zwischen der akademischen Urstufe und allen nachadamitischen Perioden der menschlichen Geschichte. Es fehlte nicht an Gelehrten, die – wie der Grammatiker Bernard Lang – glaubten, man könne in einer ganzen Reihe nichteuropäischer Sprachen noch immer Spuren einer »Ursprache« nachweisen. Seiner Ansicht nach verraten die »Atempausen« in den Dichtungen der Perser, der Tartaren, der Chinesen, der Araber, der Afrikaner und »vieler Völker Amerikas«[20] noch immer »Energie und Harmonie«.[21] Doch im 18. Jahrhundert mußte jeder, der sich ernsthaft mit der »adamitischen« Sprache befaßte, offen zugeben, daß alles, was man über diese sagen konnte, bestenfalls auf Vermutungen beruhte. Besaß »Adams Sprache« doch nur eine einzige Eigenschaft, die man ihr mit Gewißheit zuschreiben konnte: die Universalität, und insofern entsprach sie, wie Leibniz folgerte, am ehesten gleichfalls allgemein gültigen mathematischen und logischen Symbolen.[22]

Sämtliche lebende Sprachen, darin war man sich einig, waren »nachbabylonisch«. Der Sprachgebrauch, so argumentierte man, verhalf zu einer Karte – oder besser noch, zu einer ganzen Reihe verschiedener Karten – des menschlichen Geistes, denn schließlich ist Sprache eine Erfindung des Menschen… mit anderen Worten, ein Kulturprodukt.[23] Wechselseitige Übereinkunft garantierte dafür, daß ein und dasselbe Wort unverrückbar für eine und dieselbe Sache stand. Und wenn alle Sprachen auf Übereinkunft beruhten, dann mußten sie auch durchschaubar sein. Die Wörter hatten sich direkt und unzweideutig auf die Gegenstände innerhalb des geistigen Horizonts der Sprechenden zu beziehen. John Locke zufolge hatte der Wortschatz seinen Ursprung in individuellen menschlichen Bedürfnissen[24], wogegen Ideen ihren Ursprung in Gefühlen hatten. Und in dem Maß, in dem die Anzahl der Objekte in der Geistes- und Gefühlswelt der Menschen zunahm, wuchs auch deren Wortschatz, erweiterte sich ihr Vokabular. Selbstverständlich lebte ein »Wilder« in einem sozialen Umfeld minderer, eingeschränkter Komplexität, dessen Funktion sich darauf beschränkte, die äußersten Bedürfnisse des Überlebens zu befriedigen. Seine Sprachen galten daher als entsprechend simpel. Beispielsweise konnte kein Indianer – dies behauptete wenigstens John Locke – über tausend zählen, denn die indianischen Sprachen waren »nur den wenigen Notwendigkeiten eines einfachen und entbehrungsreichen Daseins angepaßt, das weder Handel noch Mathematik kannte«.[25] Oder wie später James Beattie von Bevölkerungsgruppen ähnlich Hobbesschen Zuschnitts – in diesem Fall von Bewohnern des schottischen Hochlands – äußerte: »Wir können uns nicht vorstellen, daß Menschen, deren Kleider kaum mehr als Lumpen sind und die in Höhlen hausen, in ihrer Sprache Überfluß auszudrücken vermögen.«[26]

Amerikas weit herumgekommene Bewohner, die ihren europäischen Zeitgenossen dafür herhalten mußten, um Kritik gegen Europas Kultur zu artikulieren, kommen immer wieder auf den Aspekt der Sprachgeschichte zurück – oder was man dafür hielt. Denn das Verständnis eines »Wilden« für die europäische Kultur war durch die Grenzen seiner Sprache erheblich eingeschränkt. Er konnte einfach all die Dinge nicht verstehen, für die seine Sprache keine Bezeichnungen hatte. Und stets handelt es sich dabei um Dinge, die niemand benötigt, wenn er ganz und gar naturverbunden lebt. Wie Lahontan beobachtete, der seine *Nouveaux Voyages* mit einem huronischen Wörterverzeichnis ausstattete (was Adario in den *Dialogues* ausdrücklich hervorhebt), kannten Kanadas einheimische Bewohner

keinerlei zeremonielle Redewendungen oder Höflichkeitsfloskeln, und auch eine Reihe von Ausdrücken war ihnen unbekannt, wie Europäer sie benutzen, um dem, was sie sagen, Nachdruck zu geben. Sie verstehen nur das auszudrücken, was man zum Leben braucht. Aber sie verfügen nicht über ein einziges Wort, das nutzlos oder überflüssig wäre.[27]

Derartige Verzeichnisse von Ausdrücken, die »Wilde« *nicht* kannten, wurden immer umfangreicher und komplexer, je mehr Europäer über die Kulturen der »Wilden« in Erfahrung brachten. Sie eigneten sich entweder dazu, Betrachtungen über die kulturelle Armut der »Wilden« anzustellen – oder über den unnützen, ja schädlichen Einfluß der europäischen

Zivilisation. Doch in der Praxis geschah immer wieder das gleiche: Man wog Wörter gegen Dinge auf. Waren die Dinge vorhanden, so gab es – jedenfalls dachte man so – auch die Wörter. Die Pariser, die den Tahitianer Aotouru erlebten, den Bougainville mitgebracht hatte, waren durch dessen Unfähigkeit schockiert, Französisch zu lernen. Die meisten Europäer, so meinten sie, hätten doch kaum Schwierigkeiten, sich diese Sprache anzueignen. Sie brauchten dazu nur ein paar Monate in Frankreich zu wohnen. Aotouru dagegen lebte schon über ein Jahr bei den Franzosen, brachte aber doch nur ein paar einzelne Wörter und Sätze heraus. Bougainville indessen versuchte, dies zu erklären (und Diderot bediente sich der gleichen Erklärung zu einem ganz anderen Zweck in seinem *Supplément*)[28]:

Jene Fremden besitzen eine Grammatik, die der unseren ähnelt. Sie verfügen über Vorstellungen in den Bereichen der Moral, der Naturkunde sowie auf gesellschaftlicher Ebene, die den unseren ähnlich sind... wogegen die Tahitianer nur eine begrenzte Anzahl von Ideen kennen, die sich auf die einfachsten und beschränktesten Gesellschaftsverhältnisse sowie auf Bedürfnisse beziehen, die nicht über das denkbar geringste Maß hinausgehen.

Um mit auch nur der geringsten Aussicht auf Erfolg Französisch zu lernen, fuhr er fort, müßten sie zuvor »eine Welt primärer Ideen schaffen, bevor sie in der Lage wären, in unserer Sprache die Ausdrücke zu lernen, die sich auf sie beziehen«.[29] Nur wenige Europäer allerdings, so beklagte sich Bougainville, schienen imstande, dies zu begreifen. Und bis zum Ende des 19. Jahrhunderts gab es auch nicht viele, die Interesse an Lafitaus Beobachtung zeigten, unsere Sprachen und die der Indianer seien vielleicht dermaßen verschieden strukturiert, daß simple Analogien dieser Art einfach bedeutungslos seien.

Bougainvilles Behauptung, Entsprechungen wesentlicher Begriffe zivilisierter Gesellschaften fänden sich deshalb nicht in der Sprache von »Wilden«, weil derartige Begriffe nur in der Sprache einen Sinn ergäben, die sie geprägt hat, fand dagegen in die Geistesgeschichte Eingang, in der Lahontans Adario und Diderots Orou (um von Bougainvilles Aotouru zu schweigen) ebenso ihren Platz hatten wie jeder *bon sauvage,* von dem im Zusammenhang mit dieser Thematik die Rede war.[30] Es traf nicht nur zu, wie John Locke argumentierte, daß »Naturmenschen« ohne Wörter wie Gesetz oder Verrat, Glaube oder Betrug auskamen – sie hätten sich unter diesen Begriffen auch gar nichts vorstellen können, fanden nicht einmal gedanklichen Zugang zu ihnen, und ebensowenig verfügten sie, wie wir noch sehen werden, über gedanklichen Zugang zu Abstraktionen oder Allgemeinbegriffen, weil in der natürlichen Welt Tahitis oder der amerikanischen Wälder derartige Vorstellungen nicht existierten. Aotouru, so äußert beispielsweise »B« in Diderots *Supplément,* konnte den Europäern nichts über sein Heimatland berichten, weil er »nicht imstande gewesen wäre, in seiner Sprache irgendeinen Ausdruck zu finden, der mit Vorstellungen korrespondiert, wie Europäer sie sich vielleicht machen«.[31] Wie Voltaires *Huron l'Ingénu* spöttisch bemerkte, konnte kein Hurone je zum Christentum bekehrt werden, weil es in seiner Sprache kein Wort für »Treuebruch«[32] gab. Die Sprache der Christen und seine Sprache waren einfach inkommensurabel.

Doch gibt es zwischen den Sprachen »wilder« und »zivilisierter« Völker nicht nur erhebliche Wortschatz-Unterschiede, sondern auch das beiden gemeinsame Vokabular wird ganz verschieden angewandt. Der »Wilde«, dessen Kontakt mit der Natur ohne künstliche Vermittlung stattfindet, welcher Art auch immer diese ist, bedient sich der Sprache lediglich, um zu beschreiben, was mit Händen greifbar »los ist«. Wie der Jansenist Gordon in seiner Zelle bemerkte, »sieht der Hurone die Dinge, wie sie sind, nicht die Begriffe von ihnen, die uns in unserer Kindheit beigebracht werden, so daß wir unser Leben so sehen, wie es nicht ist«.[33] *Huron l'Ingénu* glaubt nur, was ihm aufgrund solider Schlußfolgerungen glaubwürdig erscheint. Seine Sprache ist klar, »durchsichtig« und kann daher nicht, wie die Sprache »Zivilisierter«, benutzt werden, um sich oder andere über die Wirklichkeit hinwegzutäuschen. Die Begabung zur Lüge ist, wie Voltaires Inkaprinzessin Alzire klagt, als sie ihren künftigen Unterdrückern entgegentritt, »eine Kunst Europas. Für mich ist sie nicht gemacht.«[34] Europas Sprachen sind nicht nur besser zum Betrug geeignet als die »wilder« Völker, sondern ebenso wie die Vorstellungen der Europäer im sexuellen, religiösen und sozialen Bereich haben sie, den Worten des tahitianischen Weisen Diderots zufolge, die Eigenschaft, »den Dingen etwas Willkürliches zu geben«. Im Gegensatz dazu geht es dem »Wilden« nur um die wahre Natur der Welt, wie sie ist.

Wenn Locke den Ursprung der Sprache in »Gefühlen und Bedürfnissen« suchte, so bezog sich dies nur auf einzelne Ausdrücke. Für die meisten Sprachtheoretiker des 17. und 18. Jahrhunderts allerdings war der Ursprung des menschlichen Sprechens als Gesamtphänomen weniger in bestimmten Erfordernissen als in leidenschaftlichen Gefühlsregungen zu finden.

Nur das Verlangen – oder die Notwendigkeit –, Erregungen mitzuteilen, insbesondere jene komplexen Gefühle, wie sie nur innerhalb einer Gemeinschaft entstehen, vermochte zu erklären, wie es von einer einfachen Wort-Objekt-Beziehung zu den komplexen Strukturen einer voll ausgeformten Sprache kam. Wenn sich, wie Rousseau in einer seiner heuristischen Geschichten erzählt, die er so sehr liebte, erstmals Angehörige zweier Urmenschen-Familien begegneten, dann riefen sie sich zu, wenn sie im Süden lebten, wo alles leichter ist: »Liebt mich!« Fand eine solche Begegnung aber im Norden statt, wo man sich mit dem Leben schwerer tut, so lautete der entsprechende Zuruf: »Helft mir«.[35] In beiden Fällen war es ein heftiges Verlangen – das Verlangen nach Kommunikation bzw. der Wunsch zu überleben –, das den Menschen dazu antrieb, vollständige Sätze zu bilden.

Leidenschaft war es schließlich auch, die nach César Chesneau Du Marsais (dem Verfasser des Artikels »Accent« in der *Encyclopédie*) Menschen erstmals dazu brachte, ihre Stimme zu gebrauchen. Doch nach Auffassung der meisten Denker – einschließlich Rousseaus – bediente man sich ihrer in erster Linie nicht zum Sprechen, sondern zum Singen. Gesang, Musik und Tanz, diese unmittelbaren, unreflektierten, spontanen Ausdrucksformen leidenschaftlicher Empfindungen, gingen der artikulierten Sprache voraus. »Dichtung, Gesang und Sprechen«, schrieb Condillac, »haben einen gemeinsamen Ursprung.« Und er schloß daraus: »Die frühesten Ausdrucksformen waren Tropen... äußerst bildhaft und metaphorisch.« Gesetze, religiöse Texte und der gesungene »Tatenbericht« *(chanson de geste),* der die »geschichtlichen Denkwürdigkeiten früher Völker festhielt« – dies alles wurde, so glaubt Condillac, im Freien vor versammeltem Volk gesungen, »um bei den Zuhörern Gefühle der Liebe, der Bewunderung sowie die Lust zur Nachahmung zu wecken«.[36] Seltsamerweise hatten in jener frühen Phase Sänger keine sonderliche Schwierigkeit, sich verständlich zu machen. Waren doch in ihrer harmonischen Welt Sprachprosodie und melodische Linie identisch. Dem Vernehmen nach sollen Nachklänge derartiger Übereinstimmungen von Sprache und Gesang noch in der lateinischen Dichtung wahrnehmbar sein.

In diesem frühen Stadium waren die Sprachgewohnheiten des Menschen harmonisch. Er sprach, sang und tanzte, und all dies bildete einen einzigen, bruchlos in sich geschlossenen Akt der Kommunikation. Vielleicht erklärt es sich so, daß Aotouru, obwohl es ihm schwerfiel, Französisch zu lernen, ein so leidenschaftlicher Liebhaber der Pariser Oper war. War Oper doch – so vermerkt jedenfalls Bougainville – »die einzige Art unserer Schauspiele, die er mochte, und ihn begeisterte die Tanzkunst über alles«.[37] Allerdings gab es auch noch einen anderen Grund zu der Annahme, daß die frühesten und primitivsten Sprachen poetisch oder, richtiger noch, metaphorisch waren. Entstanden doch, wie Moses Mendelssohn 1764 erklärte, sowohl bei »Primitiven« als auch bei »modernen Wilden« individuelle Ideen als Bilder.[38] Die Ansicht derartiger Personen von der Welt sei genau das, was das Wort besage: eine *Sicht.* »Unser Geist ist ein bewegtes Bild«, bemerkte Diderot 1751 in seinem »Brief über die Taubstummen« *(Lettre sur les sourds et les muets),*

von dem wir unaufhörlich abmalen... der Geist geht nicht stufenweise vor wie der Ausdruck. Der Pinsel führt im Laufe der Zeit nur aus, was das Auge des Malers blitzartig erfaßt. Die Herausbildung der Sprache dagegen erfordert ein Zerlegen.[39]

Diese Behauptung, es käme durch ein »Zerlegen« oder »Zergliedern«, ein »Auseinandernehmen« eines anfänglich Ganzen zur Herausbildung der Sprache sowie zur Schaffung einer gemeinschaftsbildenden, gemeinschaftsbezogenen Ausdrucksweise aus Bestandteilen des ursprünglichen Sprechakts, stellt eine Übertragung des Prinzips von Auflösung und Zusammenfügung, von Analyse und Synthese, das für die Physik Galileis charakteristisch ist[40], auf den linguistischen Bereich dar. Hielt man es doch für äußerst wahrscheinlich, daß die Sprache als Spiegel des menschlichen Geistes nach den gleichen Prinzipien aufgebaut war, die man mit so verblüffendem Erfolg angewandt hatte, um »die Geheimnisse der Natur zu entschlüsseln«.

Für nicht minder wahrscheinlich aber hielt man es, daß die Menschen in der Kindheitsphase ihres Erkennens versucht haben dürften, sich gegen dieses Zerlegen, dieses »Auseinandernehmen«, zur Wehr zu setzen, daß der erste Akt der Sprachschöpfung in dem Versuch bestand, mit Hilfe ihrer Sprache ein Bild in seiner Gesamtheit zu erfassen und zum Ausdruck zu bringen. Jedenfalls glaubten manche Sprachtheoretiker, »Primitive« und »moderne Wilde« hätten in ihren Sprachen etwas von der Fähigkeit ihrer Augen bewahrt, ein Bild als ganzes wahrzunehmen. Sicherlich kommt eine an Bildern und Gleichnissen reiche Ausdrucksweise einer solchen Auffassung von der Funktion urtümlicher Sprachen erheblich entgegen, und der Metaphernreichtum einiger Indianersprachen, insbesondere des Quechua, wurde von Theoretikern, so unter anderem von José de Acosta, als Beweis für die Richtigkeit dieser These angesehen.[41] Die Wortgewalt indianischer Redner wurde geradezu zum literarischen Gemeinplatz – dies seit Lahontan, der von der Rhetorik irokesischer Häuptlinge so beeindruckt war, daß er eine ihrer Reden übersetzte und in vollem Umfang in seine *Nouveaux Voyages* aufnahm, über Chateaubriand zu solch späteren und eher »volkstümlichen« Autoren wie Fenimore Cooper.[42]

Außerdem glaubte man, wenn »primitive« Sprachen vollständige Bilder festhalten konnten, seien sie vielleicht auch imstande, mit einem einzigen Wort vollständige, wenn auch nicht sehr komplexe, verbale Strukturen wiederzugeben. Kanadische Indianer, so erklärte Pierre Louis Moreau de Maupertuis im Jahre 1756, »deren Sprache noch nicht hinreichend ausgeformt ist, können ein Fürwort, ein Tätigkeitswort, ein Hauptwort, ein Eigenschaftswort sowie einige weitere *nomina* zu einem einzigen Ausdruck zusammenschmelzen und mit einem einzigen, einfachen Wort zum Ausdruck bringen ›ich habe einen großen Bären getötet‹«.[43] Eine derartige Nichtlinearität hatte etwas von der ursprünglichen Harmonie zwischen den Menschen und der Natur, indem sie das Vorhandensein dessen suggerierte, was Rousseau »die souveräne Intelligenz« nannte, »die mit einem Blick das wahre Wesen der Dinge schaut«.[44]

Linearität ist allerdings unverzichtbare Voraussetzung lehrhaften Deutens im Gegensatz zu unstrukturierter Widerspiegelung. »Wenn dies geschieht«, schrieb Condillac über den Prozeß des Zergliederns, »können wir beobachten, wie sich unser Denken abspielt, wir können uns darüber Rechenschaft geben, welche Gedankenarbeit wir leisten, und folglich können wir lernen, unsere Reflexion zu steuern. Denken wird damit zur Kunst, zur Kunst des Sprechens.«[45] Der »Primitive« dagegen hatte zu dieser Kunst keinen Zutritt. Mag sein, daß er das Zeug zu einem Dichter hatte, aber zu einem Philosophen eignete er sich kaum. Enorm war die Kluft, die ihn vom »Zivilisierten« trennte. Ja, sie war so riesengroß, daß Leibniz sich sogar fragte, ob die Sprachen »Amerikas… sowie der äußersten und abgelegensten Gegenden Asiens und Afrikas« nicht so verschieden von denen Europas seien, was die »gesamte Beschaffenheit ihrer Ausdrucksweise angeht, ganz zu schweigen von ihrer körperlichen Erscheinung, d. h. vom Aussehen derer, die sie sprechen, daß man sagen möchte, es handle sich um eine andere Rasse von Lebewesen«.[46]

Der entscheidende Schritt von dieser primitiven Ideensprache hin zur Sprache der Reflexionen ist das Schaffen von Abstraktionen und Universalien. Dieses kennzeichnet eine entscheidende Phase in der Entwicklungsgeschichte der Erkenntnisfähigkeit des Menschen. Typisch dafür ist die Einsicht, daß die natürliche Welt eine überschaubare Ordnung besitzt, die von ebenso feststehenden, unverrückbaren Naturgesetzen gesteuert wird, daß Dinge und Personen Eigenschaften aufweisen können, die nicht unbedingt und ohne weiteres mit den Sinnen erfaßbar sind, und daß die gleiche Transparenz, wie sie für die Beziehung zwischen einem auf Konkretes bezogenem Substantivum und dem entsprechenden greifbaren Objekt besteht, auch für das Verhältnis eines abstrakten Begriffs zu abstrakten Eigenschaften kennzeichnend ist. Es ist dies die erste Phase, die alle europäischen sowie die meisten höheren Kulturen außerhalb Europas – so die der Araber, Türken, Chinesen, Japaner und Inder – durchlaufen haben, die man gemeinhin der zivilisierten Welt zurechnete; doch, wie man glaubte, hatten diese Phase nur ganz wenige Kulturen Afrikas oder Amerikas hinter sich gebracht. Beispielsweise behauptete Antonio die Ulloa selbstbewußt, Quechua sei eine Sprache, »die der Ausdrucksweise von Kindern sehr nahekäme«.[47] Dabei kannte er nicht ein einziges Quechua-Wort.

Die zivilisierte Menschheit gelangte so mehr und mehr in den Besitz von Sprachen, die reich an Abstraktionen und allgemeinen Begriffen waren. Demgegenüber erlitt der »Wilde«, der noch immer ganz seinen Sinnen folgte, einen Fehlschlag nach dem anderen, wenn er versuchte, das Prinzip der Arten zu begreifen. In seinem 1777 erschienenen Werk *History of America* äußerte William Robertson über die Indianer, »der Geist eines Menschen, der sich noch im Zustand der Wildheit befindet«, erkenne nur Objekte

insofern sie ihm nützen oder sein Verlangen stillen und so seine Aufmerksamkeit auf sich ziehen; für den Rest bringt er keinerlei Neugier oder Interesse auf. Zufrieden damit, sie einfach so zu betrachten, wie sie sich ihm völlig isoliert darbieten, verbindet er sie nie zu Klassen und betrachtet ihre Eigenschaften auch nie unabhängig von dem Subjekt, mit dem sie jeweils zusammenhängen. So ist ihm keine der Ideen geläufig, die man als *universell, abstrakt* oder *geistig* bezeichnet.[48]

Wie viele Reisende beobachtet hatten, kannten die Indianer zahllose Namen für Bäume, doch nicht eine einzige Bezeichnung für die Gattung »Baum«. »Bezeichnete man eine Eiche als A«, schrieb Rousseau, dann hieß eine andere B, denn der erste Gedanke, der ihnen dabei einfällt, ist, daß sie keine andere *Eiche* ist, und es dauert meist lange, bis sie Gemeinsamkeiten zwischen beiden entdeckt haben. Deshalb war ihr Wortschatz um so größer, je mangelhafter ihre Kenntnisse blieben.[49]

Wie Bougainville erkannte auch Rousseau, daß wohl niemand derartige Begriffe erfassen konnte, es sei denn im Zusammenhang mit einer komplexen, philosophisch orientierten und daher per definitionem »zivilen« Kultur. Denn schließlich, so bemerkte er mit ätzender Häme, sogar »unsere Philosophen, die sich ihrer schon so lange bedienen, haben beträchtliche Schwierigkeiten, sie zu verstehen«.[50]

Für die meisten Europäer war allerdings das Verstehen von Abstraktionen eine unerläßliche Bedingung zivilisierten Lebens. Lag doch dem Streit darüber, ob und in welchem Maße amerikanische Eingeborenensprachen sich als Mittel religiöser Mission und kultureller Angleichung eigneten, die Annahme zugrunde, ein Denken, wie es in der Religion und der Zivilisation Europas Ausdruck fände, sei denjenigen, die »von Haus aus« Indianersprachen sprächen, in gar keiner Weise vertraut. Schließlich setzte das Christentum ein weitgehend universalistisches Denken voraus. Wenn irgendwelche Nichteuropäer kein Wort hatten, um den Begriff »Gott« auszudrücken – ganz zu schweigen von Begriffen wie »Dreifaltigkeit«, »Sakrament«, »Jungfräulichkeit« und »unbefleckte Empfängnis« –, dann wäre, so meinte man, deren Einführung in die Begriffswelt derartiger Menschen zumindest schwierig, wenn nicht sogar gefährlich. Wie der Franziskaner Antonio de Zúñiga 1579 völlig verzweifelt Philipp II. erklärte: »Keine der Sprachen, die bei ihnen im Gebrauch sind, eignen sich dazu, die Geheimnisse unseres heiligen katholischen Glaubens auszudrücken, denn es fehlt ihnen der entsprechende Wortschatz.«[51] Gleiches galt im Bereich der Politik. »Was«, fragte der italienische Jesuit Giovanni Maffei, »kann man mit Völkern anfangen, deren Sprache die Laute L, R und F nicht kennt und die infolgedessen Wörter wie *Lex, Rex* oder *Fides* gar nicht aussprechen könnten, selbst wenn man ihnen erklären könnte, was diese bedeuten?«[52]

Mag sein, daß Maffei sich mit Absicht so ironisch ausdrückte. Doch die sehr realen Schwierigkeiten, denen sich die meisten Missionare gegenübersahen, wenn sie Indianersprachen lernten, verstärkten in ihnen nur das Gefühl der Fremdheit. Ihre Überzeugung, alle Sprachen hätten in ihrem Aufbau der indogermanischen Norm zu entsprechen und, um überhaupt Ansprüchen zu genügen, die man an eine Sprache stellen mußte, an den »Modi, Tempora, Regeln und Übereinkünften« festzuhalten, die einst von Quintilian aufgestellt wurden, machte die Sache nicht einfacher.[53] Die ersten Missionare, die nach Mexiko und Peru kamen, zollten zwar den poetischen Qualitäten des Nahuatl und des Quechua großen Respekt, doch verfaßten sie Grammatiken und Wörterbücher, mit deren Hilfe sie sich nach Kräften bemühten, diese Indianersprachen in die grammatikalischen Strukturen des Lateins zu pressen. Kein Wunder, daß sie, wie der jesuitische Märtyrer Jean de Brebeuf (1593–1649), zu der Erkenntnis gelangten, es sei schlechterdings unmöglich, die zahlreichen Komponenten, aus denen sich das Huronische zusammensetzte, mit irgendwelchen syntaktischen Normen indogermanischer Sprachen in Einklang zu bringen. Es sei, so folgerte er schließlich, in seiner Struktur von »unserer europäischen Sprache« ebenso verschieden »wie der Himmel von der Erde«.[54]

Auch gab es die Frage der sprachlichen Vielfalt. Wenn Sprache ihrem Ursprung nach mit Konventionen zu tun hatte, dann eignete sie sich nicht nur als Maßstab der kognitiven Fähigkeiten derer, die sich ihrer bedienten, sondern an ihr ließ sich auch die Fähigkeit der Sprechenden messen, mit anderen zu kooperieren. Indianersprachen waren nicht nur schwierig und fremdartig, sondern es gab sie auch in einer großen Anzahl. Gruppen, die nur durch wenige Kilometer Regenwald voneinander getrennt waren, sprachen manchmal wechselseitig unverständliche Dialekte. »Die Beschaffenheit des Landes«, vermutete Humboldt nicht zu Unrecht, »die Mächtigkeit der Vegetation, die Angst, die Bergvölker in den Tropen haben, der Hitze des Tieflands ausgesetzt zu sein, behinderte die Kommunikation.« Und er erblickte darin die Ursache der »erstaunlichen Vielfalt der amerikanischen Sprachen«.[55] Doch wenige Sprachtheoretiker des 18. Jahrhunderts suchten nach solch naheliegenden und unzweideutigen Erklärungen. Die meisten glaubten, in der Unterschiedlichkeit der Indianersprachen irgendeine charakteristische Eigentümlichkeit der Neuen Welt erblicken zu können. Sprachliche Zersplitterung galt ihnen – neben der Primitivität der sprachlichen Formen – als weiterer Beweis der späten Entstehung alles Amerikanischen. Einige, darunter Lafitau und de Brosses, hatten gehofft, eine etwas übermäßig vereinfachte Sprachwissenschaft werde den Nachweis erbringen, daß es in dieser möglicherweise endlosen Vermehrung von Sprachgruppen so etwas wie innere Zusammenhänge gebe. Und Antoine Court de Gébelin, der Verfasser der umfangreichsten Analyse der »primitiven Welt« im 18. Jahrhundert, gab zwar zu, daß die »scheinbare Vielfalt dieser unendlich verschiedenen Sprachen... der Möglichkeit jeglicher Analyse zu widersprechen« schiene, doch war er der Überzeugung, bei eingehender Untersuchung werde es sich herausstellen, daß sie lediglich Ausdruck einer tieferen Einheit sei. Ein detailliertes Studium der Indianersprachen – für das er einiges Material lieferte – werde, so glaubte er, eine innere Ähnlichkeit zwischen ihnen allen an den Tag bringen und so einen weiteren Beweis »für das herrliche Prinzip liefern, daß im Universum ALLES EINS sei; eine großartige und erhabene Wahrheit, die für die Menschen so tröstlich ist«.

Nur wenige von denen, die mit Indianersprachen unmittelbar in Berührung kamen, zeigten sich freilich für diesen Trost empfänglich. Wer sich vor der Schwierigkeit sah, diese Sprachen zu erlernen, um mit verstockten Einheimischen zu verhandeln, die offensichtlich über nichts von dem verfügten, was Europäer unter »Bildung« verstanden, sah in ihnen lediglich ein Abbild der hoffnungslosen sozialen und politischen Verhältnisse dieser einheimischen Bewohner Amerikas.[56]

★

Es ist die auf Mutmaßungen beruhende Geschichte der Sprache, die sich von einfachen zu komplexen Ausdrucksweisen, von bilderreichen zu logischen Äußerungen sowie vom mehrere Aspekte zusammenfassenden, synthetischen Akt des Sprechens zur zergliedernden, analytischen Sprache vernunftbegründeter Schlußfolgerungen bewegt, die Adario in ihr Gegenteil zu verkehren sucht – Adario, der »wilde« Kritiker alles dessen, was sein fiktiver Gesprächspartner, das literarische Alter ego des realen Autors Lahontan, ihm von der europäischen Gesellschaft berichtet hat. Wie Adario die Dinge sieht, ist nicht der »Wilde«, sondern der »Zivilisierte« das gedankenlose Opfer seiner Emotionen. Für Adario können Universalien und Abstraktionen nicht das Ergebnis vernunftorientierten Denkens sein, denn Vernunft hält sich an das, was ist, was klar auf der Hand liegt. Die Repräsentanten der Zivilisation erliegen statt dessen den Trugbildern ihrer Phantasie, denn nur diese kann ihnen abstrakte Zusammenhänge zwischen den Dingen vorgaukeln, Verbindungen, die in Wirklichkeit gar nicht bestehen und daher vom »unschuldigen Auge« auch gar nicht wahrgenommen werden können. »Ihr gebt alles«, beklagt er sich gegenüber seinem Gesprächspartner, »auf diese Phantasiegebilde, aber fast nichts auf jenen herrlichen Teil unseres Wesens, der uns vernünftig urteilen läßt.«[57] Es sei haargenau jene üppig wuchernde, aber trügerische Phantasie des zivilisierten Menschen, auf der die Evangelien und all die anderen Regelwerke ihren Stempel hinterlassen, an denen sich die zivilisierte Menschheit orientiert, so daß »Vernunft ihren Sinn nicht mehr zu bewegen vermag«.[58] Solange sich der »Wilde« auf die Welt fixierte, wie sie war, besaß er einen klareren Sinn für die Wirklichkeit, als ihn der »Zivilisierte« je zu erlangen hoffen konnte. Der »Wilde«, bemerkte Herder später (wobei er sich auf Informationen in Peter Kalms *History of Pennsylvania* bezog), verfügt über ein

durch keinerlei unfertige Gedanken getrübtes Gehör und wird auch nicht durch schriftliche Symbole in Verwirrung gebracht, so hört er ganz und gar, was er hört; begierig nehmen seine Ohren Wörter auf, die auf bestimmte, klar umrissene Objekte hindeuten und den Geist weit mehr befriedigen als Bände voll abstrakter Begriffe.[59]

202

Um allerdings »zivilisiert« zu werden, haben wir an irgendeinem Punkt unserer Geschichte beschlossen, dem Verständnis, das die Sprache der Wissenschaft mit sich bringt, vor den Gewißheiten der Wahrnehmung und der moralischen Sichtweise Vorrang zu geben, die für den »primitiven« Zustand der Menschheit maßgeblich waren. Herder war einzugestehen bereit, die Schöpfung der Universalien sei »sehr nützlich«. Doch »an sich betrachtet sowie im Hinblick auf das Wesen der Dinge fördert sie nicht einen einzigen perfekten und wesentlichen Gedanken, nicht eine einzige wesenhafte Wahrheit zutage«.[60]

Adarios Sichtweise ist dieser in etwa gleich, wenn auch ungeschliffener und weniger von den relativen Vorzügen der »metaphysischen Wissenschaft« beeinträchtigt. In seinen Augen besteht die von Menschen wie seinem fiktiven Gesprächspartner Lahontan bewohnte Welt ganz und gar aus linguistischen Etiketten, und deshalb haben diejenigen in ihr das Sagen, die bestimmen, was diese Etiketten bedeuten. Huronen, äußert Adario verärgert, haben zwar kein Wort für »Gott«, doch Lahontan sei ein Narr, wenn er deswegen glaube, ihnen sei deshalb die Vorstellung einer höchsten Gottheit unbekannt.[61] Daß den »Wilden« Abstraktionen unbekannt seien, sollte Herder später bemerken, schlösse die Verwendung eines Begriffs wie »Gottheit« aus, doch ein »Wilder« *lebe* so, als ob es eine solche Gottheit gäbe, und ginge »mit mehr Gelassenheit heim ins Land seiner Väter als viele wortgelehrte Skeptiker«.[62]

Letztlich berufen sich alle, die mit leeren Abstraktionen hausieren gehen und anderen ihren Willen aufzwingen, nicht auf die Natur, nicht auf die sichtbare und in der Sicht des »Wilden« erkennbare Welt, sondern – ebenso wie Lahontan im Gespräch mit Adario – auf einen Text. Denn die Endstufe in der Naturgeschichte der Sprache ist natürlich der Übergang vom gesprochenen Wort zur Schrift. Für sämtliche Gesellschaftstheoretiker – zumindest seit dem frühen Mittelalter – war die Erfindung der Schrift der entscheidende Schritt hin zu einer geordneten Gesellschaft. In einer Welt, deren Bewohner über die Kulturtechniken des Schreibens und Lesens verfügen, ist es nicht erforderlich, daß jede Generation die Errungenschaften der vorherigen neu erfindet, und nur so sind kultureller und wissenschaftlicher Fortschritt möglich. Aber der Entstehung der Schrift gingen Stufen voraus, wie auch die Sprache sie durchlaufen hatte. Die frühesten Völker, behauptete Vico, »dachten in poetischen Zeichen, sprachen in Fabeln und schrieben Hieroglyphen«[63], da Hieroglyphen ebenso wie jene frühen kompositen Sprachen, die Maupertuis beschrieb, als Darstellungen der Bilder galten, die sich hinter den Wörtern verbargen, weniger als Wiedergaben der Wörter selbst.

Die zweite Stufe war die Symbolschrift, die dritte dann das Alphabet. Sie alle durchliefen den gleichen Prozeß weg von der anfänglichen Kohäsion zur Linearität hin, der auch für die Entwicklung der Sprache charakteristisch war.

Erst das Alphabet, die höchste Instanz der gemeinsamen Erweiterung von Zeit und Raum – ein System, in dem jeweils ein Zeichen für einen *Laut* steht –, löste den gesamten Vorgang des Aufzeichnens aus seiner früheren Abhängigkeit von der sinnlichen Wahrnehmung. Und erst die Alphabetschrift eignete sich zur adäquaten Wiedergabe von Abstraktionen und Universalien. Mehr noch, im gleichen Maß, in dem die Völker immer »zivilisierter« wurden und ihre Sprachen immer mehr von Allgemeinbegriffen lebten, nahm auch deren Komplexität und Vielfalt zu. Nur eine Alphabetschrift, bemerkte Antoine Yves Gouget 1785, konnte »jene unendliche Vielfalt von Ereignissen und Taten zum Ausdruck bringen, die eine zivilisierte Gesellschaft aufweist«.[64] Da Alphabete ganz und gar artifizielle semiotische Systeme sind und zu ihrer Schöpfung, wie Rousseau es nannte, eine »doppelte Konvention« benötigen[65], stellen sie auch einen sehr hohen Grad sozialer Bindung unter Beweis. Übereinstimmung muß nicht nur in bezug auf die Wortbedeutungen bestehen, sondern auch hinsichtlich ihrer Wiedergabe.

Abermals finden derartige Vermutungen sowohl durch die Antike ihre Bekräftigung als auch durch den Sprachgebrauch technisch entwickelter »primitiver« Völker. Die Mexikaner bedienten sich einer Schrift, die von den meisten Europäern, die sie nie gesehen hatten, als »Hieroglyphen« angesehen wurde. Diese entsprachen, so sah es Rousseau, »der ›leidenschaftlichen Sprache‹ *(langue passionnée)*, setzten die Existenz einer Gesellschaft voraus – einer Gesellschaft und ihrer durch leidenschaftliche Emotionen geschafenen Nöte«.[66] Die Peruaner wiederum besaßen, zumindest vermutete dies Maupertuis, eine primitive Symbolschrift, die sie etwa auf den Platz verwies, »wo sich die Chinesen zur Zeit der Sintflut befanden«.[67] Von den Chinesen wiederum nahm man an, sie hätten ihre Schrift bis zur Grenze zwischen Symbolschrift und Alphabet vorangetrieben.

Die Einstellung der Europäer zur Schrift war allerdings bestenfalls zweideutig. Schreiben war die höchste technische Errungenschaft. Doch die Beherrschung der Schrift stellte auch eine Bedrohung der sprachlichen Transparenz dar, da sie die Möglichkeit einer mehrfachen Textdeutung eröffnete. Tatsächlich gibt es auch eine Textfeindlichkeit, die zumindest bis auf Sokrates' Bemerkungen in Platos Dialog *Phaidros* (dort 275 D-E) zurückgeht:

Denn dieses, so glaube ich, mein lieber Phaidros, ist das Schlimme beim Schreiben, und in dieser Hinsicht ähnelt es sehr der Malerei. Deren Schöpfungen stehen vor dir, als ob sie lebendig wären, doch wenn du ihnen eine Frage stellst, blicken sie nur würdevoll drein, sagen aber nicht ein einziges Wort. Gleiches gilt für schriftliche Erörterungen. Man kann sich vorstellen, daß sie zu einem sprächen, als ob sie Verstand besäßen, doch wenn du etwas, das sie sagen, verstehen willst und sie deswegen befragst, wirst du sehen, daß sie immer nur dasselbe wiederholen.

Aus diesem Grund zerstört das Schreiben die Fähigkeit, Gespräche zu führen, und es setzt das Wort falschen Deutungen aus, da jeder Text, wie Sokrates fortfährt, »von Hand zu Hand gehend, nicht nur an Personen gerät, die ihn verstehen, sondern auch an solche, für die er sich ganz und gar nicht eignet«; in letzter Instanz schränkt es sogar die politische Freiheit ein, die eher auf Überzeugung beruht als auf Zwang. In den Augen späterer Kritiker, die im Lesen eine Tätigkeit erblickten, die notwendigerweise in einer Atmosphäre des Schweigens und der Vereinsamung stattfindet, schien das Schreiben auch die Vertrautheit der Menschen miteinander zu beenden, die der Umgang mittels des gesprochenen Wortes voraussetzt. »Du sagst«, klagt Adario seinen fiktiven Gesprächspartner Lahontan an, unsere Frauen seien dumm, weil sie sich nicht darauf verstehen, ihren Freunden Liebesbriefe zu schreiben, wie eure Frauen es tun. Doch sollten sie schreiben lernen, gäbe es anstelle ihrer jetzigen Vertrautheit miteinander nur noch *lettres galantes* als Unterbrechung immerwährenden Schweigens.[68]

So gesehen ist das Schreiben kein Triumph der menschlichen Vernunft und Zusammenarbeit, sondern eher die Endstufe jenes Vorgangs, der mit dem Trend der Sprache zum »Zergliedern« begann – der Loslösung der Sprache vom Menschen. »Zu Papier gebrachte Worte«, schrieb Bernard Lamy, »sind wie ein auf den Boden gelegter Leichnam.«[69] Beim Schreiben gibt es keinen Betonungswandel und selbstverständlich auch keine Möglichkeit, sich spontan zu äußern, denn beides gehört zu oralen Kulturen. Das Schreiben, so Rousseau[70], »friert eine Sprache ein«, macht sie »kalt und eintönig« und drängt sie vom Sprachcharakter ab, so daß sie zu einer Art Algebra wird oder sich in Richtung auf Leibniz' Versuch bewegt, eine Universalsprache zu schaffen, den Rousseau für absurd hält.[71] Weiterhin vertraten Theoretiker so unterschiedlicher Zielrichtungen wie Rousseau und Smith übereinstimmend die Ansicht, Schreiben sei nicht allein eine Konsequenz des Bedürfnisses, Allgemeinbegriffe festzuhalten und somit Wissen zu vermitteln, sondern auch eine Reaktion auf die Entstehung des Privateigentums. Das Streben nach Besitz und die Entwicklung des Handels veranlaßte die Menschen, ein gemeinsames Schema zu suchen, das auf mehrere gegenseitig unverständliche Sprachen anwendbar war und sich mittels einer allen gemeinsamen Notierung festhalten ließ. Solange Menschen zu Hause blieben oder sich auf den öffentlichen Plätzen antiker Stadtstaaten aufhielten, oder solange sie sich in schwer zugänglichen Alpendörfern verbargen, auf die Rousseau so große Stücke hielt, desgleichen in den Wäldern Kanadas – so lange brauchten sie keine Schrift. In Gesellschaften aber, die Handel trieben, wurden Sprachen ebenso privatisiert wie Bedürfnisse. Und die gewandelte Sprache verlor nicht nur ihren Klang, sondern auch ihre Reichweite und Überzeugungskraft. Die Grenzen einer altgriechischen *polis* wurden, Rousseau zufolge, durch die Reichweite der menschlichen Stimme gezogen. Gleiches galt von den Dörfern der Irokesen, Huronen und Kariben. Im Gegensatz dazu legten Herrscherdekrete fest, wo die Grenzen »zivilisierten« Landbesitzes verliefen – Dekrete, die, wie jene Worte, mit denen alle Europäer Land in Besitz nahmen, das ihnen nicht von Natur aus gehörte (so Kolumbus' Brief und die Tafel mit den Worten »Dieses Land gehört uns«, die Bougainville auf Tahiti hinterließ), in Schriftstücken überliefert sind. »Zivilisierte«, so Rousseau, sind nur eine andere Art von »Barbaren«, und während sich die frühesten Menschen *aimez-moi* (»liebt mich«) oder *aidez-moi* (»helft mir«) zuriefen, sobald sie sich begegneten, wurde *donnez-moi d'argent* (»her mit dem Geld«) zum wichtigsten Satz in einem absolutistischen Staat, ein Satz, der nicht an die Überzeugungskraft der Sprache appellierte, sondern nur Gewalt heraufbeschwor, und der keiner beschwichtigenden Rhetorik bedurfte, sondern allenfalls »Plakate an den Straßenecken und Soldaten in den Häusern nötig machte«.[72]

Adario und Orou sind beide gleichermaßen Teil dieser Antihistorie. Sie wissen auch um die Menschlichkeit des gesprochenen Wortes und mißtrauen dem geschriebenen, auf das sie nach Kräften schimpfen. »Ihr bezeichnet Handlungen, die nichts mit Moral zu tun haben, als Laster oder Tugenden«, sagt Orou. Und der einzige Grund, daß diese Bezeichnungen sich hielten, sei, daß man sie schriftlich festgelegt habe.[73] Ohne Schrift hätten sie den Augenblick nicht überdauert, dessen es bedurfte, um ihre Namen auszusprechen. »Dies sind *Bücher*«, ruft Adario und meint damit sowohl die Bibel als auch europäische Gesetzes-Sammlungen. Und Bücher können keinerlei Autorität besitzen, es sei denn die, die man dem geschriebenen Wort einräumt. »Ha!« so schließt er, »verfluchtes Schreiben! Verderbliche Erfindung der Europäer, die vor wahrhaftigen Chimären zittern, die sie sich selbst mit Hilfe von vierundzwanzig kleinen Schriftzeichen vorgaukeln.«[74]

Für »Zivilisierte« wohnt dem geschriebenen Wort eine nahezu magische Kraft inne, als ob es sich um rituelle Objekte handele. Deshalb glaubt ein Aristoteliker, dem Voltaires riesenhafter Raumfahrer Mikromegas (ein rationaler »Wilder« in anderer Form) auf Erden begegnet, die von Aristoteles verwendeten griechischen Fachausdrücke seien schon für sich allein eine Quelle des Wissens, wenn er auch nicht die geringste Ahnung hat, was sie bedeuten.[75]

Im Gegensatz dazu »liest« Adario ausschließlich im Buch der Natur, das nicht nur der einzig verbindliche Text, sondern, wie die Sprache selbst, nicht eindeutig in seinen Aussagen ist. Zum Schluß bedeutet Adario seinem fiktiven Gesprächspartner Lahontan, er möge ihn und seinesgleichen in Ruhe lassen. Die einzelnen Schriften der Europäer, aber auch ihr gesamtes Schriftsystem können nur zu dem Durcheinander führen, das Adario (der schließlich weit herumgekommen ist) in Frankreich und New York selbst erlebt hat.

Adario und Orou – beides sind Geschöpfe der Phantasie. Doch stehen sie für einen typischen Versuch des 19. Jahrhunderts, einer ausgeklügelten Geschichte der Menschheit entgegenzutreten, die nicht nur der Kontrolle des Denkens durch dessen Übertragung den Vorrang gibt, sondern auch der Kontrolle der äußeren Welt gegenüber unvermitteltem, ungegängeltem Begreifen… und die somit stillschweigend die Natur durch Kultur zu ersetzen sucht. Wie Derrida bereits vor langer Zeit hervorhob, habe Rousseau dadurch, daß er Sprache zur »Triebkraft des Bruchs mit der Natur« erklärte, »*natürlich* eine Ordnung eingeführt, die von der Ordnung der Natur radikal verschieden war«.[76] Und dies macht klar, daß es keinen Sinn gibt, in dem diese »Gegengeschichte« die Überhand über die Geschichte gewinnen kann. Gleiches gilt für Adario wie für jeden dieser »wilden« Kritiker europäischer Sprachgewohnheiten und ihrer gesellschaftlichen Entsprechungen. Der »Wilde« bleibt für immer in sein eigenes linguistisches Universum eingeschlossen. Seine »Entdecker« zwangen ihn voran und auf der Zeitskala hinauf, um ihn mit einer Welt zu konfrontieren, die er verabscheuungswürdig findet. Doch es ist gleichzeitig eine Welt, wie er bisweilen erkennt, die eines Tages die seine sein wird.

Er kann nur hoffen, dieser Welt zu entgehen, indem er in die Wälder zurückkehrt, wie es Adario tut. Nur dort kann er eine Weile ungestört hausen. Adario hat einen langen, harten

6

und lehrreichen Anschauungsunterricht genossen, dabei
einen Blick auf die guten Dinge geworfen, die Europas Länder zu bieten haben, und sie verschmäht zugunsten des, wie er
wohl weiß, sehr viel härteren, aber auch sehr viel rechtschaf-
feneren Lebens in den Wäldern Kanadas – eines Lebens ohne
Gesetzgeber, Gesetze und ohne Buchdruck. Und doch ist die
Gesellschaft, der er angehört, im Begriff, von der europäischen vereinnahmt zu werden – der Leser der *Dialogues curieux* kann gar nicht umhin, dies zu bemerken. Sein Leben

und seine Sprache sind, nicht anders als die Sprachen anderer Indianervölker (und wie das Leben sowie die Sprache der Tahitianer) selbst im Begriff, kolonialisiert zu werden.

Das Frontispiz der *Mémoires de l'Amérique septentrionale* zeigt eine symbolische Darstellung. Ein fast nackter Indianer hält Bogen und Pfeil in den Händen – die einzigen Gerätschaften, die er besitzt. Mit seinem rechten Fuß tritt er auf eine Krone und ein Szepter, mit dem linken steht er auf einem Buch – einem Gesetzbuch. Die lateinische Rahmeninschrift, die den oberen Teil dieser Darstellung umgibt, lautet: *Et leges et sceptra terit* (»Er zertritt Gesetz und Szepter«, siehe Abb. 6). Dies versinnbildlicht, so Lahontan, die natürliche Freiheit, die er – im Gegensatz zu seinem fiktiven Alter ego – bereitwillig gegen die der Europäer eintauschen möchte, sei er doch bei ihnen ständig gezwungen, »vor jenen Kniefälle zu tun, die das öffentliche Wohl ihren persönlichen Interessen opfern«. Sicherlich unbeabsichtigt ist die Ironie, daß der abgebildete »Wilde« – sicher kein anderer als Adario selbst – zwar dem fiktiven Lahontan des Dialogs voraus ist, hat er doch im Gegensatz zu dem armen Aotouru ein glänzendes Französisch gelernt. So ist er imstande, seine Welt hinreichend sprachgewandt zu schildern, um Lahontan in Grund und Boden zu reden und gleichzeitig die französische Gesellschaft erbittert anzugreifen. Er ist selbst schon halb und halb kolonialisiert. Er ist zum Sprachrohr eines anderen geworden, der sich gegen eine Welt auflehnt, von der er weiß, daß er allen Grund hat, sie zu fürchten. Er weiß auch, daß sein Amerika sich in einer Phase des Umbruchs befindet, wozu sogar Lahontan beigetragen hatte, der als Soldat der französischen Armee in Kanada gedient hatte.

GEZÄHMTE TIGER IM DSCHUNGEL

Inventa primus secuit qui nave profundum
et rudibus remis sollicitavit aquas,
qui dubiis ausus committere flatibus alnum
quas natura negat praebuit arte vias.

Claudianus, *De raptu proserpinae*

»Wir achteten unser Ebenbild in euch«, sagte der hochbetagte Tahitianer in Diderots *Supplément au Voyage de Bougainville* (1773), als er den französischen Forschungsreisenden Bougainville und dessen Leute ausschalt, die Tahiti verlassen wollen. Er schalt die Seefahrer wegen ihrer unerklärlichen Brutalität, ihrer sturen Weigerung, die Gesetze der Natur zu befolgen, obwohl diese doch für sich selbst sprächen, wegen ihrer *inutiles lumières,* wegen ihrer Gedankenlosigkeit, mit der sie den Tahitianern Geschenke aufdrängen, die diese meist gar nicht gebrauchen können, ihrer Mitwisserschaft bei Verbrechen und ihrer Angst vor Krankheiten.[1] Dennoch bleiben die Besucher aus Frankreich für ihn Menschen, mit denen man sogar ein sinnvolles Gespräch führen kann. Doch der Mann aus Tahiti weiß auch: Beim ersten ernsthaften Versuch, über diesen sehr allgemeinen Eindruck hinauszugehen, sobald man die kulturelle Vielschichtigkeit zu begreifen sucht, die den Fremden erst zu ihrem vollen Menschsein verhilft, ist man verloren. Einen großen Teil des *Supplément* nimmt ein Dialog ein. Einer der Sprecher ist mit dem Buchstaben »B« gekennzeichnet. Und diesem Sprecher »B« legt Diderot die Worte in den Mund: »Alles, was wir von Geburt an mit uns herumtragen, ist eine Befindlichkeit, die der anderer Lebewesen gleicht, sind die gleichen Bedürfnisse, die uns immer wieder veranlassen, die gleichen Vergnügungen zu suchen, und wir alle hegen die gleiche Abneigung gegen Schmerzen.«[2] Darüber hinaus, d. h. jenseits, außerhalb der durch die Sinneswahrnehmungen gezogenen Grenzen, besteht keine unmittelbare, offen auf der Hand liegende Möglichkeit, sich in das Verhalten eines anderen zu versetzen.

Diderot gesellt Bougainville einen Geistlichen zu, einen Menschen, der, ohne nachzudenken, alle europäischen Sexualnormen gutheißt und jegliche Art sexueller Leidenschaft kennt. Jede Nacht, die dieser Unglückliche in der *cabane* verbringt, die die aufmerksamen Tahitianer ihm zur Verfügung gestellt hatten, besuchen ihn vier tahitianische Schönheiten und bitten ihn, ihnen »die Ehre zu erweisen«. Nacht für Nacht unterliegt er dieser Versuchung. Nacht für Nacht aber bricht er auch in Tränen aus, weil er sein Gelübde gebrochen und seine Tugend verloren hat.[3] Diderot spielt hier mit einem Stereotyp: dem liederlichen, sexuell ausschweifenden, jederzeit zum Geschlechtsverkehr bereiten »wilden« Weib – wie jene karibischen Frauen, die sich einst angeblich allen Männern angeboten haben sollen, welche zur Mannschaft Vespuccis gehörten. Der wesentliche Unterschied ist: Diderots Tahitianerinnen denken in puncto Moral rein praktisch. Es ist nicht nur das Vergnügen, das sie in die Behausung des Geistlichen treibt, noch weniger kommen sie aus verschmähter Liebe zu ihm (in Wirklichkeit ist er ihnen völlig gleichgültig) – ihnen geht es allein ums Kinderkriegen. Natürlich bereitet ihnen die Sache auch Spaß, und sie bereiten dem allnächtlichen Opfer ihrer Begierde auch Vergnügen, wenn man einmal davon absieht, daß die Unfähigkeit des Priesters, sich an sein Keuschheitsgelübde zu halten, diesen Nacht für Nacht in schwerste Konflikte stürzt. Aber, wie gesagt, den lasziven Tahitianerinnen geht es nicht um Lust, jedenfalls sprechen sie zu dem von ihnen gemarterten Franzosen von nichts anderem als von Fortpflanzung. Thia, die jüngste dieser Tahitianerinnen, fleht ihn mit den Worten an:

Erweise mir in meiner Wohnstätte und vor meiner Familie Ehre. Erhebe mich auf die Höhe meiner Schwestern, die mich jetzt verspotten. Asto, die älteste, hat schon drei Kinder. Palli, die zweite, hat zwei. Nur Thia hat überhaupt noch keine. Fremder, verehrter *(honnête)* Fremder, weise mich nicht zurück! Mach mich zur Mutter.[4]

Zwar empfand der Geistliche die gleiche Lust wie die Tahitianerinnen, doch konnte er dennoch ihre Handlungsweise nicht verstehen und ihr Verhalten als »natürlich« betrachten. Auch der Tahitianer Orou, der Mann einer dieser Frauen und Vater der anderen drei, scheiterte völlig, als er dem Franzosen klarzumachen suchte, sexuelles Verlangen sei durchaus natürlich, da es nun einmal die Vorbedingung für die Fortpflanzung sei, und daher sollte man es auf gar keinen Fall unterdrücken. Befände man sich im Einklang mit der Natur, dann folge die Tat direkt auf den Wunsch, denn dazu sei das Verlangen ja da.[5] Sowohl Orou als auch der Kleriker verharrten jeweils in ihren eigenen Kulturwelten, obwohl nach Diderots Auffassung kein vernunftbegabtes Wesen Schwierigkeiten haben sollte, Orous Auffassung zu begreifen, wogegen die Gedankenwelt des Priesters, übersät mit den wertlosen Trümmern unreflektierter, unhinterfragter Bräuche, jedem verschlossen bleibt, der nicht seit langem in ihr heimisch ist.

Doch sosehr er an seinen, von den Tahitianern als falsch empfundenden Ansichten festhält – zum Schluß gelangt der Geistliche doch zu der Erkenntnis, daß diese Menschen auf eine Art glücklich sind, die er nie erfahren hat. Was ihm das Verständnis dafür so erschwert, ja unmöglich macht, ist, daß er, um solches Glück zu genießen, »seine Soutane, seinen Status und sein Gelübde« aufgeben muß. Und wenn er dies täte, ja wenn er damit seine Existenz als Franzose aufgäbe und auf der Insel bliebe, konnte er, wie Lérys Übersetzer aus der Normandie, niemals hoffen, nach Europa zurückzukehren. Oder wie »B« am Ende des Dialogs sagt: Wir können immer nur sein, was wir sind, wo wir uns gerade aufhalten. »Laßt es uns dem braven Geistlichen nachtun – der ein Mönch in Frankreich, auf Tahiti aber ein Wilder ist.«[6]

Zusammen mit Montesquieus *Lettres persanes* (1721), Voltaires *L'Ingénu* (1767), François Delisle de la Drévetières *L'arlequin sauvage* (1756), den Rousseau als sein Lieblingsstück bezeichnete (um nur diese willkürlich herausgegriffenen Werke zu nennen), gehörte Diderots *Supplément au Voyage de Bougainville* zu einem beachtlichen literarischen Genus des 18. Jahrhunderts. Es ist ein Genus, in dem der »Wilde«, das »Naturkind«, die überkommene Ordnung des Reisens auf den Kopf stellt. Hier sind es nicht wir, die sonst immer reisenden

Europäer, die ihn aufsuchen, sondern er kommt zu uns. In Europa mit den für sich sprechenden Narrheiten der europäischen Sitten konfrontiert, findet sich der »Wilde« (so auch Montesquieus Perser – »Naturkinder« auch sie, wenn auch in anderem Gewande) »in einem anderen Universum« wieder.[7] Fern, doch wie jede gute literarische Erfindung überzeugend real, läßt man den »Wilden« von einer Position aus reden, die nie die seine gewesen sein kann, einer Kultur, die es überhaupt niemals geben konnte, einer Kultur, die einfach nur dadurch künstlich geschaffen wurde, daß man von der eigenen das abstreifte, was der Autor an dieser am meisten verabscheute. Beide – sowohl der Autor als auch der Leser – blieben dabei im sicheren Zuhause. Tatsächlich bemerkt der Gesprächspartner »A« in Diderots *Supplément* mit der für Diderot charakteristischen Selbstironie, die in den Mund des alten Tahitianers gelegten Ansichten nähmen sich doch wahrhaftig ganz und gar europäisch aus.[8] »B« antwortet, das sei nur der Fall, weil seine Worte aus der Sprache der Tahitianer ins Spanische übersetzt worden seien, das Orou angeblich aus irgendeinem Grund verstand, und vom Spanischen dann wieder ins Französische. Doch dies ist nur eine ironische Ausflucht. Es ist ein schweigendes Anerkenntnis dessen, was Rousseau gegenüber d'Alembert äußerte, daß »diejenigen, die fremde Bräuche beschreiben wollen, sich sehr vorsehen müssen, ihre Arbeit an die unsere anzupassen«.[9] Es trifft aber auch zu, daß die volle Überzeugungskraft dessen, was der »Wilde« äußert, von der Transparenz seiner Sprache abhängt. Es überlebt keine Übersetzung in die Sprache der Zivilisation, denn diese Sprache ist, wie wir sahen, von Natur aus nicht in der Lage, die einfachen Wahrheiten zu übermitteln, die dem Weltbild des »Wilden« zugrunde liegen.

Doch die verschiedenen Stimmen, die in Diderots *Supplément* zu Wort kommen, sind zwar mit Absicht widerspruchsvoll und nicht immer leicht faßbar, geben aber nicht nur Kritik an allen Normen der europäischen Zivilisation wieder. Vielmehr sind sie auch Beiträge in der Auseinandersetzung mit dem Kolonialismus und der Auslöschung fremder Kulturen, die man als unvermeidliche Kolonisationsfolge betrachtete, einer Auseinandersetzung, die sich durch das gesamte 18. Jahrhundert hinzog. Es war eine Auseinandersetzung, bei der es letztlich um die Integrität und Inkommensurabilität aller Kulturen, um das destruktive Potential von Wanderbewegungen sowie darum ging, wie weit sich »Aufklärung« und Zivilisation angesichts kultureller Vielfalt bewähren.

★

Diderots dauerhafteste Bemerkungen über den europäischen Kolonialismus finden sich in seinen Beiträgen zu der *Histoire philosophique et politique des deux Indes.*[10] Dieses Werk, das erstmals (noch ohne Mitarbeit Diderots) 1770 erschien, wurde bald ein Bestseller. Ja, sich anschließende weitere Ausgaben machten es zu einer Art Minienzyklopädie, die eine ganze Reihe von Beiträgen weniger namhafter Mitarbeiter aus dem Kreis um Diderot und d'Alembert enthielt. Ungeheuer populär war es in den Jahren unmittelbar vor und während der Französischen Revolution, zu deren bedeutenden geistigen Wegbereitern es gehörte. Einer seiner Kritiker äußerte, in all denen, die es lasen, habe es das Feuer eines neuen Fanatismus entzündet, »des Fanatismus der Freiheit«.[11] Um die Mitte des 19. Jahrhunderts allerdings schrumpfte die Leserschaft der *Histoire,* man betrachtete das zuvor so vielgelesene Werk nur noch als das Elaborat eines Popularisten und tat es als Sammelsurium dessen ab, was man über die Kolonien in Amerika und Indien gewußt hatte, als es erschien. Es ist wahr, daß der Text von 1772 stilistisch nicht viel zu bieten hat. Und es stimmt auch, daß es, wie Friedrich Grimm bemerkte, trotz seines Titels wenig mit Philosophie zu tun hatte und daß seine Politik »mehr mit der etablierten Politik als mit Gerechtigkeit« in Einklang stand.[12] Tatsächlich hatte Raynal sein Werk als Lohnschreiber im Dienst Choiseuls begonnen, und seine späteren Mitarbeiter, insbesondere Diderot und Pechmeja, widersprechen an anderer Stelle vielen seiner Äußerungen.[13]

Doch ebenso wie Bougainville diente auch Raynal nur als literarischer Rahmen für Diderot. Dessen Beiträge zu der *Histoire,* deren endgültige Form in der Ausgabe von 1780 erschien, sind nicht nur die umfangreichsten, sondern auch die fundiertesten und originellsten Teile des Buchs. Wenn Raynals Werk schließlich nach Diderots Erwiderung auf die Äußerungen Grimms das Buch ist, »das ich liebe und das die Könige und ihre Hofschranzen hassen, das Buch, das einen Brutus hervorbringen wird«[14], so wurde es dies nur, weil Diderot so ausgiebig in ihm vertreten ist.

Als Verfasser so wesentlicher Einschübe und Zusätze zu Raynals *Histoire des deux Indes* greift Diderot auf die Thematik seines *Supplément* zu Bougainvilles *Voyage autour du monde* zurück. Wie so vieles in Diderots Werk beziehen diese Texte einen großen Teil ihrer imaginativen Kraft und Eindringlichkeit aus dem Spannungsverhältnis zwischen zwei Lebensweisen. Im konkreten Fall ist dies die Spannung zwischen der Vorstellung eines wahrhaft zivilisierten Lebens, eines Lebens an der Seite von Sophie Volland, eines Lebens vernunftbestimmten Handelns und ästhetischer Betrachtungen, doch auch eines Lebens in Luxus und Überfluß, eines Lebens der »Langeweile und bis zum Überdruß genossener Vergnügungen«.[15] Auf der anderen Seite ist da ein Leben moralischer Rechtschaffenheit, ein Leben voller Harmonie, gleichzeitig aber auch die bedrohliche Einförmigkeit der Existenz »Wilder«. Es ist eine Spannung, die nie gelöst werden kann. Und tatsächlich unternimmt Diderot auch gar keinen Versuch, sie zu lösen. Vielleicht wäre es wirklichkeitsfremd, sich vorzustellen, daß er seinen Entschluß, sich an der *Histoire* zu beteiligen, nicht deshalb faßte, weil er glaubte, durch sie möglichst viele Franzosen in Männer wie Brutus zu verwandeln, oder weil er möglicherweise hoffte, das Image des Indianers werde ihnen das ideologische Rüstzeug für die Revolution liefern, von der er, gleich Voltaire, wußte, daß sie eines Tages kommen werde, sondern weil so vieles in dem Werk, wie in Bougainvilles *Voyage,* in Richtungen zu weisen schien, die ganz anders waren als die, die er wünschte.[16] Wenn Unvereinbarkeit sein Thema war, dann bestand der beste Weg, es zu »packen«, darin, daß er sich immer wieder einer Sprache bediente, wie wir sie am eindrucksvollsten in den beiden bemerkenswerten Dialogtexten *Jacques le fataliste* und *Le neveu de Rameau* vorfinden – einer Sprache, die aus den Gegensätzen zwischen weit auseinanderklaffenden, unversöhnlichen Aussagen erwuchs. Daß es da noch Raynals eigenen Text mit seiner Masse von Details gibt, der durchaus strenge Urteile über die Kolonialisierung Amerikas durch die Europäer und über den Sklavenhandel, den die Europäer trieben, enthält, doch beides beileibe nicht nur verurteilt, erinnert in beiden Fällen immer wieder an die Realitäten. Es ist eine Welt, gegen die Diderot seine eigene Sicht dessen vorbringen kann, was die Europäer den Amerikanern antaten und was die Begegnung mit Amerika den Europäern gebracht hatte.

Wie sein Tahitianer (und übrigens in Übereinstimmung mit den meisten Gesellschaftstheoretikern des 18. Jahrhunderts) war Diderot der Ansicht, daß sich in allen menschlichen Verhaltensweisen ein gemeinsamer Kern finden ließe. Wir alle sind wenigstens so weit Hobbes-Anhänger, daß wir alle die gleichen Grundbedürfnisse hegen. Es ist diese »Gegenseitigkeit der Wünsche«, dieser »Austausch des Wollens«, was, wie Tom Paine Raynal 1782 erklärte, Individuen, die gemeinsam ein bestimmtes Stück Boden bewohnen, veranlaßt, sich zu einer »Nation« zusammenzuschließen. Doch an diesem Punkt, so schloß er, sei der Fortschritt der Zivilisation stehengeblieben.[17] Denn wir alle besitzen die gleiche geistige »Grundmaschinerie«. Wir alle sind fähig, unsere Interessen zu erkennen, und wir alle folgen den gleichen Mechanismen, wenn wir Schlußfolgerungen ziehen. Schließlich hegen wir alle ganz ähnliche, wenn nicht identische »Vorurteile« – ein Ausdruck, den Diderot bisweilen in dem bei Anhängern der Aufklärung üblichen Sinn zur Bezeichnung eines Hemmnisses klarer Erkenntnisse verwendet, bisweilen aber auch im Sinn römischer Juristen, um quasi vorgefertigte Bausteine zu bezeichnen, aus denen sich dann das zusammensetzt, was Gadamer »Protostrukturen des Wissens« nennt.[18]

Doch nichts von alledem bringt uns im Verständnis von Kulturen weit voran, die nicht die unseren sind. Mag sein, daß wir alle vernunftgemäß handeln, doch keiner von uns trifft rationale Entscheidungen in der Welt, in der wir leben. Denn tatsächlich leben wir in Gesellschaften, die unsere Entscheidungsfreiheit erheblich einschränken und unsere Entschlüsse prägen. Alle Gesellschaften aber sind artifiziell, nicht natürlich. Wie sagt »B« in Diderots Bougainville-Supplement? Die Geschichte fast aller unserer Sitten ließe sich auf eine exemplarische Erklärung reduzieren: »Es gibt einen Naturmenschen, über den man eine Kunstfigur gesetzt hat, und in der Höhle, die beide bewohnten, brach ein Bürgerkrieg zwischen beiden aus, der so lange andauert, wie beide leben.«[19] Oder, um es mit den Worten auszudrücken, die Diderot immer und immer wieder in seinen politischen Schriften gebraucht: Die gesamte Menschheit werde von drei Kodices beherrscht: dem der Natur, dem der Zivilisation und dem der Religion.[20] Die menschlichen Gesellschaftsformen, in die wir alle – sogar die vergleichsweise besitzlosen Tahitianer – hineingeboren werden, verdankten ihr Entstehen Sitten und Gebräuchen *(mœurs)*, diese wiederum aber seien nichts anderes als die unreflektierte Unterwerfung *(une soumission générale et une conduite conséquente)*[21] unter den zweiten und dritten dieser Kodices, und dies häufig genug auf Kosten des ersten. Wir alle lebten im Schatten des noch immer fortdauernden Kampfs zwischen Natur und »Kunstwelt«. Nur Völker wie die Tahitianer (und möglicherweise auch die Irokesen, von deren Existenz Bougainville ebenfalls wußte) lebten, so wie sie damals waren, aber bald nicht mehr sein würden, schlicht und einfach nach dem reinen Gesetz der Natur.[22]

Für Diderot waren Kulturen Resultate einer Ansammlung von *mœurs*, die jeweils einen »Nationalcharakter« *(esprit national)* entstehen ließen. Jeder davon, so glaubte er, setze sich aus zwei Elementen zusammen, wovon er wiederum eines für klimabedingt ansah. Dieses Element betrachtete er als unveränderlich, das andere dagegen – Hume, der keine Geduld mit der Klimatologie hatte, bezeichnete es als das »moralische« – sei variabel und im Lauf der Zeit Veränderungen unterworfen.[23] Wie Montesquieu hatte auch Diderot Schwierigkeiten mit seinen Zuweisungen an das Klima. Er neigte zu der Auffassung, daß eine Bevölkerung ganz unabhängig von allen gesellschaftlichen Veränderungen in gewissem Sinn doch immer bliebe, wie das Klima sie geprägt habe. So verwies er auf die

Inder aus »Hindustan«, ein Volk, das jahrhundertelang unter Tyrannen gelitten hätte, verglichen mit denen man sogar die Spanier als menschenfreundlich bezeichnen könne, und doch seien diese Inder »sanftmütig, human und schüchtern« geblieben. Jeder Gedanke an eine gewaltsame Erhebung sei ihnen fremd, und die Schüchternheit sei ihr einziger Fehler.[24] Gleiches gelte für die Versuche aller europäischen Siedler in Amerika, in ihrer neuen Heimat die Welten wiedererstehen zu lassen, denen sie in Europa den Rücken gekehrt hatten. Sie könnten sich noch so viel Mühe geben, in den Tropen Franzosen, Engländer oder Spanier zu bleiben – früher oder später werde ihre neue Umwelt ihren Tribut fordern und »die richtige Ordnung der Dinge und damit auch die alten Namen wiederherstellen, wenn auch mit jenen Merkmalen des Wandels *(altération)*, die jede große, revolutionäre Veränderung zurückläßt, wenn sie vorüber ist«.[25]

Doch wie Montesquieu erblickte Diderot in dem Faktor »Umwelt« nur etwas Begrenzendes. Für ihn war es die edle Natur der Inder, nicht deren kulturelle Leistung, die sie ihren Klimaverhältnissen verdankten. Der totale Zusammenbruch einer Kultur, die sich einst mit der der Ägypter messen konnte und zu der »in den Tagen vor Pythagoras« die Griechen gepilgert waren, um sich wissenschaftliche Kenntnisse anzueignen, sei ganz der Barbarei indischer Mogulkaiser zuzuschreiben.[26] Die Umwelt, in die der einzelne Mensch hineingeboren wird, verhilft ihm nur zu gewissen natürlichen Veranlagungen. Unter gewissen Klimabedingungen sind manche Individuen erfindungsreich, sie besitzen ein hochgradiges Organisationstalent und sind in hohem Maß fähig, dauerhafte Gesellschaftsstrukturen aufzubauen. Unter anderen Klimaverhältnissen sind auch die Gesellschaftsstrukturen instabiler, die Menschen führen ein Nomadendasein, haben ein kürzeres Gedächtnis, sind unbeständig und neigen eher zur Nachahmung. Diderot vermochte ebensowenig wie Cornelius de Pauw zu glauben, daß jemand in der »heißen Zone« einen »philosophischen Traktat« schreiben könne.[27] Jedenfalls standen die Bewohner der Tropen, so naturverbunden sie auch sein mochten, nicht im Verdacht besonders schöpferischer Erfindungskraft. Wie Antonio de Torres, einer der sympathischsten spanischen Kommentatoren Raynals, bemerkte, verstanden Völker wie die Indianer »mit Leichtigkeit die Bedeutung einer Zeichnung, die Europäer ihnen vorlegten«. Mehr noch: Sie waren sogar fähig, sie mit wundervoller Akkuratesse wiederzugeben, so daß sich flämische Madonnen in traumhafte Gebilde aus farbenprächtigen Federn verwandelten. Niemand aber hätte ihn davon überzeugen können, daß die Indianer Brasiliens je einen Kopernikus hervorbringen würden – ebensowenig wie die Mongolen einen Newton.[28] Nachahmung und eigenständige Erfindung sind zwei getrennte geistige Aktivitäten, und während Nachahmung Völkern keine Schwierigkeiten bereitet, die an den Rändern der gemäßigten Zonen wohnten – und damit an den Rändern der damals bekannten zivilisierten Welt –, gedieh selbständige Erfindung nur unter Bewohnern der zivilisierten Welt.

Allerdings war für Diderot die Umwelt allem Anschein nach keine geheimnisvolle Wirkkraft, die in irgendeiner seinerzeit noch unentdeckten Weise den menschlichen Geist beeinflußte, was letztlich Montesquieu und nach ihm auch Herder annahmen. Dafür gab es innerhalb jeder beliebigen Kultur und innerhalb jedes beliebigen Volkes zu viele Unterschiede. Bemerkte doch Hume, dessen Abhandlung über den Nationalcharakter Diderot gewiß kannte: »Niemand wird die Unterschiede zwischen den Gepflogenheiten in WAPPING und ST. JAMES irgendwelchen Verschiedenheiten der Luft oder des Klimas zuschreiben.« Außerdem wies er darauf hin, daß die Verbreitungsgrenzen einzelner Nationalcharaktere nicht mit klimatischen Grenzen identisch seien. Beispielsweise seien die Franzosen an der einen Seite der Pyrenäen ein ganz anderer Menschenschlag als die Spanier an der anderen. Und wie Juden und Armenier bewiesen hätten, sei es möglich, ganze Nationen und mit ihnen ihren Nationalcharakter aus einer Klimazone in eine gänzlich andere zu verpflanzen.[29]

Im Gegensatz zu Hume war Diderot allerdings nicht bereit, den Begriff gänzlich über Bord zu werfen, da man die Bedeutung von »Klima« ausdehnen und auf die Beschaffenheit des Lands sowie auf die Liebe zu ihm ausweiten konnte, auf jene

»pulsierende und machtvolle Erregung«, die der »Urkern jeglicher Gesellschaft« und leicht als die wichtigste Kraft hinter
dem Phänomen erkennbar war, das man gemeinhin als »Va-
terlandsliebe« bezeichnet.[30] Doch für Diderot wirkte »Klima«
auch in diesem erweiterten Sinn nur auf der Ebene der Bedürfnisse, die uns allen gemein sind. Es mag Menschen edel
machen wie die Indianer, grimmig wie die Tartaren oder –
abermals wie die Indianer – jeder schweren Arbeit abgeneigt.
Doch zum größten Teil besteht der Nationalcharakter aus
»Moral« – mit anderen Worten: Er beruht auf den *mores,* auf
dem zivilen und religiösen Recht, den Gebräuchen, Sitten und
Gewohnheiten *(habitudines),* die, nach Pascals berühmtem
Ausspruch, »eine zweite Natur« schufen, »die die erste zerstört«.[31]

Wenn jeder Charakter, jede Kultur das Produkt einer bestimmten Umwelt ist und sich aus einem komplexen Muster
von Normen zusammensetzt, können niemals zwei Kulturen
einander gleichen. Immerhin mag es Anhäufungen, Ballun-
gen, Konglomerate von Kulturen geben, die eine gemeinsame
Ausgangskultur aufweisen. Wie die meisten Gesellschaftstheoretiker des 18. Jahrhunderts erkannte Diderot die Existenz
eines kosmopolitischen Bereichs an, der von Rußland bis nach
Griechenland reichte und den man als »Europa« bezeichnen
konnte. Als Franzose war er in seiner zivilen und religiösen
Existenz einem Engländer oder Italiener nicht unähnlich, und
er hatte nicht allzu viele Schwierigkeiten, sich mit Angehörigen dieser beiden Völker zu verständigen. Begegnete er dagegen einem Huronen oder Tupinamba, fand er keinerlei wahr-
nehmbaren Zugang zu deren geistiger Welt, und auch sie
wußten mit seiner Art zu denken nichts anzufangen.

Außerdem bestand für Diderot, so sehr er (häufig) Skeptiker
und Relativist war, ein deutlicher und wesentlicher Unterschied zwischen »zivilisierten« und »wilden« Gesellschaften.
Wie die meisten Theoretiker, die über das Problem der Zivilisation nachdachten, akzeptierte Diderot, daß der Gegensatz
»zivilisiert«/»wild« als Unterschied zwischen verschiedenen
Verhaltensmustern in einer Hinsicht auch ein Zeitunterschied
war. Seit den ersten zehn Jahren des 18. Jahrhunderts war es zu

einem Gemeinplatz geworden, räumliche Distanzen zwischen Völkern auch als Zeitdistanzen aufzufassen. Dies bedeutet, daß *alle* Kulturen in gewisser Hinsicht vergleichbar und daher – so glaubte man wenigstens – auch kommensurabel waren. Eine der Konsequenzen der cartesianischen Revolution bestand darin, daß der Nachweis von Ähnlichkeiten und Übereinstimmungen zur anerkannten Methode wissenschaftlicher Forschung wurde. Als Buffon 1749 den Abschnitt über den Menschen schrieb, der seine große *Histoire naturelle* eröffnet, konnte er voller Zuversicht erklären:

Bei all dem, was wir über den Ursprung unseres Verständnisses *(connaissance)* zu reflektieren vermögen, ist es klar, daß wir solches Wissen nur mit Hilfe von Vergleichen erwerben können. Was sich jeglichem Vergleich entzieht, ist auch völlig unverständlich.[32]

Hier ersetzt der Beobachter ganz eindeutig den Leser und Interpreten kanonischer Texte, und jede Art von Verstehen, so begrenzt es sein mag, wie Buffon einräumt, hängt von der vermeintlichen Unparteilichkeit des Betrachterblicks ab. Der früheste und einflußreichste Versuch der Anwendung einer solchen Differentialdiagnose von der Art, die Buffon im Sinn hatte, war Joseph François Lafitaus *Mœurs des sauvages américains comparées aux mœurs des premiers temps* (»Sitten und Gebräuche der Wilden Amerikas verglichen mit den Sitten und Gebräuchen frühester Zeiten«, 1724). Für Lafitau schienen die Huronen und Irokesen, denen er während seiner jahrelangen Tätigkeit als Missionar im nördlichen Kanada begegnet war, kulturell wie eine »Neuauflage« der antiken Spartaner oder Lykier. Weit ausgreifende Vergleiche zwischen den Gepflogenheiten dieser Völker hatten ihm gezeigt, daß sie in einem Universum gemeinsamer Symbole sowie vergleichbarer politischer Verhältnisse und sprachlicher Befindlichkeiten lebten. Lafitau sprach davon im Rahmen einer, wie er es nannte, »symbolischen Theologie«. Diese ist denkbar weit von Diderots unmittelbar naturalistischer Sprache der Bedürfnisse und des Begehrens entfernt. Doch alle derartigen Thesen verbindet der Platz auf der vergleichenden Zeitskala, der »uns« zugedacht ist – »uns« als »zivilisierten« Wesen. Für Lafitau besitzt

der »Wilde« lediglich insofern eine Identität, als er eine Bedeutung hat, diese Bedeutung aber besitzt er wiederum nur
durch seine bestimmte und meßbare Beziehung zu »uns«.

Lafitau hatte gefordert, alle »wilden« Völker mit ihrem eigenen Maßstab zu messen, sie nach ihren eigenen Kriterien zu
beurteilen und nicht, wie es alle Autoren zuvor getan hatten,
»nach den Sitten und Gebräuchen, die bei uns üblich sind«.[33]
Doch in seinem gesamten Werk ging es, wie er selbst bemerkte, um nichts anderes als darum, die Indianer zu einer bestimmten Phase der Vergangenheit Europas in Beziehung zu
setzen. Zu diesem Zweck aber mußte er sich nicht nur über
die *eigene* Vergangenheit der »Wilden« hinwegsetzen, sondern
auch die neuzeitlichen Huronen mit den antiken Spartanern
in einer Weise vergleichen, die nichts von der Autonomie der
Indianerkultur übrigließ. »Sie nach der Maßgabe ihrer eigenen Sitten zu beurteilen«, bedeutete in seiner Praxis als Historiker nur, an sie einen Maßstab aus dem Repertoire an Maßstäben anzulegen, das man zur Verfügung hatte. Und dies bot
tatsächlich mehrere kognitive Vorteile. Das meiste, wofür ahi-
storisch denkende heutige Völkerkundler wie Van Gennep
Lafitau preisen, hängt mit dieser Technik zusammen: die Anerkennung der Tatsache, daß Verwandtschaftsbeziehungen
sich von Kultur zu Kultur unterscheiden, welche Bedeutung
bei voneinander unabhängigen Systemen dem relativen Alter
zukommt und welche Rolle Riten spielen, die den berühmten
»Übergangsriten« *(rites de passage)* Van Genneps sehr nahe-
kommen. Gleichviel – Lafitaus vergleichende Methode faßt
zwei oder mehrere Kulturen, die miteinander nichts zu tun
haben, unter einem einzigen, kulturspezifischen Gesichts-
punkt zusammen.

Gleiches gilt weitgehend sogar für die *Histoire des deux
Indes*. Auch sie behandelt zwei geographische Bereiche, die
nichts miteinander zu tun haben und die Heimstatt unzähliger
ebenfalls voneinander unabhängiger Kulturen sind, als ob sie
eine gemeinsame Identität besäßen, nur weil Kolumbus der ir-
rigen Auffassung gewesen war, er habe die eine gefunden, obwohl er die andere entdeckt hatte.[34] Was in Lafitaus Augen die
Huronen und Irokesen mit den antiken Spartanern und Ly-

kiern verband, war eine komplexe Theorie der Wanderung von Kulturen, es war der Glaube, daß – wie Diderot einmal etwas spöttisch äußerte – »alle Völker wie alles andere der Zentrifugalkraft unterworfen seien und sich daher unablässig von den Polen zum Äquator hin verlagerten«.[35] In der *Histoire* ist zwar das Bindeglied zwischen den Völkern Amerikas und »Hindustans«, wie wir noch sehen werden, der Handel.[36] Doch ist der Handel seinerseits eine Vorgehensweise, die alles am »wilden« äußeren Rand der Welt – einschließlich der »Wilden« selbst – in Beziehung zum »zivilisierten« Zentrum bringt.

Dieses Verschwimmen zweier Standorte deutet auch auf den entscheidenden Unterschied zwischen dem »zivilisierten« und dem »wilden« Zustand hin. Insofern er sich aus einer »primitiven« und von Erziehung unbeeinflußten Reihe von Reaktionen entwickelt hat, mag »Nationalcharakter« in der Tat »natürlich« sein. Doch wozu er sich entwickelt – die Liebe zu der Stätte, wo man wohnt, »Patriotismus«, dieser dominierende Affekt – gehört eindeutig in die Sphäre der Kultur. Die »Heimatliebe« wiederum wird zur Sorge wegen der Zeit. »Zivilisierte« Menschen leben, dies glaubte Diderot, in ständiger Spannung zwischen dem Gedächtnis an die Vergangenheit und der Angst vor der Zukunft. Für Diderot und desgleichen für die meisten seiner Zeitgenossen waren menschliche Gesellschaften im wesentlichen zeitgebunden. Gemeinsam mit allem anderen, was der Mensch geschaffen hat, entsprechen sie den Prinzipien wissenschaftlicher Darlegung, die Descartes in seinem *Discours de la méthode* (»Diskurs über die Methode«) aufstellt, und sie alle bewegen sich deshalb vom Einfachen zum Komplexen hin.[37]

Die unmittelbarste kulturelle Analogie zu diesem Vorgang ist, abgesehen von Descartes' Darstellungsregeln, die Sprache, denn Sprache ist nicht nur unentbehrlich, um Gemeinschaften zu bilden, sondern man war auch, wie wir im vorangegangenen Kapitel sahen, der Ansicht, daß ihre Struktur die Struktur der Gesellschaft selbst widerspiegele, so daß Rousseau, wie vor ihm schon Thomas von Aquin, Schwierigkeiten hatte, zu entscheiden, was von beidem zuerst da war.[38] Wie die Sprache beginnt auch die menschliche Gesellschaft als einzelne, undifferenzierte Einheit, nämlich als Familie. Wie die Sprache entwickelt sich diese urtümliche Gruppe, die aus dem Zwang entstand, sich zu vermehren, und deren Aktivitäten durch die körperlichen Fähigkeiten ihrer Mitglieder eingeschränkt sind[39], im linearen Sinn. Wie wir gesehen haben, entsteht nach Diderots Ansicht die natürliche Sprache aus dem Zerfall einer naturgegebenen, einheitlichen »Ursprache« – der ersten Anhäufung instinktiver, spontaner Rufe – in die Bestandteile echter Sprache: die strukturalen Elemente wie Verben, Substantive, Adjektive, Pronomina und so weiter. Und ebenso wie es – wenigstens in der Phantasie – möglich ist, all das abzustreifen, was einen »zivilisierten« Menschen ausmacht, um den »Wilden« sichtbar zu machen, der sich darunter verbirgt, ist es auch möglich, sogar noch unter der kompliziertesten philosophischen Erörterung den emotionalen Impuls im Sinn Lockes zu finden, der der Auseinandersetzung zugrunde liegt. »Man nehme ein Wort«, schrieb Diderot (bezeichnenderweise in dem Artikel zu dem Stichwort *Incompréhensible*), »man nehme das denkbar abstrakteste. Dann zerlege man es. Man zerlege es noch einmal, und es wird sich zum Schluß in die Darlegung eines Gefühls auflösen.«[40] Die Elemente, aus denen sich die »zivilisierte« Gesellschaft zusammensetzt, entstanden auf ähnliche Weise. Die Gesellschaftsformen »Wilder« – und Diderots Darstellung macht es klar, daß für ihn auch »Wilde« in einer Art von »Gesellschaft« lebten – sind die Reaktion auf die Notwendigkeiten dessen, was er und Rousseau oft als »das Herz« bezeichneten. Sie sind lediglich eine Anhäufung unserer instinktiven menschlichen Reaktionen, die Kapazität dessen, was Diderot als »die mechanische Bewegung« bezeichnete, »die jeder Überlegung vorausgeht«, was die Erkenntnis und das Eingehen auf die Nöte anderer angeht.[41] Die »zivilisierte« Gesellschaft »zerlegt« diese instinktiven Reaktionen in formale Muster, in Rechtssatzungen, die die Angehörigen der Gemeinschaft auch dann schützen, wenn infolge von Leidenschaft oder Eigennutz die »mechanische Bewegung« nicht mehr funktioniert. Und ebenso wie es in Gesellschaften »Wilder« möglich war, mit einem einzigen Wort zu sagen »ich habe einen großen Bären getötet«, so gab es Gesellschaften, in denen eine einzige Person gleichzeitig Krieger, Produzent von Gebrauchsgütern, Politiker und Richter sein konnte.[42] Der »Zerfall« der Sprache, die Kodifikation eines Korpus von Gesetzen sowie die Arbeitsteilung sind samt und sonders Charakterzüge eines »zivilisierten« Gemeinwesens. Sie bewirken Vielfältigkeit ebenso wie Zwietracht. Dem sozusagen »nichtzerfallenen« Wilden kann derartiges nicht zustoßen. Ja, er kann, wie Smith uns lehrt, sogar bedeutende Unterschiede in der Welt, die ihn umgibt, nicht einmal wahrnehmen.

Die »kleinen Widersprüche, die im Lauf der Dinge die Philosophen verblüffen«, blieben ihm verborgen. Zwar vermag er, auf die »großartigen Störungen« des natürlichen Ablaufs der Dinge zu reagieren, doch seine Reaktion hierauf besteht nur in mit Aberglauben vermischter Ehrfurcht. Mit menschlicher Neugier kann er nichts anfangen. Sie ist ihm fremd, und er kennt nicht »das Gefühl, das man mit Recht als ›Sichwundern‹ bezeichnet und das der Ausgangspunkt aller philosophischen Forschung ist«.[43] Deswegen ruht seine Welt entwicklungslos in sich und unfähig, sich zu verändern.

Was Diderot ebenso wie Smith am wahren »Naturzustand« störte, ja erschreckte, war genau jene Gleichförmigkeit, die sein neapolitanischer Kritiker Francesantonio Grimaldi (oft aber auch Diderot selbst) mit einer der Welt des Theaters entlehnten Metapher als »Maske« bezeichnete, die »jeden [einzelnen Menschen] genau wie alle anderen erscheinen läßt«.[44] Mochten »Wilde« tatsächlich glücklich sein, insofern sie außer den Grundbedürfnissen ihres Lebens keine anderen, künstlich gezüchteten Bedürfnisse kannten, die sie quälten, ihnen aber auch Impulse verliehen. Der Preis für diesen Glückszustand aber war eine bemerkenswerte Eintönigkeit. Im Gegensatz zu Rousseau konnte sich Diderot von dem Gedanken nie ganz freimachen, daß das Leben in Utopia – seien dies nun die Urwälder Kanadas, seien es Inseln im Stillen Ozean oder weit abgelegene Alpendörfer – eine recht öde und wenig abwechlungsreiche Angelegenheit sein müsse. Und so wenig er im übrigen Rousseaus reizbarsten Kritiker, Simon Linguet, leiden konnte (Grimm gegenüber bezeichnete er ihn als bloßen »Phrasendrescher« *[n'est il qu'un déclamateur]*)[45], er konnte doch nicht umhin, ihm zuzustimmen, daß alle Menschen »Häuser, Verantwortung, Produktionsgüter« nicht nur *wünschen, sondern letztlich sogar brauchen*.[46] Bedürfnisse, die mächtigen Bausteine der Sozialisierbarkeit des Menschen, sind ihrerseits kulturbedingt, und ihre Zunahme vollzieht sich im exponentiellen Verhältnis zum Wachstum der Kultur. Vielleicht teilte Diderot Linguets Vertrauen in den Fortschritt der europäischen Zivilisation nicht, doch da war zumindest etwas in ihm, das jene Vielfalt außerordentlich hochschätzte, die anscheinend nur diese Zivilisation zu bringen vermochte. Von seinem Schreibpult aus konnte er sehen, daß in einem Europa, dessen verelendete Bevölkerung ausschließlich von der Sorge ums Überleben in Anspruch genommen wurde und zudem unter der Knute einer althergebrachten Religion zu leben gezwungen war, »der Fortschritt der Aufklärung begrenzt ist«.[47] Außerhalb der Grenzen der zivilisierten Welt aber gab es überhaupt keine »Aufklärung«, ja – sie war hier nicht einmal möglich. Wenn er auch die stoische Gelassenheit bewunderte, welche den »Wilden«, den Kanadiern, Indianern, Tahitianern oder »Brahmanen« eigen zu sein schien, scheint er jedoch über die Lebensbedingungen ins Schaudern gekommen zu sein, die einen solchen Stoizismus nötig machten. Wie es bei so vielen besonders glänzenden und scharfsichtigen Einsichten Diderots in die menschlichen Befindlichkeiten der Fall ist, verdankt seine Erkenntnis, daß die Lebenszeit, die notwendigerweise in uns die höchsten moralischen Ansprüche wachruft und diesen gleichzeitig entspricht, nicht immer unbedingt nach unserem Geschmack ist, viel seiner kontrast- und konfliktreichen Sprache, in die er alle seine Beobachtungen über das Wesen der Zivilisation kleidet.

Zivilisierte Gesellschaften sind komplex, weil sie sich linear entwickelt haben. Im Gegensatz zu dem begrenzten Spektrum und der essentiellen Gleichförmigkeit sämtlicher Elemente, aus denen »wilde« Kulturen bestehen, setzt sich jede »zivilisierte« Kultur aus einer Vielfalt individueller Bestandteile zusammen. Und jeder einzelne dieser Bestandteile ruft im Menschen ein Gefühl der Verbundenheit, des Verhaftetseins wach – des Verhaftetseins mit der Arbeitsstätte, mit der einzelnen

Stadt, ja sogar mit der Scholle, auf der man lebt. Diese kollektiven Empfindungen sind es, die Diderot unter dem Oberbegriff »Patriotismus« zusammenfaßt. »Zeige mir«, fordert Rousseau in *Emile,* »den guten Menschen, der seinem Lande nichts schuldet!« Es ist nicht gleichgültig, wo man ist. Ein Mensch, der in Genf ein Sklave ist, kann in Paris frei sein. »Sage daher nicht«, fährt Rousseau fort,

was macht es aus, wo ich bin? Es kommt darauf an, daß du dort bist, wo du deine Pflichten erfüllen kannst, und eine dieser Pflichten ist ein Gefühl der Hingezogenheit zur Stätte seiner Geburt.[48]

In allen »Zivilisierten«, so Diderot, ist ein solcher Patriotismus wirksam. Eine der notwendigen Vorbedingungen dafür ist ein beständiger Aufenthalt, eine Teilnahme am Prozeß der linearen Entwicklung. In »zivilisierten Gesellschaften« gibt es daher keine typische »Gegenwart«, denn der »Patriotismus«, dem alle Mitglieder des Gemeinwesens ihre gesellschaftliche Identität verdanken, hängt von der Akkumulation gedanklicher Verbindungen ab. Mit anderen Worten: Wie schon für Aristoteles, befinden wir alle uns noch im Zustand des Werdens. »Die Erinnerung an seine unschuldigen Vergnügen«, schrieb Diderot über den »zivilisierten« Menschen, »verklärt unaufhörlich das Bild seiner Ursprünge, und dieses Bild... führt ihn zurück in seine Heimat.«[49] Doch wenn solche Menschen keine Gegenwart haben, hat der »Wilde« weder eine erkennbare Vergangenheit noch eine vorstellbare Zukunft. Als das 18. Jahrhundert angebrochen war, war es zum Gemeinplatz geworden, sich auf die vermutete Unfähigkeit des »Wilden« zu berufen, über die Befriedigung seiner unmittelbaren Wünsche hinauszuschauen. Man sah darin ein Zeichen seiner unstillbaren Brutalität. Selbst Raynal schreibt man zu, gegenüber Linguet geäußert zu haben, er habe beobachtet, daß »Wilde« erwidern, sie seien »nicht hungrig«, wenn man ihnen eine Arbeit anböte.[50] Sie könnten sich nicht vorstellen, was ihnen von einem Tag auf den anderen zustoßen könne, selbst wenn immer wieder nur das gleiche geschähe. »Auch heute noch reicht die Voraussicht eines Kariben nicht weiter«, behauptete Rousseau, »als daß er am Morgen sein baumwollenes Bettuch verkauft, um am Abend unter Tränen anzukommen, weil er es zurückkaufen möchte.«[51]

Gemeinsam mit manchen Zivilisationskritikern des 18. Jahrhunderts stellt Diderot jedoch diese Argumentation auf den Kopf. War doch Gleichgültigkeit gegenüber dem Schlimmen, das der morgige Tag bringen konnte, stets Bestandteil des stoischen Anspruchs auf Selbstgenügsamkeit *(autarkeia)*. Doch hier wird dieses griechische Wort (schließlich war Diderot der Übersetzer Shaftesburys), die Vorstellung nämlich, daß die Quelle aller Freuden und alles Guten in einem selbst liege, für ein Gefühl verantwortlich gemacht, nämlich für den »Patriotismus«, dessen äußere Ausdrucksformen als gemeinschaftstypisch gedacht waren. Denn Diderot argumentiert, daß wir uns den Forderungen der Zeit entziehen müssen, wenn wir innere Ruhe suchen. Hierbei hat der »Wilde« zweifellos Erfolg. Denn nur er, der »jeden Augenblick seines Lebens mit den Ver-gnügungen und guten Dingen spielt, die dieser Augenblick mit sich bringt«, nur er, der sich nicht an das Gestern erinnern kann und der sich weigert, auf gegenwärtige Vorteile zu verzichten, um sich ein sorgloses Alter zu sichern – nur er weiß, daß die Ursachen aller Freude in ihm selbst liegen. Zusammen mit dem vollkommen glücklichen Menschen Shaftesburys kann Diderots »Wilder« für sich beanspruchen: »Meine Sorge gilt der Wahrheit, der Vernunft und dem Recht *in mir.*«

Allerdings unterscheiden sich die Lebensbedingungen eines »Wilden« in einem wesentlichen Punkt erheblich von denen Shaftesburys: Der seinem Instinkt folgende »Wilde« denkt eher an sein Vergnügen als an solche Abstraktionen wie Wahrheit, Vernunft und Recht. Die Gelassenheit des Stoikers indessen rührt von der Konfrontation mit Freunden her, »die einen im Stich lassen in drohenden Mißgeschicken und Notlagen, in Krankheiten, Lähmungen, Taubheit, Verlust des Augenlichts, des Gedächtnisses, von Gliedern« – um Shaftesburys Liste zu zitieren[52] –, genau in all den Situationen, von denen uns ein aktives Gedächtnis und ein waches inneres Warnsystem meldet, daß sie unser Leben bedrohen. Die Ruhe eines »Wilden« dagegen ist kein Ergebnis einer intellektuellen Erkenntnis, sondern

einer einfachen Weigerung oder Unfähigkeit, derartige Mißlichkeiten zu erkennen. Hier geht es nicht um *autarkeia,* sondern hier haben wir es einfach mit »glücklicher Ignoranz« zu
tun. Und da der »Wilde« auf diese Weise den Erfordernissen der
Zeit entgehen kann, ist er auch imstande, den Anforderungen
des Ortes auszuweichen. Denn der »Weise« allein weiß: *sa patrie est partout.*[53]

★

Durchaus möglich, daß der »Wilde«, der ja weder Ort noch
Zeit kennt, der einzige wahrhaft glückliche Mensch ist. Doch
Diderot erkannte: Die »zivilisierte« Gesellschaft ist ein Zustand, in dem wir uns eines Tages alle befinden werden.
Immer und immer wieder stellt er diese Behauptung auf. Wir
können nicht immer dem Zeit-/Raum-Kontinuum entgehen
und im vollen Sinn Menschen bleiben, da für jeden von uns
Zeit und Raum Koordinaten sind, die unsere Welt bestimmen. »Alle zivilisierten *(polices)* Menschen«, schrieb Diderot,
»waren Wilde, und es sind natürliche Impulse, die da bewirken, daß es allen wilden Völkern bestimmt ist, zivilisiert zu
werden.« Ebenso wie ein infantiler Erwachsener tölpelhaft, ja
geisteskrank wirke, habe auch der »Wilde« etwas von einem
Tölpel, ja einem Geisteskranken an sich, der sich den Anforderungen der Zivilisation verweigere. Schließlich sei die Art
von Glück, die der »Wilde« genieße, nicht unser menschliches
Los. Jedenfalls scheint Diderot stillschweigend vorauszuset-
zen: Kein in der Realität lebender »Wilder« habe sich je dem
Prozeß der Zivilisierung entzogen. Wenn aber die Indianer
noch nahezu drei Jahrhunderte nach ihrer »Entdeckung« in
einem Zustand verharrten, der dem Schwachsinn nahekomme
– daß es so war, davon hatte sich Diderot weitgehend durch
de Pauw überzeugen lassen –, dann rührte dies nur daher, daß
sie seit dem Eindringen europäischer Siedler einer Gewaltherrschaft nach der anderen ausgesetzt waren.[54] Gleiches
gelte für die Inder unter der Herrschaft der Mogulnkaiser und
für die Farbigen Afrikas. Ebenso wie Condorcet wartete auch
Diderot auf den Tag, an dem die Kolonisierung durch Eu-

ropäer ihren Schrecken verlöre, sich in ihr Gegenteil verwandelte und Condorcets hoffnungsvolles Bild des dankbaren »Wilden«, der auf die Ankunft seiner europäischen »Brüder« wartet, damit diese ihn mit Vernunft und ermutigenden Worten ins helle Licht der Aufklärung führen sollten, zur Realität würde.[55]

Doch das Raum-/Zeit-Kontinuum *ist* und bleibt schließlich ein Kontinuum. Und wenn wir auch als Spezies nicht anders könnten, als uns in ihm vorwärts zu bewegen, stünde es uns als Individuen selbstverständlich frei, rückwärts zu gehen. Was uns dabei aber nie gelänge, wäre die völlige Rückkehr zum Zustand unserer Anfänge. Die Weigerung, dies einzusehen, sagte Diderot in seiner Kritik an Helvétius' *De l'homme,* sei Rousseaus großer Fehler. Niemand von uns könne »in die Wälder zurückkehren« (allerdings hatte Rousseau eine derartige Forderung auch nie aufgestellt), und sei es auch nur deshalb, weil es, wenigstens für uns Europäer, gar keine Urwälder mehr gebe. Sogar die Wälder von Ermenonville, wo Rousseau seine letzten Lebenstage verbrachte, verdankten ihre Existenz dem guten Willen – und den Gärtnern – des Marquis René de Girardin.

Die einzig mögliche menschliche Lösung lag anderswo, in einer Zwischenwelt, »in einer Gesellschaftsform, die halb zivilisiert und halb wild ist«. Helvétius, fährt Diderot fort, habe recht gehabt, wenn er das Glück des sozial empfindenden Menschen »im Mittelmaß« ansiedle, denn es treffe zwar zu, daß ein Häuschen ein weit bequemerer Aufenthaltsort sei als eine Höhle, doch sei es keineswegs sicher, daß ein Palast gegenüber einem Häuschen notwendigerweise eine Verbesserung darstelle, dies besonders in Anbetracht der Tatsache, daß jeder einzelne Palastbau nur unter schweren Entbehrungen und Opfern der Bevölkerung zustande gekommen sei. Diderot hielt es für möglich, »Zivilisation« neu zu definieren und den Begriff auf einen Zustand anzuwenden, der zwar unserem unausweichlichen Bedürfnis nach Verbesserung unserer Lebensbedingungen entspreche, aber doch »von der Lebenssituation des ›Wilden‹ weniger weit entfernt sei, als man sich vielleicht vorstellt«.[56]

Diderot nahm gegenüber den Begriffen »Wildheit« und »Zivilisation« sehr weitgehend den gleichen Standpunkt ein wie gegenüber den Leidenschaften, in denen so mancher Theoretiker des 18. Jahrhunderts eine tödliche Gefahr für sämtliche Formen der Zivilisation erblickte. Denn, so argumentierte er, es gebe viele Bereiche unseres Lebens, die der Vernunft verschlossen blieben. Sie zu unterdrücken oder auch nur durch anders gelagerte, ihnen entgegenwirkende Interessen zu verdrängen, bedeute einen großen Verlust menschlicher Ursubstanz. »Verlangen«, schrieb er in den *Eléments de physiologie,* »ist der Ursprung des Organismus, der Ursprung des Glücks und des Unglücks, des guten und des schlechten Lebens.«[57] Der Mensch sei ein komplexes Geschöpf – viel zu komplex, als daß ein Teil seines Wesens unterdrückt werden könne. Wolle man dies tun, geriete man in dieselbe Falle (diesmal allerdings im Namen der Vernunft und nicht des Glaubens), in die die Kirche stets ihre Gläubigen zu führen versucht habe. »Mir scheint«, schrieb er in seinen *Lettres sur les sourds et les muets* im Jahre 1755, »daß man sowohl in sich als auch außerhalb von sich sein muß. Man muß gleichzeitig die Rolle des Beobachters und der Maschine spielen, die man gerade beobachtet.« Verstand und Herz müßten ein Gleichgewicht zwischen den entmutigenden Abstraktionen der reinen Vernunft – der »Frigidität« eines Locke, wie sein Freund Beccaria es nannte[58] – und der Herabwürdigung des Neffen Rameaus[59] finden. Vielleicht, so glaubte er, wäre es sogar möglich, sich in »irgendeinem Winkel der Welt« eine Kolonie vorzustellen, die von allem, was es zuvor gegeben habe, völlig verschieden sei – eine Kolonie, deren Bewohner die Mitte zwischen den Lebensbedingungen eines »Wilden« und dem einnahmen, was er sarkastisch als »unseren wunderbaren zivilen Status« bezeichnete, »einer Umwelt *(milieu),* die den Fortschritt der Kinder des Prometheus bremse ... und den ›Zivilisierten‹ auf die Mitte zwischen dem Kindheitszustand des ›Wilden‹ und unserer gegenwärtigen Vergreisung festlege«.[60] Ja, man könne sogar so argumentieren: Der »Wilde« werde zwangsläufig immer »zivilisierter«, der »Zivilisierte« sei dagegen mehr und mehr von der Welt enttäuscht, die er sich selbst geschaffen habe, und suche daher »zu seinem Urzustand zurückzukehren«. Daher müsse es doch möglich sein, daß sich beide irgendwo in der Mitte an einem Punkt träfen, an dem ein nicht nur flüchtiger Glückszustand möglich sei, weil dort gleichsam »das Glück der Spezies Mensch wohne«.[61]

In den *Entretiens sur le fils naturel* (1757) hatte Diderot eine in genau einem solchen Zustand dauerhaften Glücks lebende kleine Gruppe von Menschen aus dem Ärmel gezaubert. Die Beneidenswerten wohnten auf der Insel Lampedusa im südlichen Mittelmeer, »weit weg vom Festland inmitten der Wogen des Meeres«.[62] Der nüchterne Kontext der *Histoire philosophique et politique* jedoch ließ wenig Hoffnung für eine Lösung dieser Art, abgesehen von den Chancen der damals im Entstehen begriffenen Vereinigten Staaten. Das Problem war: Wer sollte entscheiden, wann der Mittelpunkt, der Treffpunkt beider Entwicklungslinien, der vorläufigen und rückläufigen, der Punkt dauerhaften Glücks, erreicht war? Und dringender noch: Wer sollte die beiden aufeinander zulaufenden Bewegungen des Fortschritts und des Rückschritts, der Progression und der Regression, anhalten – und wie sollte dies bewerkstelligt werden? Genau an diesem Punkt der Argumentation, an dem so entscheidende, doch nicht zu beantwortende Fragen offenblieben, führt Diderot die bedrohliche Mittlergestalt des Reisenden und Kolonisten ein.

★

Zu ihm kehren wir jetzt zurück. Was hier jedoch zählt, ist die Behauptung, alle Kulturen seien, zumindest in ihren Anfangsphasen, miteinander unvereinbar, erwüchse doch jede Gesellschaft aus einem Bündel natürlicher Bedürfnisse, Wünsche und Vorurteile, und dies unter völlig ungleichen Klima- und Umweltbedingungen. Es trifft zu, Diderot ist weniger pessimistisch als andere – beispielsweise Herder –, was die Möglichkeit eines Verständnisses über die Grenzen der Kulturen hinweg angeht, und er betont stärker die moralische Verpflichtung, die uns jede neue und unbekannte Kultur auferlegt. Doch ist er gleichermaßen sicher, daß wir andere Geisteswelten nicht einfach unmittelbar und intuitiv verstehen *können*. Mag sein, daß wir einst alle »Wilde« waren, doch nun haben wir uns zur einen oder anderen Spezies »zivilisierter« Wesen entwickelt. Deshalb könnten wir keineswegs hoffen, den »Wilden« so zu verstehen, wie er sich selbst versteht, ebensowenig wie wir hoffen könnten, andere Kulturen der »zivilisierten Welt« zu begreifen, die uns nicht der kulturhistorischen Zeit, sondern dem Raum nach fern seien – die der Inder und Chinesen zum Beispiel. Unsere eigene Vergangenheit könne uns mehr oder weniger zugänglich gemacht werden, wenn man sie sorgfältig rekonstruierte, wie Diderots Mitarbeiter an der *Encyclopédie,* Jean d'Alembert, es gefordert hatte, man könne aber niemals hoffen, etwas über unseren Zustand *vor* der »Zivilisation« zu erfahren.[63] Die Versuche von Analysen mittels Kulturvergleich, die von Theoretikern wie Lafitau, de Brosses, Court de Gébelin und, später im selben Jahrhundert, von Degerando und Volney durchgeführt wurden, interessieren zwar als Sammlungen historischen Datenmaterials, haben aber darüber hinaus nichts als Vermutungen zu bieten. Wie Lafitau zu hoffen, daß neuzeitliche amerikanische »Wilde« Einblicke in antike Kulturen vermitteln könnten, hieße (selbst wenn man Lafitaus Migrationstheorie beiseite ließe) die gewaltigen Veränderungen zu verkennen, die in allen Gesellschaften – sogar in denen der Huronen und Irokesen – im Lauf der Entwicklung stattgefunden hatten.

Desgleichen, und vielleicht ist dies sogar noch überzeugender, können wir wohl nicht hoffen, daß der »Wilde« jemals *uns* versteht. Orous Verständnislosigkeit für die Beteuerungen des französischen Geistlichen, er müsse seine »Tugend« bewahren, ist nur ein heuristischer Trick, um den moralischen Schwachsinn der Ansichten des Franzosen über Sexualität zu verspotten. Der Tahitianer kann sie nicht verstehen, weil es da nichts zu verstehen gibt. Und in einem anderen, nüchterneren Kontext bemerkte Diderot ebenfalls: »Ein ›Wilder‹, der erstmals eines unserer großen Gebäude erblickte und dieses nicht als Beweis unserer Macht und unseres Fleißes bewunderte, sondern als Naturwunder betrachtete, wäre ein Mensch von gutem Einfühlungsvermögen.«[64] Ohne intellektuellen Zugang zu Kulturen, die derartige Bauten nicht nur zu errichten verstanden, sondern auch ein entsprechendes Bedürfnis hatten – wofür hätten sie sie denn sonst halten können? Auch uns möge man ähnliche Fehler verzeihen, was wir jedoch im Gegensatz zu einem »Wilden« tun (und wofür es keine Vergebung geben kann), besteht darin, das, was in der Natur ist, mißzuverstehen. Einen Tahitianer wegen »Diebstahls« zu töten, was Bougainvilles Mannschaft tat, bedeutete nicht, wie der Weise erklärte, daß man das Wesen des Tauschhandels verkannte, der kulturbedingt sei. Statt dessen verletzte man damit die Gesetze der Wechselseitigkeit und Großzügigkeit, die, weil sie auf dem Anerkenntnis unserer gemeinsamen menschlichen Substanz *(notre image en toi)* beruhten, natürlich und daher transparent seien.[65]

Seinem Biographen Jacques-André Naigeon zufolge besaß Diderot den Ehrgeiz, eine »Naturgeschichte des Menschen« zu schreiben, die zugleich eine »experimentelle Historie« sein sollte.[66] Diese wäre auf eine Zurückweisung des Materialismus eines Helvétius und Buffon hinausgelaufen – eine Geschichte, die den Konflikt zwischen der offensichtlichen Homogenität des natürlichen Erscheinungsbilds der Spezies und der ungeheuren Verschiedenartigkeit ihrer Verhaltensweisen zu erforschen sucht, zu denen ihre einzelnen Mitglieder fähig sind.[67] Im Kontext dieses riesigen und notwendigerweise unvollständigen Vorhabens erscheint Kultur als Hemmnis der von Natur aus zur Ausbreitung tendierenden leidenschaftlichen Emotionen und Sehnsüchte, die für Diderot dazu beitrugen, daß es zu dem kam, was er als *actions des particuliers* bezeichnete.[68] Doch so charakteristisch, so ganzheitlich und unvereinbar sie auch sein mag – für eine Kultur ist das Individuum immer nur Teil einer Gruppe. Jeder oder jede »Zivilisierte« kann Rousseau »in die Wälder« folgen, wenn er oder sie dies nur will. Sich der Fesseln zu entledigen, die die Kultur einem auferlegt, mag schwierig sein, ist aber keineswegs unmöglich. Doch nur wenige wagen den Versuch. Und sogar Rousseaus »Wälder« waren eigens für ihn vorbereitet und wurden ihm unweit von Paris zur Verfügung gestellt. Doch es gibt einen sich klar abzeichnenden Menschentyp, der unerbittlich auf der Stufenleiter der Zivilisation hinab- und auf den Zustand der »Wildheit« zugleitet, und dies ist der Reisende.

Wie Montesquieu, der in seinen *Lettres persanes* Usbek erklären läßt: »Glücklich der Mann... der überall ein Fremder ist, nur dort nicht, wo er geboren wurde«[69], hielt auch Diderot vom Reisen nicht allzuviel. Denn ein Reisender, der zum Schluß entwurzelt ist, dessen Ziel nicht die Erlangung innerer Ruhe, sondern Gewinnstreben ist, ist genau das Gegenteil eines Stoikers. Wie, läßt er den Dialogpartner »A« im *Supplément* fragen, konnte Bougainville, der ein Mathematiker und geradezu der Inbegriff eines ganz um sich selbst kreisenden, selbstgenügsamen Denkers war, dieses Leben gegen den »aktiven, strapaziösen, schweifenden und liederlichen Beruf *(métier)* des Reisenden« tauschen?

Wenn Kulturen bestenfalls nur mit äußerster Schwierigkeit vergleichbar sind, bringt es keinerlei Gewinn, den Ort seiner Geburt zu verlassen. Der »Wilde« als vollkommen »nach innen gewandter Mensch«, um Augustinus' Formulierung zu gebrauchen[70], als Mensch, der überall zu Hause ist, weiß dies. »Glücklich ist der Tahitianer«, ruft »B«, den die »Phantasien von jenseits grenzenloser Ozeane« nicht zu erschüttern vermögen und der damit zufrieden ist, »dort zu bleiben, wo er ist.«[71] Nicht nur, daß die Welt des Wilden einfach und stabil ist – sie ist auch völlig selbstgenügsam. Aotouru, der Tahitianer, den Bougainville mit sich nach Frankreich brachte, war über das, was er in Frankreich sah, eher erschrocken als erstaunt. Und er hörte nie auf, sich nach dem Land seiner Geburt zu sehnen. »Und ich bin darüber nicht erstaunt«, erwidert »B«, als man ihm dies berichtet, denn »Bougainvilles Reise ist das einzige, was mir einen Eindruck von einem Land vermittelt hat, das nicht das meine ist.«[72]

Diderots Mißbilligung des Reisens entstammt einer alten europäischen Tradition, die die Quelle jeglicher Zivilisation – womit man ja schließlich ein Leben in Städten *(civitates)* bezeichnet – in seßhaften Gemeinschaften sieht und jegliche Form des Nomadentums als hoffnungslos »wild« betrachtet. Alle Menschen, es sei denn, sie seien Pilger, erregen Verdacht, wenn sie die Stätte ihrer Geburt verlassen. Und natürlich unterziehen sich Pilger nur deshalb der »Prüfung des Reisens«, um mit de Certeau zu sprechen, um geläutert nach der Heimat zurückzukehren. Ihr Ziel ist also die Rückkehr, nicht die Reise. Den Ozean zu überqueren war wider die Natur, denn die Götter – oder Gott – hatten deshalb die Hälfte der Welt mit Wasser gefüllt, um die Menschen einander fernzuhalten. »Der erste, der es wagte, mit einem eigenhändig gebauten Schiff das offene Meer zu durchpflügen«, schrieb der spätantike Dichter Claudius Claudianus (um 400 n. Chr.; wir haben die betreffenden Zeilen seines Gedichts über den Raub der Proserpina diesem Kapitel als Motto vorangestellt), »und mit seinen rohen Rudern das Wasser aufzuwühlen, er, der es wagte, seine Segel dem Hauch unsicherer Winde auszusetzen, erschloß mit seiner Kunst Reisewege, die die Natur den Menschen verwehrt hatte.«

»Kein Zustand«, äußerte Diderot, sei »unmoralischer als der eines ständig Reisenden *(voyageur par état)*«. Wer unablässig reise, ähnele »einem Mann, dem ein riesiges Haus gehört, der aber, statt bei seiner Familie zu bleiben, unentwegt von einem Raum zum anderen« wandere.[73] Teilweise beruhte Diderots Angriff auf das unstete, schweifende Leben darauf, daß man im 18. Jahrhundert sehr auf Bevölkerungswachstum bedacht war, denn – dies jedenfalls behauptete Diderot – Reisende hinterließen keine Nachkommenschaft.[74] Dies trifft indessen nur teilweise zu, denn die Art des Reisenden, den Diderot im Sinn hat, der *voyageur par état,* ist ein besonderes Wesen; wie Bougainville ist er ein potentieller Kolonist. Ihn treibt es nicht nur in jedes Zimmer seines Hauses, vielmehr muß er von jedem auch Besitz ergreifen. Zwar unternahm Bougainville nichts, um auf Tahiti eine Kolonie zu gründen, doch für alle anderen Franzosen, die nach ihm die Insel betreten würden, hinterließ er – sehr zum Ärger des tahitianischen Weisen – eine Tafel mit den Worten: »Dieses Land gehört uns.«[75] Wie Kolumbus, der eine Inselwelt umzuformen hoffte, indem er sie neu beschrieb, wie Balboa, der vom Stillen Ozean Besitz ergriff, indem er seinen Fuß ins Wasser tauchte, nahm dieser Reisende an, daß seine bloße Anwesenheit und eine simple Inschrift genügten, um Besitz zu begründen.

Der *voyageur par état* bringt seine Besitzansprüche als »un-veränderliche bewegliche Güter« mit nach Hause, so schlimm dies den wirklichen Besitzern der betreffenden Länder auch scheinen mag. Was er den *fremden* Ländern bringt, die er be-reist, ist – nach Diderots Schilderung – nichts als eine lange Liste menschlicher Untugenden:

Gewaltherrschaft, Verbrechen, Ehrgeiz, Elend, Neugier, ich weiß gar nicht welche Rastlosigkeit des Geistes, das Verlangen zu wis-sen und das Verlangen zu sehen, Langeweile, Mißfallen an ver-trauten Freuden – diese Dinge haben zu jeder Zeit Menschen in die Fremde gebracht *(expatrié)*, und das werden sie auch weiterhin tun.[76]

Alles, was »die verwegenen Unternehmungen« eines Kolum-bus und eines Vasco da Gama bewirkten, schloß Diderot, war die Entstehung einer bisher unbekannten Form von Fanatis-mus – einer wahnhaften Schwärmerei für Entdeckungen. Immer wieder haben sich nach den ersten Reisen der Portu-giesen im 15. Jahrhundert Männer auf den Weg gemacht – auf den Weg, um »ein paar Inseln zu verwüsten, ihre Be-wohner auszuplündern, sie zu unterwerfen und niederzu-metzeln«.[77]

Derartige Reisende und Kolonisatoren fände man in der Regel bei denen, die im eigenen Land keine Chance sehen, ihren Ehrgeiz zu befriedigen. Mit anderen Worten: Sie seien die Produkte (oder Opfer) dessen, was keine Zivilisation ver-meiden könne: der unausweichlichen Kluft zwischen immer wieder zunehmenden menschlichen Bedürfnissen und der Fähigkeit einer Gesellschaft, sie zu befriedigen. Das Glück der Kinder des Prometheus sei, wie Helvétius ausdrücklich her-vorhob, »ein Mechanismus, der immer wieder neu geschaffen« werden müsse.[78] Ebenso wie der »Wilde« stets mit seinem Schicksal zufrieden sei, weil es *sein* Schicksal sei, seien diese Reisenden stets unzufrieden mit ihrem Los, weil es das ihre sei. Dies sei eines der Maße der Distanz, die zwischen den Lebens-bedingungen des »Wilden« und des »Zivilisierten« lägen. Solche Menschen trügen, wie Diderot glaubte, »im Grunde ihres Her-zens die Keime der Verwüstung«, die unter einem fremden

Himmel und fern von den Augen der Öffentlichkeit »mit unvorstellbarer Heftigkeit« wüchsen.[79]

Für viele Beobachter des 18. Jahrhunderts schien Auswanderung sowie, im Extremfall, Deportation die einzige Lösung zu sein, um sich der wachsenden Zahl Unzufriedener und sozial Ruheloser zu erwehren, die jede fortgeschrittene, auf Handel beruhende Gesellschaft zwangsläufig hervorzubringen schien. Ein Teil der Literatur, die für eine solche Gesellschaft warb, ließ durchblicken, daß Wanderungen dieser Art sich vielleicht sogar als eine Stufe des natürlichen Wachstums moderner Gesellschaften erweisen könnten. Sobald nämlich eine Gesellschaft den Punkt erreicht hatte, an dem Bedürfnisse und Wünsche zu mächtig geworden waren, als daß das Potential der Gesellschaft sie auch nur noch minimal hätte befriedigen können, bot die Natur neue Länder an. Daß just an einem solchen Punkt Europäer Amerika entdeckten, konnte daher, zumindest in gewissem Sinn, als glückliche Fügung des Schicksals aufgefaßt werden. So gesehen, wurden Entdeckung und Kolonisation zu einem ganz natürlichen Impuls, ganz ähnlich dem Impuls, der einst Menschen veranlaßt hatte, aus den Wäldern hinaus in die Savanne zu treten, die Jagd aufzugeben und zum Hirtennomadentum überzugehen sowie sich schließlich vom Hirtennomadentum ab- und dem Ackerbau zuzuwenden. Beispielsweise äußerte der Marquis de Chastellux, der Verfasser eines vielgelesenen Berichts über eine Reise durch Nordamerika (1782), in seinem *Discours sur les avantages ou les désavantages qui résultent pour l'Europe de la découverte de l'Amérique* (»Erörterung der Vor- und Nachteile der Entdeckung Amerikas für Europa«, 1787), daß die Natur für eine »Art rascher Rotation« gesorgt habe, in deren Zentrum alle diejenigen gezogen würden, die in der Lage seien, all ihre Bedürfnisse innerhalb der Gemeinschaft zu befriedigen, in der sie lebten. Wer dies aber nicht könne, der werde »aus seiner Aktivitätsphase« nach außen geschleudert. Auf diese Weise werde »die Metropole von den unruhestiftenden Aktivitäten und der Hoffnungslosigkeit dieser Menschen befreit, die für ihre Landsleute ebenso gefährlich sind wie für sich selbst«.[80]

Kein Zweifel – Diderot teilte diese Ansicht nicht. Andererseits aber unterschätzte er auch nicht »das Tempo und die unvorstellbare Heftigkeit«, mit der die Besitzlosen, Landhungrigen, die Geld- oder ganz einfach die Raffgierigen übers Meer getrieben wurden. Der gesamte Kolonisationsprozeß war von Anfang an durch die »scheußlichen Beweggründe« der ersten Siedler belastet, wozu sich die Erkenntnis gesellte, daß derartige Akte der Besitzergreifung, wie Kolumbus oder Bougainville sie vollzogen hatten, nur um den Preis der Zerschlagung einer ganzen Gesellschaft in die Realität umgesetzt werden könnten – häufig sogar der Zerstörung einer Gesellschaft, die zumindest das *Potential* in sich trug, sich zu etwas zu entwickeln, das viel besser war als alle bürgerlichen Gesellschaften, die es damals gab. Alles hing von dem jeweiligen Ausgangspunkt ab. Der des »Wilden« war die Natur. Seiner eigenen Lebensweise überlassen, schuf er zum Schluß doch so etwas wie eine Zivilisation – jedenfalls glaubten dies viele der Zeitgenossen Diderots (wenn nicht gar Diderot selbst) von den Inka. Da aber die Europäer des 15. Jahrhunderts nur von einer Position weitgehend hoffnungsloser Korruption ausgegangen waren, konnte das Ergebnis ihrer Wanderungen nur eine traurige Geschichte weltweiter Verwüstungen sein. »Etwa zwei Jahrhunderte nach der Entvölkerung Europas und Asiens«, sagte Diderot, die Geschichte zusammenfassend, »kam die Auswanderung nach Amerika. Diese Revolution brachte alles auf den Zustand des Chaos zurück und verbreitete unter uns alle Laster und Schändlichkeiten aller Klimate.«[81] Ebenso wie Montesquieus Perser, Rhedi, die Erfindung des Kompasses vom Standpunkt der Indianer aus als »absolut verhängnisvoll« betrachtete, sah Diderot im Kompaß und im Segelschiff Instrumente des kulturellen Ruins.[82]

Nicht einmal die, die vielleicht mit besseren Absichten nach Amerika fuhren als die Durchschnittskolonisten, entgingen dem Schicksal aller Einwanderer. Denn um zu reisen, mußte man notwendigerweise ein Stück von sich zurücklassen. Es ist die »Mutterstadt«, in der der einen selbst definierende, das eigene Selbst schaffende *esprit national* entsteht. Entzieht er sich ihm, ist der Reisende gezwungen, ein anderes Wesen zu werden. »Ich möchte annehmen«, schrieb Diderot, »daß es davon nur wenige Ausnahmen gibt. Je weiter die Entfernung von der Hauptstadt ist, desto mehr fällt die Maske der Identität stückweise vom Antlitz der Reisenden. An der Grenze fällt sie schließlich ganz ab *(il tombe sur la frontière)*. Und was, fuhr Diderot fort, »ist auf dem Wege von einer Hemisphäre in die andere

aus dem Reisenden geworden? Nichts. Ist er erst einmal über den Äquator hinaus, ist er kein Engländer, kein Niederländer und kein Franzose mehr, auch kein Spanier oder Portugiese. Alles, das er von seinem Heimatlande bewahrt hat, sind die Prinzipien und Vorurteile, die sein Verhalten rechtfertigen oder entschuldigen.[83]

Reisen, *les expéditions de long cours,* haben »eine neue Generation wilder Nomaden« ins Leben gerufen, »diese Menschen, die so viele Länder besucht haben, daß sie schließlich zu keinem gehören... diese Amphibien, die an der Oberfläche der Gewässer leben«.[84]

In gewissem Sinn hat der gesichtslose europäische Reisende die Reise im umgekehrten Sinn angetreten, die einst seine Vorfahren unternommen hatten. Indem er durch den Raum reiste, reiste er gleichzeitig in der Zeit zurück, indem er von Europa nach Amerika oder Indien oder an den Pazifik fuhr, reiste er gleichzeitig von der Zivilisation zurück zu den Lebensbedingungen »wilder« Völker. Doch dieser gespaltene Naturmensch war nicht der »Wilde«, dem Bougainville begegnete. Alle großen Revolutionen, äußerte Diderot an anderer Stelle, ändern dort, wo sie sich abgespielt haben, die menschliche, gesellschaftliche »Landschaft« unwiderruflich. Doch die Prinzipien und Vorurteile, die die Maske der »Gesittung« unvermeidlicherweise hinterläßt, verwirren den Geist des »neuen Wilden« ebensosehr, wie sie zuvor den des »Zivilisierten« in Verwirrung brachten. Denn was sich unter der Oberfläche eines »Zivilisierten« verbirgt, ist kein »Naturmensch« mehr. Die Zeit und der Zivilisationsprozeß haben die Persönlichkeit restlos verändert. Der seiner Zivilisation ledige Zivilisierte ist, was Diderot meinte, wenn er von einem »gezähmten Tiger« sprach, der »in den Dschungel zurückgekehrt« sei.[85] Habgier, dieser *soif d'or,* den der *bon sauvage* nicht kennt, ist etwas, das der »Zivilisierte« nie verlernen kann. Und mit dem Durst nach Gold komme der Durst nach Blut.[86]

Die einzig mögliche Ausnahme von dieser traurigen Regel waren die Engländer. Denn als einzige wurden die Engländer nicht von Habgier übers Meer getrieben, nicht einmal von dem Wunsch, anderen ihren Glauben zu bringen, sondern einzig und allein von ihrem Drang nach Freiheit. Während alle anderen Völker Europas ihre Schlechtesten nach Amerika entlassen hatten, sandten die Engländer ihre Besten, und während die spanischen, portugiesischen und französischen Kreolen mehr oder weniger degeneriert waren[87], hatten die Amerikaner britischer Herkunft ihren Freiheitsdrang nicht nur bewahrt, sondern weiterentwickelt. Wie Chastellux 1772 in *De la félicité publique* (»Über das öffentliche Glück«) bemerkte, war ihr Amerika »unter den Auspizien der Freiheit und Vernunft« besiedelt worden.[88] Ja – Diderot brachte es sogar fertig, die Massenmorde an den Indianern und die Enteignung des den Indianern gehörenden Lands zu ignorieren, die jeder, der auf die Vereinigten Staaten und deren Geschichte weniger gut zu sprechen war, als in jeder Hinsicht genauso schrecklich anklagen konnte wie die Verbrechen anderer Europäer in anderen Teilen Amerikas. Tatsächlich boten die dreizehn Kolonien (aus denen die späteren USA hervorgingen) wohl kaum die gesellschaftlichen Voraussetzungen für jene Rassenmischung, die er mehr oder weniger für ganz Amerika erhofft hatte. Doch in ihrer politischen Verfassung und ihrer sozialen Zielsetzung kamen sie schon dem sehr nahe, was sich Diderot als die Mitte zwischen »Wildheit« und »Zivilisation« vorgestellt hatte. Hier herrschte Tugend ohne Gefühlsüberschwang, und in der halb mythischen Gestalt des Quäkers konnte man – zumindest aus der Ferne – einen Repräsentanten des Übergangs von den Bürgern antiker Republiken zu den Kaufleuten des merkantilistischen Zeitalters sehen. Dabei waren die Vereinigten Staaten fraglos keine Utopie, kein »Land Nirgendwo«. Freilich hatte Diderot damals auch keine Zeit, sich den Kopf über Utopien zu zerbrechen, und wenn die Gesellschaft im »englischen« Amerika auch noch keine Idealgesellschaft war, so war sie doch die beste von allen, die sich verwirklichen ließ.

Zwischen allen anderen Europäern dagegen, wo immer sie sich in der Neuen Welt einfanden, gab es, was ihr Verhalten anging, keinerlei Unterschiede.[89] Sie waren zwar keine »Wilden« geworden, doch das, was Diderot an anderer Stelle als »Barbaren« bezeichnete, nämlich Menschen, auf denen der Fluch einer »düsteren Gemütsart lag, die sie für die Schönheiten der Natur oder der Kunst und den Genuß des Umgangs mit Menschen unempfänglich« machte.[90] »Wilde« gab es nur in einem bestimmten kulturellen Milieu, doch »Barbaren« sind stets unter uns, ganz gleich, wie hoch der Stand unserer Zivilisation ist.

Diese neuen »Barbaren« reisten in die Fremde in Länder, in denen freie und unschuldige »Wilde« wohnten. Und dort kam es nun zu einem Konflikt, der einmal mehr die Unvereinbarkeit unterschiedlicher Kulturen unterstrich. Als Kolumbus und seine Männer in der Karibik eintrafen, wurden sie von arglosen Indianern an Land getragen. Man gab ihnen Gewänder aus feinster Baumwolle, versorgte sie mit Nahrungsmitteln und mit Hängematten, in denen sie ruhen konnten. In diesem Augenblick waren die Spanier zufrieden. Man könnte auch sagen, sie hatten ihre Krallen eingezogen. Haltet diesen Augenblick fest, sagt Diderot seinen Lesern, denn er wird nicht lange dauern, und erinnert euch daran, wovon die Indianer, die in dieser kurzen Szene vorkommen, noch keine Ahnung haben konnten: von den Schlächtereien, den Raubzügen und Blutbädern, die alsbald folgen sollten. »Laßt uns uns erinnern« – die Passage endet mit einem Sprung vom bloßen Gedenken zur moralischen Verurteilung –, »laßt uns diesen Augenblick der Entdeckung ins Gedächtnis rufen, jene erste Begegnung zwischen zwei Welten, um unsere eigene Welt ganz und gar zu verachten.«[91]

★

Reisen entlarvt den zivilisierten Menschen. Kolonisation bedeutet letztlich nur Zerstörung von Kulturen, die zwar viel-

leicht keine Gesetzbücher, keine »Zivil- oder Kriminalge-
richtsbarkeit« haben, deren Träger vielleicht in Hütten hausen
und, wie die arglosen Kariben, keine Kleider tragen, aber
dennoch (und wahrscheinlich in den bedeutendsten Aspekten)
den Trägern unserer Kultur überlegen sind. Dort draußen an
der Grenze schlugen der Naturmensch und der in den
Dschungel zurückgekehrte Tiger ihre Schlachten, die nur
Verderben brachten. Doch Diderot wußte ebensogut wie
Montesquieu, daß die »Mutterstadt«, mit anderen Worten das
Herkunftsland, der Kolonisten nie völlig gegen die Folgen des
Kolonisationsprozesses abgeschottet werden konnte, der doch
von ihr ausgegangen war. Chastellux' Ansicht, die europäische
Gesellschaft böte den potentiell zerstörerischen Kräften der
Kolonisation einen sicheren Hafen, ließ völlig außer Betracht,
daß Amerika, so weit es auch von Europa entfernt war, noch
immer gesellschaftlich, kulturell und politisch mit Europa in
Verbindung stand. Und die Wege, auf denen die Kolonisten
Europa verlassen hatten, waren nicht zuletzt auch Kanäle, auf
denen die Untugenden der Auswanderer, ihre »Tyrannei und
Grausamkeit«, gleichsam ins Mutterland zurücksickern konnten. Man kann nicht, wie Montesquieu bemerkte, in der
Fremde ein Tyrann sein, sich zu Hause aber als Verfechter
einer freiheitlichen Gesinnung geben. Dafür, dies hatte er anhand des spanischen Kolonialreichs in Amerika demonstriert,
bot die Kolonialherrschaft der Spanier das typische Beispiel.[92]
    Für Diderot allerdings hatten die Erfahrungen des Reisens,
der Entdeckungen und schließlich der Kolonisation durchaus
nicht nur mit Politik oder gar Moral zu tun. Vielmehr besaßen
sie, wie jede menschliche Erfahrung, auch einen psychologi-
schen und, zu guter Letzt, ästhetischen Aspekt.[93] Was nach
Amerikas Besiedlung nach Europa »zurücksickerte«, war nicht
einfach *tyrannis,* sondern etwas anderes, das er freilich nie
genau benennt – etwas, das der Gleichgültigkeit und Ernüchterung sehr nahekommt, die zwangsläufig jeden *voyageur par
état* schließlich befällt.
    Für die Griechen, bemerkte Diderot, hatten alle Naturphä-
nomene etwas Wundersames. Für sie wohnte in jedem Stein,
jedem Berg, jedem Baum und jedem Wald etwas Numinoses,

244

eine personalisierte magische Kraft, eine Kraft, die Bewunderung und Neugier wachrief. Doch als in der Neuzeit Menschen nach Amerika kamen, »blieb unter dem teilnahmslosen Blick der Spanier eine Natur stumm, die vollständig neu war«. Warum, so fragte Diderot, hatte Amerika keinen Europäer inspiriert, dort *eigene, amerikanische* Wunder zu entdecken? Waren denn die Europäer dermaßen besessen von ihrer Vorliebe für die Antike, daß sie in die Neue Welt lediglich verlegten, wovon schon die Menschen des Altertums geträumt hatten: die Amazonen, den Quell der Ewigen Jugend oder die nie alternden Hyperboreer?[94] In Europa gehörten all diese Dinge, so phantastisch sie waren, zum Verständnis der Natur. Ihr Ursprung lag in der griechischen Sicht der Welt. Außerhalb Europas jedoch, in Amerika, waren sie nicht minder von den besonderen Gegebenheiten, den Eigenheiten jener Welt losgelöst, denen sie ihre Entstehung verdankten, als die bedauernswerten Reisenden vom Land ihrer Herkunft entfernt waren. Nun waren sie nichts mehr als dummes Geschwätz, kulturell bedeutungslose Raritäten – so sinnentleert wie nach Europa verschleppte aztekische Trinkschalen oder Gürteltierpanzer. Oder wie sich Diderot an anderer Stelle über die nicht unähnlichen Probleme von Malern äußerte: »Wenn die Wahrheit der Natur in Vergessenheit geraten ist, erfüllen Handlungen, Positionen und Gestalten den Geist, die falsch, gekünstelt, lächerlich und kalt sind.«[95] Die Antwort auf diese einleitende Frage lautet: Kein Europäer machte sich mit einer anderen Absicht auf den Weg als mit der zu »entdecken« – genauer, zu enthüllen, »aufzudecken«, was nach den Angaben des ihm geläufigen Schriftenkanons irgend auf der Welt vorhanden sein *mußte* und ihm bisher nur verborgen war. Diese Formen der starren Beweglichkeit dienten, wie wir in Kapitel 1 sahen, auch dazu, gegenüber dem, was man wußte, jene Art des Klammerns an Bekanntes zu entwickeln, das man, nach Diderot, schon im Keim zu ersticken hatte. Doch dem Unbekannten gegenüber ohne Konzept und ohne Fantasie, also in gewissem Sinn gleichsam nackt, dazustehen, wäre zumindest für die frühen Spanier, die nach Amerika kamen, undenkbar gewesen. Ganz von der Natur abzusehen schien die einzige

Vorgehensweise angesichts einer Natur, die so vollständig anders war. Und nicht nur die »konzeptionelle Nacktheit« war undenkbar, sondern auch, wie Diderot selbst äußerte, jede Art kultureller Entblößung angesichts der drohenden Präsenz eines noch nicht schriftlich erfaßten und in die geläufigen Denkmuster eingeordneten »Neuen«. »Nichts«, schrieb er,

ist bizarrer als ein sozusagen nach Amerika übertragenes und dadurch reproduziertes Europa, daß man die Namen und Bauweisen unserer Städte [repliziert] und die Gesetze, Bräuche sowie die Religion unseres Kontinents [imitiert].[96]

Für Diderot lag die Antwort auf die Frage, warum die Kolonisten ein dermaßen unvorstellbares und bizarres Verhalten an den Tag legten, in dem Prozeß selbst, an dem die frühen Forschungsreisenden maßgeblich teilhatten. Raynal selbst mag der Ansicht gewesen sein, daß »die Entdeckung einer Neuen Welt allein unserer Wißbegierde Nahrung geben konnte«.[97] Für Diderot dagegen, dessen Beiträge zu Raynals Werk abermals dem Original direkt zuwiderlaufen, ist genau das Gegenteil der Fall. Längeres Reisen schade der Vorstellungskraft und verschleiße die Aufnahmebereitschaft des Reisenden für die Wunder der Welt. Seit Plato galt das »Sich-Wundern« als der Ursprung philosophischen und wissenschaftlichen Denkens. Der Mensch unvorstellbar früher Zeiten wunderte sich über den gestirnten Himmel, und dies veranlaßte ihn, diesen Himmel zu kartographieren und verstehen zu wollen. Wer sich nicht wundert, kennt auch nicht das Bedürfnis, Fragen zu stellen. »Das Sich-Wundern«, erklärte Descartes, der in *Les passions de l'âme* (»Über die Leidenschaften der Seele«) die einflußreichste und umfassendste frühmoderne Darstellung dieses Prozesses gab, »ist eine plötzliche Überraschung der Seele, die diese veranlaßt, sich mit Aufmerksamkeit der Betrachtung jener Objekte zu widmen, die selten und ungewöhnlich zu sein scheinen.« Die Macht oder, wie Descartes sagen würde, der »Nutzen« des Sich-Wunderns liegt darin, daß es uns dazu bringt, »Dinge zu lernen und in Erinnerung zu behalten, von denen wir zuvor keine Ahnung hatten«. Ein gewisses Maß an der Fähigkeit, sich zu wundern, versetzt uns also in die Lage, uns für wissenschaftliche Fragestellungen zu öffnen.[98] Und die Phantasie, die Begleiterscheinung des Sich-Wunderns, ist es Diderot zufolge auch, die dadurch, daß sie den Geist in Unruhe versetzt, die Hauptquelle für »jene unendliche Vielfalt von Gesetzen und Bräuchen« ist, die jegliche zivilisierte Gesellschaft charakterisiert.[99] Im Gegensatz dazu plagt den »Wilden« keinerlei kulturelle Vorstellung, die derart rastlose Bedürfnisse erzeugt.

Descartes' Begriff des Staunens sowie all seine sich anschließenden Theorien über das Erhabene, die Diderot teilte, lassen sich als eine Reihe von Reaktionen des Individuums nach Maßgabe des Verhältnisses definieren, das ebendieses Individuum zu seinen Fähigkeiten hat.[100] Daher muß die Fähigkeit eines Menschen, die Erfahrung des Staunens zu machen, in dem Maß abnehmen, in dem der Schock des Neuen reduziert wird. Vertrautheit erzeugt nicht in allen Fällen nur Verachtung (wie ein englisches Sprichwort besagt), sondern Desinteresse und Gleichgültigkeit – und damit die Unfähigkeit zu *sehen*. Der Reisende, sei es John Mandeville oder Marco Polo, der seine Heimat verläßt, um schließlich heimzukehren, bringt bei seiner Rückkehr mit nach Hause, was Mandeville als ein »Buch der Wunder« bezeichnete, »die ich in verschiedenen Ländern sah«.[101] Im Gegensatz hierzu ist Diderots Reisender kein Mann, der sich wundert. Er reist nicht, um die Welt zu erleben und seine Erfahrungen aufzuzeichnen, nicht um durch Kontakte mit anderen Welten seine eigene Welt zu erweitern. Statt dessen führt er, wie wir sahen, von seinen familiären und allen anderen sozialen Banden losgelöst, ein Lotterleben. Ohne durch Gesetze und Sitten in die Schranken gewiesen zu werden, ist er zum Schluß ohne Identität. Er (kein weibliches Wesen könnte je in einen solchen Zustand verfallen und würde dies auch niemals wünschen!) macht auch auf seinen Wanderungen die Erfahrung des Staunens in verschiedenen Abstufungen. In dem Maß, in dem die Maske seiner Identität abfällt, verringert sich auch seine Fähigkeit, auf Neues mit Einfallsreichtum zu reagieren. Mit der Zeit sickert die Minderung der imaginativen Kraft ebenso wie die allgemeine Duldung von Tyrannei und Grausamkeit von der Peripherie zum Zentrum durch – von der Kolonie zur »Mutterstadt«.

Seefahrt und vor allem weite Seereisen hatten wohl die Wirkung, daß sie Menschen, die einst ihre eigene Kultur für das einzig mögliche Maß aller Dinge hielten, mit einer Vielfalt von Vertretern unterschiedlicher Kulturkreise in Berührung brachten, von denen sie zuvor keinerlei Vorstellung hatten. Doch das Ergebnis davon war keineswegs Abbau von Aberglauben, sondern eher ein Rückgang der Fähigkeit, sich phantasievoll mit den neuen Phänomenen auseinanderzusetzen. »Der Unterschied der Kulte und Nationen«, schrieb Diderot, »hat sogar die Hartgesottensten mit Gleichgültigkeit gegenüber Objekten erfüllt, die einst ihre Phantasie angeregt hätten.«[102] Diderot neigte zu der Annahme, daß sich die Sitten und Gebräuche der Europäer zumindest bis zu einem gewissen Grad durch die Entdeckungen in Übersee geändert hätten und auch früherer Glaubenshaß sich abgekühlt habe. Doch mit diesen unbezweifelbaren günstigen Folgen ging eine andere Art des Verlusts Hand in Hand:

Die Vielfalt und Menge der Objekte, die unsere Industrie unserem Geist und unseren Sinnen anbietet, haben die Gefühle der Menschen verarmen lassen und die Kraft unserer Empfindungen vermindert.

Die Reisen einiger weniger haben letztlich bewirkt, daß wir alle ärmer wurden. Die Vorstellungskraft, äußerte Diderot an anderer Stelle, wobei er sich einer Metapher d'Alemberts bediente (wenn es nicht umgekehrt war und d'Alembert dieses Bild von Diderot entlehnte) – die Vorstellungskraft also ermöglichte es uns

einen Vorhang zu lüften und uns Menschen einen bisher unbekannten (oder besser, nicht zur Kenntnis genommenen) Winkel der Welt zu enthüllen, in der wir wohnen. Wer [davon] begeistert ist, befindet sich [jedoch] bisweilen im ungewissen, ob das, was er für vorhanden erklärt, wirklich existiert oder nur eine Chimäre ist, wenn es denn überhaupt außerhalb seiner selbst existiert. Er befindet sich also an den äußersten Grenzen der Energie unserer menschlichen Natur sowie an der äußersten Grenze dessen, was die Kunst an Ressourcen zur Verfügung hat.[103]

Der Reisende und der Entdecker haben die Grenzen zwischen dem Natürlichen und dem Artifiziellen verschwimmen lassen. Sie haben mehr und mehr unbekannte und zuvor unbeachtete Winkel der Welt den Blicken aller ausgesetzt. Doch für sie liegt in der Entdeckung und im Setzen der Segel nicht, wie für wahre Künstler, die Kraft, die sie bis an die Grenzen ihrer »natürlichen Energie« und darüber hinaus in einen humanen Schöpfungsakt treibt. Wer heute »Weltwunder« wie den Tadsch Mahal in Agra, den Grand Canyon in Colorado oder den Petersdom in Rom besucht, wird wohl von einem Gefühl ergriffen, das man eher als starkes *déja-vu*-Erlebnis bezeichnen kann, das aber weniger mit echtem Staunen, echtem »Sich-Wundern« zu tun hat. Es ist, als ob – und dieses Bild war im 18. Jahrhundert sehr geläufig – die Fähigkeit, sich zu wundern, einen begrenzten »Zeitwert« hätte, der durch die großen Forschungsreisen erheblich gemindert worden sei. Dies hatte auch die noch verheerendere Nebenwirkung, daß unsere Gleichgültigkeit gegenüber den Leiden anderer zunahm. Denn Verständnis für Leid erfordert nicht nur, daß der, der es wahrnimmt, die menschliche Substanz erkennt, die ihn mit dem Opfer verbindet, sondern es erfordert auch gleichsam einen »Sprung« der Vorstellungskraft, um sich in die Rolle des Opfers zu versetzen. Das Eindringen der Erlebniswelt »Amerika« in den Raum der Europäern zugänglichen Vorstellungen und Erkenntnisse hatte indessen diesen »Sprung« nur den wenigen Aufgeklärten ermöglicht, für die die Existenz eines allgemeinen Wohlwollens noch immer im Bereich ihres Vorstellungsvermögens lag. Deshalb erklärte Diderot im Hinblick auf Amerika, daß wir schlußendlich keine Alternative besäßen, »als den Augenblick seiner Entdeckung zu verfluchen«.[104]

★

Diderot behauptete, Amerikas Entdeckung habe nicht nur das Elend mit sich gebracht, das Goldgier und Landhunger hervorriefen, sondern auch zu jener Ernüchterung und Gleichgültigkeit geführt, die diesem Elend Dauer verlieh. Nicht einmal Bartolomé de Las Casas' Eintreten für einen menschlicheren Umgang mit den Indianern habe hieran etwas ändern können. Eine derartige Behauptung entspricht einer in Europa schon lange üblichen »Sprachregelung«, wonach Reisen wahrem Familiensinn, einem zivilisierten Dasein, ja sogar der Vermehrung der Menschheit abträglich wäre. Sie kehrt auch jene Vorstellung in ihr Gegenteil um, wonach, wie wir in Kapitel 3 sahen, die Entdeckung Amerikas mit der Endstufe dessen in Verbindung gebracht wurde, was man zu Lebzeiten Diderots als »Zivilisation« bezeichnete.[105] Allerdings leugnet auch Diderot nicht, daß die Entdeckungen einen entscheidenden Faktor im Triumph der Moderne darstellen. Was er jedoch bestreitet, ist, daß dieser Triumph ein ungetrübter Segen für die Menschheit war. Sein Argument ist allerdings nicht, daß wir nun den Schaden ungeschehen machen könnten, der entstanden ist, und noch weniger, daß wir ins 15. Jahrhundert zurückgehen könnten, selbst wenn wir es je wollten. Es lautet vielmehr: Wir haben einfach zu akzeptieren, daß die moderne Welt ein Ort der Ernüchterung und des *eingeschränkten* Wohlwollens ist. Der moderne Mensch hat ja nicht nur seine poetische Vorstellungskraft verloren und statt dessen gelernt, in abstrakten, allgemeinen Begriffen zu denken. Und während er mehr und mehr mit der, wie man früher sagte, »Vielfalt der Dinge« *(varietas rerum)* vertraut wird, muß er sich einfach damit abfinden, daß er das Gefühl des »Sich-Wundern-Könnens« verloren hat, das ihn einst bewog, die Phänomene, die er sehen und beschreiben konnte, auch *verstehen* zu wollen.

Zu ähnlichen Folgerungen kam Alexander von Humboldt. Freilich bereitete ihm die Minderung unserer Fähigkeit, wohlwollend zu sein, weniger Kopfzerbrechen. Er verwarf auch die Behauptung (die er Edmund Burke zuschrieb), daß die großen astronomischen Entdeckungen aufgrund eines Gespürs für Wunder zustande kamen, als Produkt eines »verwerflichen« (und charakteristisch angelsächsischen) Empirismus. Wenn Burke recht hätte, so argumentierte er, »hätte eine Sinnestäuschung... die Sterne an die kristalline Himmelskuppel genagelt«. Der Impuls zur Wissenschaft, und zwar zur reinen Wissenschaft, habe sich statt dessen aus einer »allgemeinen Betrachtungsweise« ergeben, »die es uns ermöglichte, in einer bestimmten Pflanze oder in einem Tier nicht nur eine besondere Art zu erkennen, sondern ein Glied in einer Kette von Lebewesen, das mit anderen Gliedern dieser Kette verbunden« sei, »mag es sich dabei um noch lebende oder bereits ausgestorbene Lebensformen« handeln.[106] Und dieser Prozeß habe sowohl seinen Höhepunkt als auch eine Art von Krisenpunkt im 15. und 16. Jahrhundert erreicht – jedenfalls glaubte Humboldt dies, wie wir sahen. Für Humboldt waren diese beiden Jahrhunderte ein »kraftvolles Zeitalter, das wir im Hinblick auf seinen Einfluß auf die Entwicklung kosmischer Vorstellungen zu beschreiben suchen«. Diese »grandiose Ära«, so schrieb er,

verlieh allen Unternehmungen sowie dem Eindruck der Natur, den weite Reisen vermittelten, den Zauber des Neuen und Überraschenden, der in den vielen Regionen der Erde, die uns heute offenstehen, unserer gelehrteren Gegenwart abhanden zu kommen beginnt.

Das Zeitalter, in dem er lebte, hatte, so überlegte er, das Tempo eingebüßt, mit dem beim Anbruch der Neuzeit das »Zeitalter der Entdeckungen« die menschliche Kultur dermaßen verändert hatte, daß sie nicht mehr wiederzuerkennen war. Wie wir sahen, bewegte sich das Wissen der Menschheit nicht mehr von Epoche zu Epoche voran, »sondern fortan erzielte es großartige Ergebnisse aus seiner ihm eigenen, ihm innewohnenden Kraft, und zwar in jeder Richtung gleichzeitig«. »Unser Zeitalter, das sich tiefgehender Forschung verschrieben hat«, fuhr er fort, »findet im zunehmenden Reichtum der Ideen einen Ausgleich für die Minderung des Überraschungseffektes, den die Neuartigkeit des großen und eindrucksvollen Naturphänomens einst hervorgerufen hatte.«[107] An der Stelle des Sich-Wunderns, das für Humboldt ebenso wie für Schiller (Humboldts »unsterblichen Poeten«) und Goethe eine rein ästhetische Reaktion war, die keinerlei philosophischen oder gar naturwissenschaftlichen Nutzen brachte, ergab sich Verständnis nur aus geduldiger Ansammlung, Beschreibung und Quantifikation von Daten. »Die guten Beobachter«, schrieb er

1836 an Geoffroy Saint-Hilaire, »die, wie Ehrenberg, Purkinie, Valentin und Corda, täglich etwa vier bis fünf Stunden am Mikroskop zubringen... sehen zum Schluß das gleiche.«[108] Naturwissenschaft ist nicht mehr das inspirierte Wagnis einiger weniger großer Einzelner. Vielmehr ist sie das Ergebnis der Zusammenarbeit vieler: »Langsamer«, würde Humboldt wohl sagen, ging diese Zusammenarbeit vor sich, langsamer als die Arbeit eines einzelnen, isolierten Genies in der Vergangenheit, doch die Ergebnisse waren viel sicherer. Die Vorstellung eines Wissenschaftlers an seinem Mikroskop, die ein paar Jahrhunderte zuvor für Christiaan Huygens dem Image eines Entdeckers »neuer Welten« entsprach[109], weicht nun dem begnadeten Navigator in den Gedankenwelten eines Kepler und Giambattista Manso.

Sowohl Humboldt als auch Diderot waren der Ansicht, daß der plötzliche und massive Zuwachs unseres Wissens über neue Welten, den Amerikas Entdeckung mit sich gebracht hatte, auch zu einem bedeutenden Wandel unserer Reaktionen auf unsere eigene Lebenswelt geführt hatte. Doch ihre Folgerungen unterstrichen auch die Unterschiede zwischen den Zielen der späten Aufklärung und der Romantik. Für Humboldt war der Wechsel vom Sich-Wundern zur Entwicklung einer einheitlichen wissenschaftlichen Sicht, die nach und nach die Zusammenhänge zwischen allen Dingen menschlichen oder natürlichen Ursprungs erkennbar machte, auf lange Sicht eine ungetrübte Wohltat für die Menschheit.

Im Gegensatz dazu bedrohte für Diderot die Entdeckung, Besiedlung und Kolonisierung Amerikas die Möglichkeit einer phantasievollen Reaktion auf Verschiedenheiten und beschwor die Gefahr herauf, uns alle auf den Status von Trägern einer einzigen Weltkultur zu reduzieren, die keinerlei Varianten mehr kannte. Die Kolonisierung hatte dies mit der Geduld der »guten Beobachter« Humboldts gemeinsam: Mit der Zeit und hinreichenden Kräften konnte sie das Inkommensurable kommensurabel machen. Doch sie konnte dies nur, indem sie die Kluft verkleinerte oder verschwinden ließ, die zwischen uns und den »anderen« lag, indem sie die anderen ganz und gar uns anglich.

Dieser erschreckende Prozeß war aber auf gar keinen Fall vollendet und würde es bei der durch das Klima der »Neuen Welt« bedingten Neigung der Siedler zum Wohlleben und zur Liederlichkeit wohl auch nie sein. Allerdings waren die europäischen Kolonialreiche in Amerika bereits riesige Konglomerate mit zu hohen Bevölkerungsziffern und zu großer Ausdehnung. Wie so manche moderne Großstadt hatten sie etwas Monströses, Widernatürliches und befanden sich daher stets in Gefahr, durch die Rache der Natur zerstört zu werden.[110] »Jede Kolonie«, schrieb Diderot, deren Status darauf beruht, daß ein Land die Befehle gibt, ein anderes dagegen ihnen gehorcht, »ist im Prinzip verwerflich«.[111] Kolonialreiche fördern notwendigerweise eine Spaltung der Bevölkerung in Herren und Knechte, in Herrschende und Sklaven, und dermaßen gespaltene Gesellschaften werden zwangsläufig zur Brutstätte beispielloser Gewalt.[112] Seit dem Altertum waren derartige Spaltungen anerkanntermaßen immer wieder eine Bedrohung der politischen Lebensfähigkeit und der kulturellen Homogenität sämtlicher Reiche. Doch die Situation in den transatlantischen Kolonien der Europäer mit ihren über so ungeheuer weite Räume verbreiteten, völlig unterschiedlichen Kulturen war sehr viel brisanter als alles, dem sich einst Griechen, Römer, ja sogar die Araber je gegenübersahen.

War es denn tatsächlich möglich, so fragte Diderot, selbst mit moderner Technologie, »durch unermeßliche Ozeane von ihrer Metropolis getrennte Menschen so zu regieren, als ob sie nichts anderes als unter einem und demselben Szepter verbundene Bürger wären«?[113] Die Antwort war ein klares Nein. Die Engländer hatten es bereits erfahren: Früher oder später würden diese weit abgelegenen Kolonien einem »heftigen Verlangen nach Selbstregierung« nachgeben[114] – ein Argument, das Turgot davon überzeugt haben mag, wie erstrebenswert ein vollständiger Rückzug der Franzosen aus Amerika wäre.[115]

Aber es sind nicht nur die politischen und wirtschaftlichen Konsequenzen der weiten Entfernungen, die alle Kolonialreiche zu unrealisierbaren, monströsen und widernatürlichen Gebilden machen. Vielmehr ist es auch, wie wir sahen, der Zwang, den sie ihren Angehörigen auferlegen, ständig zu reisen, immer mehr die Entfernung zu ihrer »Mutterstadt« zu vergrößern, in der allein Zivilisation möglich ist. Für die Kolonisten lag die einzige Hoffnung auf Regeneration in der Schöpfung neuer, unabhängiger Metropolen. Doch der einzige Weg, der hierzu führte, war die Rassenmischung. Zu dieser war es auf Tahiti gekommen, bevor Bougainville und sein zögernder geistlicher Begleiter die Insel verließen. Doch hier wird, wie der Weise unmißverständlich klarmacht, der rasch in den Leibern der Frauen keimende Same nur Ungeheuer hervorbringen. Die Ausdrucksweise ist, wie es bei Kolonialvölkern stets der Fall ist, ausgesprochen sexuell gefärbt. Die französischen Besucher Tahitis hatten, so könnte man sagen, den einzigen Fluch in sein Gegenteil verkehrt, der von Amerika ausgegangen war und Europa heimgesucht hatte: die Syphilis.[116]

Diderot selbst war nicht immer so pessimistisch wie die Gestalten, die seinem Hirn und seiner Feder entsprungen waren. In der *Histoire* preist er stets das Ausleben von Sexualität als Befreiung. Und überdies ist – wie im Fall des Tahitianers Orou – Sexualität eine Art der Verständigung, vielleicht, da es keine gemeinsame Sprache gibt, die einzige Art der Verständigung zwischen den Angehörigen fremder und miteinander sonst unvereinbarer Kulturen. Sie ist auch das einzige Mittel, das das Entstehen einer neuen Gesellschaft fördert, indem sie die Konflikte solcher falsch verstandenen Kolonialreiche löst. Junge Männer und Frauen, so überlegte er, sollten nun nach Amerika geschickt werden, und »durch verwandtschaftliche Bindungen der Zugereisten mit den Einheimischen entstünde eine einzige Familie, der alle angehörten«. Dann, so äußerte er nachdenklich, gäbe es »weder Waffen noch Soldaten, sondern nur viele junge Frauen für die Männer und viele junge Männer für die Frauen«.[117] Ja, er hatte sogar gehofft, daß die Gesetzgebung der portugiesischen Krone von 1755 (die versucht hatte, dem Sklavenhandel ein Ende zu setzen und die schlimmsten Mißgriffe des Kolonialismus einzudämmen) bei den Indianern von Brasilien und Paraguay so viel Vertrauen wachrufen werde, daß diese sogar aus ihren Wäldern hervorkämen und sich unmerklich eine vollständige Vertrauensbeziehung zwischen Amerikanern und Europäern entwickelte, so daß sie eines Tages begännen, zu einem Volk zusammenzuwachsen.[118]

Diderot erkannte, daß sich Kulturen *(les mœurs)* im Lauf der Zeit ändern, manchmal (ohne Rousseau nähertreten zu wollen) sogar zum Besseren. In seiner sexuell befreiten, gemischtrassigen Welt profitierten weder Europäer noch Indianer, sondern allein echte »Amerikaner« von der Zivilisation, ohne von ihr korrumpiert zu werden. Sie wären auch imstande gewesen, die augenfällige Überlegenheit der europäischen Technologie zu erkennen, gegenüber der der »Befehlston und das Imponiergehabe« der »Herren und Meister« die Indianer blind gemacht hatten. Eine derartige Gesellschaft hätte somit erreicht, worauf alle Träume des 18. Jahrhunderts nach komm erzieller Harmonie abzielten: »Eine Union zwischen Menschen mit reziproken Bedürfnissen.«[119]

Diderot war sich voll und ganz darüber im klaren, daß eine solche einheitliche Familie eine Illusion war und es bleiben würde. Sogar in solchen Teilen der Welt wie beispielsweise Tahiti, wo für die Europäer noch die Möglichkeit bestand, eine solche Gesellschaft zu begründen, hätten sie nie beabsichtigt oder auch nur daran gedacht, sie ins Werk zu setzen. Schließlich konnte die gemischtrassige Gesellschaft nur ein Mittel sein, um die Mängel der europäischen Zivilisation zu messen – insofern glich sie dem imaginären Zustand mitten zwischen »Wildheit« und »Zivilisation«.

★

Aus diesem Grund scheint Amerikas Entdeckung, »das bedeutendste Ereignis für die Menschheit im allgemeinen sowie für Europas Völker im besonderen«[120], eine nicht wiedergutzumachende Katastrophe gewesen zu sein. Allerdings unterbreitete 1782 Raynal der *Académie de Lyon* den Vorschlag, einen Preis für die beste Abhandlung auszusetzen, die sich mit der Frage der Vor- und Nachteile der Entdeckung Amerikas für Europa auseinandersetzte.[121] Angesichts dessen sollte man annehmen, daß die 1780 erschienene Ausgabe seiner *Histoire* überzeugend demonstriert habe, welch ein Unglück diese Entdeckung war. Doch sowohl für Raynal und Diderot als auch für die meisten – einschließlich Chastellux –, die, um diesen Preis zu erlangen, schriftliche Untersuchungen ablieferten, hatte die Sache noch einen anderen Aspekt, der Reisen in eine Tugend verwandelte und der trotz allen Elends, das sie über die Menschheit gebracht hatte, die Geschichte der Kolonialisierung Amerikas durch Europäer in einem völlig anderen Licht erscheinen ließ: dies war der Handel. Wie Mandrillon bemerkte, der einer der Anwärter auf Raynals Preis war: Wenn Amerikas Entdeckung vielleicht auch nicht gerade die kommerziell orientierten Gesellschaften des 18. Jahrhunderts geschaffen hat, hat sie doch entschieden zu ihrer Prägung beigetragen. Es waren freilich die Spanier, die immerhin erkannten, worauf sie sich da eingelassen hatten.[122] Wären sie nur, so klagte er, »mit den Indianern Verbindungen eingegangen, die in Einklang mit den Gesetzen der Menschlichkeit stehen«, hätten sie fortfahren können, etwas zu schaffen, was er, wie Las Casas vor ihm, eher als Kolumbus' Projekt einer »kastilischen Utopie« in Amerika ansah, nicht jenen destruktiven Giganten, den die Agenten der Krone Kastiliens nach Kolumbus' Abschied errichtet hatten.[123] Zwar war Mandrillons Vision allzu optimistisch, doch auch Diderot und Raynal übernahmen teilweise seine zusammenfassende und auf Vermutungen beruhende Betrachtungsweise.

Der Handel – und Raynals *Histoire des deux Indes* war weitgehend eine Geschichte des Handels – hatte, so glaubte Diderot, lange gebraucht, bis er bei jenem friedlichen Abbau älterer »Vorurteile« angelangt war, die traditionsgemäß zwischen den verschiedenen Menschenrassen Barrieren aufrichteten. Schon, so meinte er, wären »der religiöse Fanatismus und der Geist der Eroberung, diese zwei Störungsursachen auf der Welt, nicht mehr, was sie einst waren«.[124] Dies aber verdanke man dem Handel, nicht der Kolonialisierung. *Le doux commerce*, um Montesquieus berühmte Formulierung zu zitieren, war es, der die Menschen besänftigte, denn er bedeutete weit mehr als bloßen Austausch notwendiger Güter. Seit den Tagen Thomas von Aquins hatte man sich stets der gleichen

Sprache bedient, wenn es um den Austausch von Waren und den Erwerb des Wissens und Verstehens der allen gemeinsamen menschlichen Substanz ging. Handel erforderte Kommunikation, und Kommunikation führte schließlich zum Verständnis. »Buchstaben, diese Sprache der Welt«, informiert Tom Paine Raynal,

haben in gewissem Sinne alle Menschen miteinander bekannt gemacht und stiften durch eine Erweiterung ihres Wirkungsbereichs Tag für Tag neue Freundschaften. Mit ihrer Hilfe war es möglich, daß weit entfernt voneinander wohnende Völker sich miteinander unterhalten konnten.[125]

Commercium war stets mehr als bloßer Handel. Doch erst im 18. Jahrhundert begann man den Händler, der einst wegen seines nichtmilitärischen Berufs verachtet worden war, als Übermittler kultureller Güter und zivilisatorischer Errungenschaften zu schätzen. »Handel«, so nannte es Mandrillon, »machte die Menschen umgänglicher und humaner.«[126] Kaufleute, schrieb Diderot, sollten nun »eine hohe Meinung von ihrem Beruf haben«. Zwar war es noch immer zwecklos, die Mehrzahl von ihnen zu fragen, ob sie einander vertrauten, und zwar mit einem solchen Vertrauen, wie es nötig war, wenn das gesamte System funktionieren sollte, doch war der Tag nicht fern, an dem »Kredit« als motivierende Kraft bei allen Völkern die Stelle der »Ehre« einnehmen würde.[127] Da beim Handel die Mechanismen der wechselseitigen Zusammenarbeit wichtiger sind als die Dominanz, liegt es im Interesse des Händlers, daß jeder von seiner Arbeit profitiert. So ist der Handel, wie einer der Kommentatoren Raynals es nannte, »die Wissenschaft von den Bedürfnissen anderer.«[128] Im Gegensatz zum Kolonisten, der nur ausplündert – und ausführt –, was immer eine Kolonie zu bieten hat, sorgt der Kaufmann dafür, daß sich die Wirtschaft entwickelt. In den wohltätigen Händen des Kaufmanns wandelt sich Technologie von einem Instrument kolonialistischer Unterdrückung durch Europäer in ein Mittel der Beförderung materiellen Aufschwungs und allgemeiner Aufklärung. »Ich frage mich«, schrieb Diderot, wenn ich meinen Blick nachdenklich über die Ebenen von »Indu-stan« schweifen lasse, wer grub diese Kanäle? Wer be- und ent-wässerte diese Ebenen? Alle Aufgeklärten, die dort leben, rufen mir die Antwort zu: Es ist der Handel, es ist der Handel.[129]

Handel, »der neue Arm der moralischen Welt«, wie Diderot ihn nannte[130], sollte selbstverständlich eines Tages auch die Wirk- und Triebkraft einer neuen Weltordnung werden, eines neuen Imperiums, das nicht auf Macht, sondern auf gemein-samer Wahrung wechselseitiger Interessen und gemeinsamer Zusammenarbeit beruhte. »Überall«, so schrieb Diderot in sei-nem ersten Beitrag zu Raynals *Histoire des deux Indes*, »haben die Menschen ihre Meinungen, ihre Gesetze, ihre Bräuche, ihre Leiden und deren Heilmittel, ihre Tugenden und ihre Laster miteinander ausgetauscht.«[131] Und da auf gegenseiti-gem Austausch beruhende Reiche für die, die in ihnen lebten, nur nutzbringend sein konnten, würden die von Europäern in Amerika errichteten Gewaltherrschaften eines Tages ver-schwinden und einer neuen, internationalen Ordnung Platz machen. In einer bemerkenswerten Passage äußerte er, ein Krieg zwischen Wirtschaftsnationen

sei ein Feuer, das sie alle zerstört. Die Zeit ist nicht fern, daß sich die Zwangsmaßnahmen der Herrscher auch auf individuelle Transaktionen zwischen Angehörigen verschiedener Nationen er-strecken werden und daß Bankrott, dessen Auswirkungen auf solch unermeßliche Distanzen spürbar sind, zur Staatsaffäre wird ... Und daß die Annalen der Völker ebenso von des Handels kundigen Philosophen (*commerçans philosophes*) geschrieben wer-den, wie sie bisher von geschichtsbeflissenen »Redekünstlern« verfaßt wurden.[132]

Von großer Bedeutung ist in diesem Zusammenhang der me-taphorische Ersatz des *Orators* (des »Redekünstlers«) durch den philosophisch gebildeten, am Wirtschaftsgeschehen orientier-ten Philosophen. Denn die antike Welt, deren Anspruch auf universelle Autorität Diderot gründlich mißtraute, stand unter dem Szepter einer alles beherrschenden Rhetorik. Wie wir sahen, stellte sich Rousseau als idealen Sprechraum einen Raum vor, dessen Abmessungen der Tragweite einer kraftvollen menschlichen Stimme entsprachen. Die Gemeinschaft des »Handelsgeschichtlers« ist demgegenüber weltweit, und die Mittel der Verständigung, die ihm zur Verfügung stehen – das geschriebene Wort und der Austausch von Gütern – werden eingesetzt, um Gesellschaften zu gründen, die weit komplexer und zu guter Letzt auch weit menschlicher waren als die antiken Cliquenherrschaften Roms und Athens mit ihren Zwängen. In den neuen Reichen, die Diderot vorschwebten, würde gegenseitiger Austausch die Herrschaft der einen über die anderen ablösen. Kulturen, die einst miteinander völlig unvereinbar gewesen waren, würden nun kommensurabel, und wenn auch vielleicht nicht ganz, so doch mindestens bis zu jenem Grad der gegenseitigen Verständigung, der eine wahrhaft »Neue Welt« in den Bereich des Möglichen rückte.

★

Doch so veränderlich und durchlässig Diderots Kulturen sein mochten, sie galten dennoch auch als Phänomene mit einer völlig eigenen Wesensart. Wie wir sahen, war die Reise nur in einer Richtung möglich. Wie im Fall der normannischen Dolmetscher Lérys machte die Reise jede Möglichkeit zur Rückkehr unmöglich. Am besten war es, wenn die Person, die, wie Gulliver, das Wagnis einer derartigen Reise auf sich genommen hatte, zu beständiger Isolation von all denjenigen Menschen verurteilt wurde, die vorher seine (oder ihre) Gefährtinnen oder Gefährten gewesen waren. Doch wenn auch Diderot gelten ließ, daß es Unvereinbarkeiten gäbe, so war er doch im tiefsten davon überzeugt, daß in einer Art prästabiler Ordnung alle Menschen in Übereinstimmung mit der Natur leben sollten. Der Autor, der ihm am nächsten kam, was diese Ansichten betraf, war Kants Schüler Johann Gottfried Herder (1744–1803). Es mag seltsam klingen, wenn man den Kosmopoliten Diderot in einem Atem mit Herder nennt, der als Begründer des deutschen Nationalismus gilt. Doch Diderots Angriff auf den Kolonialismus im Namen der unvermeidlichen Inkommensurabilität und der erforderlichen Integrität aller Kulturen endet knapp vor jeder Ausschließlichkeit.

Außerdem trifft es zu, daß Herders Berufung auf die Religion, die ein alle Menschen einendes Wissen sei, in Diderots Ohren sehr merkwürdig geklungen haben mag. Doch damit ist es auch übermäßig simpel, Herder als »Nationalisten« zu bezeichnen, denn sein Begriff des *Volkes* bedeutet, politisch betrachtet, nicht mehr als der Ausdruck »Nation« im modernen Sinn des Wortes, nicht mehr als Diderots *patrie*.

Allerdings gibt es einen Sinn, in dem Herder, der nie die *Histoire des deux Indes* erwähnt (obwohl er sie fraglos gelesen hatte[133]), Diderots Argumente so anwendet, daß sie sich praktisch in eine (von Diderot nicht beabsichtigte) Widerlegung der These von der Einheit der Menschheit verwandeln.

Für Herder ist – wie für Diderot – Kolonialismus ein Übel, weil er mit menschlichen, also artifiziellen Mitteln die Vielzahl der auf Erden existierenden Kulturvarianten reduziert oder doch wenigstens zu reduzieren droht. Und zwar ist dies deshalb so schlimm, weil Pluralität Teil der natürlichen Beschaffenheit der Welt ist. Wie für Diderot ist auch für Herder das Reisen eine Ursache moralischen Verfalls, weil es den Absichten der Natur widerspricht, stets alle Dinge so zu belassen, wie sie sind. »Die Natur«, schrieb er in seinem wohl bekanntesten Werk, *Ideen zur Philosophie der Geschichte der Menschheit*, »hat nicht umsonst ihre Grenzen zwischen weit voneinander entfernten Ländern aufgerichtet.« Doch während für Diderot der *voyageur par état*, der nomadenhaft schweifende »Wilde«, eine Gefahr für die darstellt, denen er begegnet, kann für Herder ein solcher Verstoß wider die Natur nur mit dem geistigen und körperlichen Zusammenbruch des Angreifers enden. »Die Geschichte der Eroberung«, so äußerte er,

desgleichen die der Handelsgesellschaften und insbesondere der Missionen erfüllt einen mit Traurigkeit, bietet aber in mancher Hinsicht auch ein lächerliches Bild... Wir schaudern voller Abscheu, wenn wir die Geschichte vieler europäischer Völker lesen, die zu zügellosester Ausschweifung herabgesunken und von gefühlloser Arroganz erfüllt, sowohl körperlich wie geistig entartet sind und keinerlei Fähigkeit mehr besitzen, Genuß, aber auch Mitleid zu empfinden. Sie sind aufgeblasene Schläuche in Menschengestalt, verloren für jede edle und aktive Freude, und in ihren Adern lauert als Racheengel der Tod.[134]

Die letzte Äußerung war ganz wörtlich gemeint. In Amerika lebende Europäer, so behauptete er unter Berufung auf das 1768 erschienene Werk *Natural and Political History of Pennsylvania* (»Naturgeschichte und politische Geschichte Pennsylvaniens«) des schwedischen Botanikers Peter Kalm, altern rascher und sterben jünger als vergleichbare Personen in Europa. Dieses Phänomen hatte nichts mit der Natur zu tun, denn derselben Informationsquelle war zu entnehmen, daß einheimische Bewohner Amerikas, von denen man allgemein annahm, daß sie sehr langsam alterten, bisweilen sogar ein ziemlich hohes Lebensalter erreichten.[135] Was die Ursache von alldem ist, verrät Kalm freilich nicht. Doch allein die Tatsache, daß es derartige Erscheinungen gibt, läßt die Folgerung zu, daß kein Volk je hoffen kann, seine Kultur unbeschadet in eine fremde Welt zu verpflanzen oder sie mit einer dort bodenständigen Kultur zu einer neuen Mischkultur zu verschmelzen. Die einzig mögliche Art und Weise der Verpflanzung besteht für den Reisenden darin, selbst zum »Eingeborenen« zu werden. »Doch wie wenige solcher Menschen gibt es«, klagte Herder. Alle diejenigen, denen es nicht gelingt, sich auf diese Weise anzupassen, finden sich früher oder später in der Rolle von Opfern einer übermächtigen Natur. »Und rächt die Natur«, so fragt Herder, »nicht jeden Schaden, den man ihr zugefügt hat?«

Wo sind die Eroberungen, die Niederlassungen und die Invasionen vergangener Zeiten, mit denen einst Völker fremde Länder heimsuchten, um sie zu verwüsten und auszuplündern? Der stumme Hauch des Klimas hat sie zerstieben und verschwinden lassen, und die Einheimischen hatten keinerlei Schwierigkeiten, dem faulen Baumstamm die letzten Schläge zuzufügen.[136]

Die Maßlosigkeit dieser Behauptung, nachdem bereits die Vereinigten Staaten gegründet waren und als die Unabhängigkeitskriege in der Karibik sowie in Südamerika unmittelbar bevorstanden (die *Ideen zur Philosophie der Geschichte der Menschheit* wurden 1784 und 1791 verfaßt), mag heute abwegig erscheinen. Doch Herders Vorstellung von dem entarteten

Kolonisten, der schließlich den Einflüssen der Natur unterliegt, ergab sich keineswegs aus Beobachtungen in der realen Welt, sondern aus seinem Glauben an die absolute Undurchdringlichkeit aller Kulturformen. »Die Idee jeder einheimischen Kultur«, behauptete er, »beschränkt sich auf ihre eigene Region«, und dies ging so weit, daß es allem Anschein nach unmöglich wurde, auch nur zu übermitteln, worin sie bestand. Denn »ein Europäer hat keinerlei Vorstellung von den brodelnden Leidenschaften und den blühenden Fantasien in der Brust eines Schwarzen, und ein Hindu kann nicht das rastlose Verlangen nachempfinden, das einen Europäer von einem Ende der Welt zum anderen treibt«.[137] Wir alle sind, so glaubte Herder, in der gleichen Lage wie der »König von Siam«, der, als man ihm von Eis und Schnee erzählte, einfach erklärte, dergleichen gäbe es nicht. Wie Diderots Wilder, der Paris nur für ein ungewöhnliches Naturgebilde hielt, konnte auch der Siamese, der keinerlei Möglichkeit hatte, sich eine Welt vorzustellen, in der Frost und Kälte regierten, entsprechende Berichte nur als Hirngespinste fremder Reisender abtun. Denn nichts, was nicht innerhalb des Spektrums unserer eigenen kulturellen Erfahrung und damit unserer Sprache liegt, kann für uns eine sinnvolle Existenz haben.

Was Herder über die Unvereinbarkeit und Unerfaßbarkeit einander fremder Kulturen äußerte, ging weit über jede ältere Argumentation zugunsten kultureller Integrität hinaus. Es war eine gänzlich neue Sicht gesellschaftlicher Entwicklung, in der man nicht zuletzt die Ursache so weitgehender Behauptungen zu suchen hatte. Diderot bewegte sich, wie wir sahen, noch durchaus im Rahmen des traditionell Hobbesschen und Grotiusschen Denkmodells der Soziabilität. Diesem zufolge liegt der Ursprung jeder Gesellschaft darin, daß all ihre potentiellen Mitglieder es erstrebenswert finden, über den Naturzustand hinauszuwachsen. Sie wächst und entwickelt sich dann, um menschliche Bedürfnisse zu befriedigen, die ihrerseits wiederum zunehmen, »je mehr sich unsere Lebensmuster erweitern und perfekter werden«.[138] Trotz zahlloser lokaler Varianten ist dieser Vorgang allgemein und auch allgemein erkennbar. Zwar nahm auch Herder an, daß alle Gemeinschaften von diesem Urzustand des »Wildseins« ausgegangen waren, wobei für ihn dieses »Wildsein« ein stets gleichförmiger Zustand ist, und er schreibt auch allen menschlichen Wesen die gleichen Arten des Verstehens zu, doch verwirft er die von allen Gesellschaftstheoretikern des 17. und 18. Jahrhunderts (einschließlich Rousseau) vertretene Auffassung, soziale Entwicklung sei letztlich das Ergebnis rationaler Abwägung von Interessen. Eine solche Theorie, die alle Menschen zu Wesen erklärte, die nur nach der Vernunft handelten, war seiner Ansicht nach nicht einleuchtend. »Ich sehe mich außerstande zu begreifen«, so schrieb er in *Auch eine Philosophie der Geschichte zur Bildung der Menschheit* (1774), »wie man so allgemein die Vernunft als den einzigen Gipfel und Zweck der menschlichen Kultur hinstellen kann. Ist denn auch der Körper nur ein einziges großes Auge?«[139] Wie Hobbes und die modernen Naturrechtstheoretiker Grotius und Pufendorf war Herder der Ansicht, das erste Ziel jedes Lebewesens sei die Selbsterhaltung.[140] Dies jedoch, so behauptete er, hätte nicht zum Kampf aller gegen alle und schließlich zur Entwicklung von Gesellschaften geführt, die auf dem Nützlichkeitsprinzip beruhten. Vielmehr sei das Ergebnis ein natürlicher Zustand der Immobilität gewesen. »Jedes Ding«, so schrieb er, »vom Sandkorn bis zur Sonnenscheibe, bemüht sich darum, zu bleiben, was es ist.« Der Krieg ist keineswegs die Urlebensbedingung des Menschen. Vielmehr ist er die Folge einer Zunahme der Bedürfnisse des Menschen. Vorausgesetzt es sind genügend Raum und genügend Ressourcen vorhanden, entwickeln alle Menschen so vollständig verschiedene Bedürfnisse, daß »etwas, das den einen völlig gleichgültig läßt, für den anderen höchst erstrebenswert scheint«. Solange also Menschen nur ihren natürlichen Instinkten folgen und das bleiben, was sie sind, kann es keinerlei Ursache für einen Konflikt geben. Doch Menschen sind die einzigen Lebewesen, die in der Lage sind, die natürlichen Grenzen ihres Reviers zu überschreiten. Befinden sie sich erst einmal außerhalb davon, geraten sie schon bald in Streit über ihre Ressourcen. Der Krieg sei deshalb, äußerte Herder, das Hobbessche Paradigma auf den Kopf stellend, »ein Abkömmling des Zwanges, nicht das legitime Kind des Besitzes«.[141] Ebenso behauptete er, daß die Gesellschaft etwas Natürliches sei, wenn sie einfach als Erweiterung der Familiengemeinschaft verstanden würde, die »eine Gruppe verschworener Freunde« oder eine Summe von Gruppierungen umschlösse, die durch die Beziehungen zwischen Ehegatten, Eltern und Kindern sowie zwischen Freunden zusammengehalten würden.[142] Jede Art von Regierung sei indessen künstlich.[143] Kam sie doch nicht durch einen Vertrag oder Bund zustande, der der Gemeinschaft die Möglichkeit verschaffen sollte, einem unentrinnbaren Naturzustand zu entgehen. Vielmehr war sie das Werk einiger weniger, denen es auf eine Weise, die er zugegebenermaßen nicht verstand – »der dunkelste Begriff in der menschlichen Sprache«[144] –, gelungen war, wie Herder im Anklang an Hobbes sagte, die Menschen dazu zu bringen, »ihren Verstand, ihre Fähigkeiten, ja häufig ihr Leben... dem Willen eines Einzelnen unterzuordnen«.[145]

Ebenso wie Herder die Möglichkeit jeglichen gegenseitigen Sich-Durchdringens verschiedener Kulturen zurückwies, verwarf er auch die ihm nicht einleuchtend erscheinende uniforme Ansicht der gesellschaftlichen Entwicklung des Menschen. Sein Angriff auf alles, was sich schließlich als die gesamte Basis der »Wissenschaft vom Menschen« des 18. Jahrhunderts herausstellte, beginnt genau dort, wo viele seiner Angriffe für kulturelle Einzigartigkeit und so manche noch frühere Behauptungen über kulturelle Homogenität ansetzen – nämlich bei der Sprache. Vielleicht ist Herders bekanntestes Werk neben den *Ideen zur Philosophie der Geschichte der Menschheit* seine 1770 erschienene *Abhandlung über den Ursprung der Sprache*. Hier geht er daran, die (von uns in Kapitel 4 erörterte) Theorie zurückzuweisen, daß Sprachen als Mittel geschaffen und entwickelt wurden, um den zunehmenden sozialen Bedürfnissen der Sprechenden abzuhelfen. Was weder Rousseau noch Condillac hatten erklären können, ja was noch kein früherer Sprachentheoretiker je zu erklären versucht hatte (obwohl Condillac bereits sah, daß es sich um ein Problem handelte), war, so argumentierte Herder, *wie* sich bei den ersten Menschen der Übergang vom Laut zum Wort, vom Wort zur Phrase, von der Phrase zum Satz und so weiter vollzogen hatte. Ganz dem entsprechend waren weder die auf Mutmaßungen beruhenden Geschichtsdarstellungen Rousseaus noch Condillacs imstande gewesen, irgendeinen Mechanismus aufzuzeigen, der da hätte erklären können, *wie* man von einer Stufe zur anderen gelangt war.[146] Um Rousseaus Beispiel aufzugreifen: Es hätte keinen Zweck, *aidez-moi* (»helft mir«) zu rufen, wenn es dabei nicht eine hinreichende Anzahl anderer Personen gegeben hätte, die alle zur gleichen Zeit den gleichen Gedanken gehabt hätten.

Der gleiche Einwand, äußerte Herder in seinen *Ideen zur Philosophie der Geschichte der Menschheit*, galt gegenüber den traditionellen Darstellungen der Entwicklung der Gesellschaft, die ebenfalls von sorgfältig voneinander getrennten, unabhängigen Stufen oder Epochen ausgingen. Insbesondere traf dies für Pufendorfs »Vierstufentheorie« zu. Diese erklärte die Entwicklung der Gesellschaft aus dem Wechsel der Produktionsweisen – von Jägern und Sammlern zu Hirten und Ackerbauern bis hin zur Stufe der Händler. Jede dieser Stufen betrachtete Pufendorf als Reaktion auf die geänderte Struktur und Komplexität der Bedürfnisse, denen sich die Gesellschaft jeweils gegenübersah. Abgesehen von der empirischen Tatsache, daß nur wenige Gesellschaften genau diesem Schema folgten und daß es wenig Anhaltspunkte dafür gibt, daß der Ackerbau wirklich *über* der Weidewirtschaft steht, gibt es, so Herder, absolut keinen Mechanismus, der erklärt, warum es möglicherweise zum Übergang von einer Stufe zur anderen kam.[147]

Für Herder gab es daher nur eine Erklärung für die allem Anschein nach unvermeidlichen Veränderungen der menschlichen Sprache und die Formen ihres gesellschaftlichen Zusammenschlusses: sie mußten in gewissem Sinn angeboren sein.[148] Auf die Sprache angewandt, verblüffte diese Behauptung kaum. Denn beispielsweise die gesamte Kritik, die Smith, Ferguson, Millar, Filangieri, Grimaldi und Linguet an Rousseaus Sprachtheorie geübt hatten, ging von der gleichen Auffassung aus. Was Adam Ferguson in seinem *Essay On the History of Civil Society* (1767) als »Veranlagung des Menschen zu Freund- oder Feindschaft, zur Vernunft sowie seinem Gebrauch von Sprachen und artikulierten Lauten« auflistete, sind durchweg nur Attribute. Sie gehören somit, so schrieb er, »in seine Schilderung wie Flügel und Tatzen zum Adler und zum Löwen«.[149] Doch Herder war auch der Ansicht, daß, ebenso wie wir unsere Sprachkenntnisse von unseren Vorfahren geerbt haben, auch unser Verständnis von Kultur und Gesellschaft von ihnen stammt. Die Phantasie, die er – wie Diderot – für die »am wenigsten erklärte aller Kräfte des Geistes« hielt, war für ihn eher als die Vernunft das Instrument sozialer und kognitiver Veränderung. Und die Vorstellungskraft, »der Knoten, der Körper und Geist verbindet, ja der Keim der gesamten Organisation der Sinne«[150] mußte einfach, wenigstens bis zu einem gewissen Grad, angeboren sein. Zwar erkannte Herder nicht anders als Shaftesbury, daß keine Wiederbelebung des scholastischen Begriffs der »angeborenen Ideen« möglich war. Dennoch glaubte er an eine fortwährende Existenz einer »Veranlagung zum Empfang, zur Verknüpfung und Erweiterung gewisser bildlicher Vorstellungen und Ideen«, von denen einige Shaftesburys »moralischem Empfinden« sehr nahekamen.

Dieser Schachzug verringerte mit großem Erfolg die Macht aller menschlichen Wirkkräfte, ihrerseits erfolgreich ihre Zielsetzungen im sozialen und kulturellen Bereich zu gestalten. Gleichgültig, was wir tun – wir alle sind als kulturelle Gruppen innerhalb eines vorgegebenen »geistigen Rahmens« isoliert, den Herder unterschiedlich als »Meinungen«, »Phantasien« und »Mythologien« bezeichnete. Diese können sich im Lauf der Zeit ändern und tun dies auch, jeweils allerdings auf ihre eigene, unübertragbare Weise. Die Impulse für die Veränderung, der phantasievolle Zugriff nach dem, was der Zufall mit sich bringt, wird von den Eltern auf die Kinder übertragen, dies gleichzeitig mit den Ausdrucksmitteln, der Sprache, mittels derer diese Veränderungen erkennbar gemacht werden können.

Nachdem auf diese Weise der Prozeß der Veränderung aus jeder unmittelbaren ursächlichen Bindung an die Zeit gelöst war, war Herder nunmehr frei, ihn mit dem Phänomen des Raums zu verknüpfen. Der phantasievolle Zugriff – und dieser ist es, der die kulturelle Form prägt – ist unvermeidlicherweise von Region zu Region verschieden, desgleichen notwendigerweise auch von einer Produktionsweise zur anderen. Oder wie Herder es nannte: »Der Schafhirt... betrachtet die Natur mit anderen Augen als ein Fischer oder Jäger.«[151] Auch die Sprache muß von Kultur zu Kultur verschieden sein. »Eine neue Sprache«, äußerte er, »muß in jeder neuen Welt entstehen, eine [neue] Nationalsprache in jeder neuen Nation.« Die Typenvielfalt der menschlichen Kulturen kann auf die Unterschiede der Umwelt zurückgeführt werden, die sie nicht nur entstehen läßt, sondern auch prägt. Da der Mensch das einzige Lebewesen ist, das den gesamten Erdball bewohnt, wäre es unnatürlich, zu erwarten, daß eine Eskimokultur die gleichen Eigenheiten aufweisen *könnte* wie eine Kultur aus Schwarzafrika, insbesondere wenn man davon ausgeht, daß kulturelle Eigenheiten – wenigstens in gewissem Sinn – genetisch weitergegeben wurden.[152]

Damit war der Weg für eine Vision frei – frei für eine Vision eines deterministischen pluralistischen Universums, die das gesamte Bild, das die Aufklärung von der relativen Inkommensurabilität entworfen hatte, völlig über den Haufen warf. Hinter Herders Gesellschaftstheorie steht die Vorstellung, daß die Natur ein harmonisches Ganzes sei, in das man nicht ungestraft hineinpfuscht. Und wenn die Sitten und Gebräuche unserer Kultur genetisch weitergegeben werden, müssen sie sich nicht nur in Harmonie mit der spezifischen Umwelt befinden, die uns die Natur zugedacht hat, sondern sie müssen, in einem ganz spezifischen Sinn, sogar *Teil* dieses Umfelds sein. Fraglos war es angebracht, von einer natürlichen Umwelt zu sprechen, die zur Ausprägung der unterschiedlichen Formen menschlicher Kultur führte, bevor es zum »artifiziell herbeigeführten Ende großer Gesellschaften« kam. »Wie wunderbar«, rief Herder aus,

[hat die Natur] die Völker getrennt, und dies nicht allein durch Wälder und Berge, Meere und Wüsten, Flüsse und Klimaunterschiede, sondern ganz besonders durch Sprachen, Vorlieben und Charaktere, so daß das Werk der Unterwerfung durch den Despotismus erschwert wird und nicht alle vier Viertel des Erdballs in das Innere eines hölzernen Pferdes gerammt werden.[153]

Natürlich sind die Trojanischen Pferde, die es auf den Sturz der aus natürlichen Gründen vielfältigen Welt abgesehen haben, die Kolonialreiche der Europäer. »Nichts«, schrieb Herder, »erscheint so unmittelbar im Widerspruch zu den Zielen einer Regierung wie diese unnatürliche Ausweitung des Staatsgebietes und diese wilde Mischung unterschiedlicher Rassen und Nationen unter einem Szepter.« Gewalt und wirtschaftliche Interessen haben wohl zeitweilig die Kolonialreiche der Welt zu »brüchigen Staatsmechanismen« zusammengekittet, doch unter diesem äußerlichen Erscheinungsbild fehlt ihnen »jegliche innere Einheit und jedes Zusammengehörigkeitsgefühl der einzelnen Bestandteile«.[154] Früher oder später zerfallen sie in ihre natürlichen Elemente wie einst die Reiche der Athener, der Perser, der Mogulkaiser, der Römer und Karls V. Welche Kolonien dieser Reiche auch übrigbleiben mochten, sie kämpfen um die Erhaltung von Lebensweisen, die in den jeweiligen Metropolen längst aufgegeben worden waren, bis sie, wie wir sahen, schließlich von den Kulturformen vereinnahmt wurden, welche die Natur für den jeweiligen Lebensraum vorgesehen hatte.

Doch für Herder waren nicht allein Kolonialreiche dazu verurteilt, auf diese Weise zugrunde zu gehen, sondern auch der Ehrgeiz der Aufklärung, die Menschheit durch die Vernunft zur äußersten Vollkommenheit zu führen, was Benjamin Constant meinte, wenn er 1815 von der *égale répartition des lumières* sprach.[155] Da Herder zufolge Kultur und »Aufklärung« offensichtlich austauschbar sind, konnte »Aufklärung« als ein Standard, den eine Kultur einer anderen überstülpt, keine eigene Bedeutung haben. »Die Geschichte der Menschheit«, so schrieb er, »ist notwendigerweise eine Kette von Beweisen der Fähigkeit zum sozialen Leben und formbarer Tradition.«[156] Innerhalb dieser Kette gelangte jede einzelne Kultur zu ihrer eigenen, individuellen, einzigartigen »Aufklärung« – dies jeweils zu ihrer Zeit und auf ihre eigene Weise.

Diese letzte Behauptung ist von allen die verblüffendste, radikalste. Denn Herder war bereit zu argumentieren, daß genau das gleiche auch für eine andere Wohltat gälte, die, wie die Vertreter der Aufklärung hofften, im Kielwasser der europäischen Kolonisten folgen würde, sobald erst einmal die Massenschlächtereien und Blutbäder der Eroberung vorüber wären und aufgeklärtere Herrscher die Stelle der barbarisch-finsteren Monarchen der frühen Neuzeit eingenommen hätten – und diese Wohltat sollte nicht mehr und nicht weniger als das allgemeine Glück der Menschheit sein. »Die menschliche Natur«, schrieb Herder in *Auch eine Philosophie der Geschichte zur Bildung der Menschheit*, »ist nicht das Gefäß eines absoluten, unveränderlichen und unabhängigen Glückes, wie es die Philosophen definieren; überall zieht es jenes Maß von Glück an, das es faßt.« Sogar die Vorstellung davon, was wir als Glück bezeichnen, »ändert sich mit den Klimaverhältnissen«.[157] »Es wäre«, so erklärte er, »äußerst töricht, wenn man sich vorstellt, daß die Menschen überall auf der Welt Europäer werden müßten, um glücklich zu leben. Sollten wir selbst geworden sein, was wir außerhalb Europas sind?«[158] Dies war eine auffallend neuartige Feststellung. Immer wieder, seit Aristoteles im ersten Buch seiner *Nikomachischen Ethik* die *eudaimonia*, was gewöhnlich, wenn auch ungenau, mit »Glück« übersetzt wird, zum allgemeinen Gut der Menschheit erklärt hat, gingen alle, die sich in Europa Gedanken über die Entwicklung und den Zustand der Gesellschaft machten, davon aus, daß just dieses – nämlich das »Glück«, die *eudaimonia* – das einzige feststehende und unveränderliche Ziel aller Menschen sei. Nun behauptete Herder, der Prozeß der Kolonisierung fremder Länder, der mit der Entdeckung Amerikas begonnen hatte, habe endlich bewiesen, daß auch dies eine Illusion gewesen sei. Und wenn wir als menschliche Wesen uns nicht einmal darauf einigen können, was es heißt, »glücklich zu sein«, sind wir uns über gar nichts mehr einig. Alles, was wir hoffen können, ist, von ferne zu beobachten, was andere als mögliche Ziele für Lebewesen planen, die wir als Männer und Frauen wie wir selbst erkennen.[159]

Wie Isaiah Berlin betont hat, ist dies nicht, wie so oft behauptet wurde, eine Form des Relativismus.[160] Für Herder bleiben Kulturen stets innerhalb ihrer eigenen Sphäre. Jeder Versuch, eine von ihnen dadurch verstehen zu wollen, daß man sie an einer anderen mißt, heißt die grundsätzliche und unüberwindbare Unvereinbarkeit mißzuverstehen, die für sie alle gilt. Dies ist es, was für Herder jede Art von »Ethnokritizismus« so absurd erscheinen läßt. Der Anspruch der Europäer, Künste und Wissenschaften erfunden zu haben, so schrieb er, sei ebenso lächerlich wie der Glaube des »Verrückten von Piräus«, alle Erfindungen, die je auf der Welt gemacht wurden, kämen aus Griechenland, nur weil er »am Zusammenfluß dieser Erfindungen und Traditionen lebte«. »Steuere die Fregatte nach Otaheite«, wies Herder voller Verachtung Bougainville an,

und laß dein Geschütz über die Küste der Neuen Hebriden donnern, und dennoch bist du in deiner Kunstfertigkeit dem Bewohner der Südseeinsel nicht überlegen, der mit großer Kunstfertigkeit das Boot steuert, das er mit eigener Hand erbaut hat.[161]

Wir alle tun unsere eigenen Dinge auf unsere eigene Art und Weise, und die Dinge, die wir tun, sind samt und sonders verschieden.

So gesehen, kann es keine gemeinschaftlichen Kulturen, keine gemeinsamen Ansichten oder Gewißheiten geben, die uns allen aufgrund der Tatsache gemeinsam sind, daß wir Menschen sind. Ja, es kann nicht einmal einen gemeinsamen Bestand beschreibender Formulierungen geben, auf die wir uns alle gemeinsam einigen. Herder akzeptierte, daß es vielleicht auf einer sehr tiefen Schicht so etwas wie eine »menschliche Natur« gäbe, die es uns gestattet, den »anderen« instinktiv als einen von »uns« zu erkennen; doch dies half uns nicht, Menschen in ihrer aktuellen Befindlichkeit zu verstehen und erst recht nicht, die konkreten Lebensweisen eines anderen mit unseren eigenen in Einklang zu bringen. Herder war einer der frühesten und vielleicht der schärfste Gegner des tröstlichen Arguments, daß wir, um »andere« zu verstehen, ihnen nicht nur Glaubensvorstellungen und Wünsche zuzuschreiben brauchen, sondern auch die *Wertvorstellungen*, von denen wir annehmen, daß wir alle sie teilen.

★

Herder brachte den Begriff der Inkommensurabilität bis dahin, daß die Vorstellung eines einzigen Menschengeschlechts zwar nicht völlig unmöglich, aber doch zumindest kulturell bedeutungslos wurde. Er scheint sogar der Ansicht der Aufklärungs-Philosophen skeptisch gegenübergestanden zu haben, daß Völker mit unterschiedlichen Varianten einer einzigen Kultur – so zum Beispiel die unterschiedlichen Völker Europas – sinnvoll und nutzbringend miteinander kommunizieren könnten. Der österreichische Vielvölkerstaat, der über keinen Besitz außerhalb Europas verfügte, war genauso ein Trojanisches Pferd, wie es das Reich Karls V. mit seinen zahlreichen und weit über den Erdball verstreuten Ländern gewesen war.[162] Wenn alle Völker auf die Reichweite ihres eigenen, orts- oder landschaftsgebundenen Verständnisses beschränkt sind, und als einzige Reaktion auf Anderssein nicht mehr das Sich-Wundern, sondern nur noch Bestürzung in Frage kommt, dann erübrigt sich die Vorstellung *einer* »menschlichen Natur«. Der Mensch, so wie Herder ihn sich vorstellte, käme vielleicht dem Träger einer anderen Kultur zu Hilfe, weil er ihn, sagen wir, von einer Qualle unterscheiden könnte. Doch in Herders Darstellung gab es nichts, das den Schluß zuließ, daß er irgendeine *moralische* Verpflichtung fühlte, so zu handeln. Nichts bleibt von dem, was Shaftesbury – in einem Versuch, dem zu entgehen, was er als unvermeidlicherweise entmenschlichende Folge des Lockeschen Sensualismus ansah – für die gesamte Menschheit postulierte: ein allgemeines »Wiedererkennen der Art«. Es war dieses »Wiedererkennen«, das Eskimos veranlaßte, schiffbrüchigen französischen Seeleuten zu helfen, obwohl diese für die Eskimos weder wie jemand aussahen, der ihrem Menschenbild entsprach, noch sich entsprechend verhielten. Wenn wir Herder ganz ernst nähmen (und wie Kant erkannte, ist dies nicht immer leicht), dann könnte man auch argumentieren, daß ein »Neger«, ebenso wie er auf seine Weise glücklich sein mag, auch auf seine Weise zur Hölle gehen kann.

Dies war genau die Folgerung, die Diderot und mit ihm alle diejenigen (einschließlich Kant) am meisten gefürchtet hatten, die für Universalismus im Sinn der Bruderschaft aller Menschen eingetreten waren. Wenn irgend etwas von den Kolonialreichen in der Neuen Welt bewahrt werden könnte, könnte dies nur ein größeres, keinesfalls aber ein geringeres Bewußtsein dessen sein, daß es auch andere Menschen gibt. Dies würde nicht nur »uns« befähigen, »ihnen« zu helfen, obwohl auch das dazugehörte, sondern es würde auch dazu beitragen, einen Teil der schädlichen Wirkungen unseres eigenen mörderischen Kirchturmdenkens zu entschärfen. Diderot zufolge hatten Reisende und Kolonisten Unterschiede verwischt, so in Europäern das Gefühl für die Leiden anderer absterben lassen und sie mehr und mehr unempfindlich für die stets zunehmenden Anlässe zum Sich-Wundern gemacht. Kolonien hatten den »Anderen« und das »Andere« nur allzu vertraut gemacht, hatten ihn wie Orou zum Vehikel europäischer Ansichten oder zum bloßen Exoten reduziert – oder zu einer Art Laboratorium einer neuen Gesellschaftswissenschaft werden lassen. Doch in Diderots Sicht könnte dies, nun, nachdem die Schlächtereien vorbei waren und die älteren Kolonien abzubröckeln begannen, zu etwas führen, das jedenfalls subtiler und humaner war als Herders »Nationalismus«. Es hätte sogar zu Kontakten mit dem »anderen« führen können, nicht von diesem weg.

Denn was wir alle – Kolonisten sowohl als auch Kolonisierte –, wie Diderot hoffte, aus jahrhundertelangen erzwungenen Kontakten mit »anderen« Völkern als Gewinn davontragen könnten, ist genau das, was Herder in gar keiner Weise für möglich hielt: wechselseitiges Verständnis füreinander. Für Diderot bedeutete dies, daß wir von den Indianern lernen könnten, welche Grenzen unserem Verständnis der Natur gezogen und wie absurd manche unserer Moralkodizes sind. Im Gegensatz dazu erhielten die Indianer Zugang zur überlegenen Technologie der Europäer. So würden sich beide Gesellschaften verbessern und blieben doch dort fest verwurzelt, wo sie waren, und – von den Verbesserungen abgesehen, welche Aufklärung und Technologie notwendigerweise bewirken würden – blieben sie die Gesellschaften, die sie waren. Nur so könnte sich jene Position in der Mitte zwischen zivilem und »wildem« Status verwirklichen, die er in seinen Träumen als die Stätte erblickt hatte, »wo das Glück der Menschen wohnt«.

Schlußwort

Diderots Hoffnung auf eine Welt mitten zwischen »Wildheit« und »Zivilisation« ist auch klar erkennbar eine unserer Sehnsüchte, wenn wir uns auch anders ausdrücken als Diderot. Doch teilen wir auch Herders Beharren auf der absoluten Inkommensurabilität und der sich daraus ergebenden Vielfalt aller Kulturen, der gegenüber wir – nach einem Wort Ernest Gellners – zu kritikloser Nachsicht aufriefen?[1] Die heutige europäische – aber auch amerikanische – Einstellung gegenüber dem »anderen« ist entweder bei der einen oder der anderen dieser beiden Einstellungen gelandet: Entweder hoffen wir, daß wir eine menschenfreundlichere, weniger kulturell gespaltene Zukunft zu erwarten haben, in der wir verstehen, was wir so dringend übereinander wissen müssen, oder wir finden uns damit ab, daß alle Kulturen nur auf einer sehr beschränkten Anzahl von Ebenen zueinander in Beziehung treten können. In gewissem Sinn hatten wir stets nur diese beschränkte Wahl. Einerseits reagierten wir, wie einst Herodot auf das reagiert hatte, was er auf seinen Reisen sah – eine Reaktion, die, ähnlich der Reaktion Herders, zwar durchaus das Staunen über die Fremdartigkeit der Lebensweisen »anderer« kannte, aber diesen anderen doch nie das Recht absprach, zu tun und zu glauben, was sie wollten. Auf der anderen Seite aber gab es den viel weniger lebensfrohen Anspruch derer, zu denen auch Aristoteles gehörte. Sie waren zwar durchaus bereit, alles, was es auf der Welt gab, genau unter die Lupe zu nehmen, aber glaubten doch, daß das Optimale für alle Menschen schließlich eine Lebensweise wäre, zu der die europäische Kultur den raschesten Einstieg bot.

Wie Diderot und Herder haben wir diese beiden Optionen enorm verfeinert. Doch seit dem Ausgang des 19. Jahrhunderts besteht noch eine andere Deutung. Danach reagieren wir – die Kulturen des Westens – nicht einfach auf die nun einmal unvermeidbare Präsenz der »anderen« – vielmehr schaffen wir sie in Wirklichkeit erst. So betrachtet, sind die beiden Reaktionen, die ich beschrieben habe, überhaupt keine Reaktionen, sondern nur Arten und Weisen, unser Bildnis von uns selbst in anderen zu erfassen. Es ist im Grunde völlig verkehrt, sie als Betrachtungsweisen der Welt anzusehen, und beide haben auch etwas Trennendes. Denn sämtliche europäische Kulturen, die von einem griechischen Ethnozentrismus profitieren, erfordern das Vorhandensein einer Folie für ihre Selbstdarstellung, bei der sie selbst stets vorteilhaft abschneiden. Ja, man könnte fast sagen, genau dies sei die Ursache dafür, daß die Europäer sich stets so stark für fremde Kulturen interessierten, insbesondere für solche, die – nach ihren Begriffen für Überlegenheit – offenkundig ihrer eigenen Kultur unterlegen waren. Was ich in der Einleitung zu diesem Buch als »objektivierende Gewohnheit« beschrieben habe, läßt sich ganz einfach auf diese Not zurückführen. Huronen oder Chichimeken kümmern sich nicht im mindesten um die Praktiken ihrer Nachbarn, es sei denn, daß diese ihre eigenen Sitten und Gebräuche in irgendeiner Form berühren oder beeinflussen. Gleiches gilt für die Ibo, die Bewohner von Java oder die Menschen in Bengalen. »Völkerkunde« ist eine westeuropäische Wissenschaft, und ihr Gegenstand war bis in die allerjüngste Zeit überwiegend der »Primitive«.

Ich möchte diese Ansicht nicht in Frage stellen, allerdings möchte ich zu bedenken geben, daß es sich bei diesem Prozeß, durch den der »andere« geschaffen wird, nicht, wie so oft behauptet wird, um einen ziemlich simplen Akt der politischen Aneignung handelt.

Dieses Buch versuchte eine Anzahl gedanklicher Probleme zu schildern, vor die sich die Europäer in einer formativen Periode ihrer Geschichte im Umgang mit einer hochwichtigen »anderen« Welt gestellt sahen (oder die sie sich damals selbst schufen). Die Autoren, mit denen ich begann – Kolumbus, Las Casas und Oviedo –, und diejenigen, mit denen ich endete – Diderot, Herder und Humboldt –, waren einander völlig ungleich, was ihre Ziele angeht, aber auch ungleich in der Beschaffenheit der geistigen Welten, die sie sich schufen. Weder Kolumbus noch Oviedo, ja nicht einmal Las Casas, sosehr dieser auch das Vorgehen der spanischen Kolonisten verurteilte, waren bereit, die Kultur, der sie selbst angehörten, in größerem Umfang in Frage zu stellen. Ganz anders Diderot und Herder. In der Tat war es gerade diese Kritik, die sie überhaupt erst dazu brachte, sich mit »anderen« zu beschäftigen. Aber sie alle – alle diejenigen, die, auf welche Weise auch immer, gezwungen waren, Amerika zu »begegnen«, wurden von dem Bedürfnis getrieben, in den Glaubensvorstellungen und den ethischen Vorstellungen »anderer« einen Sinn zu sehen. Dies mag zu einem Versuch geführt haben, andere zu *schaffen*, die sich besser in die eigenen ethischen Vorstellungen des Beobachters fügten. Dies trifft, wie wir sahen, sicherlich für Kolumbus zu. Doch der Zwang zur Schöpfung brachte bestimmte gedankliche Herausforderungen mit sich. Denn sosehr wir auch unser Gegenbild eher erschaffen als finden – wir erschaffen es doch nicht aus dem Nichts. Über weniger als ganze Welten können wir nicht kontrafaktuell denken. Desgleichen können wir uns keine möglichen, wenn auch der Realität entsprechenden Welten ohne kulturelle Besonderheit vorstellen.[2] Sogar die »Naturzustände«, auf die sich die großen politischen Denker und Gesellschaftstheoretiker des 17. Jahrhunderts von Locke bis Grotius beriefen, Zustände, die ausdrücklich nur als *Möglichkeiten* gedacht waren, als »andere« Welten, die sich eigneten, das Bedürfnis nach Schaffung einer Gesellschaft und die sich anschließende Entwicklung zu erklären – sogar diese »Naturzustände« wurden geduldig konstruiert, als ob sie je in historischer Zeit existiert hätten. Um überhaupt wirksam zu sein, mußte der »andere« stets mit einer dichten und speziellen kulturellen Identität ausgestattet werden. Dies galt sogar für die »edlen Wilden« Adario und Orou. Von fern betrachtet, mag ihre kulturelle Identität dünn genug erscheinen, doch für ihre Zeitgenossen war sie greifbar vorhanden. Und war erst einmal dieser oder jener »Wilde« oder »Barbar« auf diese Weise benutzt worden, wurde seine (oder ihre) moralische Existenz zum Anlaß echter Besorgnis.

Die Entdeckung eines riesigen Spektrums »anderer Welten« durch die Europäer, Welten, von denen Amerika nur die erste, wenn auch die aufregendste war, machte diese zum zutiefst beunruhigenden, alles ins Wanken bringenden kulturellen und ethischen Dilemma der modernen Zeit. Es war nicht nur deshalb so beunruhigend, weil so vieles – der gesamte tragische Verlauf der Kolonisation Amerikas durch Europäer – durch diese Entdeckung ausgelöst wurde, sondern weil es selbst Menschen mit den allerbesten Absichten und dem klarsten Verstand so in sich unlösbar erschien.

Bernard Williams schrieb:

Wenn wir fragen, was der Vielfalt der Sitten und Gebräuche der Menschen zugrunde liegt, dann müssen wir sagen, daß wir es nicht wissen und keine Ahnung haben, wie die Antwort auf diese Frage lauten mag. Eines allerdings wissen wir – oder wir haben zumindest guten Grund, es zu glauben: Wenn es etwas gäbe, das als Antwort in Frage käme, dann ergäbe es sich aus einer an den Tatsachen orientierten Interpretation wirklicher Menschen.[3]

Diderot und Herder waren sich beide gleichermaßen im unklaren darüber, wie sich die Antwort auf ihre Frage wohl ausnähme, und sie erkannten sehr wohl, daß ihre Versuche, eine Antwort zu finden, auf der Beobachtung »wirklicher Menschen« beruhen müßten. Die Schwierigkeit war nur – und dies ist das Problem, dem sich alle gegenübersehen, die fremde Kulturen zu verstehen suchen –, wie man »wirkliche Menschen« identifizieren könnte. Denn das »Problem des anderen« ist eindeutig ein Beziehungsproblem. Um andere zu sehen, selbst wenn wir sie als »seitenverkehrtes« Abbild von uns selbst betrachten, brauchen wir eine Distanz zu ihnen, und diese Distanz nicht zu verlieren, während wir sowohl ihre Menschlichkeit als auch ihre Aktualität bewahren, ist vielleicht überhaupt nicht möglich. Natürlich ist dies eine der Schwierigkeiten, vor die uns die »Bindung« stellt. Kolumbus sah sich auf Hispaniola unzweideutig »wirklichen Menschen« gegenüber. Und doch konnte er sie nur als solche erkennen, wenn er weite Bereiche dessen, was ihnen zur Wirklichkeit verhalf, in eine Kultursprache übersetzte, die für sie ganz und gar sinn- und bedeutungslos war. Aber bei diesem Vorgang, durch den sie in seinen Augen zwar mehr und mehr von exotischen Geschöpfen zu *Mitmenschen* wurden, schwand ihre Wirklichkeit nahezu gänzlich dahin. Spätere Generationen, die nicht mehr das Problem der anfänglichen, zutiefst beunruhigenden Begegnung mit Amerika kannten – obwohl genau dieses Problem auch in genau der gleichen Weise wieder im südpazifischen Raum auftauchte –, waren gleichfalls überzeugt, daß sie echten Kulturtypen gegenüberstanden.

Die Schwierigkeit, Lebens- und Glaubensinhalte anderer nur einigermaßen angemessen zu erfassen – dies gilt nicht für ihre Art, Speisen zuzubereiten, und ihre Verwandtschaftsbeziehungen –, liegt in deren großer Nähe zu unseren eigenen Lebens- und Glaubensvorstellungen. Schließlich kommt es auf ihre Eßgewohnheiten und Verwandtschaftsgrade nicht sonderlich an. Tatsächlich können sie sehr seltsam sein, ohne daß wir das Gefühl haben, von den Menschen verschieden zu sein, bei denen sie üblich sind. Im übrigen brachte es der Prozeß der kulturellen Angleichung, der unerbittlich auf die kolonialistische Besitzergreifung durch Europäer folgte, einfach mit sich, daß diese Gewohnheiten sich änderten. Beispielsweise versuchten die Kastilier ihre zum Christentum zwangsbekehrten arabischen Untertanen am Baden zu hindern. Allerdings taten sie dies nicht, weil ihnen ungewaschene Araber vertrauter und weniger fremd erschienen, sondern weil sie wußten, daß Waschungen für die Moslems ein wichtiger Teil ihrer Religionsausübung waren – und damit waren sie ein wesentlicher Bestandteil ihrer fremdartigen und als feindselig empfundenen Glaubenslehre. Diejenigen allerdings, deren Lebensweise ganz und gar anders war und die ganz und gar anderen religiösen Vorstellungen anhingen als wir, sei es, daß sie ungewöhnliche Landschaftsmerkmale anbeteten, daß sie landwirtschaftlichen Geräten Speiseopfer darbrachten oder ihre Nachbarn verzehrten, versetzten jene Europäer, die ihnen erstmals begegneten, in Angst und Schrecken, weil sie unmittelbar an deutlich erkennbare Bereich ihrer Ethik rührten – an das Wesen des Heiligen und das, was eigentlich als »menschlich« galt – und doch erschreckend »anders« blieben.

Für die meisten Autoren, über die ich mich in diesem Buch geäußert habe, bestand also das Problem genau darin, »Anderssein« so zu verstehen, daß es in doppelter Hinsicht einen

Sinn ergab: einmal im Hinblick auf die Darstellung »ihres« Lebens und »ihrer« Ansichten, *gleichzeitig* aber auch auf die Schilderung des Lebens und der Auffassungen von Wesen, die noch immer in hinreichendem Maß »wie wir« und damit eindeutig als Teil dessen erkennbar waren, was sich allen zeitgenössischen Europäern als Teil der großen »Familie Mensch« darstellte. In einer bestimmten Hinsicht scheiterten sie alle, und ebenso werden alle zum Scheitern verurteilt sein, die sich auch weiterhin diesem Problem stellen. Mag sein, daß wir auf den Begriff der allumfassenden Menschlichkeit verzichtet haben, um uns mehr Herders Begriff des Pluralismus zuzuwenden. Doch wenn wir, im Gegensatz zu Herder, die Glaubensvorstellungen und Lebensansichten anderer zu *verstehen* suchen, kommen wir ohne diesen allumfassenden Menschheitsbegriff nicht aus. Moderne Darstellungen fremder Völker mögen auf den ersten Blick komplexer und überzeugender erscheinen als entsprechende Schilderungen aus dem 18. Jahrhundert. Doch dies ist in der Regel eine Illusion, die bei nochmaligem Lesen schwindet. Wir haben eine ganz andere Reihe von Dingen, die uns am Herzen liegen, sozusagen ein anderes »Raster«, durch das wir wahrnehmen, was vor unseren Augen liegt. Doch wir brauchen kaum zu betonen, daß dieses »Raster« ebenso machtvoll präsent ist, wie es vor zwei Jahrhunderten präsent war. Unsere »guten Wilden« sind ebenso gut wie »wild« und dienen damit unterschiedlichen kulturellen Zielen, doch sind sie häufig so weit von der Lebenswirklichkeit ihrer realen Vorbilder entfernt, wie wohl Adario von der seinen war. Die Zwangslage eines so großen Teils der modernen Völkerkunde, die auf professionelle Nabelschau oder historische Selbstkritik beschränkt ist, ist eine Reaktion auf das Bewußtsein davon. Gleichermaßen liegt die Ursache dafür, daß Europäer so viele moralische Skrupel wegen ethnischer Gruppen an den Tag legen, die vorher von Europäern schamlos ausgebeutet, unterdrückt oder gar ausgerottet wurden, allem Anschein nach in einer entsprechenden Besetzung des »anderen« mit sentimentalen Empfindungen. Wir alle, so scheint es, haben es nötig, ein Stück weit die Vorstellung aufrechtzuerhalten, daß wir im Grunde voller Wohlwollen sind, und uns einzureden, die europäische Zivilisation sei doch nicht so raubgierig und so zerstörerisch gegenüber denen, die nicht die gleichen Ziele verfolgen wie sie, wie es offenkundig zu sein scheint.

Um dieses Ziel zu erreichen, haben die Kritiker des Kolonialismus mit Vorliebe »andere« erfunden, die genau so falsch waren wie die, die der Phantasie ihrer Gegner entsprangen. *Jedes* Bildnis des »anderen« ist letztlich nur eine Selbstbespiegelung. Es ist einer der Ansprüche, die dieses Buch erhebt, daß es möglich sein müßte, gleichwohl in diesem Prozeß ein Stück des Originals, etwas von den wahren Ansichten jener »anderen« sichtbar werden zu lassen. Doch wir, die Beobachter – die freilich ihren eigenen Sinnen schon lange nicht mehr trauen –, befinden uns noch immer keineswegs in einer Position, die uns sichere Aussagen darüber erlaubte, was wir selbst begangen haben und wovon wir lediglich Zeuge wurden. In der Tat scheint es nicht zu geben, was die Gelehrten behaupten, die sich den Fragen des Kolonialismus widmeten: einen Weg, dem Zirkel zu entkommen, einen Weg, der zu einem »anderen« führt, an dem nichts konstruiert ist. Doch dies wirft ein Verständnisproblem auf, ein Problem, das durch den Vorgang der Kolonisierung ungeheuer erschwert wurde, das aber nach dem Abschluß dieses Vorgangs oder bei Anwendung eines gerüttelten Maßes an anthropologischer Sensibilität keineswegs aus der Welt ist. Rousseau, Diderot und Herder wußten dies, so groß ihr Widerwillen gegen den Kolonialismus auch sein mochte. Diderots und Herders Folgerungen waren nichts als Beschwörungen einer in letzter Instanz unausweichlichen kulturellen Inkommensurabilität. Insbesondere für Herder kam Exzeptionalismus einer notwendigen Vorbedingung kultureller Identität sehr nahe – jedenfalls entsteht dieser Eindruck. Für beide bestand die Hinterlassenschaft der europäischen Kolonialreiche auf amerikanischem Boden – die vielleicht die Schaffung völlig neuartiger Lebensbedingungen war – in dem endgültigen und unwiderruflichen Nachweis, daß Eroberung und Vernichtung die einzigen Methoden waren, in der Kulturen mit Differenzen zwischen ihnen umgehen konnten. Diderots Staat der kulturellen Mitte war, wie

Diderot selbst erkannte, nichts als ein Traum, und Herders vollkommen kulturell angeglichener (akkulturierter) Mensch bedeutete nichts anderes als eine Flucht vor dem Problem, denn wenn ein Kolonisator schließlich zum Kolonisierten wird, hat sich das Problem sofort erledigt.

Wenn wir die Konsequenz dieser traurigen Tatsachen nicht hinnehmen konnten – und in der Tat waren sie für jeden Aufgeklärten unannehmbar –, ergab sich die einzige Alternative, sowohl buchstäblich als auch im übertragenen Sinn, von »ihnen« die Finger zu lassen. Die Kommunikation könnte, so stünde es wenigstens zu hoffen, durch den Handel aufrechterhalten werden, doch wenn er seine »veredelnde« Mission erfüllen sollte, hatte sich der Handel von jeder Form des Kolonialismus fernzuhalten und, wie Raynal erkannte, sogar auf das minimale Besiedlungsmuster zu verzichten, das für die portugiesischen Kolonien charakteristisch war. Doch selbst dann war es höchst wahrscheinlich, daß Kolonisierung unvermeidbar war, wenn sich zwei Handelspartner als militärisch ungleich erwiesen. Wie sehr dies zutraf, bewiesen im letzten Jahrzehnt des 18. Jahrhunderts das Vorgehen der Briten in Indien und das der Holländer (in deren Fall es wegen der republikanischen Tradition der Niederlande besonders verwerflich war)⁴ im Fernen Osten.

Für Raynal ebenso wie für Diderot und für Herder, ja sogar für Humboldt, schien nun der Prozeß der »Entdeckung« oder »Begegnung« mit Amerika vorüber zu sein – ein Grund zum Bedauern, eine historische Lektion für alle künftigen europäischen Gesellschaften in Asien, Afrika und im pazifischen Raum, auf die schon bald der »zivilisierende«, raubgierige Blick Europas fiel. Was wir nach Diderots Ansicht aus dieser Lektion lernen sollten, war, daß alle künftigen Formen von Reisen und Kommerz nur dort praktiziert werden sollten, wo Kontakte oder »Begegnungen« sich als wechselseitig vorteilhaft erwiesen. Doch er erkannte auch – wenn auch nur unklar –, was sich für alle »Wilden« ergeben mußte, die längere Zeit dem Welthandel ausgesetzt wären, und zwar von der »Zeit an ... in der sich die Eingriffe der Herrschenden auf die individuellen Transaktionen zwischen den Angehörigen verschiedener Völker« erstrecken würden. Dieser Handel, so ahnte er, könnte sich als in Wahrheit weniger wohltätig erweisen. Wenn das Europa der Aufklärung aus Amerikas Entdeckung eine Lehre zu ziehen habe, dann bestünde diese in einer Art von Verzweiflung: in der Erkenntnis nämlich, daß sich für einen »Wilden«, wie immer man auch dessen »Wildheit« definiere, letztendlich kein Platz außerhalb eines Weltsystems finden werde, dessen Charakter schon damals ausgesprochen von Europa geprägt war, daß aber auch innerhalb dieses Systems ein »Wilder« nicht die geringste Chance habe, als »Wilder« zu überleben.

Anmerkungen

EINLEITUNG

1 Humboldt (1814), S. 57.
2 Über Kolumbus' kurzes Zögern s. S. 38–40.
3 Zitiert bei Greenblatt (1991), S. 54.
4 Ulloa (1772), S. 4–5.
5 Ich habe das männliche Fürwort verwendet, weil dies im Englischen mit seinem sehr begrenzten Spektrum von Wortbeugungen unvermeidlich ist [gleiches gilt – mit Abstrichen – auch für das Deutsche, A.d.Ü.]. Formen wie »er/sie« sind zu schwerfällig und zur Bezeichnung des/der geschlechtslosen Agierenden einfach das weibliche Pronomen zu verwenden, stellt zwar gegenüber der üblichen männlichen Form einen Ausgleich her, ist aber nichts anderes als komplementärer Sexismus. Außerdem waren viele der Persönlichkeiten, über die ich noch schreiben werde, all die Autoren, Kolonisten und Forscher, tatsächlich Männer. Wenn ich mich also generell weiblicher Pronominalformen bedienen würde, brächte dies nur unnötige Verwirrung. Die englischen Wörter *human* (»menschlich«) und *humankind* (»Menschheit«) sind natürlich nicht weniger geschlechtsspezifisch als *man* (»Mann«, »Mensch«) und *mankind* (»Menschheit«). Da aber der Terminus, von dem *mankind* abgeleitet ist, nämlich das deutsche Wort »Menschheit«, weiblichen Geschlechts ist, bin ich dafür, auch das englische Wort *man*, wenn es sich auf das gesamte Menschengeschlecht bezieht, so zu betrachten, als ob es auch weiblich wäre.
6 Diderot (1955), S. 4: *Le navigateur... traverse des espaces immenses, resserré et immobile dans une enceinte assez étroite.* (»Durch räumliche Knappheit eingeengt und in seiner Bewegung behindert, legt der Seefahrer ungeheure Entfernungen zurück.«)
7 Ders., a. a. O., S. 6.
8 Detaillierte Schilderung und Analyse bei Russell (1986).
9 S. Pagden (1986).
10 Vgl. die Erörterung bei O'Gorman (1961), S. 9–47.
11 Waldseemüller (1507), f. [c.IV^v], *alia quarta pars per Americum Vesputium... inventa est* (»der vierte andere Teil wurde durch Amerigo Vespucci ›erfunden‹ [›aufgefunden‹]«). Waldseemüller schildert Vespucci dann als den wahren »Erfinder« [»Auffinder«] dieser Neuen Welt, die folglich nach ihm benannt werden sollte. O'Gorman schlägt überzeugend vor, das lateinische Verbum *invenire* (»finden«, »erfinden«, »auffinden«), das sonst meist im Sinn von »erfinden« gebraucht wird, in diesem Zusammenhang als »konzipieren« aufzufassen (O'Gorman [1961],

S. 167–168, Anm. 117). In der Tat kann *invenire* auch bedeuten: »einen Gedanken fassen«, »auf eine Idee kommen«. Der andere Terminus war der klassisch-lateinische Ausdruck *repertor* (gleichfalls: »Auffinder«), den der Mailänder Humanist Petrus Martyr, der erste Autor, der Amerika als »Neue Welt« bezeichnete, auf Kolumbus anwandte (s. S. 40).

12 Ferguson (1966), S. 6.

13 Raynal (1781), 3, S. 210–211.

14 Mandrillon (1784), S. 11–12. Mandrillons *Recherches* waren in hohem Maß von Raynals preiswürdigem Werk abhängig (s. S. 169–170).

15 Las Casas (1951), I, S. 149.

16 Zitiert bei Pagden (1986), S. 53.

17 Gerbi (1973) erörtert dies sehr detailreich.

18 Humboldt (1810), S. 1–3.

19 Um den Indianern dabei helfen zu können, mußten sich die Europäer allerdings anders verhalten, als die Landbesitzer sich benahmen, die Humboldt laufend in Amerika antraf. Denn die gegenwärtige Brutalität der Indianer, die Tatsache, daß sie sich nur in 300 Jahren europäischer Machtausübung entwickelt zu haben schienen, konnte, so glaubte Humboldt, nur den Machtverhältnissen zugeschrieben werden, unter denen sie zu leben gezwungen waren. S. Pagden (1990), S. 103–104.

20 Plinius der Jüngere, Briefe VIII, 24,2. Plinius schreibt an einen gewissen Valerius (?) Maximus vor seiner Abreise nach Achaia, das nach seinen Worten das »wahre und echte Griechenland ist, wo, wie man glaubt, die ersten Schönen Künste, die Wissenschaften und auch die Landwirtschaft erfunden wurden« *(in qua primum humanitas, litterae, etiam fruges inventae esse creduntur).*

21 Zitiert bei Greenblatt (1991), S. 36–37.

22 Ajofrín (1958–1959), I, S. 84.

23 S. S. 93.

24 Zu dieser Auseinandersetzung s. Pagden (1986), S. 22–23.

25 Genty (1789), S. 201–202. Auch dies war eine, wenn auch verspätete, Würdigung Raynals. Vgl. S. 255–258.

26 S. Farriss (1984).

27 Zitiert von Michael Zuckerman: *Identity in British America: Unease in Eden,* in Canny u. Pagden [Hrsg.] (1987), S. 144.

28 Zitiert bei Paquet, Gilles u. Wallot, Jean-Pierre: *Nouvelle France/Quebec/Canada: A World of Limited Identities,* in: Canny u. Pagden [Hrsg.] (1987), S. 99. Zu Peter Kalm s. S. 202 u. 261.

29 S. Boon (1982).

30 Montesquieu (1979), II, S. 527. Eingehendere Erörterung der Herausbildung dieser Unterscheidung bei Pagden (in Vorbereitung).

31 Rousseau (1979–1981), III, S. 560, s. seine Bemerkungen zu dieser Distinktion im zweiten *Discours* (Rousseau, a. a. O., II, S. 171–173).

KAPITEL 1

1 Oviedo (1959), I, S. 120–121.
2 Panes Schilderung der Taino-Bräuche ist nicht erhalten, doch der Mailänder Humanist Petrus Martyr zitiert einzelne Abschnitte daraus, vgl. Martyr (1530), f. [CVIII]^{recto}.
3 Kolumbus (1982), S. 327.
4 Brief vom Februar 1502, Kolumbus, a. a. O., S. 311.
5 Milhou (1983), S. 119.
6 Kolumbus, a. a. O., S. 257.
7 Ders., a. a. O., S. 250. Zu Kolumbus' Abhängigkeit von der Sprache der Alchemie: Milhou (1983), S. 131.
8 Las Casas (1951), S. 28.
9 Zitiert bei Carter (1987), S. XXV.
10 Hierzu Trexler (1982).
11 Fernández-Armesto (1991), S. VI.
12 Diesen Prozeß einer initialen und unmittelbaren Beziehung, die ohne linguistische Übertragung auskam, bezeichnete Ernst Cassirer (1965), I, S. 312, in anderem Zusammenhang als »reine Kategorie der Relation«.
13 Kolumbus, a. a. O., S. 237. *Relación del tercer viaje*, 13. August 1498.
14 Humboldt (1836–1839), III, S. 110–116. Ders. (1850), S. 156.
15 Kolumbus, a. a. O., S. 218. Ausführlicher über Kolumbus' Suche nach dem Irdischen Paradies: Pérez de Tudela y Bueso (1983), S. 250–327. Zu Kolumbus' Schwanken zwischen Text und Erfahrungswerten s. Todorov (1982), S. 23–25.
16 Acton (1960), S. 71.
17 Kolumbus, a. a. O., S. 213 f.
18 Brief an Ascanio Sforza vom 1. November 1493, Martyr (1530²), f. XXXIIIV.
19 Für Schulzwecke kann man darüber hinwegsehen. Vgl. J. H. Elliot über den Nürnberger Humanisten Cochläus, der im Vorwort seiner 1512 erschienenen Ausgabe der Kosmographie des Pomponius Mela äußerte, »ob sie [die Entdeckung] der Wahrheit entspricht oder erlogen ist, hat nichts mit Kosmographie oder Geschichte zu tun«. *Renaissance Europe and America: A Blunted Impact?*, in: Chiaparelli (1976), S. 10. Dazu oben S. 143.
20 Bandini (1745), S. 68; dazu Gerbi (1975), S. 45–58.
21 S. Pagden (1986), S. 25.
22 Humboldts Beschreibung dieser Instrumente in: Humboldt (1814), I, S. 56–60.
23 Zitiert bei Brading (1991), S. 516.
24 Humboldt, a. a. O., S. 56.
25 Ders. (1850), S. 354.
26 Ders. (1846–1858), I, S. 8–9.
27 Ders. (1850), S. 357.
28 Ders. (1836–1839), III, S. 20.
29 Ders., a. a. O., II, S. 13.
30 Ders., a. a. O., III, S. 54–61.

31 Dies gilt natürlich nicht für Wohnstätten, und deshalb dreht sich ein großer Teil der Debatte über die Form der zivilisierten Lebensweise seit der Antike bis heute um die Definition der Begriffe *domus,* Stadt und Familie, die als Wohneinheit aufgefaßt werden. Man könnte eine »Naturgeschichte der Zivilisation« unter dem Aspekt der Spannungen zwischen den Vorstellungen von Stabilität und Dauer einerseits sowie andererseits der Veränderung und Beweglichkeit schreiben.

32 Latour (1987), S. 227.

33 Vgl. Latours Bemerkung: »Sie schämen sich, weil sie nicht fassen können, was es heißt, von Millionen von Lichtjahren zu sprechen? Schämen Sie sich nicht, denn der Astronom, der dies alles so fest im Griff hat, schafft dies nur mit Hilfe eines kleinen Lineals, das er an eine Himmelskarte legt, wie Sie Ihr Lineal an Ihre Straßenkarte legen, bevor Sie einen Camping-Ausflug unternehmen. Astronomie ist die Art von Wissen, die man sich in Zentren verschafft, wo Fotografien, Spektren, Radiowellen-Signale, Infrarotaufnahmen – kurz: alle Arten von Informationen gesammelt werden, die eine Spur ergeben, der andere dann leicht folgen können.« Ders., a. a. O., S. 229 f.

34 Ders., a. a. O., S. 227.

35 Da die Kephalopoden angeblich aus Asien stammten, betrachtete er dies als Beweis für Monogenese. Außerdem behauptete Lafitau, bei ihnen (d. h. bei diesen legendären Kephalopoden) handle es sich einfach um Menschen, deren Kopf man gewaltsam tief zwischen die Schultern gedrückt habe. S. Jean-Louis Fischer: *Lafitau et l'acéphale: une preuve »tératologique« du monogénisme,* in: Blanckaert (1985), S. 90–105.

36 Humboldt (1807), S. 34 f.

37 S. Wolf Lepenies: *Interesting Questions in the History of Philosophy and Elsewhere,* in: Richard Rorty u. a. [Hrsg.] (1984), S. 146 f.

38 Cortés (1986), S. 28.

39 Latour (1987), S. 225.

40 Eine glänzende Analyse dieser Episode bei Greenblatt (1991), S. 109–118.

41 Delisle de la Drévetière (1756), S. 36.

42 Bougainville (1771), S. 224, vgl. Moravia (1978), S. 104 f.

43 Ulloa (1772), S. 7.

44 S. Heikamp (1972), S. 107.

45 Thevet (1554), f. 3recto, vgl. Lestringant (1981), S. 207, *La vue n'est-elle pas en effet le sens générateur de la possession, la garantie de l'appropriation intellectuelle et politique?*

46 Diderot (1955), S. 13.

47 Todorov (1982), S. 19 f. Zur eschatologischen Bedeutung, welche die Entdeckung für Kolumbus besaß s. Milhou (1983), S. 136–142.

48 Las Casas (1951), I, S. 199.

49 Ders., a. a. O., S. 199 f.

50 *Carta a Santángel,* 15. Februar 1493, Kolumbus (1982), S. 140; dazu Todorov (1982), S. 33–35 über die zitierte Stelle.

51 S. Fernández-Armesto (1991), S. 46.

52 *Carta a Santángel,* Kolumbus (1982), S. 140.

53 Ders., a. a. O., S. 15.

54 Dies war Martin Waldseemüller. S. Waldseemüller (1507), f. C I I^{verso}.
55 Hierzu Stagl (1990).
56 Humboldt (1807), S. 27.
57 Ders. (1814), S. 30.
58 Herder (1800), S. 187, vgl. S. 260.
59 Quiroga (1922), S. 40.
60 Ders., a. a. O., S. 42 f.
61 M*** [= anonymer Autor] (1785), S. 9–10.
62 Ders., a. a. O., S. 123.
63 Quiroga (1922), S. 49.
64 Ders., a. a. O., S. 52.
65 Ders., a. a. O., S. 54.
66 Sahagún (1975), S. 73; zum Image des Völkerkundlers als Arzt, der Symptome aufnimmt und deutet: S. ebd., S. 17.
67 Über die Entstehung der *Histoire:* Lestringant (1990 a), S. 47–52.
68 Léry (1585), S. 260 f.; hierzu: Lestringant (1990), S. 202 f.
69 Léry (1585), S. 105 ff.
70 Die klassische Quelle ist Aristoteles' Schrift »Über die Seele« (*Peri Psyches* bzw. *De Anima*), 3,3. Vgl. Malcolm Schofield: *Aristotle on the Imagination*, in: Barnes u. a. (1979).
71 Léry (1585), S. 106.
72 Ders., a. a. O., S. 112 f.
73 Ders. a. a. O., S. 106 f., auch zitiert in J. H. Elliot (1970), S. 22; vgl. Steven Mulley: *Strange Things, Gross Terms, Curious Customs: The Rehearsal of Cultures in the Late Renaissance*, in: Greenblatt (1988), S. 69.
74 Léry (1585), S. 307.
75 Ders, a. a. O., S. 110.
76 Ders., a. a. O., S. 227, vgl. Belorgey (1989), S. 26.
77 de Certeau (1975), S. 221.
78 S. Pagden (1983), S. 45.
79 Humboldt (1814), S. 28.
80 Ders. (1807), S. 14.
81 S. Beck (1959–1961), 2, S. 18.

KAPITEL 2

1 Léry (1585), S. 96.
2 Ders., a. a. O., S. 2.
3 de Certeau (1986), S. 68 u. 72.
4 Léry (1585), Vorwort.
5 Zur Unterscheidung zwischen Bibelexegese, die auf »einer Theologie beruht, welche den Gott der Bibel als heilsgeschichtliche Wirkkraft betrachtet« und »philosophischer Hermeneutik« s. Paul Ricœur (1986), S. 122 f.
6 S. Pagden (1988).
7 Vgl. Stanley Fish: »Bedeutung ist bereits ein Ergebnis von Kalkulation, nicht weil den Sprachen bestimmte Normen innewohnen, sondern weil

Sprache von Anfang an innerhalb einer Normenstruktur konzipiert wird.« Diese Struktur, so Fish, sei aber nicht »abstrakt und unabhängig«, sondern werde durch einen »angenommenen Hintergrund von Praktiken, Zielsetzungen [und] Gütern« bestimmt. Fish (1980), S. 318.

8 S. Pagden (1986), S. 200.

9 Hobbes (1985), S. 117.

10 Pagden (1986), S. 153.

11 Las Casas (1951), 1, S. 19–22.

12 Über Acostas Vorhaben: Pagden (1986), S. 149 ff.

13 S. Stannard (1966).

14 Acosta (1962), S. 11.

15 Foucault (1976), S. 146. Hier soll nicht in Abrede gestellt werden, daß die Gründe, aus denen ein bestimmter Text in den Kanon einging, in erster Linie mit den ihm innewohnenden Qualitäten zu tun hatten.

16 Stephen Greenblatt: »Das Problem der Augenzeugenberichte besteht darin: ohne es zu wollen, bringen sie dem Leser zum Bewußtsein, daß ihm genau das fehlt – nämlich die unmittelbare, eigene Sicht der Dinge –, welche die Hauptquelle ist, aus der ihre Verfasser ihren Anspruch auf Verbindlichkeit schöpfen.« Greenblatt (1991), S. 34.

17 Oviedo (1959), 1, S. 10.

18 S. Gerbi (1975), S. 168–174.

19 Las Casas [1550], f. 240^{recto}.

20 Oviedo (1959), 1, S. 111.

21 Was diese Auffassung Las Casas' betrifft s. Pagden (1986), S. 119–149.

22 Oviedo (1959), 4, S. 267.

23 Léry (1585), Vorwort.

24 Las Casas (1951), 3, S. 342.

25 Oviedo (1959), 1, S. 7 u. 9.

26 Ders., a. a. O., S. 12.

27 Ders., a. a. O., 4, S. 336.

28 Ders., a. a. O., 1, S. 12.

29 Ders., a. a. O., 5, S. 306; doch wie ein Nachhall der uralten Tradition, die alle Arten des Reisens als naturwidrig betrachtete (vgl. oben S. 236f.), wirkt es, wenn er unmittelbar hinzufügt: »Keine Pflanze vermehrt sich rascher, denn nach unseren Begriffen ist dies wider die Natur. Flachs brennt nämlich den Boden aus, auf dem er angebaut ist, und macht das Erdreich unfruchtbar.«

30 Oviedo (1959), 1, S. 8.

31 Ders., a. a. O., S. 7.

32 Ders., a. a. O., 4, S. 267.

33 Gilii (1780–1784), 1, S. XVIII.

34 Oviedo (1959), 1, S. 7.

35 Plinius, *Naturalis Historia,* Vorwort 14 f.

36 Oviedo (1959), 1, S. 13.

37 Ders., a. a. O., S. 141. Seine Worte »So lange ich Atem in mir habe und den Geist Gottes in meiner Nase, wird kein böses Wort über meine Lippen kommen und auch keine Lüge über meine Zunge«, klingen unüberhörbar an das biblische Buch Hiob (Kapitel 27, Vers 3 f.), an: »So-

lange mein Odem in mir ist und der Hauch Gottes in meiner Nase: Meine Lippen sollen nicht Unrechtes reden und meine Zunge keinen Betrug sagen.« Die *Vulgata* gibt diese Stelle wie folgt wieder: *non loquentur labia mea iniquitatem, nec lingua mea medidabitur mendacium.*

38 Las Casas (1951), 2,27; gleichlautend Oviedo (1959), 1, S. 9.
39 Oviedo (1959), 1, S. 141.
40 Ders., a. a. O., 2, S. 182 f.; vgl. Don Quijote, 1,6.
41 M★★★ [= anonymer Autor] (1785), S. 14 f.
42 Díaz del Castillo (1904), 1, S. 270 f.
43 Amadís (1959), 1, S. 9.
44 Zu Oviedos damaligen Reisen sowie zur Entstehungs- und Publikations-geschichte des *Claribalte* s. die glänzende »vorläufige Studie« *(estudio preliminar)* von Juan Pérez de Tudela Bueso, in: Oviedo (1959), 1, S. LXI–LXIX.
45 Oviedo (1519), ff. aij^{recto}–aiij^{verso}.
46 *Exil, satire, tyrannie: Les Lettres Persanes*, in: Starobinski (1989), S. 91 f.
47 Oviedo (1959), 2, S. 182 f.
48 Oviedo (1880), S. 233.
49 Oviedo (1559), 2, S. 85 ff.
50 Ders., a. a. O., 4, S. 308–417.
51 Ders., a. a. O., 1, S. 10; Plinius, *Naturalis Historia*, Vorwort, 15.
52 Oviedo, a. a. O., 2, S. 184.
53 Ders., a. a. O., S. 245.
54 *Naturalis Historia*, Vorwort, 14 f.
55 Oviedo (1959), 2, S. 304; auch Sahagún (1975), S. 75, beklagt mit ganz ähnlichen Worten die »vielen Jahre, sowie die … zahlreichen Anstrengungen und Mühseligkeiten« *(muchos años y … muchos trabajos y desgracias)*, die er um seines Werks willen auf sich genommen hat und die er nun als zusätzlichen Beweis seiner Vertrauenswürdigkeit in die Waagschale wirft.
56 Montaigne (1933), S. 212, *Des Cannibales.*
57 de Certeau (1986), S. 73.
58 Oviedo (1959), 2, S. 183.
59 *De ordine* 2,19,51
60 Oviedo (1959), 2, S. 182.
61 Ders., a. a. O., S. 305.
62 Las Casas (1987), S. 69.
63 Brading (1991), S. 76.
64 Las Casas (1951), 2, S. 441–444.
65 Ders., a. a. O., S. 92.
66 Ders., a. a. O., S. 93.
67 Vgl. Taylor (1989), S. 139.
68 Las Casas (1951), 3, S. 84.
69 Ders. [1550], f. 242^{recto}.
70 Ders. (1951), 1, S. 92 f.
71 *Aquí se contiene una disputa o controversia*, in: Las Casas (1958), S. 308.
72 *Carta al los Dominicos de Chiapa y Guatemala*, 1563, in: Las Casas (1958), S. 470.

73 Las Casas (1951), 1, S. 19.

74 S. Kelley (1990), 1, S. 89.

75 *Carta al los Dominicos de Chiapa y Guatemala,* 1563, in: Las Casas (1958), S. 471; s. *Treinta proposiciones muy iuridicas,* in: Las Casas (1958), S. 257.

76 S. beispielsweise seinen Angriff auf den schottischen Theologen John Major, den er als jemanden bezeichnet, der, was Amerika betrifft, »weder das Gesetz noch die Fakten kennt«. Las Casas [1550], f. 228^{verso}.

77 S. Prosdocimi (1954–1955), S. 815; desgl. Olivecrona (1939), S. 78.

78 S. Schultz (1953).

79 Las Casas (1987), S. 69.

80 *Carta a un personaje de la corte* vom 15. Oktober 1535, in: Las Casas (1958), S. 63.

81 Las Casas (1951), 1, S. 20.

82 Ders., a. a. O., S. 6; Las Casas' Berufung auf Isidor von Sevilla ist, wie die meisten seiner Quellenangaben, unkorrekt. Richtig müßte sie lauten: *Etymologiarum,* Buch 1, Kap. 41.

83 Las Casas bestritt zwar das Eigentumsrecht *(dominium rerum)* der Krone in Amerika, stellte aber deren Souveränitätsanspruch *(dominium jurisdictionis)* nicht in Frage. In der politischen Terminologie, derer sich Las Casas bediente, konstituierten beide eine gewisse Form des Besitzrechts. S. Pagden (1990), S. 13–36 passim.

84 Las Casas (1951), 3, S. 342.

85 *Carta al Consejo de Indias* vom 15. Oktober 1535, in: Las Casas (1958), S. 59.

86 Las Casas (1951), 1, S. 22.

87 Las Casas [1530], f. 243^{verso}. Zwischen dieser Passage und der Schilderung der »griechischen Chronisten« in der *Historia de las Indias* (Las Casas, 1951, 1, S. 3) besteht starke sprachliche Ähnlichkeit.

88 Las Casas (1951), 1, S. 13.

89 Diodorus Siculus, *Historische Bibliothek,* Buch 1, Kap. 3–5.

90 Las Casas (1951), 1, S. 3.

91 Greenblatt (1991), S. 129.

92 Las Casas (1951), S. 12.

93 Ders., a. a. O., S. 316. Er habe, so gab er an, eine Passage kopiert, »damit man sehen könne, wie einfach der Admiral lebte und schrieb, und daß es damals nicht jene hochgestochene, ruhmredige und hochtrabende Art zu schreiben gab, die heute auf der Welt modisch ist, und daß die Wörter, die man heute benutzt, um Titel aufzublasen, seinerzeit fehlten«.

94 Etwa zweihundert Jahre später erhob Francisco Javier Clavigero, der gleichfalls eine »wahre« Geschichte verfaßte, in der er die Partei der Indianer ergriff, genau die gleichen Ansprüche zu ebendemselben Ziel. S. Pagden (1990), S. 100.

95 Oviedo (1959), 2, S. 56.

96 S. Schwartz (1978).

97 Zu diesem Begriff s. Greenblatt, S. 10 f.

98 *Memorial de los remedios,* in: Las Casas (1958), S. 121.

99 Las Casas (1987), S. 81.

100 Ders., a. a. O., S. 159.

101 Ders., a. a. O., S. 125.
102 Ders., a. a. O., S. 169.
103 Ders. [1550], f. 241verso.
104 *Carta al los Dominicos de Chiapa y Guatemala*, in: Las Casas (1958), S. 472.
105 Las Casas (1987), S. 160–163.
106 Geertz (1988), S. 17.
107 Aus ebendiesen Gründen konnten, wie er hervorhob, auch »Asien und Afrika als eine neue Welt bezeichnet werden«. Léry (1585), f. cijverso. S. oben S. 175.
108 Vgl. S. 110.
109 Las Casas (1987), S. 174.
110 Dies hinderte ihn freilich nicht daran, Aussagen geradezu prophetischen Charakters zu machen, vgl. Milhou (1983), S. 77–100.
111 Las Casas (1987), S. 69.
112 Vargas Machuca (1879), S. 216.
113 Geertz (1988), S. 79.
114 Acosta (1962), S. 10.
115 Zur Geschichte der Entwicklung dieses Gedankens s. die hervorragende Arbeit von Alonso Iacono: *L'evento e l'osservatore*, Florenz 1987.
116 Humboldt (1810), S. II.
117 Vgl. die einschlägigen Äußerungen bei Oviedo (1959), 2, S. 305.
118 Ramusio (1978), 1, S. 3 f.
119 Purchas (1625), S. 2, *To the Reader*.
120 Prévost (1746), 1, S. VI.
121 »Was diese Art philosophischer Untersuchungen angeht, für die unsere Sprache keinen angemessenen Namen kennt, so nehme ich mir die Freiheit, sie als *theoretische* oder *mutmaßliche* Geschichte zu bezeichnen, eine Formulierung, die in ihrer Bedeutung trefflich dem von Mr. Hume gewählten Ausdruck *Naturgeschichte* entspricht, während einige französische Autoren von einer *Histoire Raisonnée* sprechen.« *Account of the life and writings of Adam Smith LL. D.*, in: Smith (1980), S. 293.
122 Raynal (1781), 1, S. 3.
123 Humboldt (1810), S. III.
124 Blumenberg (1987), S. 94.

KAPITEL 3

1 Guicciardini (1971), 1, S. 591 f. In der Vulgata-Version lautet die betreffende Psalmenstelle: *In omnem terram excivit sonus eorum et finis orbis terrae verba eorum.* Wie dieser Vers zu deuten sei, war heftig umstritten. Manche glaubten ihm sogar entnehmen zu können, daß man schon im Altertum von der Existenz Amerikas gewußt habe. Doch natürlich konnte er nur als prophetische Aussage interpretiert werden, und so legten ihn denn auch die meisten in dem Sinn aus, daß eines Tages Christi Wort überall auf der Erde gepredigt werden würde. Amerikas Entdeckung betrachtete man als eine Stufe des Wegs zu diesem Ziel.

2 In einem Brief an den Herzog von Sachsen, Erasmus (1906–1956), 2, S. 584.
3 Temple (1909), S. 28.
4 Thevet (1975), S. 222.
5 Abgedruckt in Nardi (1965), S. 41 f.
6 Galileo Galilei (1965), S. 17. Auch Kepler bediente sich 1610 in einem Privatbrief an Galilei desselben Vergleichs (Galileo Galilei, 1929–1939, 10, S. 324; s. Jardine, 1984, S. 211–224).
7 Tassoni (1636), S. 532.
8 Die besten Gesamtdarstellungen der Auseinandersetzung geben noch immer Rigault (1856) u. Gillot (1914).
9 Siehe Levine (1987), S. 155, der behauptet, in Frankreich habe der Streit als rein literarische Auseinandersetzung begonnen und sei weitgehend eine solche geblieben, wogegen in England seit den Tagen Francis Bacons die Tendenz bestanden habe, die Rivalität auf den gesamten Bereich der Naturphilosophie auszudehnen. Gleiches galt übrigens auch für Italien und Deutschland.
10 Fontenelle (1825), 3, S. 424.
11 Zitiert bei Elliott (1970), S. 10.
12 Voltaire (1963), 2, S. 350.
13 Blumenberg (1983), S. 339 f.
14 Campanella (1693), S. 6. Major (1519), f. 1 verso. Allerdings schreibt Major die Entdeckung Vespucci zu.
15 Fontenelle (1825), 3, S. 170.
16 *Sur l'histoire,* Ders., a. a. O., 2, S. 424–435.
17 Ders., a. a. O., 3, S. 432.
18 *Digression sur les anciens et les modernes,* Ders., a. a. O., 4, S. 238.
19 Zitiert bei Shklar (1981), S. 644.
20 d'Alembert (1805), 1, S. 239, *Discours préliminaire de l'Encyclopédie.* Über d'Alembert als Wissenschaftshistoriker: Gusdorf (1966), S. 47–92.
21 Blumenberg (1983), S. 470.
22 Latour (1988), S. 3–5.
23 Las Casas (1951), 1, S. 148 f.
24 Ders, a. a. O., S. 37–62.
25 Oviedo (1959), 1, S. 15 ff. Oviedos Ziel, das ihm wenig Beifall einbrachte, bestand darin, zu zeigen, daß es sich bei Amerika nicht nur um eine wiederentdeckte Welt handle, sondern sogar um Land, das einst zum spanischen Westgotenreich gehört hatte. Außerdem bekräftigte er den Mythos des »unbekannten Lotsen« – die Behauptung, ein schiffbrüchiger Seemann, dem Kolumbus auf einer früheren Seereise begegnet sei, habe Kolumbus von dem Erdteil erzählt, der draußen im Meer zwischen Europa und Asien läge.
26 Oviedo (1959), 1, S. 20.
27 »Wie ein zweiter Kolumbus führte er uns zur Entdeckung neuer Welten im Bereich des Wissens« (so James Barry, 1775, S. 124, über Francis Bacon).
28 Galileo Galilei (1929–1939), 11, S. 66.
29 Todorov (1982), S. 22–39, schildert, wie Kolumbus Zeichen deutete.
30 Galileo Galilei (1929–1939), 10, S. 296.

31 Ders. (1967), S. 339; s. auch Blumenberg (1987), S. 82.
32 Fernández-Armesto (1991), S. 23–44, verdanken wir eine in ihrer Skepsis sehr nützliche Darstellung der landläufigen Ansichten über Kolumbus' geographische Theorien.
33 Robertson (1777), 1, S. 64.
34 Humboldt (1836–1839), 3, S. 10.
35 Daß es sich so verhält, ergibt sich aus Robertsons Begründung für seinen Verzicht auf jegliche Erwähnung irgendwelcher Entdeckungen in seiner berühmten Schrift *The Progress of Society in Europe*, die erstmals als Vorrede seiner *History of Charles V* 1769 veröffentlicht wurde. »Ich fand«, so schrieb er dort, »daß die Entdeckung der neuen Welt ... der Geist der Besiedelung ihrer unterschiedlichen Provinzen sowie deren Rückwirkungen auf die Politik und die Wirtschaft Europas so große und wichtige Themen sind«, daß sie einer eigenen Darstellung in einem gesonderten Geschichtswerk bedürfen (Robertson, 1972, S. 5).
36 Ders. (1777), 1, S. 66.
37 Ders., a. a. O., S. 64. Über Heinrich den Seefahrer s. Russell (1984).
38 Ders., a. a. O., S. 66–69.
39 Robinson (1774), S. 36f.; Robinson stellt auch Verbindungen zwischen Kolumbus, Galileo Galilei und Kopernikus her, wie sie seinerzeit üblich waren.
40 Kolumbus (1982), S. 217. S. die Bemerkungen bei Fernández-Armesto (1991), S. 30f.; Robertson, a. a. O., S. 65f., zweifelte nicht daran, daß Kolumbus genau dieser Auffassung war.
41 Las Casas (1951), 1, S. 148f.
42 Raynal (1781), 2, S. 7.
43 Burke (1757), 1, S. 4.
44 Jardine (1984), S. 215.
45 Spratt (1667), S. 108.
46 de Pauw (1777), 2, S. 160f.
47 Galileo Galilei (1965), S. 37.
48 Michelet (1855), S. XCIII.
49 Spratt (1667), S. 36.
50 D'Alembert in seinem *Discours préliminaire de l'Encyclopédie*, in: *Œuvres philosophiques* [...], Band 1 (1805), S. 279.
51 Raynal (1781), 3, S. 211.
52 Humboldt (1836–1839), 4, S. 6.
53 Ders. (1846–1858), 1, S. 232.
54 Ders. (1836–1839), 3, S. 9.
55 Ders., a. a. O., S. 12.
56 Ders., a. a. O., S. 14.
57 Ders. (1807), S. 29.
58 Ders., a. a. O., S. 17.
59 Ders. (1810), S. 3.
60 Nach Blumenberg (1987), S. 92.
61 Pratt (1991), S. 119f.
62 Humboldt (1973), S. 657. Brief an David Friedlander. Bacon allerdings stellt in *Sylva Sylvarum*, einer Beschreibung verschiedener physikalischer

und botanischer Experimente, keineswegs eine ausdrückliche Behauptung dieser Art auf.

63 Humboldt (1860), S. 17 f.
64 Ders. (1846–1858), 1, S. 275.
65 Ders., a. a. O., 2, S. 53.
66 Ders., a. a. O., S. 265.
67 Ders. (1807), S. 54.
68 Goethe (1813), S. 7.
69 Humboldt (1846–1858), 2, S. 260.
70 Ders., a. a. O., 1, S. 239.
71 Ders. (1836–1839), 3, S. 7.
72 Ders. (1846–1858), 1, S. 242–245.
73 Ders. (1836–1839), 1, S. 153.
74 Ders. (1846–1858), 1, S. 231.
75 Ders., a. a. O., 1, S. 297.
76 Ders. (1836–1839), 1, S. X.
77 Es war wohl Lazzaro Buonamico, Pomponazzis Kollege in Padua, der erstmals – und zwar vermutlich 1539 – die Entdeckung Amerikas und die Erfindung des Buchdrucks miteinander in Beziehung brachte. Vgl. Elliott (1970), S. 9.
78 Hornius (1655), S. 306 f.
79 Humboldt (1846–1858), 2, S. 299.
80 Michelet (1855), S. II f., dazu Elliott (1972).
81 Humboldt (1836–1839), 1, S. IX.
82 Ders., a. a. O.
83 S. Minguet (1969), S. 586.
84 Michelet, a. a. O., S. III.
85 Humboldt (1807), S. 43.
86 Condorcet (1970), S. 122.
87 Humboldt (1846–1858), 2, S. 299.
88 Ders. (1807), S. 30.
89 Dies in zwei Werken: *Plan einer vergleichenden Anthropologie* (1795) sowie *Das achtzehnte Jahrhundert* (1797). Vorher hatte man diesen Terminus lediglich auf Wissenschaften angewandt, bei denen die körperliche Befindlichkeit des Menschen den Kernpunkt der Forschung bildete.
90 Humboldt (1807), S. 35.
91 Ders. (1846–1858), 1, S. 54.
92 Ders., a. a. O., 2, S. 354 f.
93 Ders., a. a. O., S. 298 f.
94 Ders. (1846–1858), 2, S. 298 f.
95 Schiller, S. 7

KAPITEL 4

1 Léry (1580), f. cij[verso].
2 Locke (1967), S. 319. Allerdings bescheinigt Locke in dieser berühmten Redewendung den Ureinwohnern Amerikas nichts anderes, als daß bei ihnen Dinge wie *Geld* ganz und gar unbekannt waren.

3 Diese Formulierung stammt von Peter Martyr, s. Pagden (1986), S. 24.

4 Beschreibung bei Gerbi (1973).

5 Degerando (1978), S. 131 f.

6 Zur spanischen Gesetzgebung s. Pagden (1986), S. 183; zu Brasilien s. Azevedo (1950), S. 193–228.

7 *De partibus animalium*, 660 a, 17–18, vgl. Pagden (1986), S. 16.

8 Quiroga (1922), S. 52.

9 Lahontan (1931), S. 160 f.

10 Zu den Problemen des Lahontan-Textes s. die ausgezeichnete Einführung in diesen von Gilbert Chinard (Lahontan, a. a. O.).

11 Zitiert bei Lahontan, a. a. O., S. 53, Anm. 2.

12 Zitiert ebd., S. 55 f.

13 Voltaire (1954), S. 279.

14 Lahontan (1931), S. 183 f.

15 Ders., a. a. O., S. 161 ff.

16 Zitiert bei Aarsleff (1982), S. 290.

17 *Scienza nuova*, S. 428–430.

18 Vgl. oben S. 132 sowie Anmerkung 121 zu Kapitel 2 (S. 291). Adam Smith' *Essay on the First Formation of Languages* war das Werk, auf das sich Stewarts berühmte Bemerkung bezog. Vgl. Aarsleff (1974), S. 97, über die Pläne der Sprachtherapie, »die Natur des menschlichen Geistes zu erforschen und vielleicht gar zu erklären«.

19 Locke (1975), S. 408.

20 Lamy (1957), S. 107 u. 270.

21 Allerdings sind nur noch sehr wenige theoretische Spekulationen über die Art und Einordnung der Indianersprachen aus der Zeit vor 1700 erhalten geblieben. Wie Hans Aarsleff (1974, S. 94) äußerte, begann die »wahrhaft kreative Periode« in der Geschichte der Sprachwissenschaft erst 1746 mit dem *Essay* von Condillac.

22 S. Hans Aarsleff: *Leibniz on Locke on Language*, in: Aarsleff (1982), S. 42–83.

23 Allerdings gab es noch Theoretiker – zu ihnen gehörte Vico –, die der Meinung waren, man könne für alle Hauptwörter natürliche Etymologien finden (*Scienza nuova*, S. 433 f.).

24 S. Locke (1975), S. 402–411, und Kretzmann (1976).

25 Locke (1975), S. 207. La Condamine (1745, S. 56) vertrat die Ansicht, sie kämen beim Zählen über die Drei nicht hinaus, obwohl sie ja doch, wie auch Rousseau in seinem *Emile* bemerkte, ständig vor Augen hatten, daß jede ihrer Hände fünf Finger besaß (Rousseau, 1979–1991, 6, S. 572, Anm.); vgl. Condillac (1947–1951), 1, S. 432 ff.: *Les hommes cessant de se faire de nouveaux besoins, cessant aussi de faire de nouvelles idées.*

26 Beattie (1783), S. 271.

27 Lahontan (1703), 2, S. 199.

28 S. S. 213–214.

29 Bougainville (1771), S. 224 f.

30 S. Diderot (1955), S. 10; *Il ne trouvera dans sa langue*, so »B« über Aotourou, *aucuns termes correspondants à celles dont il a quelques idées.*

31 Ders. a. a. O.

32 Voltaire (1954), S. 243.

33 Ders. a. a. O., S. 279.

34 Ders. (1736), S. 15.

35 Rousseau (1968), S. 127 u. 131.

36 Condillac (1947–1951), 2, S. 113.

37 Bougainville (1771), S. 226.

38 Mendelssohn (1764), S. 43 f., spricht von »Grönländern«. Vgl. die Bemerkungen von Charles de Brosses (1765), S. 32 f., demzufolge alle »Wilden« eine »phantasievolle und leidenschaftliche Sprache sprechen«, eine Sprache, in der es nicht um *Erklärungen* (also um Wissen) ginge und die nicht von abstraktem Denken geprägt werde wie die Diktion rationaler Auseinandersetzungen, sondern von dem, was er als »materielle Bilder« bezeichnet.

39 Zitiert von Aarsleff (1982), S. 157.

40 Galileo Galilei bezeichnet die Analyse als *metodo risolutivo* und die Synthese als *metodo compositivo*. Beide waren bereits im 16. Jahrhundert von Jacobo Zabarella in Padua entwickelt worden. S. Schmitt (1969).

41 S. Padgen (1986), S. 184 f. François Delisle de la Drévetière legt einer der Gestalten seines seinerzeit ungeheuer populären Stücks »Der wilde Harlekin« (*L'arlequin sauvage*, 1756) die Ansicht in den Mund, die »Wilden« sprächen »stets in Metaphern«. Delisle de la Drévetière (1756), S. 15.

42 Lahontan (1703), S. 48–52.

43 *Dissertation sur les différents moyens dont les hommes se sont servis pour exprimer leurs idées,* in: Maupertuis (1756), 2, S. 44. Vgl. Rousseaus Bemerkung, wenn die Sprache aus dem Rufen hervorgegangen sei, habe jedes Wort die Bedeutung einer vollständigen Aussage. So in: *Discours sur l'origine de l'inégalité,* Rousseau (1979–1981), 3, S. 149.

44 *Les rêveries du promeneur solitaire,* in: Rousseau (1979–1981), 1, S. 995; dazu Starobinski (1967), S. 284.

45 *Cours d'études pour l'instruction du Prince de Parme,* in: Condillac (1947–1951), 1, S. 403.

46 Zitiert bei Aarsleff (1982), S. 99, Anm. 39.

47 Ulloa (1772), S. 386. In der Folge verstieg sich Ulloa zu der Behauptung, sowohl die Sprache der Indianer als auch die der Juden sei »verlogen und trügerisch«, denn in beiden Sprachen könne man eine Sache ebensoleicht bestätigen wie abstreiten – eine Fähigkeit, die »christlichen Sprachen« abginge.

48 Robertson (1777), 1, S. 311 f.

49 Rousseau (1979–1981) 3, S. 149. Vgl. Baptiste du Tertre, dessen Schilderung der Völker in der französischen Karibik Rousseau mit zahlreichen Details versah, aus denen er sein Bild des Naturzustands der Menschheit zusammensetzte. Er behauptete, derartige Menschen verfügten »über kein Wort, um auszudrücken, was die Grobheit unserer körperlichen Sinne nicht zu erfassen vermag. Sie wissen nicht, was ›Verständnis‹, ›Wille‹ oder ›Gedächtnis‹ ist, denn bei all dem handelt es sich um verborgene Kräfte, die keine nach außen hin sichtbaren Wirkungen hervorrufen« (Du Tertre, 1654, S. 463).

50 Rousseau (1979–1981), 3, S. 151.

51 Zitiert bei Mannheim (1984).
52 Zitiert von Pagden (1986), S. 185 f.; »B« im »Supplement zur Reise Bou-gainvilles« *(Supplément au voyage de Bougainville)* äußert nahezu das glei-che über den Lautbestand der Tahitianer. Ihrer Sprache fehlen, so äußert er, die Konsonanten »b, c, d, f, g, q, x, v, z«. Diderot (1955), S. 10.
53 S. Pagden (1986), S. 184 ff.
54 Zitiert bei V. G. Kiernan, »Edle und unedle Wilde«, in: Rousseau u. Porter (1990), S. 90.
55 Humboldt (1910), S. IX.
56 Court de Gébelin (1781), S. 492. Vgl. Herder, »Über den Ursprung der Sprache« (1770), in: Barnard (1965), S. 57. Für ihn waren die Unterschiede der Sprachen Amerikas lediglich der äußere Ausdruck einer kulturellen Vielfalt, die ihrerseits ihre Entstehung wiederum der Landes-natur verdankte.
57 Lahontan (1931), S. 236.
58 Ders., a. a. O., S. 169.
59 Herder (1800), S. 194.
60 Ders., a. a. O., S. 234.
61 Lahontan, a. a. O., S. 159 f.
62 Herder, a. a. O., S. 236.
63 *Scienza nuova*, S. 429.
64 Gouget (1758), 1, S. 170. Über die Gleichheit der »wilden« Gesellschaf-ten: s. S. 226–230.
65 Rousseau (1968), S. 57.
66 Ders., a. a. O.
67 *Dissertation sur les différents moyens dont les hommes se sont servis pour exprimer leurs idées*, in: Maupertuis (1756), 3, S. 451. S. auch: David (1965).
68 Lahontan (1931), S. 227.
69 Lamy (1757), S. 5.
70 Rousseau (1968), S. 81.
71 *Lettre à M. de Beaumont*, in: Rousseau, a. a. O., S. 217.
72 Ders., a. a. O., S. 197 f.
73 Diderot (1955), S. 27.
74 Lahontan (1931), S. 227.
75 Voltaire (1954), S. 108.
76 Derrida (1967).
77 Lahontan (1931), S. 83.

KAPITEL 5

1 Diderot (1955), S. 14. M. L. Perkins weist darauf hin, wie das *Supplément* die herkömmliche Reiseerzählung umkehrt. Es beginnt mit einem Ab-schied und geht dann dazu über, von Bougainvilles Auskunft zu berich-ten, wobei der alte Weise über das Kommen der Franzosen und nicht über deren Gehen weint. Perkins (1974).
2 Diderot, a. a. O., S. 53.

3 Ders., a. a. O., S. 24.
4 Ders., a. a. O., S. 26.
5 Hierzu sowie über Sinnlichkeit bei Diderot im allgemeinen s. Taylor (1989), S. 329.
6 Diderot, a. a. O., S. 64.
7 Montesquieu (1979), I, S. 150.
8 Diderot, a. a. O., S. 19.
9 Rousseau (1825), 2, S. 28.
10 Ich bin der neuen, endgültigen Rekonstruktion der Beiträge Diderots in Goggi (1976–1977) und Duchet (1978) gefolgt. Doch weil Goggis Buch so außerordentlich selten ist, zitiere ich alles nach Raynal (1781).
11 Bernard (1775), S. 39.
12 Tourneaux (1877), IX, S. 487 f.
13 S. Benot (1963).
14 *Lettre apologétique de l'abbé Raynal à M. Grimm*, in: Diderot (1956), S. 640.
15 Raynal (1781), 5, S. 16.
16 S. jedoch Duchet (1961), S. 187, die anführt, was für die gegenteilige Auffassung spricht. Nach ihrer Ansicht ist für Diderot *L'histoire . . . un cadre de recherche aussi bien qu'un moyen d'expression.*
17 Paine (1782), S. 41.
18 Gadamer (1975), S. 238–289, sowie Kelley, *Civil Science in the Renaissance. The Problem of Interpretation,* bei: Pagden (1987), S. 75 u. 77.
19 Diderot (1955), S. 59 f.
20 Raynal (1781), 10, S. 285, sowie Diderot, a. a. O., S. 52. Daß es sich hierbei um Codes handelt s. Kelley (1990), S. 223.
21 Diderot, a. a. O., S. 52.
22 Bougainville war 1756–1757 in Kanada gewesen und in einen Irokesenstamm aufgenommen worden. Seine »Erinnerungen an die Sitten und Gebräuche der fünf Irokesenvölker Kanadas« *(Mémoires sur les coutumes et usages des cinq nations iroqonoises du Canada)* dienten Diderot als Grundlage seiner fragmentarischen »kurzen Untersuchung über den Charakter des ›Wilden‹« *(court essai sur le caractère de l'homme sauvage,* Diderot, 1875–1877, 6, S. 454 f.), aus der er wiederum einige seiner Behauptungen in der *Histoire* schöpft (s. Duchet, 1963).
23 Raynal 5, S. 1–2; über Nationalcharaktere bei Hume (1882), S. 252.
24 Raynal (1781), I, S. 41.
25 Ders., a. a. O., S. 5.
26 Ders., a. a. O., S. 41.
27 de Pauw (1777), I, S. 130.
28 Torres (1781), I, S. 28.
29 *On National Characters* bei Hume (1882), S. 248 f.
30 Raynal (1781), 8, S. 210 f.
31 S. die Bemerkungen bei Kelley (1990), S. 90.
32 Buffon (1842), 3, 221^{b}, sowie Iacono (1989–1990).
33 Lafitau (1724), 2, S. 484.
34 Dies betont auch Duchet (1978), S. 160 f.
35 *Voyage de Hollande,* in: Diderot (1985–1987), 17, S. 368.

36 S. S. 255–259, desgleichen Duchet, a. a. O., S. 163.
37 Descartes (1970), 1, S. 92.
38 Rousseau (1979–1981), 2, S. 151 f.
39 Artikel *Société (Morale)* aus der *Encyclopédie* (Diderot, 1875–1877, 17, S. 131).
40 Stichwort *Incompréhensible,* in: d'Alembert u. Diderot (1765), 8, S. 654.
41 Noch einmal Artikel *Société (Morale)* aus der *Encyclopédie,* in: Diderot (1875–1877), 17, S. 132.
42 S. Mont und Ignatieff (1983), S. 7 u. 130 f.
43 Smith (1980), S. 40.
44 Grimaldi (1958), S. 562.
45 *Lettre apologétique de l'abbé Raynal à M. Grimm,* in: Diderot (1956), S. 632.
46 Linguet (1767), 1, S. 227.
47 Diderot am 30. Oktober 1759 an Sophie Volland, Diderot (1955–1970), 2, S. 299.
48 Rousseau (1979–1981), 4, S. 858; *Emile,* Buch 5.
49 Raynal (1781), 5, S. 13 f.
50 Ders. (1789), S. 11.
51 Rousseau (1979–1981), 2, S. 144.
52 Shaftesbury, *Philosophical Regimen,* zitiert von Taylor (1989), S. 252; vgl. Taylors Kommentar zu dieser Passage.
53 Raynal (1781), 5, S. 14.
54 Zur politischen Bedeutung dieser Behauptungen s. Pagden (1990), S. 103 f.
55 Condorcet (1970), S. 228 ff.
56 *Réfutation suivie de l'ouvrage de Helvétius intitulé l'Homme,* in: Diderot (1875–1877), 2, S. 431 f. Über diese Mittellage s. Duchet (1971), S. 459–463.
57 Diderot (1875–1877), 8, S. 352; s. a. Imbruglia (1988–1989), S. 343.
58 Beccaria (1832), S. 367.
59 Zitiert in Imbruglia (1990), S. 509.
60 *Réfutation suivie de l'ouvrage de Helvétius intitulé l'Homme,* in: Diderot (1875–1877), 2, S. 432.
61 Raynal (1781), 5, S. 15 f.
62 In: Diderot (1968), S. 105 f.
63 Zu d'Alemberts historischem Entwurf s. Shklar (1981) u. Hankins (1970), passim.
64 Raynal (1781), 3, S. 256.
65 Bezeichnenderweise unterscheidet sich Bougainvilles eigene Schilderung des Ereignisses in wichtigen Punkten von der Diderots. Zwar gibt er zu, daß er den Befehl gab, auf die Diebe zu schießen, allerdings habe er dies nur auf den Rat eines einheimischen Häuptlings namens Ereti getan, der nach Bougainvilles eigenen Worten *eut grand soin de montrer plusieurs fois où était sa maison, en recommandant bien de tirer du côté opposé* (Bougainville, 1771, S. 197).
66 Naigeon (1821), S. 291.
67 Zitiert in Imbruglia (1990), S. 508 f.

68 Raynal (1781), 5, S. 2.
69 Montesquieu (1979), 1, S. 367, Brief 155.
70 *In interiore homine habitat veritas, De vera religione,* 39, 72.
71 Diderot (1955), S. 51.
72 Ders., a. a. O., S. 10.
73 Raynal (1781), 5, S. 16.
74 Ders., a. a. O., 10, S. 296.
75 Diderot (1955), S. 13.
76 Raynal, ebd.
77 Ders., a. a. O., 10, S. 297.
78 *Réfutation suivie de l'ouvrage de Helvétius intitulé l'Homme,* in: Diderot (1875–1877), 2, S. 431.
79 Raynal, a. a. O., 5, S. 138.
80 Chastellux (1787), S. 60 f.; diese Schrift wurde ursprünglich für einen Preis verfaßt, den Raynal für den besten Aufsatz über die Vorteile der Entdeckung Amerikas für Europa ausgesetzt hatte (vgl. S. 255). Allerdings wurde sie nie zur Preisverleihung vorgelegt, wie jedenfalls der Autor behauptet.
81 Raynal, a. a. O., 10, S. 287.
82 Montesquieu (1979), 1, S. 286, Brief 105.
83 Raynal, a. a. O., 5, S. 3.
84 Ders., a. a. O., 10, S. 296.
85 Ders., a. a. O., 5, S. 2; vgl. Voltaires Schilderung der Piraten – einer weiteren Gruppe, die sich wegen ihres Nomadentums auf der Stufenleiter der Zivilisation abwärts bewegte – als »Tiger mit einem bißchen Vernunft« *(des tigres qui auraient un peu de raison).* Voltaire (1963), 2, S. 376. Über die Stellung der Piraterie in der *Histoire des deux Indes* s. Imbruglia (1990).
86 S. Diderot: *Sur les cruautés exercées par les espagnols en Amérique,* in: Diderot (1875–1877), 6, S. 451 f.
87 Raynal, a. a. O., 9, S. 107 ff.
88 Chastellux (1772), 2, S. 97.
89 Raynal, a. a. O., 5, S. 2.
90 Im »vorläufigen Diskurs« *(discours préliminaire)* zu seiner Übersetzung von Shaftesburys »Untersuchung über Tugend oder Verdienst« *(An inquiry concerning Virtue or Merit)* aus dem Jahr 1745. Diderot (1875–1877), 1, S. 9.
91 Raynal, a. a. O., 3, S. 215 f.
92 S. Pagden (1990), S. 7 f.
93 S. seinen Kommentar zu Francis Hutchesons *An Inquiry into the Original of our Ideas of Beauty and Virtue* [1725], in: *Sur l'origine et nature du beau,* Diderot (1968), S. 396 ff.
94 Raynal, a. a. O., 5, S. 44 f.
95 Diderot, *Essai sur la peinture* [1766], in: Diderot (1968), S. 670; auch zitiert bei Imbruglia (1988–1989), S. 326.
96 Raynal, a. a. O., 5, S. 5.
97 Ders., a. a. O., 3, S. 209.
98 Descartes (1970), 1, 3, S. 362–365. Allerdings fährt Descartes fort, daß wir, sobald wir erst einmal diese Verfassung erreicht haben, gleichzeitig

im Anschluß daran versuchen müssen, uns so weit, wie es nur möglich ist, von ihr zu befreien. Denn es sei leicht, ihre Mängel durch spezielle Betrachtung und Aufmerksamkeit wettzumachen, die unser Wille stets unserem Verstand bei solchen Gelegenheiten aufzwingen kann, wenn wir der Ansicht sind, daß die Sache soviel Aufregung lohnt. Hierzu den Kommentar von Greenblatt (1991), S. 19 f.

99 Zitiert bei Imbruglia (1988–1989), S. 341.

100 S. Taylor (1989), S. 527, Anm. 10.

101 Zitiert in Greenblatt (1991), S. 34.

102 Raynal, a. a. O., 10, S. 10 f.

103 Diderot (1963), S. 213. Zum Gebrauch dieser Metapher bei d'Alembert s. S. 156.

104 Raynal, a. a. O., 5, S. 140.

105 Über die Entwicklung dieses Ausdrucks s. Starobinski (1989), S. 11–59.

106 Humboldt (1846–1858), 1, S. 20 f.

107 Ders., a. a. O., S. 271 f.

108 Ders. (1974), S. 88.

109 Zitiert in Alpers (1983), S. 8 f.

110 Raynal, a. a. O., 5, S. 10.

111 Ders., a. a. O., 1, S. 308.

112 Ders., a. a. O., 10, S. 29. Das Imperium, von dem Raynal hier spricht, ist das Reich der russischen Zarin Katharina der Großen, über das er Informationen aus erster Hand besaß. S. Duchet (1971), S. 463–468. Doch der gleiche allgemeine Maßstab ist selbstverständlich auch auf die Kolonialreiche der Spanier und Franzosen in Amerika anwendbar.

113 Raynal, a. a. O., 5, S. 139.

114 Ders., a. a. O., 7, S. 3.

115 Turgot (1844), S. 551.

116 Ich möchte Antony Graften dafür danken, daß er mich darauf gebracht hat, diese Möglichkeit in Erwägung zu ziehen.

117 Raynal, a. a. O., 5, S. 4 f.

118 Ders., a. a. O., S. 69 f.

119 Ders., a. a. O., S. 3.

120 Ders., a. a. O., 1, S. 1 f.

121 Die beste Darstellung dieses »Preisausschreibens« und der Teilnehmer am fraglichen Wettbewerb gibt Imbruglia (1983), S. 378–388.

122 Mandrillon (1784), S. 57.

123 Ders., a. a. O., S. 12 ff.

124 Raynal, a. a. O., 3, S. 204 f.

125 Paine (1782), S. 42.

126 Mandrillon, a. a. O., S. 58.

127 Raynal, a. a. O., 10, S. 152–157. Über den im 18. Jahrhundert üblichen Gebrauch einer Sprache, deren zentrale Begriffe »Pflichtbewußtsein« und »Ehre« waren s. Pagden (1990), S. 65–89.

128 M*** (1785), S. 20 f. Der Handel sei, so äußerte er, »die Grundlage und das erhaltende Element der gesamten Gesellschaft« *(la base et le conservateur de toute société)*. Damit räumt er ihm mehr politische Bedeutung ein, als selbst Diderot ihm zugestanden hätte. Außerdem traf er eine interes-

sante, doch weitgehend ungeprüfte Unterscheidung zwischen dem Handel und dem, der ihn trieb. Seine Zeitgenossen, so behauptete er, Männer wie Diderot (oder, wie er glaubte, Raynal), hätten in ihrer Begeisterung beides durcheinandergebracht, obwohl beide nicht mehr miteinander zu tun haben als die Kerzenanzünder und Tempeljungfrauen mit der Religion, die sie vertreten.

129 Raynal, a. a. O., 1, S. 4.
130 Ders., a. a. O., 9, S. 152.
131 Ders., a. a. O., 1, S. 2.
132 Ders., a. a. O., 3, S. 205.
133 S. Rouché (1940), S. 84.
134 Herder (1800), S. 185.
135 Ders., a. a. O., S. 186.
136 Ders., a. a. O., S. 189.
137 Ders., a. a. O., S. 221.
138 Artikel über »Gesellschaft (Moral)« aus der *Encyclopédie,* in: Diderot (1875–1877), 17, S. 144.
139 Herder (1969), S. 199.
140 Ders. (1800), S. 208.
141 Ders., a. a. O., S. 208 ff.
142 Ders., a. a. O., S. 218.
143 Ders., a. a. O., S. 246 ff.
144 Ders., a. a. O., S. 244.
145 Ders., a. a. O., S. 218.
146 Ders. (1827), S. 12–15.
147 Ders. (1800), S. 202–206.
148 Ders. (1827), S. 101.
149 Ferguson (1966), S. 3.
150 Herder (1800), S. 200 ff.
151 Ders., a. a. O., S. 199.
152 Eine nicht unähnliche Behauptung – nämlich daß die Voraussetzungen für die Schaffung materieller Kultur genetisch vermittelbar seien – findet sich in Geertz: *The Growth of Culture and the Evolution of Mind,* in: Geertz (1975), S. 55–83.
153 Herder (1800), S. 224. Vgl. S. 250, wo sich das gleiche Bild wiederfindet.
154 Ders., a. a. O., S. 249.
155 Constant (1815), S. 95.
156 Herder (1800), S. 228.
157 Ders. (1969), S. 188.
158 Ders. (1800), S. 219.
159 Berlin (1990), S. 84, Anm. 3. Er zitiert Herders Tagebuch für das Jahr 1769: »Es gibt keinen Menschen, kein Land, kein Volk, keine Nationalgeschichte, keinen Staat, der einem anderen gleicht, und deshalb unterscheiden sich auch Wahrheit, Güte und Schönheit voneinander.«
160 *Alleged Relativism in Eighteenth-Century Thought,* in: Berlin (1990), S. 70–90.
161 Herder (1800), S. 241.
162 Barnard (1965), S. 59.

SCHLUSSWORT

1 Gellner: *Concepts and Society,* in: Wilson (1970), S. 36. Allerdings wendet Gellner diesen Begriff in einem völlig anderen Zusammenhang als Herder an.
2 Hawthorn (1991), S. 6 ff.
3 Williams (1991), S. 10.
4 S. Raynal (1781), 1, S. 323–327.

Literaturhinweise

Aarsleff, Hans: *The Tradition of Condillac: The Problem of the Origin of Language in the Eighteenth Century and the Debate in the Berlin Academy Before Herder.* In: Hymes, Dell (Hrsg.): *Studies in the History of Linguistics,* Bloomington 1974, S. 93–156.

Aarsleff, Hans: *From Locke to Saussure. Essays on the Study of Language and Intellectual History,* Minnesota 1982.

Acosta, José de: *Historia natural y moral de las Indias* (1590), hrsg. von O'Gorman, Edmundo, Mexiko 1962.

Acton, Lord: *Lectures on Modern History,* London-Glasgow 1960.

Adams, D. J.: *A Diderot Triptych Reexamined.* In: *Modern language Review* 76 (1984), S. 47–59.

Ajofrín, Fray Francisco de: *Diario del viaje que... hizo a la América septentrional en el siglo XVIII,* hrsg. von Castañeda y Alcover, Vicente, Madrid 1958–1959.

d'Alembert, Jean, Diderot, Denis: *Encyclopédie, ou Dictionnaire raisonné des sciences des arts et des métiers,* Neufchâtel 1765.

d'Alembert, Jean: *Œuvres philosophiques, historiques et littéraires,* hrsg. von Bastien, J. F., 18 Bde., Paris 1805.

Alpers, Svetlana: *The Art of Describing: Dutch Art in the Seventeenth Century,* Chicago 1983.

Amadís: *Amadís de Gaula,* hrsg. von Place, Edwin B., 2 Bde., Madrid 1959.

Azevedo, Fernando de: *Brazilian Culture,* New York 1950.

Bandini, Angelo Maria: *Vita et lettere di Amerigo Vespucci,* Florenz 1745.

Barnard, F. M.: *Herder's Political Thought from Enlightenment to Nationalism,* Oxford 1965.

Barnes, Jonathan, Schofield, Malcolm, Sorabji, Richard (Hrsg.): *Articles on Aristotle,* Bd. 4: *Psychology and Aesthetics,* London 1979.

Barry, James: *An Inquiry into the Real and Imaginary Obstructions to the Acquisition of the Arts in England,* London 1775.

Beattie, James: *Dissertations Moral and Critical,* London 1783.

Beccaria, Cesare: *I piaceri dell'immaginazione.* In: *Raccolta di operetti filosofiche e filologiche scritti nel secolo XVIII,* Mailand 1832.

Beck, H.: *Alexander von Humboldt,* 2 Bde., Wiesbaden 1959–1961.

Belorgey, Jean-Michel: *La vraie vie est d'ailleurs. Histoire de ruptures avec l'occident,* Mesnard-sur-l'Entrée 1989.

Benot, Yves: *Diderot, Pechmeja, Raynal et l'anticolonialisme.* In: *Europe* 41 (Jan.–Febr. 1963), S. 137–153.

Benrekassa, Georges: *Dit et non-dit idéologique; à propos du Supplément au voyage de Bougainville.* In: *Dixhuitième siècle* 5 (1973), S. 29–40.

Berlin, Isaiah: *The Crooked Timber of Humanity.* In: Hardy, Henry (Hrsg.): *Chapters in the History of Ideas,* London 1990.

Bernard, F.: *Analyse de l'histoire politique et philosophique*, Leiden 1775.

Blanckaert, Claude: *Naissance de l'ethnologie?*, Paris 1985.

Blumenberg, Hans: *The Legitimacy of the Modern Age*, Cambridge, Mass.-London 1983.

Blumenberg, Hans: *The Genesis of the Copernican World*, Cambridge, Mass.-London 1987.

Boon, James: *Other Tribes, Other Scribes. Symbolic Anthropology in the Comparative Study of Cultures, Histories, Religions and Texts*, Cambridge 1982.

Bougainville, Louis Antoine, Comte de: *Voyage autour du monde par la frégate du roi la Bouleuse, et la flûte l'Etoile en 1766, 1767, 1768 et 1769*, Paris 1771.

Brading, David: *The First America. The Spanish Monarchy, Creole Patriots and the Liberal State, 1492–1867*, Cambridge 1991.

de Brosses, Charles, Comte de: *Traité de la formation mécanique des langues et des principes physiques d'étymologie*, 2 Bde., Paris 1765.

Buffon le Clerc, Georges, Comte de: *Œuvres complètes*, 6 Bde., Paris 1842.

Burke, Edmund: *An Account of the European Settlements in America*, 2 Bde., London 1757.

Campanella, Tommaso: *De gentilismo non retiniendo quaestio unica*, Paris 1693.

Canny, Nicholas, Pagden, Anthony (Hrsg.): *Colonial Identity in the Atlantic World 1500–1800*, Princeton 1987.

Carter, Paul: *The Road to Botany Bay. An Essay in Spatial History*, London 1987.

Cassirer, Ernst: *The Philosophy of Symbolic Forms*, 3 Bde., New Haven-London 1965.

de Certeau, Michel: *L'écriture de l'histoire*, Paris 1975.

de Certeau, Michel: *Hétérologies: Discourse on the Other*, Manchester 1986.

Chastellux, François-Jean, Marquis de: *De la félicité publique ou Considérations sur le sort des hommes dans les différentes époques de l'histoire*, 2 Bde., Amsterdam 1772.

Chastellux, François-Jean, Marquis de: *Discours sur les avantages ou les désavantages qui résultent, pour l'Europe, de la découverte de l'Amérique*, London 1787.

Chiapelli, F. (Hrsg.): *First Images of America: The Impact of the New World on the Old*, Berkeley-Los Angeles-London 1976.

Colón, Cristóbal (Kolumbus, Christoph): *Textos y documentos completos. Relaciones de viajes, cartas y memoriales*, hrsg. von Varela, Consuelo, Madrid 1982.

Condillac, Étienne Bonnot, Abbé de: *Œuvres philosophiques*, hrsg. von Le Roy, Georges, 33 Bde., Paris 1947–1951.

Condorcet, Marie-Jean Antoine, Marquis de: *Esquisse d'un tableau historique des progrès de l'esprit humain*, hrsg. von Prior, O. H. und Belaval, Yvon, Paris 1970.

Constant, Benjamin: *De l'esprit de conquête et de l'usurpation dans leurs rapports avec la civilisation européenne*, Paris 1815.

Cortés, Hernán: *Letters from Mexico*, übers. u. hrsg. von Pagden, Anthony, New Haven-London 1986.

Court de Gébelin, Antoine: *Essai sur les rapports des mots, entre les langues du nouveau monde et celles de l'ancien*, Bd. 8 des Werkes *Monde primitif, analysé et comparé avec le monde moderne*, Paris 1781.

David, M.: *Le débat sur les écritures et hiéroglyphes aux XVIIe et XVIIIe siècles*, Paris 1965.

Degerando, Joseph-Marie: *Considérations sur les divers méthodes à suivre dans l'observation des peuples sauvages*. In: Copans, Jean, Jamin, Jean (Hrsg.): *Aux origines de l'anthropologie française. Les mémoires de la société des observateurs de l'homme*, Paris 1978, S. 129–169.

Delisle de la Drévetière, F.: *L'arlequin sauvage, comédie en trois actes*, Paris 1756.

Derrida, Jacques: *La linguistique de Rousseau*. In: *Revue internationale de philosophie* 81 (1967), S. 443–462.

Descartes, René: *The Philosophical works*, übers. u. hrsg. von Haldane, Elizabeth S., Ross, G. R. T., 2 Bde., Cambridge 1970.

Diderot, Denis: *Œuvres complètes*, hrsg. von Assevat, Jules, Tourneaux, Maurice, 20 Bde., Paris 1875–1877.

Diderot, Denis: *Supplément au voyage de Bougainville* [1773], hrsg. von Dieckmann, Herbert, Genf-Lille 1955.

Diderot, Denis: *Correspondance*, 16 Bde., Paris 1955–1970.

Diderot, Denis: *Œuvres philosophiques*, hrsg. von Vernière, Paul, Paris 1956.

Diderot, Denis: *Salons*, hrsg. von Seznec, Jean, Adhemar, Jean, Bd. 3: 1767, Oxford 1963.

Diderot, Denis: *Œuvres esthétiques*, hrsg. von Vernière, Paul, Paris 1968.

Diderot, Denis: *Pensées detachées. Contributions à l'histoire des deux Indes*, hrsg. von Goggi, Gianluigi, 2 Bde., Siena 1976–1977.

Duchet, Michèle: *Le »Supplément au voyage de Bougainville« et la collaboration de Diderot à »L'histoire des deux Indes«*. In: *Cahiers de l'Association Internationale des Etudes Françaises* 13 (1961), S. 173–187.

Duchet, Michèle: *Bougainville, Raynal, Diderot et les sauvages du Canada. Une source ignorée de »L'histoire des deux Indes«*. In: *Revue d'histoire littéraire de la France* 63 (Jan.–März 1963), S. 228–236.

Duchet, Michèle: *Anthropologie et histoire au siècle des lumières. Buffon, Voltaire, Helvétius, Diderot*, Paris 1971.

Duchet, Michèle: *Diderot et l'Histoire des deux Indes, ou l'écriture fragmentaire*, Paris 1978.

Du Tertre, Jean-Baptiste: *Histoire générale des Isles de Christophe, de la Guadaloupe, de la Martinique et autres dans l'Amérique*, Paris 1654.

Elliott, J. H.: *The Old World and the New 1492–1650*, Cambridge 1970.

Elliott, J. H.: *The Discovery of America and the Discovery of Man*. In: *Proceedings of the British Academy* 58 (1972).

Erasmus, Desiderius (Erasmus von Rotterdam): *Opus epistularum Desiderii Erasmi Roterodami* (Erasmus von Rotterdam: Briefe), hrsg. von Allen, P. S., 12 Bde., Oxford 1906–1956.

Farriss, Nancy: *Maya Society under Colonial Rule: The Collective Enterprise of Survival*, Princeton 1984.

Ferguson, Adam: *An Essay on the History of Civil society* [1767], hrsg. von Forbes, Duncan, Edinburgh 1966.

Fernández-Armesto, Felipe: *Columbus*, Oxford 1991.

Fish, Stanley: *Is There a Text in This Class? The Authority of Interpretive Communities*, Cambridge, Mass., 1980.

Fontenelle, Bernard de: *Œuvres*, 5 Bde., Paris 1825.

Foucault, Michel: *What is an Author?* In: Hatarari, J. (Hrsg.): *Textual Strategies. Perspectives in Post-Structuralist Criticism*, Ithaca 1979.

Gadamer, Hans-Georg: *Truth and Method (Wahrheit und Methode)*, London 1975.

Galilei, Galileo: *Opere*, 20 Bde., Florenz 1929–1939.

Galilei, Galileo: *Kepler's Conversation with Galilei's Sidereal Messenger (Dissertatio cum nuntio sidereo)*, New York-London 1965.

Galilei, Galileo: *Dialogue of the World Systems (Dialoghi sui massimi sistemi)*, 1632, Berkeley-Los Angeles 1967.

Geertz, Clifford: *The Interpretation of Cultures*, London 1975.

Geertz, Clifford: *Works and Lives. The Anthropologist As Author*, Stanford 1988.

Genty, Louis: *L'influence de la découverte de l'Amérique sur le bonheur du genre humain*, Paris 1789.

Gerbi, Antonello: *The Dispute of the New World*, Pittsburgh 1973.

Gerbi, Antonello: *La natura delle Indie nuove*, Mailand-Neapel 1975.

Gilii, Filippo Salvatore: *Saggio di storia americana*, 4 Bde., Rom 1780–1784.

Gillot, Hubert: *La querelle des anciens et des modernes en France*, Paris 1914.

Goethe, Johann Wolfgang von: *Schreiben des Hrn.G.R. Göthe an den Herausgeber.* In: *Allgemeine geographische Ephemeriden*, Bd. 41, Weimar 1813, S. 5–8.

Goggi, Gianluigi (Hrsg.): *siehe Diderot, Denis.*

Gouget, Antoine Yves: *De l'origine des lois, des arts et des sciences; et de leurs progrès chez les anciens peuples*, 2 Bde., Paris 1758.

Greenblatt, Stephen: *Murdering Peasants: Status, Genre and the Representation of Rebellion.* In: Greenblatt, Stephen (Hrsg.): *Representing the English Renaissance*, Berkeley 1988.

Greenblatt, Stephen: *Marvellous Possessions. The Wonder of the New World*, Oxford 1991.

Grimaldi, Francesantonio: *Riflessioni sopra l'ineguaglianza tra gli uomini* [1779–1780]. In: *Illuministi italiani*, Bd. 5, Mailand-Neapel 1958.

Guicciardini, Francesco: *Storia d'Italia*, hrsg. von Seidel Menchi, Silvana, 3 Bde., Turin 1971.

Gusdorf, Georges: *De l'histoire des sciences à l'histore de la pensée*, Paris 1966.

Hankins, Thomas L.: *Jean d'Alembert: Science and the Enlightenment*, Oxford 1970.

Hawthorn, Geoffrey: *Plausible Worlds. Possibility and Understanding in History and the Social Sciences*, Cambridge 1991.

Heikamp, D.: *Mexico and the Medici* (mit Beiträgen von F. Anders), Florenz 1972.

Herder, Johann Gottfried: *Ideen zur Philosophie der Geschichte der Menschheit*, hrsg. von Kühnemann, Eugen, Berlin 1915 [Deutsche Bibliothek, Bd. 98].

Herder, Johann Gottfried: *Abhandlung über den Ursprung der Sprache*, hrsg. von Träger, Klaus, Berlin 1959 [Dt. Akad. Wiss. Berlin: Schriftenreihe zur Geschichte der Aufklärung].

Herder, Johann Gottfried: *Auch eine Philosophie der Geschichte zur Bildung der Menschheit*, 1774.

Hobbes, Thomas: *Leviathan*, hrsg. von Macpherson, C. B., Harmondsworth 1985.

Hont, I., Ignatieff, M.: *Needs and Justice in the Wealth of Nations: An Introductory Essay.* In: Hont, I., Ignatieff, M. (Hrsg.): *Wealth and Virtue, the Shaping of Political Economy in the Scottish Enlightenment*, Cambridge 1983.

Hornius, Georgius: *Historiae philosophicae libri septem*, Amsterdam 1655.

Humboldt, Alexander von: *Ideen zu einer Geographie der Pflanzen nebst einem Naturgemälde der Tropenländer*, Tübingen 1807, Nachdruck Darmstadt 1963.

Humboldt, Alexander von: *Pittoreske Ansichten der Kordilleren und Monumente amerikanischer Völker* (Beidruck zu Bd. 10 der Cottaschen Gesamtausgabe 1889).

Humboldt, Alexander von: *Versuch über den politischen Zustand des Königreichs Neuspanien*, Bd. 1–3, Tübingen 1809, sowie Bd. 9–10 der Cottaschen Gesamtausgabe 1889.

Humboldt, Alexander von: *Voyage de Humboldt et Bonpland. Première partie. Relation historique*, 3 Bde., Paris 1814, dt. Ausgabe Stuttgart 1969; Berlin 1975 u. 1982.

Humboldt, Alexander von: *Atlas géographique et physique des régions équinoxiales du Nouveau Continent*, Paris 1814–1834.

Humboldt, Alexander von: *Kritische Untersuchungen über die historische Entwicklung der geographischen Kenntnisse von der Neuen Welt und die Fortschritte der nautischen Astronomie in dem 15ten und 16ten Jh.*, 3 Bde., Berlin 1836–1839 u. 1852.

Humboldt, Alexander von: *Entwurf einer physischen Weltbeschreibung*, Stuttgart-Augsburg 1846–1858, 1874, 1877, 1889.

Humboldt, Alexander von: *Ansichten der Natur, mit wissenschaftlichen Erläuterungen*, 2. verm. u. verb. Aufl. Stuttgart-Tübingen 1826; 3. verb. Aufl. 1849.

Humboldt, Alexander von: *Briefe... an Varnhagen von Ense a. d. J. 1827–1858*, Leipzig 1860.

Humboldt, Alexander von: *Jugendbriefe*, Berlin 1973.

Humboldt, Alexander von: *El libre progreso de la inteligencia* (35 zuvor unveröffentlichte Briefe), Caracas 1974.

Hume, David: *Essays Moral, Political and Literary*, hrsg. von Green, T. H., Grose, T. H., 2 Bde., London 1882.

Iacono, Alfonso M.: *L'evento e l'osservatore. Ricerche sulla storicità della conoscenza*, Florenz 1987.

Iacono, Alfonso M.: *Tempi, congetture, storia. Aspetti del metodo comparativo nel XVIII secolo*. In: *Il Pensiero. Rivista di Filosofia*, Nuova serie, Bd. 30 (1989–1990), S. 111–140.

Imbruglia, Girolamo: *L'invenzione del Paraguay. Studio sull'idea di comunità tra Seicento e Settecento*, Neapel 1983.

Imbruglia, Girolamo: *Dopo l'Encyclopédie. Diderot e la sagezza del l'immaginazzione*. In: *Studi settecenteschi* 11–12 (1988–1989), S. 305–358.

Imbruglia, Girolamo: *Diderot e le immagini della pirateria nel '700*. In: *Belfagor* 45 (1990), S. 493–511.

Jardine, Nicholas: *siehe* Kepler, Johannes.

Kelley, Donald: *The Human Measure. Social Thought in the Western Legal Tradition*, Cambridge, Mass.-London 1990.

Kepler, Johannes: *The Birth of History and the Philosophy of Science. Kepler's »A Defence of Tycho Against Ursus« with Essays on its Provenance and Significance*. Hrsg., übers. u. komm. von Jardine, Nicholas, Cambridge 1984.

Kolumbus, Christoph: *siehe* Colón, Cristóbal.

Kretzmann, Norman: *The Main Thesis of Locke's Semantic Theory*. In: Parret, Herman (Hrsg.): *History, Linguistic Thought and Contemporary Linguistics*, Berlin-New York 1976, S. 331–347.

La Condamine, Charles de: *Relation abrégée d'un voyage fait dans l'intérieur de l'Amérique méridionale*, Paris 1745.

Lahontan, Louis-Armand de Lom d'Arce, Baron de: *Nouveaux voyages de M. le Baron de Lahotan dans l'Amérique septentrionale*, 2 Bde., Den Haag 1703.

Lahontan, Louis-Armand de Lom d'Arce, Baron de: *Dialogues curieux entre l'auteur et un sauvage de bon sens qui a voyagé, et curieux mémoires de l'Amérique septentrionale*, hrsg. von Chinard, Gilbert, Baltimore-Paris-London 1931.

Lamy, Bernard: *La Rhétorique, ou l'art de parler*, Paris 1757.

Las Casas, Bartolomé de: *Argumentum apologiae adversus Genesium Sepulvedam theologum cordubensem* [1550]. In: Losada, Angel (Hrsg.): Fray Bartolomé de Las Casas: *Obras Completas*, Bd. 9, Madrid 1990.

Las Casas, Bartolomé de: *Historia de las Indias* [1527], hrsg. von Augustín Millares Carlo, 3 Bde., Mexiko 1951.

Las Casas, Bartolomé de: *Obras escogidas de Fray Bartolomé de Las Casas*, hrsg. von Juan Pérez de Tudela Bueso, Madrid 1958, *Biblioteca de autores españoles 110*.

Las Casas, Bartolomé de: *Brevísima relación de la destrucción de las Indias*, hrsg. von Saint-Lu, André, Madrid 1987.

Latour, Bruno: *Science in Action. How to Follow scientists and Engineers Through Society*, Milton Keynes 1987.

Latour, Bruno: *The Pasteurization of Paris*, übers. von Sheridan, Alan u. Law, John, Cambridge, Mass., 1988.

Léry, Jean de: *Histoire d'un voyage fait en la terre du Brésil autrement dite Amérique*, 2. Ausg., o. O. 1588.

Lestringant, Frank: *Fictions de l'espace brésilien à la renaissance: l'example de Guanabara*. In: Lestringant, F., Jacob, C. (Hrsg.): *Arts et légendes d'espaces. Figures du voyage et rhétorique du monde*, Paris 1981, S. 207–256.

Lestringant, Frank: *The Philosopher's Breviary: Jean de Léry in the Enlightenment*, in: *Representations* 33, S. 220–311.

Lestringant, Frank: *Le Huguenot et le sauvage. L'Amérique et la controverse coloniale, en France au temps des Guerres de Religion (1555–1589)*, Paris 1990.

Levine, Joseph M.: *Humanism and History. Origins of Modern English Historiography*, Ithaca-London 1987.

Linguet, Simon: *Théorie de loi civile, ou principes fondamentaux de la société*, 2 Bde., London 1767.

Locke, John: *An Essay Concerning Human Understanding* [1689], hrsg. von Nidditch, Peter H., Oxford 1975.

Locke, John.: *Two Treatises on Government*, hrsg. von Laslett, Peter, Cambridge 1967.

M***: *Lettres critiques et politiques sur les colonies et le commerce des villes maritimes de France adressées à G. T. Raynal par M***, Genf 1785.

Major, John (Johannes Maier): *In secundum librum sententiarum*, Paris 1519.

Mandrillon, Joseph: *Le spectateur américain, ou remarques générales sur l'Amérique septentrionale et sur la république des treize états-unis, suivi de recherches philosophiques sur la découverte du nouveau monde*, 3 Teile, Amsterdam 1784.

Mannheim, Bruce: *Una nación acorralada: Southern Peruvian Quechua language planning and politics in historical perspective.* In: *Language and Society* 13, S. 291–309.

Mannheim, Bruce: *The Language of the Inka since the European Invasion,* Texas, in Vorbereitung.

Martyr, Peter: *De orbe novo decades,* Alcala de Henares 1530.

Martyr, Peter,: *Opus epistularum,* Alcala de Henares 1530.

Maupertuis, Pièrre Louis Moreau de: *Dissertation sur les différents moyens dont les hommes se sont servis pour exprimer leurs idées.* In: *Œuvres,* Bd. 3, Lyon 1756, S. 437–468.

Mendelssohn, Moses: *Drafel, die Bestimmung des Menschen betreffend.* In: *Briefe, die neueste Literatur betreffend* (1764), 19.

Michelet, Jules: *Histoire de la France au seizième siècle,* Paris 1855.

Milhou, Alain: *Colón y su mentalidad mesiánica en el ambiente franciscanista español,* Valladolid 1983.

Milhou, Alain: *Las Casas à l'âge d'or du prophétisme apocalyptique et du messianisme.* In: *Autour de Las Casas. Actes du colloque du Ve centenaire,* Paris 1984.

Minguet, Charles: *Alexandre de Humboldt, historien et géographe de l'Amérique espagnole, 1799–1804,* Paris 1969.

Montaigne, Michel Eyquem de: *Essais,* hrsg. von Thibaudet, Albert, *Bibliothèque de la Pléiade,* Paris 1933.

Montesquieu, Charles de Secondat, Baron de: *Œuvres complètes,* hrsg. von Caillois, Roger, 2 Bde., *Bibliothèque de la Pléiade,* Paris 1979.

Moravia, Sergio: *La scienza dell'uomo nel settecento,* Bari 1978.

Naigeon, Jacques-André: *Mémoires historiques et philosophiques sur la vie et les œuvres de Denis Diderot,* Paris 1821.

Nardi, Bruno: *Studi su Pietro Pomponazzi,* Florenz 1965.

Nobrega, Manuel da: *Cartas do Brasil e mais escritos,* hrsg. von Leite, Serafim, Coimbra 1955.

O'Gorman, Edmundo: *The Invention of America. An Inquiry into the Historical Nature of the New World and the Meaning of History,* Bloomington 1961.

Olivecrona, K.: *Law and Fact,* Kopenhagen-London 1939.

Oviedo, Fernández de Oviedo y Valdes, Gonzalo: *Libro del muy esforçado y invencible Cavallero dela fortuna propriamente llamado don Claribalte,* Valencia 1519.

Oviedo, Fernández de Oviedo y Valdes, Gonzalo: *Historia general y natural de las Indias,* hrsg. von Juan Pérez de Tudela Bueso, Madrid 1959, *Biblioteca de autores españoles,* Bd. 117–121.

Pagden, Anthony: *The Savage Critic: Some European Images of the Primitive.* In: *New Yearbook of English Studies* 13 (1983), S. 32–45.

Pagden, Anthony: *The Fall of Natural Man. The American Indian and the Origins of Comparative Ethnology,* 2. Aufl., Cambridge 1986.

Pagden, Anthony (Hrsg.): *The Languages of Political Theory in Early-Modern Europe,* Cambridge 1987.

Pagden, Anthony: *The Reception of the »New Philosophy« in Eighteenth-Century Spain.* In: *Journal of the Warburg and Courtauld Institutes* 51 (1988), S. 126–140.

Pagden, Anthony: *Spanish Imperialism and the Political Imagination,* New Haven-London 1990.

Pagden, Anthony: *Indios e immaginazione europea: come l'indiano europeo divenne l'indiano americano,* Venedig, in Vorbereitung.

Paine, Tom: *A Letter Addressed to the Abbé Raynal on the Affairs of North America in which the Mistakes in the Abbé's Account of the Revolution of America are Corrected and Cleared Up.* London 1782.

de Pauw, Joannes Cornelius: *Recherches philosophiques sur les Américains ou Mémoires intéressants pour servir à l'histoire de l'espèce humaine,* 2 Bde., Berlin 1772.

Pérez de Tudela Bueso, Juan: *Mirabilis in altis. Estudio crítico sobre el orígen y significado del proyecto descubridor de Cristóbal Cólon,* Madrid 1983.

Perkins, M. L.: *Community Planning in Diderot's Supplément au Voyage de Bougainville.* In: *Kentucky Romance Quarterly* 21 (1974), S. 399–417.

Pocock, J. G. A.: *The Mobility of Property and the Rise of Eighteenth-Century Sociology.* In: *Virtue, Commerce and History,* Cambridge 1985.

Pratt, Mary Louise: *Imperial Eyes. Travel Writing and Transculturation,* London-New York 1992.

Prévost, Antoine François, Abbé: *Histoire générale des voyages ou nouvelle collection de toutes les relations de voyages par mer et par terre qui ont été publiées jusqu'à présent dans les différentes langues de toutes les nations connues,* 7 Bde., Paris 1746.

Prosdocimi, Luigi: *»Ex facto oritur ius«. Breve nota di diritti medievali.* In: *Studi senesi* (1954–1955), S. 66f., S. 808–819.

Purchas, Samuel: *Hakluytus Posthumus or Purchas his pilgrimes,* London 1625.

Quiroga, Pedro de: *Libro intitulado coloquios de la verdad,* hrsg. von Julian Zarco Cuevas, Sevilla 1922.

Ramusio, Giovanni Battista: *Navigazioni e viaggi* [1534], hrsg. von Milanesi, Marica, 4 Bde., Turin 1978.

Raynal, Guillaume-Thomas, Abbé: *Histoire philosophique et politique des établissements et du commerce des Européens dans les deux Indes,* 10 Bde., Genf 1781.

Raynal, Guillaume-Thomas, Abbé: *Conversations entre messieurs Raynal et Linquet sur les natures et les avantages des divers gouvernements,* Brüssel 1789.

Ricœur, Paul: *Du texte à l'action. Essais d'herméneutique,* 2, Paris 1986.

Rigault, Hippolyte: *Histoire de la querelle des anciens et des modernes,* Paris 1856.

Robertson, William: *The History of America,* 2 Bde., London 1777.

Robertson, William: *The Progress of Society in Europe. A Historical Outline from the Subversion of the Roman Empire to the Beginning of the Sixteenth Century,* hrsg. von Gilbert, Felix, Chicago-London 1972.

Robinson, Robert: *Arcana: Or the Principles of the Late Petitioners to Parliament for the Relief in the Subscriptions,* Cambridge 1774.

Rorty, Richard, Schneewind, J. B., Skinner, Quentin (Hrsg.): *Philosophy in History,* Cambridge 1984.

Rouché, Marc: *La philosophie de l'histoire de Herder,* Strasbourg 1940, *Publications de la Faculté des Lettres de l'Université de Strasbourg 93.*

Rousseau, G. S., Porter, Roy (Hrsg.): *Exoticism in the Enlightenment,* Manchester 1990.

Rousseau, Jean-Jacques: *Œuvres complètes,* hrsg. von Auguis, P. R., 27 Bde., Paris 1825.

Rousseau, Jean-Jacques: *Essai sur l'origine des langues, où il est parlé de la mélodie et de l'imitation musicale,* hrsg. von Porset, Charles, Paris 1968.

Rousseau, Jean-Jacques: *Œuvres complètes,* hrsg. unter Leitung von Gagnebin, Bernard und Raymond, Marcel, 4 Bde., *Bibliothèque de la Pléiade,* Paris 1979–1984.

Russell, Peter: *White Kings on Black Kings: Rui da Pina and the Problem of Black African Sovereignty.* In: *Medieval and Renaissance Studies in Honour of Robert Brian Tate* (Festschrift Robert Brian Tate), Oxford 1986, S. 151–163.

Russell, Peter: *Prince Henry the Navigator: The Rise and Fall of a Culture Hero,* Oxford 1984.

Sahagun, Bernardino de: *Historia general de las cosas de la Nueva España,* hrsg. von Garibay, Angel María, Mexico City 1975.

Schiller, Friedrich: *Über die ästhetische Erziehung des Menschen,* Stuttgart 1989.

Schmitt, Charles: *Experience and Experiment: A Comparison of Zabarella's View with Galilei's »De Motu«.* In: *Studies in the Renaissance* 16 (1969), S. 80–138.

Schulz, Fritz: *History of Roman Legal Science,* Oxford 1953.

Schwartz, Stuart B.: *New World Nobility: Social Aspirations and Mobility in the Conquest and Colonization of Spanish America.* In: Usher Chrisma, Miriam, Grendler, Otto (Hrsg.): *Social Groups and Religious Ideas in the Sixteenth Century,* Kalamazoo 1978.

Shklar, Judith: *Jean d'Alembert and the Rehabilitation of the History,* in: *The Journal of the History of Ideas* 42 (1981), S. 643–664.

Smith, Adam: *The History of Astronomy.* In: Wightman, W. P. D., Bryce, J. C., Ross, I. S., Oxford 1980, Bd. 4 der Glasgower Ausgabe der Werke und Briefe von Adam Smith.

Smith, Adam: *Lectures on Rhetoric and Belles Lettres,* hrsg. von Bryce, J. C., Oxford 1983, Bd. 4 der Glasgower Ausgabe der Werke und Briefe von Adam Smith.

Sprat, Thomas: *History of the Royal Society,* London 1667.

Stagl, Justin: *The Methodising of Travel in the 16th Century: A Tale of Three Cities.* In: *History and Anthropology* 4 (1990), S. 303–338.

Stannard, J.: *Dioscorides and Renaissance Materia Medica.* In: Florkin, M. (Hrsg.): *Materia Medica in the Sixteenth Century* = *Analecta medico-historia* 1, Oxford 1966, S. 1–21.

Starobinski, Jean: *Rousseau et l'origine des langues.* In: Friedrich, H., Schalk, F. (Hrsg.): *Europäische Aufklärung. Herbert Dieckmann zum 60. Geburtstag (Festschrift Herbert Dieckmann),* München 1967, S. 282–300.

Starobinski, Jean: *Diderot et la parole des autres.* In: *Critique* 28 (1972), S. 3–22.

Starobinski, Jean: *Montaigne in Motion,* Chicago-London 1985.

Starobinski, Jean: *Le remède dans le mal. Critique et légitimation de l'artifice à l'âge des lumières,* Paris 1989.

Tassoni, Alessandro: *Dieci libri di pensieri diversi,* Venedig 1636.

Taylor, Charles: *Sources of the Self. The Making of the Modern Identity,* Cambridge, Mass., 1989.

Temple, Sir William: *An Essay Upon the Ancient and Modern Learning* [1690], hrsg. von Spingarn, J. E., Oxford 1909.

Thevet, André: *Cosmographie de Levant,* Lyon 1554.

Thevet, André: *Le grand Insulaire et pilotage d'André Thevet angoumoisin, cosmographe du Roi* [1588]. In: Thevet, André: *North America. A Sixteenth-Century View,* übers. u. hrsg. von Schelsinger, Roger, Stable, Arthur P., Montreal 1975.

Todorov, Tzvetan: *La conquête de l'Amérique. La question de l'autre*, Paris 1982.

Torres, Antonio de: *Saggio di riflessioni sulle arti e il commercio europeo dei nostri tempi e degli antichi*, 2 Bde., Pesaro 1781.

Tourneaux, M.: *Correspondance littéraire, philosophique et critique par Grimm, Diderot, Raynal etc.*, 16 Bde., Paris 1877.

Trexler, Richard C.: *Aztec Priests for Christian Altars: the Theory and Practice of Reverence in New Spain*. In: Zambelli, Paola (Hrsg.): *Scienze credenze occulte livelli di cultura*, Florenz 1982, S. 175–196.

Turgot, Anne Robert Jacques: *Mémoire sur la manière dont la France et l'Espagne devraient envisager les suites de la querelle entre la Grande-Bretagne et ses colonies, 6 Avril 1776*. In: *Œuvres*, Paris 1844, Bd. 2.

Ulloa, Antonio de: *Noticias americanas: entretenimientos phisicoshistóricos sobre la América Meridional y la Septentrianal [sic] Oriental*, Madrid 1772.

Vargas Machuca, Bernardo de: *Apologías y discursos de las conquistas occidentales... en controversía del tratado Destruición de las Indias escrito por Don Fray Bartolomé de las Casas*. In: *Colección de documentos inéditos para la historia de España*, Bd. 71, Madrid 1879.

Voltaire, François Marie Arouet de: *Alzire, ou les Américains. Tragédie*, Paris 1736.

Voltaire, François Marie Arouet de: *Romans et contes*, hrsg. von Groos, René, Paris 1954.

Voltaire, François Marie Arouet de: *Essai sur les mœurs et l'esprit des nations et sur les principaux faits de l'histoire depuis Charlemagne jusqu'à Louis XIII*, hrsg. von Pomeau, René, 2 Bde., Paris 1963.

Waldseemüller, Martin: *Cosmographie introductio quibusdam geometriae [ac] astronomiae principiis ad eam rem necessariis*, St. Die 1507.

Williams, Bernard: *Saint-Just's Illusions – Interpretations and the Limits of philosophy*. In: *London Review of Books* 13, Nr. 16 (29. August 1991), S. 8–10.

Wilson, B. R. (Hrsg.): *Rationality*, Oxford 1970.

Personenregister

Jack Weatherford
Das Erbe der Indianer
Aus dem Englischen von Monika Curths
312 Seiten, gebunden mit Schutzumschlag

Vaseline, Chinin, Gold und Silber, Kautschuk, Kaffee, Kakao,
Kartoffeln und Mais; das von den Indianern entlehnte amerikanische Regierungssystem und ökologischer Landbau der Maya:
Gaben Amerikas an Europa. Und was hatte Europa den amerikanischen Ureinwohnern im Austausch dafür zu bieten? Unterdrückung und Ausrottung! Der Anthropologe Jack Weatherford
hat ein ebenso kenntnisreiches wie engagiertes Buch geschrieben
über das, was die beiden Amerikas der Welt gegeben haben.

Wohl nie zuvor ist [...] so überzeugend, so kenntnisreich und so um-
fassend eine analytische Dokumentation dessen erstellt worden, was die
abendländische Kultur aus der indianischen Welt übernommen hat, wie
in Weatherfords Buch.
Magazin für Amerikanistik

Eugen Diederichs Verlag

Peter Lampe

Pocahontas

Die Indianer-Prinzessin am Englischen Hof
184 Seiten mit 13 farbigen und 20 s/w-Abbildungen, Leinen

Sie war Nordamerikas erste Prinzessin. Sie ist die berühmteste
Indianerin in der Geschichte ihres Landes. Shakespeare ließ sich
von ihr inspirieren, Elvis Presley hat sie besungen, Arno Schmidt
machte sie zur Titelheldin. Spannend und kenntnisreich erzählt
der Historiker Peter Lampe die außergewöhnliche Geschichte der
Häuptlingstochter Pocahontas aus Virginia, die vor vierhundert
Jahren nach England kam, am Hof Jacobs I. für Furore sorgte
und bereits zu Lebzeiten zur Legende wurde.

Ein liebevoll mit historischen Gemälden und Drucken
ausgestatteter Band, der einen wichtigen Beitrag zum
Verständnis interkultureller Konflikte liefert.
Wetzlarer Neue Zeitung

Eugen Diederichs Verlag